藍傳盛 著

佛法。
三百問。
第二集（下冊）

序言

　　本套叢書《佛法三百問》共四冊,分別爲《佛法三百問》、《佛法三百問第二集(上冊)》、《佛法三百問第二集(中冊)》及《佛法三百問第二集(下冊)》。

　　前二冊已於先前陸續出版,如今第二集(中冊)及第二集(下冊)也已完稿。

　　本文即爲第二集下冊之序言。

　　由於第二集中冊及下冊,內容函蓋廣泛,兼且討論深入,尤其於各宗中又分別探討各宗的重要經論,所以全書厚達一千多頁。

　　爲方便讀者閱讀,遂將之拆分爲中冊及下冊,分爲兩冊出版。

　　由於全書厚重,內容繁索,寫來倍覺艱辛。

　　如今總算皇天不負苦心人,終於完成一套四冊的全部內容。

　　本冊爲第二集下冊,銜接第二集中冊(168-214問),從215問開始,以迄300問爲止。

　　《佛法三百問第二集(上冊)》(已於2023年2月出版),討論至中國唯識宗「150-167問」;第二集中冊從「168問」三論宗起,探討至天台宗「214問」爲止;第二集下冊則從天台宗「215問」起,探討至藏密「300問」爲止。本書內容包括:

　　天台宗:215-219問,共5問。

　　華嚴宗:220-229問,共10問。

　　律宗:230-239問,共10問。

　　淨土宗:240-253問,共14問。

　　中國眞言宗:254-266問,共13問。

　　東密:267-270問,共4問。

　　藏密:271-300問,共30問。

　　本套叢書共有600問,全套內容實已涵括佛法全貌。從佛法通

論到各論；從印度原始佛教到部派佛教；從印度小乘到大乘三系之唯識、中觀、如來藏；從印度三系到中國八大宗；最後並兼及東密及藏密。

如前第二集上冊序言中所言，此套叢書有點類似一套「袖珍型」的佛法百科全書，只要學者能讀完整套的佛法內容，則可謂已登堂入室，並能一窺佛法全貌了。

本套叢書除理論知識之介紹外，也非常重視實修的方法。除介紹顯宗的注重「理修」式的修行方法外，也詳細介紹密宗四派並重的「事修」式的修行方法。

佛法雖有很多的修行方法，但總結不外乎戒、定、慧三學。顯教似乎比較側重修慧，修定則較偏重於理修，所以除禪宗的頓悟外，常需經年累月長時間的持續修習，才能一步一腳印，歷經三大阿僧祇劫慢慢證至佛果；而密教的修慧及理論探討或許較不及顯教的深入，但修定則明顯側重以「事修」的實際有效而快速的修習方法，尤其無上瑜伽加入「脈氣明點」的「心氣不二」的修行方法，為顯宗及唐密、東密所欠缺，也是密宗空樂大手印的重要修行依據原理，並以即身成佛為最終修行目標。

然而修習佛法，定慧亟須等持而修。理修與事修也必須並駕齊驅，方不致染犯事修的「著有」或理修的「著空」。故作者愚見以為必須結合顯密二教的各自優點，而避開其缺點（書中有顯密優缺點之探討），以理事兼具，定慧等持而修，方能真正達到「實際上」定慧等持的功效，而期能終證佛果。其實若能修入菩薩初地，實已難能可貴矣！何況也必須「登地」才能成為具德並且具有加持力，而能為芸芸眾生可依靠之上師。

本套書雖討論範圍廣泛，然佛法如斯浩瀚，況作者學疏才淺，尚亟需各方大師大德們的匡正是幸。

目錄（215-300 問）

序言 2

天台宗（215-219 問） 9

215-1-0.法華玄義的大綱爲何？第一節釋名 10

215-1-1.法華玄義的大綱爲何？釋因緣境 15

215-1-2a.法華玄義的大綱爲何？釋智妙 30

215-1-2b.法華玄義的大綱爲何？五種三諦境之五種三智 ... 45

215-1-3.法華玄義的大綱爲何？第三行妙 50

215-1-4.法華玄義的大綱爲何？慧聖行之四種四諦慧 65

215-1-5a.法華玄義的大綱爲何？第四位妙 81

215-1-5b.法華玄義的大綱爲何？位妙：圓教位 93

215-1-5c.法華玄義的大綱爲何？明圓位斷伏者 100

215-1-6.法華玄義的大綱爲何？第五三法妙 113

215-1-7.法華玄義的大綱爲何？開粗顯妙者 118

215-1-8a.法華玄義的大綱爲何？第六感應妙 127

215-1-8b.法華玄義的大綱爲何？釋蓮華 146

216.法華文句的大綱爲何？ 165

217-1.摩訶止觀的大綱爲何？著書緣起與學說傳承智者大師 167

217-2.摩訶止觀的大綱爲何？三止三觀與教觀互具 178

218.天台宗各大師的重要名著之大綱各爲何？ 188

219.天台宗如何併淨土或其他宗一起修持？ 207

華嚴宗（220-229 問） 213

220.華嚴宗的源流爲何？及著名經典有哪些？ 214

221.華嚴經內容大綱爲何？ 216

222-1.華嚴宗的判教（一）華嚴五教章之第九章：所詮差別。
包括（1）心識差別，至（5）修行所依身 224

222-2.華嚴宗的判教（二）華嚴五教章之第九章：所詮差別。
包括（6）斷惑分齊至（10）佛身開合 232

222-3.華嚴宗的判教（三）華嚴五教章之第十章：義理分齊 247

223.法界緣起與性起是什麼？性起與性具有何不同？ 258

224.華嚴宗的主要義理是什麼？ 264

225.華嚴宗的唯心觀及觀法爲何？ 271

226.華嚴宗的五教種性與佛性論爲何？ 282

227.華嚴宗與天台、唯識、禪宗的交涉爲何？及朝鮮、日本的
華嚴宗爲何？ 286

228.宗密的原人論思想及禪教一致與三教合一爲何？ 289

229.什麼是華嚴三昧及海印三昧？華嚴宗的修行爲何？華嚴宗
的佛身論及佛土論爲何？ 291

律宗（230-239 問）
律宗（230-239 問） 303

230.印度戒律分裂爲哪五部？ 304

231.什麼是律，中國律宗如何形成及變遷？ 304

232.什麼是四律五論？四分律的大綱爲何？ 306

233.律宗的判教爲何？ 307

234.戒的種類有哪些？ 308

235.什麼是具足戒的八段五篇及六聚、七聚？ 310

236.什麼是大乘菩薩戒及瑜伽菩薩戒本？ 312

237.什麼是止持義？什麼是作持義？ 313

238.南山律有哪三種懺法？ 315

239.此宗的行果爲何？ 316

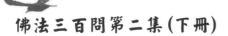

淨土宗（240-253 問）.................................. 319

240.淨土宗的起源及變遷爲何？.................. 320

241.淨土宗的重要經論有哪些？.................. 322

242.淨土宗的教判爲何？........................ 324

243.往生的內因、淨業正因、及外緣是什麼？往生品位爲何？

.... 324

244.無量壽經大綱爲何？........................ 330

245.觀無量壽經大綱爲何？...................... 340

246.阿彌陀經大綱爲何？........................ 351

247.淨土宗如何念佛？.......................... 354

248.印光大師的淨土思想爲何？.................. 356

249.什麼是生西瑞相？.......................... 357

250.臨終要務有哪些？.......................... 358

251.臨終需有「念佛飭終團」或「蓮友助念團」嗎？.... 359

252.有唯心淨土嗎？............................ 359

253.淨土三流派是什麼？........................ 360

中國眞言宗（254-266 問）.................... 361

254.眞言宗的宗名及源流、演變爲何？............ 362

255.顯教與密教有何不同？...................... 363

256.什麼是金胎兩部？及三部五部？.............. 365

257.大日經及金剛頂經的大綱爲何？.............. 367

258.眞言宗的判教爲何？........................ 376

259.如何發菩提心？............................ 377

260.眞言宗的主要義理有哪些：六大四曼三密、及五智五佛？

.... 378

261.眞言宗的的主要義理有哪些：即身成佛及五相成身觀？ 381

262.眞言宗的主要義理有哪些：六種無畏、五類法身、阿字本不生？ 382

263.眞言宗的心性思想是什麼？ 383

264.眞言宗的修法有哪些？此宗行果及哪三種成佛？ 384

265.什麼是三品淨土？ 392

266.眞言宗的觀法有哪些？ 393

東密（267-270 問） 397

267.東密是什麼？ 398

268.梵密、眞言宗、東密、藏密有何不同？ 398

269.什麼是九會曼荼羅？ 399

270.東密的主要修法爲何？ 400

藏密（271-300 問） 403

271.解脫道之法性祕密及方便道的緣起祕密是什麼？ 404

272.藏密的源流爲何？有多少派別及各派的根本見是什麼？ 405

273.藏密與顯教有何不同？ 410

274.小乘、大乘、密宗、禪宗有何不同？ 411

275.什麼是岡波巴論成佛之因及緣與四教法？ 412

276.藏密的主要義理有哪些：五毒、五智、五佛、五方、五輪、五金剛？ 414

277.藏密的主要義理：五種菩提心是什麼？ 415

278.什麼是脈、氣、明點？ 415

279.什麼是生起次第、圓滿次第？ 418

280.什麼是灌頂、四灌種子及自授灌頂？ 419

281.什麼是羯摩法、四壇城、八大悉地、八威儀？ 421

282.什麼是四共加行？ 423

283.什麼是四種、五種、六種不共加行？ 424

284.什麼是藏密四種基本氣功？ 433

285.藏密如何修定？ 437

286.如何引氣入中脈及得見明體？ 443

287-1.如何修拙火（靈熱法）？ 446

287-2.如何修幻觀成就法？ 462

288.如何修夢觀成就法及淨光成就法？ 465

289.如何修中有（中陰）法、破瓦（轉識）法及長壽佛法？ 473

290.什麼是白教大手印？ 481

291.什麼是紅教大圓滿？ 499

292.什麼是花教道果？ 514

293.什麼是黃教密宗道次第？ 537

294.什麼是五金剛法？ 548

295.什麼是綠度母修持法？ 556

296.什麼是金剛亥母修持法？ 557

297.什麼是黑關修持法？ 558

298.什麼是七日成佛法、無死瑜伽及虹身加持？ 559

299.藏密的即身成佛與禪宗的頓悟成佛有不同嗎？ 561

300.陳健民的「佛法精要原理實修體系表」應否平等對照顯教之五十二位階而適宜修改之？ 562

跋 564

天台宗（215-219 問）

215-1-0.法華玄義的大綱為何？第一節釋名

法華玄義，天台智者大師所著，共有十卷。以五重玄義論述，分別為釋名、顯體、明宗、論用、判教相。

以下分別討論之：

第一節、釋名：釋「法」、「妙」、「蓮華」、「經」

一、釋法：十界之法、十如是之法，包含眾生法、佛法、心法。法有權實，以實相為本。又以三諦圓融論法，一空一切空，一假一切假，一中一切中。

二、釋妙

（1）跡門十妙

跡中十妙者：一、境妙。二、智妙。三、行妙。四、位妙。五、三法妙。六、感應妙。七、神通妙。八、說法妙。九、眷屬妙。十、功德利益妙。

釋十妙為五番：一、標章。二、引證。三、生起。四、廣解。五、結權實。

（1.1）標章者

1.云何境妙？謂十如、因緣、四諦、三諦、二諦、一諦等。是諸佛所師，故稱境妙。

2.智妙者，所謂二十智，四菩提智，下、中、上、上上，七權實，五三智（五種三諦智）、一如實智，以境妙故，智亦隨妙。以法常故，諸佛亦常。函蓋相稱，境智不可思議，故稱智妙。

3.行妙者，謂增數行、次第五行、不次第五行，智導行故，故言行妙。

4.位妙者，謂三草位、二木位、一實位，妙行所契，故言位妙。

5.三法妙者，真性軌、觀照軌、資成軌。謂總三法、縱三法、

横三法、不縱不橫三法、類通三法，皆祕密藏，故稱爲妙。

6.感應妙者，謂四句（冥機冥應、冥機顯應、顯機顯應、顯機冥應）、三十六句感應、二十五感應、別圓感應。水不上升、月不下降，一月一時普現眾水；諸佛不來、眾生不往，慈善根力見如此事，故名感應妙。

7.神通妙者，謂報通、修通、作意通、體法通、無記化化通，無謀之權，稱緣轉變，若遠、若近、若種、若熟、若脫，皆爲一乘，故言神通妙。

8.說法妙者，謂說十二部法、小部法、大部法、逗緣法、所詮法、圓妙法，如理圓說，咸令眾生開、示、悟、入佛之知見，故言說法妙。

9.眷屬妙者，謂業眷屬、神通眷屬、願眷屬、應眷屬、法門眷屬，如陰雲籠月，群臣豪族，前後圍遶，故言眷屬妙。

10.利益妙者，謂果益、因益、空益、假益、中益、變易益，猶如大海能受龍雨，故名利益妙。

（1.2）引證者，但引跡文，尚不引本文，況引餘經耶。文云：

（1）「諸法如是相等，唯佛與佛乃能究盡諸法實相。」實相是佛智慧門，門即境也。又云：「甚深微妙法，難見難可了。我及十方佛，乃能知是相。」即境妙也。

（2）「我所得智慧，微妙最第一。」又以此妙慧，求無上道。「無漏不思議，甚深微妙法，唯我知是相。」即智妙也。

（3）「本從無數佛，具足行諸道，行此諸道已，道場得成果。」又云：「合掌以敬心，欲聞具足道。」又「諸法從本來，常自寂滅相，佛子行道已，來世得作佛。」即行妙。

（4）「天雨四華」表住、行、向、地。「開、示、悟、入」亦是位義。「乘是寶乘」遊於四方，四方是因位；「直至道場」是果位。是名位妙。

（5）「佛自住大乘，如其所得法，定慧力莊嚴。」大乘即真性，定即資成，慧即觀照，是為三法妙。

（6）「我於三七日中，思惟如是事。」又「我以佛眼觀，見六道眾生。」又「一切眾生，皆是吾子。」又「遙見其父，踞師子床。」即感應妙也。

（7）今佛世尊入于三昧，是不可思議，現希有事，神通妙也。

（8）如來能種種分別，巧說諸法，言辭柔軟，悅可眾心。身子云：「聞佛柔軟音，深遠甚微妙。」又其所說法，皆悉到於一切智地。又但說無上道。又已今當說，最為難信難解。即說法妙。

（9）「但教化菩薩」，無聲聞弟子。即眷屬妙。

（10）「現在、未來，若聞一句一偈，皆與三菩提記。」又「須臾聞者，即得究竟三菩提。」又「若以小乘化，我即墮慳貪，此事為不可。」又「終不令一人獨得滅度，皆以如來滅度而滅度之。」即利益妙也。

（1.3）生起者，實相之境，非佛天人所作，本自有之，非適今也，故最居初。迷理故起惑，解理故生智。智為行本，因於智目，起於行足。目（智）、足（行）及境，三法為乘，乘於是乘，入清涼池，登於諸位。位何所住？住於三法祕密藏中。住是法已，寂而常照，照十法界機，機來必應。若赴機垂應，先用身輪，神通駭發。見變通已，堪任受道，即以口輪，宣示開導。既霑法雨，稟教受道，成法眷屬。眷屬行行，拔生死本，開佛知見，得大利益。前五約自，因果具足；後五約他，能所具足。法雖無量，十義意圓。自他始終，皆悉究竟也。

（1.4）廣釋境，又為二：一、釋諸境，二、論諸境同異。

六境：一、十如是境。二、十二因緣境。三、苦集滅道四諦境。四、真俗二諦境。五、空假中三諦境。六、實相一諦境。

六種次第者，十如是，此經所說，故在初。

次十二因緣，三世輪迴，本來具有。如來出世，分別巧示，四諦名興。從廣至略，次辨二諦。二諦語通，別顯中道，次明三諦。三諦猶帶方便，直顯眞實，次明一諦。一諦猶有名相，次明無諦。始從無明，終至實際，略用六種足。

（一）次解十如是法。初、通解，後、別解。

（1）通解者

相以據外，覽而可別，名爲相。

性以據內，自分不改，名爲性。

主質名爲體。

功能爲力。

構造爲作。

習因爲因。

助因爲緣。

習果爲果。

報果爲報。

初相爲本，後報爲末。所歸趣處，爲究竟等。若作如義，初後皆空爲等。若作性相義，初後相在爲等。若作中義，初後皆實相爲等。今不依此等三法具足，爲究竟等。夫究竟者，中乃究竟，即是實相爲等也。

（2）次別解者，取氣類相似、合爲四番。初四趣、次人天、次二乘、次菩薩、佛也。

1.初明四趣十法

a.如是相者，即是惡相，表墮不如意處。譬人未禍，否色已彰，相師覽別，能記凶衰。惡相若起，遠表泥黎。凡夫不知，二乘彷彿知，菩薩知不深，佛知盡邊。

如善相師，洞見始終，故言如是相也。

b.如是性者，黑白分性也。純習黑惡，難可改變。如木有火，遇緣即發。《大經》云：「有漏之法，以有生性，故生能生之。」此

13

惡有四趣生性，故緣能發之。若泥木像，雖有外相，內無生性，生不能生。惡性不爾，故言如是性。

c.如是體者，攬彼摧折，粗惡色、心，以爲體質也。復次，此世先已摧心，來世摧色。又此世華報，亦摧色、心，來世果報亦摧色、心。故以被摧色、心爲體也。

d.如是力者，惡功用也。譬如片物，雖未被用，指擬所任，言其有用。《大經》云：「作舍取木，不取縷線，作布取縷，不取泥木。」地獄有登刀上劍之用；餓鬼吞銅、噉鐵之用；畜生強者伏弱，魚鱗相咀，牽車挽重，皆是惡力用也。

e.如是作者，構造經營，運動三業，建創諸惡，名之爲作。《大經》第八云：「譬如世間，爲惡行者，名爲半人。」既行惡行，名地獄作也。

f.如是因者，惡習因也。自種相生，習續不斷，以習發故，爲惡易成，故名如是因。

g.如是緣者，緣助也。所謂諸惡我、我所，所有具度，皆能助成習業，如水能潤種，故用報因爲緣也。

h.如是果者，習果也。如多欲人受地獄身，見苦具，謂爲欲境，便起染愛，謂此爲習果也。

i.如是報者，報果也。如多欲人，在地獄中，趣欲境時，即受銅柱鐵床之苦。故名如是報也。

j.本末究竟等者，即有三義：

j1.本空、末亦空，故言等。又惡果報，在本相性中，此末與本等。本相性，在惡果報中，此本與末等。

j2.若先無後事，相師不應預記。若後無先事，相師不應追記。當知，初後相在，此假「事論」等。

j3.中實理心，與佛果不異。一色一香，無非中道，此約「理論」等。以是義故，故言本末究竟等，三義具足，故言等也。

2.次辨人天界十法者，但就善樂爲語，異於四趣。

相表清升。性是白法。體是安樂色、心。力是堪任善器。作是造止、行二善。因是白業。緣是善我、我所，所有具度。果是任運酬善心生。報是自然受樂。等者，如前說。

3.次辨二乘法界十法者，約眞無漏。

相表涅槃。性是非白、非黑法。體是五分法身。力能動、能出，堪任道器。作是精進勤策。因是無漏正智。緣是行行助道。果是四果。二乘既不生，是故無報。以下說明無報之因：何故發眞是果而不論報？無漏法起，酬於習因，得是習果。無漏損生，非牽生法，故無後報。三果有報者，殘思未斷，或七生，或一往來，或色界生，非無漏報也。是故唯九不十。若依大乘，此無漏猶名有漏。《大經》云：「福德莊嚴者，有爲有漏。」是聲聞僧既非無漏，不損別惑，猶受變易之生，則無漏爲因、無明爲緣，生變易土，即有報也。

4.次明菩薩、佛界十法者，此更細開有三種菩薩。

a.若六度菩薩，約福德論相、性、體、力；善業爲因；煩惱爲緣；三十四心斷結爲果。佛則無報，菩薩即具十也。

b.若通教菩薩，約無漏論相、性。六地之前，殘思受報；六地思盡，不受後身，誓扶習生，非實業報，故唯九無十。

c.若別教菩薩，約修中道，行次第觀而論十法。此人雖斷通惑，自知有生，則具十法。

215-1-1.法華玄義的大綱爲何？釋因緣境

（2）釋因緣境
又爲四：一、正釋。二、判粗妙。三、開粗顯妙。四、觀心。
（2.1）正釋
又爲四：一、明思議生滅十二因緣。二、明思議不生不滅十二

因緣。三、明不思議生滅十二因緣。四、明不思議不生不滅十二因緣。

思議兩種因緣，爲利、鈍兩緣，辨界內法論也。

1.明思議生滅十二因緣

中論云：爲鈍根弟子說十二因緣生滅相。

此簡異外道；外道邪謂諸法從自在天生，或言世性，或言微塵，或言父母，或言無因，種種邪推，不當道理。

此正因緣不同邪計，唯是因過去無明顛倒心中造作諸行，能生出今世六道苦果，好惡不同。《正法念》云：「畫人分布五彩，圖一切形，端正醜陋，不可稱計。」原其根本，從畫手出，六道差別，非自在（大自在天）等作，悉從一念無明心出。

無明與上品惡行業合，即起地獄因緣，如畫出黑色。

無明與中品惡行業合，起畜生道因緣，如畫出赤色。

無明與下品惡行合，起鬼道因緣，如畫青色。

無明與下品善行合，即起修羅因緣，如畫黃色。

無明與中品善行合，即起人因緣，如畫白色。

無明與上品善行合，即一心起天因緣，如畫上上白色。

當知無明與諸行合故，即有六道，名色、六入、觸、受、愛、取、有、生、老、病、死等，隨上中下，差別不同。人天諸趣，苦樂萬品，以生歸死，死已還生，三世盤迴，車輪旋火。經又稱十二因緣爲十二牽連更相拘帶，亦名十二重城，亦名十二棘園。此十二因緣，新新生滅，念念不住，故名生滅十二因緣也。

料簡者，《瓔珞》第四云：「無明緣行，生十二（十二因緣），乃至生緣老死，亦生十二，是則一百二十因緣。初是癡，乃至老死亦是癡。不覺故癡，初亦不覺，至老死亦不覺；癡故生，癡故死。若能覺因緣，因緣即不行，癡不行故，則將來生死盡，名爲點，點即隨道。」

又十二緣起、十二緣生，爲同爲異？

　　此同是一切有爲法，故無異。

　　亦有差別，因是緣起，果是緣生。又無明是緣起（無明是緣起的惑因），行是緣生（行是緣生的業果），乃至生是緣起，老死是緣生。

　　非緣起非緣生者，無爲法是也。《法身經》說：「諸無明決定生行，不相離、常相隨逐，是名緣起，非緣生。若無明不決定生行，或時相離不相隨，是名緣生，非緣起。乃至老死亦如是。」尊者和須蜜說：「因是緣起、從因生法是緣生；和合是緣起，從和合生法是緣生。」

　　推現三因（愛取有），則說未來二果（生、老死）。推現在五果（識、名色、六入、受、觸），則說過去二因（無明、行）。三世皆有十二支，爲推因果，故作如是說。

　　十二時者，「無明」是過去諸結時。「行」是過去諸行時。「識」者，相續心及眷屬時。「名、色」者，已受生相續，未生四種色根，六入未具。一、歌邏羅，二、阿浮陀，三、卑尸，四、伽那，五、波羅奢訶。如是等五時，名「名色」。

　　「六入」，已生四種色根，具足六入。此諸根未能爲觸作所依，是時名「六入」。

　　此諸根已能爲觸作所依，未別苦、樂，不能避危害，捉火觸毒，把刃不淨，是時名「觸」。

　　能分別苦、樂，避危害等，能生貪愛，不起婬欲，於一切物不生染著，是時名「受」。

　　具上三受，是時名「愛」。

　　以貪境故，四方追求，是時名「取」。追求之時，起身、口、意，是時名「有」。

　　如現在識在於未來，是時名「生」。

　　如現在名色、六入、觸、受，於未來，是時名「老死」。

　　一刹那十二緣者，若以貪心殺生，彼相應愚是「無明」。相應

思是「行」。相應心是「識」。起有作業,必有「名色」。起有作業,必有「六入」。彼相應觸是「觸」。彼相應受是「受」。貪即是「愛」。彼相應纏是「取」。彼身口作業是「有」。如此諸法生是「生」。此諸法變是「老」。此諸法壞是「死」。

問:何不說病為支?

答:須一切時、一切處盡有者,才能立為支。自有人從生無病,如薄拘羅,生來不識頭痛,況餘病!是故不立。

問:憂悲是支不?

答:非也,以終顯始耳,如老死必顯憂悲。

問:無明有因不?老死有果不?若有,應是支。若無,則墮無因無果法。

答:有而非支。無明有因,謂不正思惟;老死有果,謂憂悲。又無明有因,謂老死;老死有果,謂無明。現在愛、取,是過去無明;現在名色、六入、觸、受,此四若在未來,名老死。如說受緣愛,當知說老死緣無明也。猶如車輪,更互相因也。

欲界胎生者,具十二支。色界者十一,無名色也。無色界有十,除名色及六入。又言具有。色界初生,諸根未猛利時,是名「名色」。無色界雖無色而有名(精神),當知悉具十二支也。

問:無明、行與愛取、有何異?

答:過、現、新(以三世因果而言,無明是前世惑因、行是前世業因,愛取是今世惑因,有是今世業因,生老死是來世果)故,已與果、未與果等異。

2.思議不生不滅十二因緣者，此以巧破拙

中論：「爲利根弟子說十二不生不滅。」癡如虛空，乃至老死如虛空：無明如幻化，不可得故，乃至老死如幻化，不可得。《金光明》云：「無明體相，本自不有，妄想因緣，和合而有。」不善思惟心行所造，如幻師在四衢道，幻作種種象、馬、纓珞、人物等，癡謂眞實、智知非眞。無明幻出六道之依正，當知本自不有，無明所爲。如知藤本非蛇，則怖心不生，不生故不滅。是名思議不生不滅十二因緣相也。

3.不思議生滅因緣者，破小明大，爲利鈍兩緣說「界外」法也。《華嚴》云：「心如工畫師，作種種五陰。一切世間中，莫不從心造。」畫師，即無明心也。一切世間，即是十法界假實國土等也。

諸論明心出一切法不同，或言：地論南道派主張阿黎耶是眞識，可生出一切法。攝論派或言：阿黎耶是無沒識，阿摩羅識才是眞識，由無記無明出一切法。若定執性實，墮冥初生覺、從覺生我心過。尚不能成界內思議因緣，豈得能成界外不思議因緣？惑既非不思議境，翻惑之解，豈得成不思議智？破此，如《止觀》中說。今明無明之心，不自、不他、不共、不無因，四句皆不可思議，原不可說，但若有四悉檀因緣，亦可得說：如四句求夢不可得，而說夢中見一切事；四句求無明不可得，而從無明生出界內外一切法。

以上「出界內十二因緣」，如前說。

以下「出界外十二因緣」者，如《寶性論》云：「阿羅漢、辟支佛的空智，於如來身本所不見。」二乘雖有無常等四對治（無常、苦、空、無我等四對治，即對治凡夫的常樂我淨四顛倒），依如來法身（法身是常樂我淨）來看，此二乘之四對治復是顛倒，顛倒故即是無明。住無漏界中有四種障，謂緣、相、生、壞。緣者，謂無明住地，與行作緣也。相者，無明共行爲因也。生者，謂無明住地，共無漏業因，生三種意生身也。壞者，三種意生身，緣不可

思議變易生死也。

　　還比照如界內十二因緣，從無明至老死也。緣者，即無明支也。相者，行支也。生者，即名色等五支也。愛、取、有三支，例前可知也。壞即生死支（生老死支）也。此十二支，數同界內，意義大異。彼論云：「三種意生身（初地得三昧樂正受意生身、三四地得覺法自性性意生身、八地得種類俱生無行作意生身）。未得離無明垢（五住惑之住地無明），未得究竟無為淨；無明、細戲論（俱生法執）未永滅，未得究竟無為我（佛地）。無明、細戲論集，因無漏業生的意陰未永滅，未得無為樂；煩惱染、業染、生染未究竟滅，未證甘露究竟常。」以「緣」煩惱道故，不得大淨；以「相」業道（執著業相）故，不得八自在我；以「生」苦道故，不得大樂；以「壞」老死故，不得不變易常（壞是分段生死，尚未得不變易生死）者，由不思議生滅十二因緣也。是為界外不思議生滅十二因緣相。

　　4.不思議不生不滅十二因緣者，為利根人即事顯理也

　　大經云：「十二因緣名為佛性」者，無明、愛、取既是煩惱，煩惱道即是菩提。菩提通達，無復煩惱。煩惱既無，即究竟淨，了因佛性也（通達煩惱的空性），行、有是業道，即是解脫，解脫自在，緣因佛性也（通達行、有是假法）。

　　名色、老死是苦道，苦即法身。法身無苦、無樂，是名大樂。不生不死是常，正因佛性也。

　　故言無明與愛，是二之中間，即是中道。無明是過去，愛是現在，若邊若中無非佛性、並是常樂我淨，無明不生亦復不滅。是名不思議不生不滅十二因緣也。

　　（2.2）判粗妙者

　　因緣之境不當粗妙，取之淺深，致有差降耳。若從無明生諸行乃至老死，從三生二，從二生七，從七生三，更互因緣，煩惱業因緣、業苦因緣，無常生滅。《中論》判此教鈍根法。《涅槃》稱慇懃

半字。此經：「但離虛妄，名爲解脫。」故知此境則粗。

若無明體相本自不有，妄想因緣和合而有，境既如幻，智亦叵得。經言：「若有一法過於涅槃，我亦說如幻、如化。」《中論》明教利根。《涅槃》稱長者教。《毘伽羅論》、《大品》名爲「如實巧度」，此經名小樹（通教），斯境則巧。

若無明是緣（惑緣），從緣生相（業相），從相有生（苦果），從生故壞。滅緣故淨，除相故我，盡生則樂，無壞故常。《中論》云：「因緣生法，亦名爲假名。」《大品》稱「十二緣，獨菩薩法。」《涅槃》稱因滅無明，則得熾燃。此經則是大樹（別教），而得增長。比前爲妙，方後爲粗。若言：無明三道（惑、業、苦）即是三德（般若、解脫、法身），不須斷三德更求三德。《中論》云：「因緣所生法，亦名中道義。」《大品》說十二因緣，是爲坐道場。《涅槃》云：「無明與愛，是二中間，即是中道。」此經：「佛種從緣起，是故說一乘。」亦名最實事（圓教），豈非妙耶！前三（三草、小樹、大樹或藏、通、別三教）是權，故爲粗，後一（最實事圓教）是實，故爲妙。用此粗妙歷五味教者，乳教具二種因緣，一粗一妙。酪教一粗，生蘇三粗一妙。熟蘇二粗一妙。《法華》但說一妙。是名待粗因緣，明妙因緣也。

（3）明四諦境，爲四：一、明四諦。二、判粗妙。三、開粗顯妙。四、觀心。

（3.1）明四諦

初又二：一、出他解，二、四番四諦。

二乘是有作四聖諦，作者，有量四聖諦也。無作四聖諦者，無量四聖諦也。作、無作就行；量、無量就法。二乘觀諦，得法不盡，更有所作，故名有作。得法不盡（仍有法執），則有限量。經言：「因他知，知是有作行也。」因他知，非一切知，不知無量法也，故言有作、有量。

無作、無量者，佛知無窮盡，更無所作，故名無作。自力知一

切，知者無作行也。一切者，是無量法也。如此釋者，雖唱四名，但成二義，非今所用。

1.四種四諦者：一、生滅。二、無生滅。三、無量。四、無作。

1.1.生滅

其義出《涅槃・聖行品》，約偏、圓、事、理分四種之殊。所言生滅者，迷眞「重」故，從事受名。

然苦、集是一法，分因、果成兩；道、滅亦然。《雜心》偈云：「諸行果性，是說苦諦。因性說集諦；一切有漏法究竟滅，說滅諦；一切無漏行，說道諦。」《大經》云：「陰入（五陰十二入）重擔，逼迫繫縛，是苦諦。見愛煩惱，能招來果，是集諦。戒、定、慧、無常、苦、空，能除苦本，是道諦。二十五有子、果縛斷，是滅諦。」《遺教》云：「集眞是因，更無別因。滅苦之道，即是眞道。」此皆明生滅四聖諦相也。

聖者對破邪法，故言正聖也。

諦者有三解：謂自性不虛，故稱爲諦；

又見此四得不顚倒覺，故稱爲諦；

又能以此法顯示於他，故名爲諦。《大經》：「凡夫有苦，無諦。聲聞、緣覺有苦，有苦諦。」當知凡夫不見聖理，不得智，不能說，但苦無諦。聲聞具三義，故稱爲諦。此釋與經合也。

1.2.無生者，迷眞「輕」故，從理得名。

苦，無逼迫相；集，無和合相；道，不二相；滅，無生相。又，習應苦空，三亦如是。又，無生者，生名集、道。集、道即空。空故不生集、道。集、道不生則無苦、滅。

即事體而眞，非滅事後另求眞。大經云：「諸菩薩等解苦無苦，是故無苦而有眞諦。」三（其他三諦）亦如是。是故名爲無生四聖諦。聖諦義，如前說。

1.3.無量者，迷中（中道）「重」故，從事得名。

苦有無量相，十法界果不同故。集有無量相，五住煩惱不同故。道有無量相，恒沙佛法不同故。滅有無量相，諸波羅蜜不同故。《大經》云：「知諸陰苦，名爲中智。分別諸陰，有無量相，非諸聲聞、緣覺所知。我於彼經，竟不說之。」三亦如是。是名無量四聖諦。

1.4.無作者，迷中「輕」故，從理得名。

以迷理故，菩提是煩惱，名集諦。涅槃是生死，名苦諦，以能解故。煩惱即菩提，名道諦。生死即涅槃，名滅諦。即事而中，無思無念，無誰造作，故名無作。《大經》云：「世諦即是第一義諦。有善方便，隨順眾生，說有二諦。出世人知即第一義諦。」一實諦者，無虛妄、無顛倒、常樂我淨等，是故名爲無作四聖諦。

然《勝鬘》說無作四諦中，別取一滅諦，是佛所究竟，是常、是諦、是依，三是無常，非諦，非依。何者？三入有爲相中，故無常。無常則虛妄，故非諦。無常則不安，故非依。滅諦離有爲，故是常。非虛妄，故是諦。第一安隱，故是依。故名第一義諦，亦名不思議也。

達摩鬱多羅批難此義：然經說佛菩提道，三義故常。一、惑盡故常；二、不從煩惱生故常；三、解滿故常，如眾流歸海。那云道諦無常？

答：《勝鬘》作此說者，前苦滅諦，非壞法滅。無始、無作等，過恒沙佛法成就。說如來法身，不離煩惱藏。說苦諦，隱名如來藏，顯名爲法身。二乘空智，於四不顛倒境界（常樂我淨）不見不知。今欲顯說，說一是常、是實、是依。有對治、除障、身顯，故明三非常、非實，一是常、是實耳。

今難：若爾，一諦顯，是無作諦，三諦未顯，非無作諦。

一是了義，三非了義。

當知《勝鬘》所說，說於次第，從淺至深，歷別未融，乃是無

量四諦中之無作，非是發心畢竟二不別之無作。《涅槃》云：「有諦有實」，當知四種，皆稱諦、稱實、稱常也。

（3.2）判粗妙者

1.大小乘論諦，不出此四：

或教、行、證不融者為粗；

教融，行、證未融，亦粗；

俱融者則妙。

2.若約五味者，

乳教兩種，二乘並不聞，以大隔小，則一粗一妙。

酪教一種，大乘所不用，以小隔大，根敗聾啞，是故為粗。

生蘇教四種：一破三，二不入二。一雖入，一教不融，故三粗一妙。

熟蘇教三種：一破二，一入一，一不入一。一雖入一，教不融，故二粗一妙。

醍醐教，但一種四諦，唯妙無粗，是為待粗明妙。

（3.3）開粗顯妙者，先敘諸經意。《大品》止明三種四諦。

1.

a.文云：「色即是空，非色滅空」，無生意也。

b.「一切法趣色，是趣不過」，無量意也。

c.「色尚不可得，何況有趣、有不趣」，無作意也。

2.「中論」偈亦有三意，後兩品明小乘觀法，即生滅意也。

3.「無量義經」明一中出無量，是從無作開出三種四諦也。

4.「法華」明無量入一，是會三種四諦，歸無作一種四諦也。

5.「涅槃・聖行」，追分別眾經，故具說四種四諦也。

6.「德王品」追泯眾經，俱寂四種四諦。

7.文云：「生生不可說；生不生不可說；不生生不可說；不生不生不可說。」經釋初句云：「云何生生不可說？生生故生，生生故不生，故不可說。」若依文，但舉生不生釋生生，此之生生即生

不生，那可偏作生生而說？佛爲利根人舉一而例諸。若取意者，生生即生不生，亦即不生生，亦即不生不生，那可偏作生生一句而說！若得此意，下三句例皆如此。

開權顯實。四皆不可說，是位高。四皆可說，是體廣。四亦可說亦不可說，是用長。四非可說非不可說，是非高非廣、非長非短、非一非異，同稱爲妙也。

（3.4）觀心可知，不復記也。

（4）明二諦，又爲四：一、略述諸意。二、明二諦。三、判粗妙。四、開粗顯妙。

（4.1）略述諸意

1.梁世《成論》執世諦不同。

或言世諦名、用、體皆有；

或但名、用而無於體；

或但有名而無體、用；

2.陳世《中論》，破立不同。

或破古來二十三家明二諦義，自立二諦義。

或破他竟，約四假明二諦。

古今異執，各引證據，自保一文，不信餘說。

3.今謂不爾。夫經論異說，悉是如來善權方便，知根知欲，種種不同，略有三異，謂隨情、隨情智、隨智等。

隨情說者，情性不同，說隨情異。如《毘婆沙》明：世第一法有無量種。際眞尙爾，況復餘耶！如順盲情，種種示乳。隨情智是隨眾生的情性及如來自悟之諦理。隨智是隨聖人自悟之理。

（4.2）正明二諦

1.取意存略，但點法性爲眞諦，無明十二因緣爲俗諦，於義即足。

2.但人心粗淺，不覺其深妙，更須開拓，則論七種二諦。一一二諦更開三種，合二十一二諦也。

所言七種二諦者，

一者、實有爲俗；實有滅爲眞。

二者、幻有爲俗；即幻有空爲眞。

三者、幻有爲俗；即幻有空不空共爲眞。四者、幻有爲俗；幻有即空不空，一切法趣空不空爲眞。

五者、幻有、幻有即空，皆名爲俗；不有不空爲眞。

六者、幻有、幻有即空，皆名爲俗；不有不空一切法趣不有不空爲眞。

七者、幻有、幻有即空，皆爲俗；一切法趣有、趣空、趣不有不空爲眞。

一者藏教、實有二諦者：陰、入、界等皆是實法。實法所成，森羅萬品，故名爲俗。

方便修道，滅此俗已，乃得會眞。《大品》云：「空色、色空」，以滅俗故謂爲「空色」；不滅色故謂爲「色空」。

是爲實有二諦相也。約此，亦有隨情、情智、智等三義，推之可知。

二者通教、幻有空二諦者：斥前意也。何者？實有時無眞，滅有時無俗，二諦義不成。若明幻有者，幻有是俗，幻有不可得，即俗而眞。《大品》云：「即色是空，即空是色。」空色相即，二諦義成。是名幻有無二諦也。

約此，亦有隨情、情智、智等三義。

三者別入通、幻有空、不空二諦者。俗不異前，眞則三種不同。一俗隨三眞，即成三種二諦。其相云何？

a.如《大品》明非漏非無漏。初、人謂「非漏」是非俗，「非無漏」是遣著。何者？行人緣無漏生著（執著），如緣滅生使（結使），破其著心，還入無漏。此是一番二諦也。

b.人聞非漏非無漏，謂非二邊、別顯中理，中理爲眞。又是一番二諦。

　　四者圓入通：人聞非有漏非無漏，即知雙非，正顯中道。中道法界，力用廣大，與虛空等，一切法趣非有漏非無漏，又是一番二諦也。

　　a.「大經」云：「聲聞之人但見於空，不見不空」「智者見空及與不空」即是此意。二乘謂著此空，破著空故，故言不空；空著若破，但是見空，不見不空也。利人謂不空是妙有，故言不空。利人聞不空，謂是如來藏；一切法趣如來藏。還約空、不空，即有三種二諦也。

　　b.復次，約一切法趣非漏非無漏顯三種異者：初、人聞一切法趣非漏非無漏者，謂諸法不離空，周行十方界還是瓶處如。

　　c.人聞趣知此中理須一切行來趣發之。又、人聞一切趣即非漏非無漏，具一切法也。

　　是故說此一俗隨三真轉：或對單真，或對複真，或對不思議真。無量形勢，婉轉赴機，出沒利物，一一皆有隨情、情智、智等三義。若隨智證，俗隨智轉。

　　智證偏真，即成通二諦。

　　智證「不空」真，即成別入通二諦。

　　智證「一切趣不空」真，即成圓入通二諦。

　　「大品」云：「有菩薩初發心與薩婆若相應；有菩薩初發心如遊戲神通，淨佛國土；有菩薩初發心即坐道場，為如佛。」即此意也。

　　五者別教、幻有、無為俗，不有不無為真者：有、無二故為俗；中道不有、不無，不二為真。

　　二乘聞此真、俗，俱皆不解，故如啞、如聾。《大經》云：「我與彌勒共論世諦，五百聲聞謂說真諦。」即此意也。約此，亦有隨情、情智、智等。

　　六者圓入別二諦者，俗與別同，真諦則異。別人謂：不空但理而已；欲顯此理，須緣修方便，故言「一切法趣不空」。圓人聞不

空理，即知具一切佛法無有缺減，故言「一切趣不空」也。約此，亦有隨情等。

七者圓教二諦者，直說不思議二諦也。眞即是俗；俗即是眞。如如意珠，珠以譬眞，用以譬俗。即珠是用，即用是珠，不二而二，分眞俗耳。約此，亦有隨情智等。

（4.3）判粗妙者

（1）七種二諦判粗判

1.實有二諦，半字法門，引鈍根人，蠲除戲論之糞；二諦義不成，此法爲粗。

2.如幻二諦，滿字法門，爲教利根，諸法實相，三人共得，比前爲妙；同見但空，方後則粗。

3.以別入通，能見不空，是則爲妙；教譚理不融，是故爲粗。

4.以圓入通爲妙，妙不異後；帶通方便，是故爲粗。

5.別二諦不帶通方便，是故爲妙；教譚理不融，是故爲粗。

6.圓入別理融爲妙；帶別方便爲粗。

7.唯圓二諦，正直無上道，是故爲妙。

（2）若以七種二諦歷五味教者

1.乳教有別、圓入別、圓，三種二諦，二粗一妙。

2.酪教（藏教）但實有二諦，純粗。

3.生蘇具七種二諦，六粗一妙。

4.熟蘇六種（少藏教）五粗一妙。

5.法華（圓教）但有一圓二諦，無六方便，唯妙不粗。

（4.4）開粗顯妙者

三世如來本令眾生開佛知見，得無生忍，大事因緣出現於世。

若見我身，初聞一實，已入華臺。爲未入者，從頓開漸，更以異方便，助顯第一義。說諸二諦，或單、或複、或不可思議，種種不同，皆爲華臺而作方便。但如來常寂，而化周法界，實不分別，先謀後動，施此吸引慈善根力，令諸眾生從此得入。

（5）明三諦者

今明三諦爲三：一、明三諦。二、判粗妙。三、開粗顯妙。

卻前兩種二諦（藏及通），以不明中道故，就後五種二諦，得論中道，即有五種三諦。

（5.1）明三諦

五種三諦：

1.約別入通

點非有漏非無漏，三諦義成：有漏是「俗」；無漏是「眞」；非有漏非無漏是「中」。當教論中，但異空而已；中無功用，不備諸法。別教涉及中道。

2.圓入通三諦

二諦不異前；點非漏非無漏具一切法，與前中異也。圓教涉及一切法。

3.別三諦

開彼俗爲兩諦，對眞爲中。中，理而已（云云）。

4.圓入別三諦

二諦不異前，點眞中道，具足佛法也。

5.圓三諦者

非但中道具足佛法，眞、俗亦然。三諦圓融，一三、三一，如《止觀》中說，

（5.2）判粗妙

（1）約五教判粗妙

1.別、圓入通，帶通方便，故爲粗。

2.別不帶通爲妙。

3.圓入別帶別方便爲粗。

4.圓不帶方便，最妙。

（2）約五味教判粗妙

1.乳教說三種三諦（別、圓入別、圓）二粗一妙。

2.酪教（僅指藏教）但粗無妙。

3.生蘇、熟蘇，皆具五種三諦（別入通、圓入通、別、圓入別、圓），四粗一妙。前四爲粗，後一爲妙。

4.醍醐（僅指圓教），此經唯妙。

215-1-2a.法華玄義的大綱為何？釋智妙

（3）釋智妙

智即爲二：初、總論諸智，二、對境論智。

（3.1）總論諸智

（1）總智爲六

一、數；二、類；三、相；四、照；五、判；六、開。

1.1.數者

1.藏教：一、世智。二、五停心四念處智。三、四善根智。四、四果智。五、支佛智。六、六度智。

十四、三藏佛智。

2.通教：七、體法聲聞智。八、體法支佛智。九、體法菩薩入眞方便智。十、體法菩薩出假智。十五、通教佛智。

3.別教：十一、別教十信智。十二、三十心智。十三、十地智。十六、別教佛智。

4.圓教：十七、圓教五品弟子智。十八、六根清淨智。十九、初住至等覺智。二十、妙覺智。

1.2.類者

1.世智無道，邪計妄執，心行理外，不信不入，故爲一。

2.五停心、四念處，已入初賢佛法氣分，俱是外凡，故爲一。

3.四善根同是內凡，故爲一。四善根爲煖、頂、忍、世第一。

4.四果同見眞，故爲一。四果爲初果（斯陀洹）、二果（須陀

含）、三果（阿那含）、四果（阿羅漢）。

5.支佛別相觀能侵習（習氣），故爲一。

6.六度緣理智弱、緣事智強，故爲一。

7.通教方便聲聞體法智勝，故爲一。

8.支佛又小勝，故爲一。

9.通教菩薩入眞方便智，四門遍學，故爲一。約爲別入通。

10.通教出假菩薩智，正緣俗，故爲一。（約別教十行位），約爲圓入通。

11.別教十信智，先知中道，勝前劣後，故爲一。

12.別教三十心俱是內凡，故爲一。約十住、十行、十迴向位。

13.別教十地同是聖智，故爲一。

14.三藏佛智是師位名，勝三乘弟子，故爲一。

15.通教佛智，斷惑照機勝，故爲一。

16.別教佛智又勝，故爲一。

17.圓教五品弟子同具煩惱性，能知如來祕密之藏，故爲一。（約別教外凡、內凡位）

18.圓教六根清淨智鄰眞，故爲一。約別教十信位。

19.圓教初住至等覺同破無明，故爲一。約別教十行、十行、十迴向、十地、等覺位。

20 圓教妙覺佛智無上最尊，故爲一。

如是等隨其類分相似者，或離、或合，判爲二十。

1.3.辨相者

1.天竺世智，極至非想。此間所宗，要在忠孝、五行、六藝、天文、地理、醫方、卜相、兵法、貨法、草木千種皆識，禽獸萬品知名。法是世間法，定是不動定，慧是不動出。邀名利、增見愛，世心所知，故名世智也。

2.五停、四念者，有定故言停，有慧故言觀。觀能翻邪，定能

制亂。五停心是「數息」治散，「不淨」治貪，「慈悲」治瞋，「因緣」治癡，「念佛」治障道。

念處是觀苦諦上四智，治於四倒；四倒不起，由此四觀（身、受、心、法）初翻四倒（凡人四倒：常樂我淨），未入聖理，故言外凡智也。

3.煖法緣四諦境生智，伏煩惱，智更增，成十六觀智。如火鑽木，上下相依，生火燒薪。以有智知有境，能生煖智，令「有」萎悴。如夏時聚華爲積，華生煖氣，還自萎悴。又依陰（五陰）、觀陰，發智火，還燒陰，如兩竹相摩生火，還燒竹林。尊者瞿沙說：求解脫智火，煖最在初。如火，以煙在初爲相。無漏智火亦以煖法在先爲相。如日，明相在初爲相，是故名煖。

4.於正法毘尼（律）中生信，愛敬正法者，緣道諦；信毘尼者，緣滅諦。信煖能緣四諦，云何言二？答：此二（道、滅）最勝，故應先說。又，正法是三諦，毘尼是滅諦。如佛爲滿宿：「我有四句法，當爲汝說，欲知不？當恣汝意。」四句即四諦也。所有布施、持戒，盡向解脫，是其意趣。色界定起，是其依。於自地前生善根，是相似因緣。於四眞諦，頂是其功用果。自地相似，後生善根，是依果。色界五陰是其報。涅槃決定因及不斷善根，是其利。十六行是其行，是緣生，是修慧。色界繫三三昧，三根隨所說，相應眾多心，是退。

煖有三種：謂下下、下中、下上。頂有三：中下、中中、中上。忍有二種：上下、上中。世第一有一種：謂上上。此四善根以三言之，煖是下，頂是中，忍、世第一是上。復有說者：煖有二：謂下下、下中。頂有三：謂下上、中下、中中。忍有三：謂中上、上下、上中。世第一法有一：謂上上。亦以三言之，煖是下下，頂是下中，忍是中上，世第一是上上。瞿沙云：「煖有下三，頂有六：下下乃至中上。忍有八：下下乃至上中。世第一但上上。以三言之，煖法一種，謂下。頂法二種，謂下、中。忍有三種，謂下、

中、上。世第一有一種，謂上。」煖有二捨：一、離界地，二、退時。退時捨，墮地獄，作五無間而不斷善根。頂亦如是。忍唯一捨，不墮地獄。

5.頂法者，色界善根，有動、不動，住、不住，有難、不難，斷、不斷，退、不退。

就動乃至退者，有二：下者是煖，上是頂。

彼不動乃至不退者爲二：下者是忍，上者是世第一法。

復有說者，應言下頂。所以者何？在煖法頂，故名頂。在忍法下，故名下。復有說者，如山頂之道，人不久住。若無難，必過此到彼；若遇難，即便退還。行者住頂不久，若無難必到忍；有難退還煖。猶如山頂，故名頂。

6.云何爲觀？於佛、法、僧生下小信。小信者，此法不久停，故言下小。此信緣佛生小信，是緣道諦。緣法生下小信，是緣滅諦。

問：應能緣四諦，云何言緣二諦？

答：道、滅勝故。清淨無過，是妙、是離。能生信處，爲生受化者信樂心故。若世尊說苦、集是可信敬者，則無受化者。此煩惱、惡行，邪見、顛倒，云何可敬信？我常爲此逼迫。受化者於道、滅生欣樂，是故說二也。

若能親近善友，從其聞隨順方便法，內心正觀，信佛菩提，信善說法，信僧清淨功德，是說信寶。說色無常，乃至說識無常，是說信陰。知有苦、集、滅、道，是說信諦。若如是即住頂，若不如是即頂退。

7.忍法觀者，正觀欲界苦，色、無色界苦。欲界行集，色、無色界行集。欲界行滅，色、無色界行滅。斷欲界行道，斷色、無色界行道。如是三十二心，是名下忍。

行者後時，漸漸減損行及緣，復更正觀欲界苦，色、無色界苦，乃至觀斷欲界行道，除觀斷色、無色界行道，從是中名中忍。

復更正觀欲界苦，觀色、無色界苦，乃至觀色、無色界行滅，除滅一切道。復正觀欲界苦，色、無色界苦，乃至觀欲界行滅，除色、無色界行滅。復正觀欲界苦，乃至觀色、無色界行集，除滅一切滅。復正觀欲界苦，乃至觀欲界行集，除色、無色界行集。復正觀欲界、色、無色苦，除一切集。復正觀欲界苦，除色、無色界苦。復正觀欲界常，相續不斷，不遠離。如是觀時，深生厭患，復更減損，但作二心觀於一行，如似苦法忍、苦法智。如是正觀，是名中忍。復以一心觀欲界苦，是名上忍。

初果八忍、八智。

三果重慮緣眞，九無礙、九解脫智。

支佛用總相、別相，如約三世明苦、集，分別十二因緣，即別相相也。

六度緣理智弱，伏而未斷；事智強，能捨身命財，無所遺顧。聲聞能發眞成聖，猶論我衣、我鉢，互論強弱。

通教聲聞，總相一門，達俗即眞。

通教緣覺，能於一門總相、別相，達俗即眞。

通教菩薩，能於四門總相、別相，俗達即眞。又能遍四門出假，教化眾生。

十信信果眞如實相，爲求此理，起十信心。

十住正習入空，傍習假中。

十行正習假，傍習中。

十迴向正習中。

初地證中；二地已上，重慮於中。

三藏佛一時用三十四心：八忍、八智、九無礙、九解脫，斷正習盡。

通佛坐道場，一念相應慧，斷餘殘習氣。別教佛用金剛後心，斷一品無明究竟盡成佛。或言：斷時是等覺。佛無所斷，但證得圓滿菩提具足耳。圓五品不斷五欲而淨諸根，具煩惱性，能知如來祕

密之藏。

六根淨位獲相似中道智。

初住獲如來一身無量身，入法流海中行，任運流注。後位可解，不復記。

（3.2）明智照境者

（一）二十智照十如境

*二十智照十如境

1.世智：照六道十如

2.五停心四念處智：照二乘十如

四善根智：照二乘十如

四果智：照二乘十如

支佛智：照二乘十如

體法聲聞智：照二乘十如

體法支佛智：照二乘十如

體法菩薩入眞方便智：照二乘十如

3.六度智：上求，照菩薩十如；下化，照六道十如

通教出假菩薩智：同上

四十心智：同上

4.十地智：次第照，照菩薩十如；不次第照，照佛十如

5.圓教五品弟子智；照佛界十如

六根清淨智：照佛界十如

初住至等覺智：照佛界十如

妙覺智：照佛界十如

（1）世智照六道十如。

（2）五停心智去至體法，凡七智，照二乘十如。

（3）六度及通教出假菩薩智兩屬，上求照菩薩十如，下化照六道十如。

（4）四十心智亦兩屬：上求照菩薩十如，下化照六道十如。

（5）十地智兩屬，次第照，照菩薩十如；不次第照，照佛十如。

（6）五品去，凡四智，皆照佛界十如。

（二）二十智照四種十二因緣境者

*二十智照四種十二因緣境：

1.藏教七智：世智、五停心四念處智、四善根智、四果智、支佛智、三藏佛智：照思議生滅十二因緣境

2.通教五智：通教聲聞智、支佛智、通教菩薩入眞方便智、通教菩薩出假智、通教佛智：照思議不生不滅十二因緣境

3.別教四智：別教十信智別教、別教三十心智、十地智、別教佛智：照不思議生滅十二因緣境

4.圓教四智：圓教五品弟子智六根清淨智初住至等覺智妙覺佛智：照不思議不生不滅十二因緣境

（1）藏教：世智、五停、四念、四果乃至支佛、六度、三藏佛，凡七智，照思議生滅十二因緣境。

（2）通教三乘入眞方便智、出假智、佛智凡五智，照思議不生不滅十二因緣境。

（3）別教十信、三十心、十地、佛凡四智，照不思議生滅十二因緣境。

（4）圓教四智，照不思議不生不滅十二因緣境。

（三）二十智照四種四諦者

（1）三藏等七智，照生滅四諦境。

（2）通教五智，照無生滅四諦境。

（3）別教四智，照無量四諦境。

（4）圓教四智，照無作四諦境。

（四）二十智照二諦者

（1）藏教七智是照析空之二諦。

（2）通教五智是照體空之二諦。

（3）別圓八智照顯中之二諦。其間別、圓相入者，可以意得。

（五）明二十智照三諦者

（1）藏教前七智照無中之二諦（藏教、通教），是因緣所生法，皆屬俗攝。

（2）通教五智照含中之二諦（別、圓入通）即空一句，皆屬眞諦攝也。

（3）別圓八智照顯中之二諦（圓入別、圓）即是假名，亦名中道，二句皆屬中道諦攝也。

（六）二十智照一實諦者

此須引《釋論》明四悉檀，皆名爲實。世界故實，乃至第一義故實。當知實語亦通四諦，生滅故實，無生滅故實，無量故實，無作故實。

（1）三藏七智照生滅之實。

（2）通教五智照無生滅之實。

（3）別教四智照無量之實。

（4）圓教四智照無作之實。前後諸實。

（七）二十智無諦、無照者

無諦無別理，若於四種四諦得悟，不復見諦與不諦，故無諦亦通也。

（1）前七智照生滅之無諦，生生不可說故。

（2）次通教五智照無生滅之無諦，生不生不可說故。

（3）別教四智照無量之無諦，不生生不可說故。

（4）次圓教四智照無作之無諦，不生不生不可說故。

前、無諦是權，後、無諦是實，此就言教。若就妙悟同於聖人心中所照者，則不見有權實，故非權非實。方便說權，方便說實。會理之時，無復權實，故稱非權非實爲妙也。

五、明粗妙者

（1）前十二番智（藏教七智，通教五智）是粗，後八番智爲妙。何者？藏、通等佛，自是無常，亦不說常，彼二乘菩薩何得聞常、信常、修常？是故爲粗。別教十信初已聞常，信、修於常，尚勝彼佛，何況餘耶？是故爲妙。

別教四智，三粗一妙。圓教四智，悉皆稱妙。何者？地人云：「中道乃是果頭能顯，初心學者仰信此理，如藕絲懸山。」故說信、行皆非圓意也。故十信智爲粗。十住正修空，傍修假、中。十行正修假，傍修中。十迴向始正修中。此中但理，不具諸法，是故皆粗。登地智破無明，見中道，證則爲妙。類如通、藏兩種，俱得道，而三藏門拙。今別教亦爾，教門皆權，而證是妙。

（2）圓教四智皆妙者，如法相說，如說而信，如理而行，始論五品，終竟妙覺，實而非權，是故皆妙。是名待粗智說妙智也。

（3.3）對境明智

又二：一、對五境，二、展轉相照對境。

（一）應對十如境。此既一經之意，處處說之，可解故不復釋

（二）對四種十二因緣明智者

「大經」云：「十二因緣有四種觀：下智觀故，得聲聞菩提。中智觀故，得緣覺菩提。上智觀故，得菩薩菩提。上上智觀故，得佛菩提。」何者？十二因緣本是一境，緣解不同，開成四種。

（三）今以四教意釋之

（1）下智：三藏具有三人，而皆以析智觀界內十二因緣事，爲初門。然析智淺弱，三人之中，聲聞最劣。以劣人標淺法，故名下智。

所言下智觀者，觀受由觸，觸由入，入由名色，名色由識，識由行，行由無明。無明顛倒不善思惟，致不善行，感四趣識、名色等。若善思惟，致善行，感人天識、名色等。觀此無明，念念無常，前後不住。所生善惡，遷變速朽。所受名色，衰損代謝。煩

惱、業、苦，更互因緣，都無暫停。過去二因現在五果；現在三因，未來二果。三世迴復，猶若車輪。癡惑之本，既無常、苦、空、無我，則無明滅。無明滅故，諸行滅，乃至老死滅。是名子縛斷。無子則無果，滅智灰身，離二十五有，是名果縛斷。則是下智觀十二因緣，得聲聞菩提也。

（2）中智：通教亦有三人，同以體智觀界內十二因緣理，體法雖深，望藏為巧，望別未巧。三人之中，緣覺是中。以中人名通法，故言中智。

中智者，觀受由觸，乃至行由無明。無明祇是一念癡心，心無形質，但有名字。內、外、中間求字不得。是字不住，亦不不住。猶如幻化，虛誑眼目。無明體相本自不有，妄想因緣和合而生。無所有故，假名無明。不善思惟，心行所造，以不達無明如幻化故，起善、不善思惟，則有善、不善行，受善、不善名色、觸、受。今達無明如幻故，則諸行亦如化。從幻生識、名色等，皆如幻。愛、取、有、生，三世輪轉，幻化遷改，都無真實。有智之人，不應於中而生愛恚。無明既不可得，則無明不生，不生則不滅。諸行、老死亦不生不滅。不生故，則非新；不滅故，則非故。非故者，無故可畢；非新者，無新可造。無新者，子縛斷；無故者，果縛斷。是名中智觀十二因緣，得緣覺菩提。

（3）上智：別教佛與菩薩，俱知界外十二因緣事，次第菩薩比佛，猶未是上，比於通、藏則是上法，故以上智當名也。

上智觀者，觀受由觸，乃至行由無明。無明祇是癡一念心。心癡故，派出煩惱；由煩惱派出諸業；由業派出諸苦。觀此煩惱，種別不同；不同故，業不同；業不同故，苦不同。諸行若干，名色各異。種種三道，無量無邊，分別不濫。知因此煩惱，起此業，得此苦，不關彼業及彼煩惱。如是三道，覆障三德。破障方便，亦復無量。無明若破，顯出般若；業破，顯出解脫；識、名色破，顯出法身。愛、取、有、老死，亦復如是。自既解已，復能化他。於一切

種，知一切法，起道種智，導利眾生。是名上智觀十二因緣也

（4）圓教佛與菩薩，俱觀界外十二因緣理，初心即事而中。此法最勝故，以佛當名故，言上上智觀也。

上上智觀者，觀受由觸，乃至行由無明，知十二支三道即是三德，豈可斷破三德，更求三德？則壞諸法相。煩惱道即般若，當知煩惱不闇；般若即煩惱，般若不明。煩惱既不闇，何須更斷？般若不明，何所能破？闇本非闇，不須於明。業道即是解脫者，當知業道非縛；解脫即業者，脫非自在。業非縛故，何所可離？脫非自在，何所可得？如神通人，豈避此就彼耶？苦道即法身者，當知苦非生死；法身即生死，法身非樂。苦非生死，何所可憂？法身非樂，何所可喜？如彼虛空，無得無失，不忻不戚。如是觀者，三道不異三德，三德不異三道，亦於三道具一切佛法。何者？三道即三德，三德是大涅槃，名祕密藏，此即具佛果；深觀十二因緣，即是坐道場，此即具佛因。

以四教釋四觀，於義允合。

又四智照四境，境若不轉，其智則粗。四境轉成妙境，粗智即成妙智，仍是待絕之意。

（四）對四種四諦明智者

（1）「大經」云：「知聖諦智，則有二種：中智、上智。中智者，聲聞、緣覺。上智者，諸佛、菩薩。」若依此文，束於體、析，合稱為中。束大乘利、鈍，合稱為上。

（2）今若約根緣利、鈍，內外事、理，開即成四：

1.聲聞根鈍，緣四諦事，即生滅四諦智；

2.緣覺根利，緣四諦理，即無生四諦智；

3.菩薩智淺，緣不思議事，即無量四諦智；

4.諸佛智深，緣不思議理，即無作四諦智也。此乃《大經》之一文。

又云：「凡夫有苦無諦，聲聞有苦、有苦諦。」凡夫不見苦

理，故言無諦。聲聞能見無常、苦、空，故言有諦。即是生滅四諦智也。

又云：「菩薩之人解苦無苦，而有眞諦。」即是體苦非苦，故言無苦；即事而眞，故言有諦。乃是摩訶衍門無生四諦智也。

又云：「知諸陰是苦，知諸入爲門，亦名爲苦。知諸界爲分，亦名爲性，亦名爲知，是名中智。」依前說者，即屬聲聞也。分別諸苦、諸入、界等有無量相，「我於彼經，竟不說之」，是名上智。受、想、行、識，亦復如是。非諸聲聞、緣覺境界，此則異前兩意。既稱上智，又非二乘境界，豈非別教菩薩觀恒沙佛法如來藏理耶？是爲無量四諦智。

又云：「如來非苦、非集、非滅、非道、非諦，是實；虛空非苦、非諦，是實。」非苦者，非虛妄生死。非諦者，非二乘涅槃。是實者，即是實相、中道佛性也。又云：「有苦、有苦因、有苦盡、有苦對，如來非苦乃至非對，是故爲實。」如此明義，既異上三番，豈非無作四諦智耶？

例此一諦爲四，餘三亦應爾。謂有集、有集果，有集盡、有集對；有盡、有盡因，有盡障、有盡障相；有對、有對果，有對障、有對障相。

如來非此四四十六種，但是於實。

如是等智，觀於四諦。諦既未融，智、諦皆粗。獨有非苦、非對、有實，爲妙。若諦圓，智亦隨圓，皆是如來非苦、非諦、是實之妙智也。此即待絕兩意。

（五）對二諦境明智者

權、實二智也。上眞、俗二諦既開七種，今權、實二智亦爲七番：內外相即、不相即四也，三相接合七也。若對上數之：

析法權實二智，體法二智，體法含中二智，體法顯中二智，別二智，別含圓二智，圓二智。上七番各開隨情、隨情智、隨智，合二十一種諦。今七番二智，亦各開三種：謂化他權實、自行化他權

實、自行權實,合二十一權實也。

（1）

1.若析法權實二智者:即藏教二諦。照森羅分別爲權智,盡森羅分別爲實智。說此二智,逗種種緣,作種種說,隨種種欲、種種宜、種種治、種種悟,各隨堪任,當緣分別。雖復種種,悉爲析法權實所攝,故有化他二智。化他二智,隨緣之說,皆束爲權智;若內自證得,若權、若實,俱是實證,束爲實智。內外相望,共爲二智,故有自行化他權實二智也。

就自證權實,唯獨明了,餘人不見,更判權實,故有自行二智也。

今更約三藏重分別之。

此佛化二乘人,多用化他實智。二乘稟此化他之實,修成自行之實,故佛印迦葉云:「我之與汝,俱坐解脫床。」即此義也。

若化菩薩,多用化他權智。其稟化他之權,修學得成自行之權,佛亦印言:「我亦如汝(云云)。」

此三種二智,若望體法二智,悉皆是權。故龍樹破云:「豈有不淨心中修菩提道?猶如毒器,不任貯食,食則殺人。」此正破析法意也。故皆是權。

2.體法權實二智者,即通教二諦。體森羅之色,即是於空。即色是權智,即空是實智。《大品》云:「即色是空,非色滅空。」正是此義。爲緣說二,緣別不同,說亦種種;雖復異說,悉爲化他權實所攝,故有化他二智。化他二智既是隨情,皆束爲權;內證權實既是自證,悉名爲實。

以自之實對他之權,故有自行化他二智也。

就自證得又分權實,故有自行二智也。

此三二智望含中二智,復皆名權。何者?無中道故。

3.體法含中權實二智者,即別入通二諦。體色即空不空。照色是權智;空不空是實智。說此二智,赴無量緣,隨情異說;雖復無

量，悉是含中二智所攝，故有化他二智。

化他二智本是逗機，皆名爲權；自證二智皆名爲實。於自證二智更分權、實，故有自行二智。此三二智望顯中二智，悉皆是權。何者？帶於空眞及教道方便故。

4.體法顯中權實二智者，即圓入通二諦。體色即空不空，一切法趣空不空。了色是權智；空不空、一切法趣空不空是實智。爲緣說二，緣既無量，說亦無量；無量之說悉爲顯中二智所攝，故有化他二智。化他二智既是隨緣，悉名爲權；自證二智既是證得，悉名爲實。

以自望他故，有自行化他二智。就自證二智，更分權實。此三二智望別權實二智，悉皆是權。何者？帶即空及教道方便故。

5.別權實二智者，即別教二諦。體色即空、不空。色、空俱是權智；不空是實智。以此二智，隨百千緣，種種分別；分別雖多，悉爲次第二智所攝，故有化他二智。化他二智悉是爲緣，皆名爲權；自證二智既是證得，悉名爲實。以自對他故，有自他二智。就自證權實，自分二智故，有自行二智。此三二智望別含圓二智，悉復是權。何者？以次第故、帶教道故。

6.別含圓權實二智者，即圓入別二諦。色空、不空，一切法趣不空。色空名權智；一切法趣不空爲實智。以此二智隨百千緣，種種分別；分別雖多，悉爲別含圓二智所攝，故有化他二智。化他二智既是爲緣，悉皆是權；自證二智既是證得，悉名爲實。自他相望，共爲二智。就自證得，更分權實，故有自行二智。此三二智望圓二智，悉復是權。何者？帶次第及教道故。

7.圓權實二智者，即圓教二諦。即色是空、不空，一切法趣色、趣空、趣不空。一切法趣色、趣空是權智；一切法趣不空是實智。如此實智即是權智，權智即實智，無二無別。爲化眾生，種種隨緣、隨欲、隨宜、隨治、隨悟。雖種種說，悉爲圓二智所攝，故有化他二智。化他二智既是隨情，悉復是權；自證二智，悉名爲

實。就自證中，更分二智，故有三種不同也。此之二智，不帶析法等十八種二智方便，唯有真權、真實，名佛權實。如經：「如來知見廣大深遠，方便波羅蜜皆悉具足。」獨稱為妙，待前為粗。

又，從析法二智至顯中二智，凡十二種二智，待前皆名為粗，顯中為妙。何以故？此妙不異後妙故。

又從次第二智，凡九種二智，待前為粗，不次第為妙。

又前十八種二智皆粗唯不次第三種為妙。又不次第二種為粗，一種為妙。

（2）又歷五味教者

1.乳教具三種、九種二智。

2.酪教一種、三種二智。

3.生蘇四種、十二種二智。

4.熟蘇具三種、九種二智。

5.此經但二種、三種二智。

若酪教中，權實皆粗；醍醐教中，權實皆妙。餘三味中，權實有粗有妙，可以意推。

（3）若開粗顯妙者，諸方便諦既融成妙諦，對諦立智，悉非復粗。如賤人舍，王若過者，舍則莊嚴；如眾流入海，同一鹹味。開諸粗智，即是妙智也。

（4）今對七種二諦，明二十一種權實，以為章門。若得此意，約因緣境，亦應如此。謂析因緣智、體因緣智、含中因緣智、顯中因緣智、次第因緣智、帶次第因緣智、不次第因緣智，一一各有化他、自行化他、自行等三種分別，合有二十一種；分別粗妙、判五味多少、論待絕等。

（5）四諦、三諦、一諦等，亦應如是。當自思之，何煩具記也。

（六）對三諦明智者

（1）夫三智照十法界，束十為三：謂有漏、無漏、非有漏非

44

無漏。三法相入，分別有五：

　　一、別入通三諦境：謂非漏非無漏入無漏（中諦）、對漏（世諦）、無漏（眞諦）。

　　二、圓入通三諦境：謂一切法入無漏（中諦）、對漏（世諦）、無漏（眞諦）。

　　三、別教三諦境：非漏非無漏（中諦）、漏（世諦）、無漏（眞諦）。

　　四、圓入別三諦境：謂一切法趣非漏非無漏（中諦）、對漏（世諦）、無漏（眞諦）。

　　五、圓教三諦境：一切法趣非漏非無漏（中諦）、一切法趣漏（中諦）、一切法趣無漏（眞諦）。

　　（2）更說五境竟，對此五境明三智者，謂一切智、道種智、一切種智。

　　三智相入五種不同：即五種三諦境在空智（聲聞智）、假智（菩薩智）、中智（佛智）之五種三智（一切智、道種智、一切種智）之情形。

　　一、別入通三智：中智入空智，但異空而已。

　　二、圓入通三智：如來藏智入空智，不空，具一切法。

　　三、別三智：中智對空智，道種智（非空非假，但理而已）。

　　四、圓入別三智：如來藏智入中智，即空即假，具足佛法。

　　五、圓三智。空智是即假即中，具足佛法；假智是即空即中，具足佛法；中智是即空即假，具足佛法。

215-1-2b. 法華玄義的大綱為何？五種三諦境之五種三智

　　*五種三諦境之五種三智

　　（1）空智（聲聞智）

1.別入通三智：一切智

2.圓入通三智：一切智

3.別三智：一切智

4.圓入別三智：一切智

5.圓三智：空智-即空即假即中具足佛法

（2）假智（菩薩智）

1.別入通三智：道種智

2.圓入通三智：道種智

3.別三智：道種智

4.圓入別三智：道種智

5.圓三智：假智-即空即假即中具足佛法

（3）中智（佛智）

1.別入通三智：一切種智-中智入空智（但異空而已）

2.圓入通三智：一切種智-如來藏智入空智（不空，具一切法）

3.別三智：一切種智-中智對空智、道種智（非空非假，但理而已）

4.圓入別三智：一切種智-如來藏智入中智（即空即假，具足佛法）

5.圓三智：中智-即空即假即中具足佛法

1.如來藏智入空智，分別三智者（此屬圓入通三智）；依漏、無漏發一切智、道種智，不異前。而後不因別境，更脩中智。但深觀空，能見不空，不空即如來藏。藏與空合，故言相入。以深觀空見不空故，發一切種智。前中道智但顯別理。理之與智，不具諸法。藏理、藏智具一切法，故異於前。以藏智對兩智，爲三智也。《大經》云：「聲聞之人，但見於空，不見不空。」「智者見空，及與不空。」《大品》云：「一切智是聲聞智；道種智是菩薩智；一切種智是佛智。」即此意也。中智對兩成三智者，各緣一境，各發一

智，次第深淺，不相濫入。故《地持》云：「種性菩薩發心欲除二障，有佛、無佛決定能次第斷諸煩惱。」即此意也。

2.如來藏智入中智爲三智者（即屬圓入別三智）：兩智不異前，一切種智小異。何者？前明中境，直中理而已。欲顯此理，應修萬行，顯理之智，故名一切種智耳。今如來藏理含一切法，非直顯理之智，名一切種智，與前爲異。用此智對前爲三智也。故地論師云：「緣修顯眞修，眞修發時，不須緣修。」前兩智即是緣修，後智發時即是眞修。眞修具一切法，不須餘也。即是此義。

3.圓三智者，有漏即是因緣生法，即空、即假、即中；無漏亦即假、即中；非漏非無漏亦即空、即假。一法即三法，三法即一法；一智即三智，三智即一智。智即是境，境即是智，融通無礙。如此三智，豈同於前。《釋論》云：「三智一心中得，無前無後，爲向人說令易解故，作三智名說耳。」即是此意。

4.若欲顯智，要須觀成。汎論觀、智俱通因果；別則觀因智果。例如佛性，通於因果；別則因名佛性，果名涅槃。今就別義，以觀爲因，成於智果。如《瓔珞》云：「從假入空名二諦觀；從空入假名平等觀；二觀爲方便道，得入中道第一義諦觀。」今用從假入空觀爲因，得成於果，名一切智；用從空入假觀爲因，得成道種智果；用中觀爲因，得成一切種智果也。

5.上明於智，略有五種。今以觀成，亦應五種。細作可知。修觀，義如《止觀》。

6.言粗妙者

a.藏、通兩佛雖有一切種智之名，更無別理，不破別惑，此智不成故不用也。

b.中入空智者，雖說中道因，於通門而成兩智，後照中道，無廣大用。因於拙教，果又不融，是故爲粗。

c.次如來藏入空智者，教果理雖融，因是通門，亦名爲粗。

d.中對二智者，雖不因通，而三智別異，果教未融，是故爲

粗。

e.如來藏入中者，在果雖融，因是別門，此因亦粗。

f.圓三智者，因圓果圓，因妙果妙，諦妙智妙，正直捨方便，但說無上道，是故爲妙智也。

7.若歷五味教者

乳教有三種三智；

酪教一種三智；

生蘇具五種三智；

熟蘇亦具五種三智；粗妙可知。

法華但一種三智，此是法華破意，即相待妙也。

開粗明妙者，世智無道法，尚以邪相入正相；治生產業，皆與實相不相違背；低頭舉手，開粗顯妙，悉成佛道，何況三乘出世之智！故《大經》云：「聲聞、緣覺亦實亦虛。斷煩惱故，名之爲實；非常住故，名之爲虛。」凡夫未斷煩惱，無實唯虛，尚開粗入妙即是大乘，何況二乘之智！二乘之智，根敗心死尚得還生，何況道種之智！如此開時，一切都妙，無非實相。七寶大車，其數無量，此是法華會意，即絕待妙也。

五、對一諦明智者，即是如實智也。《釋論》云：「諸水入海，同一鹹味。諸智入如實智，失本名字。」故知如實智總攝一切智，純照一境，故總眾水俱成一鹹也。若待十智爲粗，如實智爲妙。若待諸實智，諸實智名粗，中道如實智名妙。若開粗顯妙者，非但諸實智爲妙，十智亦名妙（云云）。

無諦無說者，既言無諦，亦復無智。若歷諸處明無諦者，餘方便無諦無智爲粗，中道無諦無智爲妙。若以杜口絕言，無諦無智者，亦無粗無妙，無待無絕，歷一切法皆無粗無妙也。

二、展轉相照者，六番之智，傳照前諸境思議因緣。下智、中

智，照六道十如性相等。下、中二智觀十二因緣滅者，照二乘十如性相等。上智照菩薩性相本末等。上上智照佛法界性相本末等。四種四諦智照十法界者，生滅、無生等苦集智，照六道十如相性。生滅、無生道滅智，即是照二乘十如相性。無量，無作苦集智，照菩薩界性相等。無量、無作道滅智，照佛法界相性本末等。

　　四種四諦智照四十二因緣者，生滅、無生苦集智，照思議兩十二因緣也。生滅、無生滅兩道滅智，是照兩思議十二因緣滅也。無量、無作兩苦集智，照不思議兩十二因緣也。無量、無作道滅智，照不思議兩十二因緣滅也。

　　七種二智照十法界者，生滅、無生滅兩權智，及入通等二，合四權智，照六道性相。生滅、無生滅兩實智，照二乘性相等。別權、圓入別權，有邊是照六道性相；無邊是照二乘性相。圓權則通照九界性相。別入通實，空邊是二乘性相；不空邊是菩薩性相。圓入通實，空邊是二乘性相；不空邊是照佛界相性。別實是照菩薩性相。圓入別實、圓實，俱照佛法界相性也。

　　七種二智照四種因緣者，前四權是照思議兩十二緣。別權、圓入別權，有邊是照兩思議十二緣；無邊是照兩十二緣滅。圓權入通。別入通實，空邊是照思議十二緣滅；不空邊是照不思議十二緣。圓入通實，空邊同上，不空邊是照不思議十二緣滅。別實照不思議兩十二緣滅。圓實照兩不思議十二緣滅等。前四種權智是照生滅、無生滅兩苦集；又三權智照無量、無作苦集。二實智是照思議兩道滅；又五實智是照不思議兩道滅。

　　五種三智照十法界者，五種道種智，照六道性相本末等。五種一切智，照二乘、菩薩性相本末等。五種一切種智，照佛法界十如相性等。

　　又，五種三智照四種十二因緣者，五種有智，照思議兩十二緣。五種一切智，照兩思議十二緣滅；又是照不思議十二緣。五一切種智，是照兩不思議十二緣滅。

　　五種三智照四種四諦者，五道種智，照生滅、無生兩苦集。五種一切智，照生滅、無生兩道滅，亦是照無量、無作兩苦集。五種一切種智，是照無量、無作兩道滅。

　　五種三智照七種二諦者，五道種智，是照四種俗諦。五種一切智，是照兩種眞諦；亦是照別、圓入別、圓三種俗諦。五種一切種智，是照五種眞諦。

　　一如實智，是照佛界十如性相、又是照不思議十二因緣、又是照無作四諦、又是照五種眞諦、又是照五種中道第一義諦。

　　無諦無說與十相性如合，與不思議十二緣滅合，與四種不生不生合，與眞諦無言說合，與中道非生死非涅槃合。

　　如此等諸智，傳傳照諦，諦若融，智即融，智諦融名之爲妙。如此等皆是方便說言稱妙、不妙。見理之時，無復權實，非權非實，亦無妙與不妙，是故稱妙也。七種二諦，五種三諦，更相間入，餘諸境亦有此意。七種二智、五種三智，既相間入者，餘諸智亦有此意。例自可作。

215-1-3.法華玄義的大綱為何？第三行妙

　　第三、行妙者，爲二：一、通途增數行，二、約教增數行。

　　一、通途增數行

　　夫行名進趣，非智不前。智解導行，非境不正。智目行足，到清涼池。而解是行本，行能成智，故行滿而智圓。智能顯理，理窮則智息。

　　妙行者，一行一切行。如經：「本從無數佛，具足行諸道。」又云：「無量諸佛所，而行深妙道。」又云：「盡行諸佛所有道法。」既具、復深、又盡。具即是廣，深即是高，盡即究竟。此之

妙行，與前境、智，一而論三，三而論一。

前對境明智，今亦應對智明行。

《釋論》云：「菩薩行般若時，以一法爲行，攝一切行；或無量一法爲行，攝一切行。…或無量十法百千萬億法爲行，攝一切行。」行雖眾多，以智爲本。智如導主，行若商人。智如利針，行如長線。用此增數諸行，爲前十如諦智所導，乃至一實諦智所導。若得此意，以正智導眾行入正境中，此義唯可懸知，不可載記。

二、約教增數者

（一）若三藏增數明行

（1）增一數明行者：即一行，不放逸心。

如《阿含》中，佛告比丘：「當修一行，我證汝等四沙門果，謂心不放逸。若能護心不放逸行，廣演廣布，則所作已辦，能得涅槃。」

所言廣演廣布者，以不放逸心，歷一切法，謂三界、六塵皆不放逸，得至涅槃。

（2）增二數明行者：修止、修觀。

《阿含》云：「阿練若比丘，當修二法爲行，謂修止、修觀。若修止時，即能休息諸惡，戒律威儀、諸行禁戒悉皆不失，成諸功德。若修觀時，即能觀苦，如實知之。觀苦集、苦盡、苦出要，如實知之，得盡漏，不受後有。怛薩阿竭亦如是修。」

（3）增三數明行者，謂戒、定、慧，此三是出世梯階，佛法軌儀。

「戒經」云：「諸惡莫作，諸善奉行，自淨其意，是諸佛教。」諸惡即七支過罪輕重非違，《五部律》廣明其相。如是等惡，戒所防止。諸善者，善三業，若散若靜、前後方便、支林功德，悉是清升，故稱爲善。自淨其意者，即是破諸邪倒，了知世間、出世間因果，正助法門，能消除心垢，淨諸瑕穢，豈過於慧？

佛法曠海，此三攝盡。

若得此意，四、五、六、七，乃至百千萬億法爲行，攝一切行亦如是，是名下智導行也。

（二）通教增數行者：一切法皆一相。不定部帙判通教，但取三乘共學法門，指此爲通耳。今且引《釋論》增數，以示其相。《論》云：「菩薩行般若時，雖知諸法一相，亦能知一切法種種相；雖知諸法種種相，亦能知一切法一相。…」

若火中有三大，三大應併熱。若三大在火中，二大遂不熱，則不名火。若三大併熱，則三大捨自性，皆名爲火，無復三大。若言有三大，而細不可知，此與無何異？若可得，則知有細；若無粗，細亦無。如是，則火中諸相不可得，一切法相亦不可得。是故一切法皆一相。此以一相破異相，復以無相破一相，無相亦自滅，如前火木然諸薪已，亦復自燒。是爲觀一切法一相，一相無相。如是無量一切法悉皆一相，一相無相。

（三）別教增數行者：一一行皆破無明。

如善財入法界中說於一善知識所，各聞一法爲行，或如幻三昧，或投巖赴火，發菩提心等，種種一行，皆云：「佛法如海，我唯知此一法門，餘非所知。」乃至一百一十善知識，一一法門皆如是。是一一行皆破無明，入深境界。若二法、三法、百千萬億等法，亦應如是。

（四）圓教增數行者：十種行

一行：一行三昧

二行：止、觀

三行：聞、思、修（戒、定、慧）

四行：四念處

五行：五門禪（無常、苦、空、無我、寂滅）

六行：六波羅蜜（施、戒、忍、進、定、慧）

七行：七善法（時節善、義善、語善、獨一善、圓滿善、清淨

調柔善、無緣慈善）

八行：八正道

九行：九種大禪（自性禪、一切禪、難禪、一切門禪、善人禪、一切行禪、除煩惱禪、此世他世樂禪、清淨淨禪）

十行：十境或十乘觀法。

1.一行法：如《文殊問經》明菩薩修一行三味，當於靜室，結跏趺坐，繫緣法界，一念法界，一切無明顛倒永寂如空。此之一行，即是一切無礙人，一道出生死，一切諸法中，皆以等觀入，解慧心寂然，三界無倫匹，此乃一行攝一切行。

2.增二法為行，攝一切行，所謂止、觀。

3.增三法為行，攝一切行，謂聞、思、修，戒、定、慧。

4.增四法為行，攝一切行，謂四念處。

5.增五法為行，攝一切行，謂五門禪。

6.增六法為行，攝一切行，謂六波羅蜜。

7.增七法為行，攝一切行，謂七善法。

8.增八法為行，攝一切行，謂八正道。

9.增九法為行，攝一切行，謂九種大禪。

10.增十數為行，攝一切行，謂十境界，或十觀成乘等。

增百數、千萬億數、阿僧祇不可說法門為行，豈可具載？若得其意，例可解。

（五）判粗妙

（1）然增數明行，為行不同，須判粗妙。

1.若三藏增數諸行，以生滅智導，但期出苦，止息化城，是故為粗。

2.通教增數諸行，體智雖巧，但導出苦，灰斷是同。

3.別教增數諸行，智導則遠，自淺階深，而諸行隔別，事理不融，是故為粗。

4.圓教增數諸行，行融智圓，是故為妙。

（2）經屬圓增數：

1.如《觀經》云：「於三七日，一心精進。」此就一法論行妙。

2.「若行、若坐，思惟此經。」此就二法論行妙。

3.「若聞是經，思惟修習，善行菩薩道。」此就三法論行妙。

4.「四安樂行」，此就四法論行妙。

5.「五品弟子」，此就五法論行妙。

6.「六根清淨」，此就六法論行妙。如是等待粗論妙也。

（六）開粗論妙

開粗論妙者，低頭舉手，積土弄砂，皆成佛道。雖說種種法，其實為一乘。諸行皆妙，無粗可待，待即絕矣。

三、約五數明行妙

又為二：先、明別五行，次、明圓五行。

（一）明別教五行

有 1 聖行、2 梵行、3 天行、4 嬰兒行、5 病行。

（1）別教聖行有三行

1.戒聖行

1.1.自行五戒

a.具足根本業清淨戒

b.前後眷屬餘清淨戒

c.非諸惡覺覺清淨戒

d.護持正念念清淨戒

e.回向具足無上道戒

1.2.護他十戒

a.藏教：護持禁戒、清靜戒、善戒

b.通教：不缺戒

c.別教兼通教：不析戒、大乘戒

d.圓教：不退戒、隨順戒、畢竟戒、具足諸波羅蜜戒

2.定聖行：世間禪、出世間禪、出世間上上禪

A.世間禪

a.根本味禪：隱沒、有垢、無記。

即十二門禪，有：四禪、四等、四空定。

b.根本淨禪：不隱沒、無垢、有記。

即六妙門、十六特勝、通明禪。（見《佛法三百問》P270-278）

B.出世間禪：觀禪、練禪、熏禪、修禪。

觀禪：九想、八背捨、八勝處、十一切處。（見《佛法三百問》P278-282）

練禪：九次第定（內住、等住、近住、伏住、調柔、寂住、最寂住、專一、等持）。

熏禪：獅子奮迅三昧，可以使上九次第定得以次第無間出，得順逆自在出入。

修禪：頂禪，不但可以次第無間出入，更可以遠近超越自在出入，是禪功德最深。

C.出世間上上禪：九種大禪（見本書 53 頁）

3.慧聖行

a.生滅四諦慧

b.無生滅四諦慧

c.無量四諦慧

d.無作四諦慧

e.二十五三昧破二十五有

如《涅槃》云：「五種之行，謂聖行、梵行、天行、嬰兒行、病行。」聖行有三：戒、定、慧。如經：「菩薩若聞大涅槃，聞已生信，作是思惟：諸佛世尊，有無上道，有大正法、大眾正行。」從此立行。「若聞大涅槃」即是信果，亦是信滅。「有無上道」已

去,是信顯果之行。「無上道」是信慧;「有大正法」是信定;「大眾正行」是信戒。是名信因、信道。

自傷己身及諸眾生,破戒造罪,失人天樂及涅槃樂,即是知集;往來生死,受惡道報,即是知苦;苦、集與戒、定、慧相違,即無道;無道故,不得涅槃,則無滅。

1.戒聖行

1.1.自行五戒

菩薩欲拔苦、集,而起大悲,興兩誓願;欲與道、滅而起大慈,興兩誓願。發誓願已,次則修行。思惟在家逼迫猶如牢獄,不得盡壽淨修梵行;出家閑曠,猶若虛空。即棄家捨欲,白四羯磨,持性重戒、息世譏嫌等無差別,不爲愛見羅剎毀戒浮囊,如《止觀》中說。因是持戒,具足根本業清淨戒、前後眷屬餘清淨戒、非諸惡覺覺清淨戒、護持正念念清淨戒、迴向具足無上道戒。

a.根本者,十善性戒眾戒根本,爲無漏心持,故言清淨。

b.前後眷屬餘清淨戒者,偷蘭遮等,是前眷屬;十三等是後眷屬;餘者非律藏所出,諸經所制者,如方等二十四戒之流,名爲餘戒也。

此兩支屬律儀作法,受得之戒也。後三支非作法,是得法,得法時乃發斯戒也

c.非諸惡覺覺清淨戒者,即定共也。尸羅不清淨,三昧不現前。以戒淨故,事障除,發得未來;性障除,發得根本。滅惡覺觀,名定共戒也。

d.護持正念念清淨戒者,即四念處。觀理正念,雖未發眞,由相似念,能發眞道,成道共戒,故名正念念清淨戒。

復次,定共戒依定心發,屬止善義。

道共戒依分別心發,屬行善義。

動、不動俱是毘尼。何者?戒論防止,得定共心,不復起惡;得道共發眞,永無過罪,故俱是戒也。

e.迴向具足無上道戒者，即是菩薩於諸戒中，具四弘、六度，發願要心，迴向菩提，故名大乘戒。

弘誓如前說。

六度者，厭惡出家，捨於所愛，即是檀；纖毫不犯，拒逆羅剎，即是尸；能檢節身心，安忍打罵，名生忍；耐八風寒熱貪恚等，名法忍；

愛見不能損，即是羼提；

守護於戒犯心不起，即是精進；

決志持戒，不為狐疑所誑，專心不動，名為禪；

明識因果，知戒是正順解脫之本，出生一切三乘聖人，非六十二見雞狗等戒，名為般若。

1.2.護他十戒

又別發願，要制己心。寧以此身臥於熱鐵，不以破戒受他床席。

1.十二誓願自制其心。又更發願，願一切眾生得護持禁戒，得清淨戒，善戒，不缺戒，不析戒，大乘戒，不退戒，隨順戒，畢竟戒，具足諸波羅蜜戒。以此十願，防護眾生。菩薩一持戒心，若干願行以莊嚴戒，諸餘行心亦應如是。

2.然護他十戒，從自行五支中出：從根本、眷屬兩支出禁戒、清淨戒、善戒。何者？篇聚作法即是禁戒。禁戒若發無作，乃名清淨，清淨即止善：而言善戒，即是行善也。

3.從非惡覺覺清淨戒，開出不缺戒。何者？雖防護七支，妄念數起，致有缺漏。若發未來禪，事行不缺；得根本禪，性行不缺。

4.從護持正念念清淨戒，開出不析戒，即道共戒也。滅色入空是析法道共；今體法入空，故名不析。又內有道共；則戒品牢固，不可破析也。

5.從迴向具足無上道戒，開出大乘、不退、隨順、畢竟、具足波羅蜜戒。

　　a.言大乘者，菩薩持性重、譏嫌等無差別。自求佛道，性重則急；為化眾生，譏嫌則急；小乘自調，性重則急；不度他故，譏嫌則寬。菩薩具持兩種，故名大乘戒。

　　b.不退者，行於非道，善巧方便，婬舍、酒家非法之處，輒以度人，而於禁戒無有退失。如醫療病，不為病所污，故名不退。

　　c.隨順者，隨物機宜，隨順道理，故名隨順戒。

　　d.畢竟者，豎究竟無上之法也。

　　e.具足波羅蜜者，橫一切圓滿，無法不備也。

　　6.「大論」亦明十種戒：不破、不缺、不穿、不雜四種，即是《大經》根本支中，禁戒、清淨戒、善戒、不缺戒。

　　「論」隨道戒，即是《大經》護持正念支中不析戒也。

　　「論」無著戒，即是《大經》迴向支中不退戒。

　　「論」智所讚戒，即是《大經》大乘戒「論」自在戒，即是《大經》自在戒。「論」隨定戒，即是《大經》隨順戒。「論」具足戒，即是《大經》波羅蜜戒。《大經》明畢竟，《論》言隨定，此大同小異，於義無失。

　　7.「涅槃」欲辨菩薩次第聖行，故具列諸戒淺深、始終、具足。善能護持，即入初不動地，不動、不退、不墮、不散，是名戒聖行。戒聖行既從始淺以至於深，今仍判其粗妙。禁、淨、善三戒屬律儀，律儀通攝眾，故定尊卑、位次緒。雖有菩薩、佛等，不別立眾，故戒法是同，但以佛菩提心為異耳。故知律儀等三戒，三藏攝。

　　不缺是定共，根本禪是事，亦屬三藏攝，是故為粗。

　　不析戒是體法道共，即通教攝。大乘、不退等別教攝，亦兼於通。通有出假，隨機順理，於道不退。然依真諦，不及別人，別人為妙也。

　　隨順、畢竟、具足等，圓教攝。

　　不起滅定現諸威儀，不捨道法現凡夫事，故名隨順。

唯佛一人具淨戒，餘人皆名污戒者，故名畢竟戒。

戒是法界，具一切佛法、眾生法，到尸彼岸，故名具足波羅蜜戒。

2.定聖行者，略為三：一、世間禪。二、出世禪。三、上上禪。

2.1.世間禪

世禪復二：

（1）根本味禪：隱沒、有垢、無記。

（2）根本淨禪：不隱沒、無垢、有記。

根本者，世、出世法之根本也。《大品》云：「諸佛成道，轉法輪，入涅槃，悉在禪中。」若能深觀根本，出生勝妙上定，故稱根本也。

隱沒者，闇證無觀慧也。

有垢者，地地生愛味也。

無記者，境界不分明也。

此有三品：謂禪也、等也、空也。即十二門禪也。

（1）根本味禪

初修方便，當善簡風喘，明識正息，安徐記數，莫令增減。若數微細，善解轉緣，調停得所，當證前方便法。或粗、細住，皆有持身法起，進得欲界定，或未到定。八觸發動，五支成就，是發初禪。《大論》云：「已得離婬火，則獲清涼定。如人大熱悶，入冷池則樂」（云云）。若欲進上離下者，凡夫依六行觀，佛弟子多修八聖種。

行者於初禪覺、觀支中，厭離覺、觀，以初禪為苦。粗、障二法動亂定心故苦：從二法生喜、樂，故粗；二法翳上定，故障。二禪異此，名勝、妙、出。總而言之，一、知過不受著，二、訶責，三、析破，得離初禪，是修二禪相。善巧攀厭，則內外皎然，與喜

俱發，四支成就。故《論》云：「是故除覺、觀，得入一識處，內心清淨故，定生得喜樂」（云云）。二禪中，既離覺、觀，不得作方便。出定時，修習厭下進上，亦有六行，如棄初禪方法（云云）。爾時，泯然不依內外，與樂俱發，五支成就。故《論》云：「由愛故有苦，失喜則生憂，離苦樂身安，捨念及方便」（云云）。欲厭下進上，亦有六行，如前（云云）。善修故，心豁開明，出入息斷，與捨俱發，空明寂靜，四支成就。若能知樂患，見不動大安。憂喜先已除，苦樂今亦斷（云云）。

行人既內證四禪，欲外修福德，應學四等。此有通修、別修。通修者，《大論》云：「是慈在色界四禪中間得修。」此語則通。別修者，初禪有覺觀分別，修悲則易；喜支修喜易；樂支修慈易；一心支修捨易。復次，初禪修悲易：二禪修喜易：三禪修慈易：四禪修捨易。此則修四無量定之處所也。復次，修時緣前人離苦得樂，歡喜平等之相而入定。發時，內得喜樂平等之法，外見前人離苦得樂；或內得外不見、或外見內不得，分別邪正（云云）。

行人欲出色籠，修四空定。滅色存心，心心相依，故名四空。方便者，須訶色是苦本，饑渴寒熱，色為苦聚；讚空為淨妙，離諸逼迫，過一切色，與空定相應，不苦不樂，倍更增長。於深定中，唯見虛空，無諸色相，心無分散。復次，得空定故，出過色界，故名過一切色相；空法持心，種種諸色不得起，故名滅有對相；已得空定，決定能捨色法，不憶戀故，名不念種種色相（云云）。訶下攀上，皆有方便，委在《禪門》（云云）。根本味禪竟。

（2）根本淨禪

不隱沒、無垢、有記，與上相違。此又三品，謂六妙門、十六特勝、通明等也。

（2）-1.六妙門

涅槃是妙，此六能通，故言六妙門。此三法為三根性，慧性多，為說六妙門，此一一門，於欲界中即能發無漏。若定性多，為

說十六特勝。故下地不發無漏，上地禪滿乃能得悟。定慧性等，為說通明。通明觀慧深細，從下至上皆能發無漏。此是隨機之說，若作對治則復別途（云云）。若廣明修習，則攝一切諸禪。今但次第相生，一轍豎意。修此六門，修、證合論，則有十二法。佛言：「遊止三四，出生十二。」即此修數、證數，乃至修淨、證淨。

　　修數者，行人初調和氣息，不澀、不滑，安詳徐數，從一至十，攝心在數，不令馳散，是名修數。與數相應者，覺心任運，從一至十，不加功力，心自住數，息微心細，是名證數。若患數粗，當放數修隨，乃至淨亦各如是。然觀有三義：一、慧觀觀真。二、得解觀即假想觀。三、實觀。此中初用實觀，後用慧觀。

　　修實觀者，於定心中，以心眼諦觀此身，細微入出息相，如空中風；皮、肉、筋、骨三十六物，如芭蕉不實，內外不淨，甚可厭惡。復觀定中喜、樂等受，悉有破壞之相，是苦非樂。又觀定中，心識無常，剎那不住，無可著處。復觀定中善、惡等法，悉屬因緣，皆無自性。如是觀時，能破四倒；不得人我，定何所依？是名修觀。如是修時，覺息出入，遍諸毛孔。心眼開明，徹見身內三十六物，及諸蟲戶，內外不淨；眾苦逼迫；剎那變易；一切諸法，悉見無自性。心生悲喜，無所依倚。得四念處，破四顛倒。是名與觀相應，不能具記（云云）。佛坐樹下，內思安般，一數二隨等，正是此禪。

　　（2）-2.十六特勝者，釋名（云云）。此從因緣得名。

　　修相者，知息入知息出者，此代數息，調息綿細，一心隨息，入時知從鼻至臍，出時知從臍至鼻，隨照不亂。知風、喘、氣為粗；知息為細。入粗即調令細，如守門人，知入知出，惡遮好進。澀滑、輕重、冷煖、久近、難易皆知。知息為命所依，一息不還即便命盡。覺息與命危脆無常，不生愛慢。知息非我，即不生見。若知息長短，對欲界定；知息遍身，對未到地。除諸身行，對初禪覺觀支；受喜對喜支；受樂對樂支；受諸心行對一心支。心作喜，即

61

喜俱禪；心作攝，即二禪一心支。心作解脫，即三禪樂。觀無常，即四禪不動。觀出散，即空處。觀離欲，即識處。觀滅，即對無所有處。觀棄捨，對非想非非想處。觀棄捨時，即便獲得三乘涅槃。若橫論觀慧，即對四念處（云云）。

（2）-3.通明禪者，行者觀息、色、心三事無分別。諦觀出入息，入無積聚，出無分散；來無所經，去無履涉，如空中風，性無所有。息本依身，身本不有。先世妄想，招今四大，圍於虛空，假名為身：頭等六分，三十六物、四微一一非身。觀身由心，心由緣起，生滅迅速，不見住處相貌。但有名字，名字亦空。如是觀息、色、心，不得三性別異。既不得三事，即不得一切法，此是修相。

證者，內證真諦，空如觀解。次第通達此身色息分明，亦知世間天文地理與身相應，能具三界禪定，能知非想有細煩惱，破惑發真得三乘涅槃。悉在《禪門》。世間禪竟。

2.2.出世間禪：明出世間禪者，即有四種，謂觀、練、熏、修。

（1）觀者，謂九想、八背捨、八勝處、十一切處，通稱觀禪。

1.九想

a.行人為破婬火，必須增想純熟。隨所觀時，與定相應。想定持心，心無分散，能除世間貪愛，破六種欲：有人著赤、白、黃、黑等色、或著相貌端嚴、或著威儀姿態、或著語言嬌媚、或著細滑肌體、或著可意之人。此六欲淵，沉沒行者。

b.能修九想，除此六賊：死想破威儀、言語兩欲。脹想、壞想、噉想，破形貌欲。血塗想、青瘀想、膿爛想，破色欲。骨想、燒想，破細滑欲。九想通除所著人欲。又，噉想、散想，除著意人。此九既除於欲，亦薄瞋、癡，九十八使山動。雖是不淨初門，能成大事。如海中屍，依之得度（云云）。

2.背捨名（云云）。背淨潔五欲，捨離著心，故名背捨。修者，行人持戒清淨，發大誓願，欲成大事，端身正心，諦觀是大指，想如大豆，黑脹起。此想成時，更進如狸豆大；更如一指大；更如雞卵大。次二指，三、四、五指。次觀趺底，踵、踝、蹲、膝、髀、臗，悉見腫脹。次觀右腳，亦如是。復當想大小便道、腰、脊、腹、背、胸、脅，悉見腫脹。又觀右胛、臂、肘、腕、掌、五指，又頭、頷等。從足至頭，從頭至足，循身觀察，唯見腫脹，心生厭惡。復當觀壞、膿爛。大小便道，蟲膿流出，臭劇死狗。己身既爾，觀所愛人，亦復如是。內破見我，外破貪愛，久住觀察，除世貪愛。

次除卻皮肉，諦觀白骨。見骨色相異，謂青、黃、白、鴿，如是骨相亦復無我。得此觀時，名欲界定。

次觀骨青時，見此大地東西南北悉皆青相；黃、白、鴿色，亦復如是。此是未到之相。又觀骨人眉間出光，光中見佛，是初背捨成相。如是次第，乃至八背捨發相，具如《禪門》（云云）。

3.八勝處者，初兩勝處位在初禪；三、四兩勝處位在二禪；後四勝處位在四禪。三禪樂多心鈍，故不立也。前背捨，緣中多少不得自在，是故勝處更深細觀察少多好醜，悉使勝知勝見，如快馬能破陣，亦能自制其馬（云云）。

4.十一切處者，以八色兩心，更相淡入，廣普遍滿，轉變無礙，具如《禪門》（云云）。

（2）練禪者，即九次第定也。

上來雖得八禪，入則有間。今欲純熟，令從初淺極至後深，次第而入，中間無有垢滓間礙，令不次第者次第，故名次第。亦是無漏練於有漏，除諸間礙，故名練禪。亦是均調諸禪，令定、慧齊平無間也。《阿毘曇》明熏練，但言以無漏熏四禪。今以無漏通練八地，即是次第入無間三昧也。

（3）熏禪者，即師子奮迅三昧也。前是次第無間入，今亦是

次第無間入，亦能次第無間出，除粗間及法愛味塵；猶如師子，能卻能進，奮諸塵土。行者入出此法，能遍熏諸禪悉令通利、轉變自在，如熏皮熟隨意作物。

（4）修禪者，超越三昧也。

近遠超入，近遠超出，近遠超住，是禪功德最深，故名頂禪。於諸法門，自在出入（云云）。

又，九次第定善入八背捨；奮迅善出八背捨；超越善住八背捨。善入、出、住百千三昧，即此意也。譬如畫師，五彩相淡，出無量色；如世間果，但以四大，出一切五陰。定法亦爾，但以觀、練、熏、修，出生一切神通變化，無種不備。《大經》云：「菩薩住禪得堪忍地。」地能持、能生。一一禪中，皆有慈悲、誓願、道品、六度諸行，無不具足。何者？若於戒、定中明觀慧，即共念處；單論觀，是性念處；通取戒、定等境、智、文字等，是緣念處。又不淨觀破淨顛倒，是身念處；觀諸禪中，心受苦樂，三世內外，受不可得，破樂顛倒，是受念處；觀諸禪心，以有心故，造作善惡，無心則無作者，破我顛倒，是法念處；觀心生滅，前後際斷，破常顛倒，是心念處。

復次，八背捨觀四念處、九次第定練四念處、奮迅熏四念處、超越修四念處。二乘為自滅度，修此五禪，成四枯念處，不名堪忍地。菩薩為化眾生，深觀念處，慈悲誓願，荷負眾生，成四榮念處，是摩訶衍，名堪忍地也。

問：無色無身，云何具四念處？

答：「毘曇」云：「無色有道共戒。戒是無作色，以無漏緣通故，此戒色隨無漏至無色也。」成論人云：「色是無教法，不至無色。」《舍利弗毘曇》云：「無色有色。」當知小乘明義，即有兩意。《大經》云：「無色界色，非諸聲聞所知。」若爾，四念處通無色，亦復何妨？

問：諸禪中，但得明念處，尚無正勤，云何具道品？

答：約位爲言，念處無後品；修行爲義，念處具道品也。《大論》云：「初修善有漏五陰，於有爲法中得正憶念，即念處智慧也。四種精進，即是正勤。定心中修，名如意足。五善根生，名爲根。根增長，名爲力。分別道用，名爲七覺。安穩道中行，名八正道。」初善有漏中已能具此，何須見道方有八正？若念處既具三十七品者，煖、頂等例然。觀禪既爾，練、熏、修等亦然。

然菩薩於一一禪中，隨所入法門，慈悲眾生，如父母得食，不忘其子。愍傷癡闇，不從內自求樂，從他外求，耽荒五欲，求苦得怖失憂，諸欲無樂，爲此起悲。夫欲患如是，何能去之？得禪定樂，則不爲所欺，是故起慈。有四弘誓也。

又諸禪中修六度者，眾生縛著世間，生活業務不能暫捨。菩薩棄之，一心入禪，是名檀。若不持戒，禪定不發；又入禪時，雜念不起，任運無惡是尸。拘檢身口，捍勞忍苦，制外塵不著，抑內入不起，是爲忍。初中後夜，繫念相續，行住坐臥，心常在定，間念不生是名禪那。

2.3.出世間上上禪：即「九種大禪」。此九大禪皆是法界，一切趣禪，造境即眞，一色一香，無非中道。

215-1-4.法華玄義的大綱為何？慧聖行之四種四諦慧

3.慧聖行者，謂四種四諦慧。

（1）生滅四諦慧者，還觀九想、背捨，依、正兩報，腫脹、爛壞不淨之色，是逼迫相、現相、三苦相，是苦諦慧。

以不起迷著依、正，作恩愛奴，運動身口，起三品十惡業，感三途等生，生長相、轉相、二十五有相。又知世間因果，不淨過

患，深愧厭恥。終不殺他活己，奪彼閨身，耽湎不淨，隱曲求直，離合怨親，間構榮辱，內諂外佞，引納無度，縱毒傷道，邪僻失真。不爲不淨，作十惡業；慚愧羞鄙，行三品十善，感三善道生，亦是生長相、轉相、二十五有相。是名集諦慧。

　　觀依、正不淨，破淨顛倒；觀諸受即三苦，破樂顛倒；觀諸行和合，破我顛倒；觀諸心生滅，破常顛倒。別相總相、善巧正勤、如意、根、力、覺、道，向涅槃門。慈悲誓願、六度諸行等，即大乘相。亦是戒、定、慧相，亦是能除相，是名道諦慧。

　　倒不起則業不起；業不起即因不起；因不起故果不起，是名寂滅相，亦二十五有滅相，亦名除相，是爲生滅四諦慧。

　　（2）無生四諦慧者，觀不淨色，色性自空，非色滅空，如鏡中像，無有真實。洞達五受陰空無所有，解苦無苦而有真諦，是苦諦慧。知集由心，心如幻化，所起之集亦如幻化，一切愛見與虛空等，是名集諦慧。道本治集，所治既如幻化，能治亦如幻化，是名道諦慧。法若有生，亦可有滅，法本不生，今則不滅，若有一法過涅槃者，我亦說如幻化，是名滅諦慧。雖知五陰眾生如虛空，而誓度如空之眾生。雖知集無所有，而斷諸妄想，如與空共鬥。雖知道不二相，而勤於空中種樹。雖無眾生得滅度者，而滅度無量眾生。約此即事而真，論道品、六度等（云云），是名無生四諦慧。

　　（3）無量四諦慧者，《大經》云：「佛說四諦，若攝法盡，則不應言：所不說者，如十方土。攝法不盡，應有五諦。」佛言：「四諦攝盡，無第五諦。但苦有無量相，集滅道等皆有無量相。我於彼經，竟不說之。」若是空者，空尙無空，云何無量？當知出假分別之慧也。此慧遍知十法界假、實差別，名苦諦慧；遍知五住煩惱不同，名集諦慧；遍解半、滿、正、助等行，名道諦慧；解半滿十六門，諸滅門不同，是滅諦慧。二乘但服四諦藥，治見、思病，自出生死，於分別則閑。菩薩作大醫王，須解診種種脈，識種種病，精種種藥，得種種差。約此起種種慈悲，行種種行，諸度道

品，成種種眾生，淨種種佛土，廣說如《止觀》（云云）。是名無量四諦慧。

（4）無作四諦慧者，解、惑因緣而成四也。《大經》云：「寶珠在體，謂呼失去，憂愁啼哭。但見其體及瘡，不見寶珠及鏡。唯有憂悲，無復歡喜。」此迷道、滅，而起苦、集。若解瘡體即是寶珠，則喜不哭。因滅無明，即得熾然三菩提燈。此解悟因緣，即是道、滅。道、滅即苦、集。苦、集即道、滅。若爾，則四非四。四既非四，無量亦非無量；無量既非無量，則假非假；假非假故，則空非空。何但即空非空，亦即假非假，雙亡正入，即寂照雙流。《大品》云：「一切種智即寂滅相。」種種行類相貌皆知，名一切種智。寂滅相，即是雙遮、雙亡。行類相貌皆知，即是雙流雙照。無心亡照，任運寂知，故名不可思議，即無作四諦慧。

《大經》云：「無苦、無諦，有實。無集、道、滅、無諦，有實。」實即中道、如來、虛空、佛性。如此觀時，無緣慈悲，拔二邊苦，與中道樂。修色非淨、非不淨，即空、即假、即中、非枯、非榮，中間論滅，一切道品無不具足。遍捨十法界依、正，名檀；中道、道共，到尸彼岸，名戒；

住寂滅忍，二邊不動名忍；

二邊不間，名牢強精進；

入王三昧，住首楞嚴，名禪；

實相般若名智慧；

無謀巧用名方便；

八自在我名力；

無記化化禪名願；

三智一心中得名智。一波羅蜜具十，亦具一切佛法。一行無量行、無量行一行，是如來行，是名無作四諦慧。

修此慧時，即得住於無所畏地，即初歡喜地。離五怖畏，謂不活畏、惡名畏、死畏、惡道畏、大眾威德畏。《大經》云：「不畏貪

欲、恚、癡。」此內無三毒，外離八風，則無惡名畏；若言「不畏
地獄」等，即無惡道畏；若言「不畏沙門、婆羅門」，即無大眾
畏；見中道，則無二死畏；實相智慧常命立，無不活畏。

（5）得入此地，具二十五三昧，破二十五有，顯二十五有我
性。

（5）-1.我性即實性，實性即佛性。開佛之知見，發真中道，
斷無明惑，顯真、應二身，緣感即應百佛世界，現十法界身、入三
世佛智地，能自利、利他，真實大慶，名歡喜地也。

此地具足四德：

破二十五有煩惱名淨；破二十五有業名我；

不受二十五有報名樂；無二十五有生死名常。

常、樂、我、淨，名為佛性顯，即此意也。

《地持》說離五怖畏者，修無我智，我想不生，云何當有我
愛、眾具愛？是離不活畏；不於他人有所求欲，常饒益一切眾生，
是離惡名畏；於我見、我想，心不生，是離死畏；此身命終，於未
來世必與佛菩薩共會，是離惡道畏；觀於世間無與等者，況復過
上，是離大眾畏。《十地經》亦同。《十地論》解云：「是中，第
一、依身；第二、依口；第三、第四依身；第五、依意。」活者，
依身所用眾具，能資於生，名資生；生為活也。此就因中說果，菩
薩無此畏。復次，名字言說皆依口失。護名不為利養，心不悕望他
人恭敬，故名無惡名。第五依意可解。三、四依身。愛善道，憎惡
道，無愛憎身，故無惡道畏。亦不愛憎身，故無死畏。私謂：不畏
貪欲等，無作集壞。不畏惡道，此名無作苦壞。不畏大眾，此是無
作道立。無不活、無死畏，此是見性得常，無作滅立。

（5）-2.破二十五有，有能含果。

2a.有破，故集諦壞；果破，故苦諦壞。

得二十五三昧者，道諦立。

見二十五有我性，我性即佛性，滅諦立。

2b.破二十五有，則無煩惱，是淨德；

破二十五有，果故無苦，是常德；

得二十五三昧是樂；見二十五我性是我，四德宛然矣。

2c.今釋二十五三昧名，依四悉檀意：一、隨時趣立。如人多子，各立一名，使兄弟不濫。二十五三昧亦復如是，各舉一名，令世諦不亂，豈可定執也。二、隨其義便，各從所以而立一名也。三、隨事對當，各有主治，從對得名也。四、理實無名，而依理立字。雖有四意，多用對治、約理以立二十五三昧也。

通釋二十五，各為四意：一、出諸有過患。二、明本法功德。三、結行成三昧。四、慈悲破有。一一皆爾。

（5）-3.二十五有：

1.地獄有，用「無垢」三昧破者，地獄是重垢報處，報因則是垢，謂惡業垢、見思垢、塵沙垢、無明垢（其一）。菩薩先見此過，為破諸垢，修前來所明根本戒，破惡業垢；修前來所明背捨等定，伏見思垢；修前來所明生滅無生滅慧，破見思垢；修前來所明無量慧，破塵沙垢；修前來所明無作慧，破無明垢（其二）。破見思垢故，真諦三昧成；破惡業垢、塵沙垢故，俗諦三昧成；破無明垢故，中道王三昧成（其三）。菩薩自破地獄諸垢時，句句皆有慈悲誓願，冥熏法界。彼地獄有，若有機緣，關於慈悲，以王三昧力，法性不動而能應之。如婆藪、調達，示所宜身，說所宜法。彼地獄中，若有善機，以持戒中，慈悲應之，令離苦得樂；有入空機，以生無生慧等，慈悲應之，令得真諦；有入假之機，以無量慧，慈悲應之，令得俗諦；有入中機，以無作慧，慈悲應之，令得王三昧。先自無垢，今令他無垢，故此三昧名無垢也（下去例如此，不復委記也）。

2.畜生有，用「不退」三昧破者，畜生無慚愧，退失善道，則是惡業故退、見思故退、塵沙故退、無明故退。菩薩為破諸退，修前持戒，破惡業退；修於禪定，伏見思退，修生無生慧，破見思

退；修無量慧，破塵沙退；修無作慧，破無明退。見思破故，得位不退，真諦三昧成；惡業塵沙破故，得行不退，俗諦三昧成；無明破故，得念不退，中道三昧成。本修諸行，皆有慈悲誓願，冥熏法界。彼畜生中，若有機緣，關於慈悲，以王三昧力，不動法性而往應之。宜示何身，宜說何法，為龍、為象、雞鳥、大鷲。若有善機，以戒、定慈悲應之，令出苦得樂；有入空機，以生無生慧慈悲應之，令出有得無，真諦三昧成；有入假機，以無量慧慈悲應之，令免空得假，俗諦三昧成；有入中機，以無作慧，慈悲應之，令出邊入中，王三昧成。菩薩自既不退，令他不退，故名不退三昧也。

3.餓鬼有，用「心樂」三昧破者，此有常獎饑渴惡業苦、見思煩惱苦、客塵闇障苦、無明根本苦。菩薩為破諸苦，修前持戒，破惡業苦；脩定，伏見思苦；修生無生慧，破見思苦；修無量慧，破塵沙苦；修無作慧，破無明苦。破見思苦，無為心樂三昧成；破惡業塵沙苦，多聞分別樂三昧成；破無明苦，常樂三昧成。以本行慈悲，冥熏法界。彼餓鬼道，若有機緣，與慈悲相關，王三昧力，不動法性而往應之，示所宜身，說所宜法。若有善機，以持戒慈悲應之，手出香乳，施令飽滿；有入空機，以生無生慈悲應之，令到無為岸；有入假機，以無量慈悲應之，令遊戲於五道；有入中機，以無作慈悲應之，令淨於三毒根，成佛道無疑。菩薩自既得樂，又令他得樂，是故名為心樂三昧也。

4.阿修羅有，用「歡喜」三昧者，修羅多猜疑怖畏，則有惡業疑怖、見思疑怖、塵沙疑怖、無明疑怖。菩薩為破是諸疑怖而修諸行。修持於戒，破惡業疑怖；修諸禪定，伏見思怖；修生無生慧，破見思怖；修無量慧，破塵沙怖；修無作慧，破無明怖。見思破故，空法喜三昧成；惡業塵沙破故，一切眾生喜見三昧成；無明破故，喜王三昧成。以本諸行、慈悲誓願，冥熏法界。彼修羅中，若有機緣，關於慈悲，以王三昧力，不動法性而往應之，示所宜身，說所宜法。有善機者，應以持戒身慈悲，令離惡業怖；有入空機，

應以生無生慈悲，令離見思怖；有入假機，應以無量慈悲，令離無知怖；有入中機，應以無作慈悲，令離無明怖。自證三喜，令他無復三怖，是故名歡喜三昧。此前悉用對治立名也。

5.弗婆提有，用「日光」三昧破者，日朝出於東，隨便爲名耳。日譬智光，能照除迷惑，東天下人有惡業闇、見思闇、塵沙闇、無明闇。菩薩爲照此諸闇故，修前戒光，破惡業闇；修禪定流光，伏見思闇；修一切智光，破見思闇；修道種智光，破塵沙闇；修一切種智光，破無明闇。破見思闇故，一切智日光三昧成；破塵沙闇故，道種智日光三昧成；無明闇破故，一切種智日光三昧成。以本行慈悲誓願，冥熏法界。彼弗婆提若有機緣，關於慈悲，王三昧力，不動法性而往應之，示身說法。若有事善機，以持戒慈悲應之，令免惡業闇；有入空機，以生無生慈悲應之，令免見思闇；有入假機，以無量慈悲應之，令免無知闇；有入中機，以無作慈悲應之，令免無明闇。自既破闇，亦令他破闇，故稱日光三昧也。

6.瞿耶尼有，用「月光」三昧破者，月夕初現於西，亦隨便立名。月亦照闇，例同日光（云云）。

7.鬱單越，用「熱焰」三昧破者，北方是陰地冰結難銷，自非熱焰赫照，終不融冶。北天下人冰執無我，難可化度；若非智火慧焰，無我所心，終不得度。彼無我所，乃是妄計，猶有自性人我、法我、眞如我。菩薩爲破諸我，修生滅無生滅慧，破性人我；修無量慧，破法我；修無作慧，破眞如我。得人空，成眞諦智焰；得法空，成俗諦智焰；得眞如空，成中道智焰。以本慈悲，冥熏法界。彼鬱單越，若有機緣，關於慈悲，以王三昧力，不動法性，而往應之，示身說法。有善機，應以戒慈悲，令免妄計無我；有入空機，應以生無生慈悲，令免性我；有入假機，應以無量慈悲，令免法我；有入中機，以無作慈悲應之，令免眞如我。自破妄我，令他破妄我，故名熱焰三昧也。

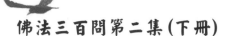

8.閻浮提有,用「如幻」三昧破者,南天下果報雜雜,壽命等不定,猶如幻化。此則從心幻出業,幻出見思,幻出無知,幻出無明。菩薩為破諸幻,從於持戒,幻出無作,破結業幻;從於禪定,幻出背捨;從生無生慧,幻出無漏;從無量慧,幻出有漏;從無作慧,幻出非漏非無漏。見思幻破,真諦幻成;無知幻破,俗諦幻成;無明幻破,中道幻成。故經言:「如來是大幻師。」彼閻浮提,有諸機緣關於誓願,以本慈悲,隨感應之,自破諸幻,成他諸幻,是故名為如幻三昧。餘如上說。

9.四天王有,用「不動」三昧破者,此天守護國土遊行世界,則有果報動,見思、塵沙、無明等動。菩薩修諸行,破諸動,成三昧。誓願熏、機緣感,以本慈悲令他破四動,成三不動,是故名不動三昧。委悉如上說。

10.三十三天有,用「難伏」三昧者,此是地居之頂,即是果報難伏,見思、塵沙、無明等難伏。菩薩修諸行,出其上,破諸難伏,自成三昧。誓願熏他。若有機緣,以本慈悲,令他得證,是故三昧名為難伏。餘如上說。

11.焰摩天有,用「悅意」三昧破者,此天處空,無刀杖戰鬥,以之為悅。此是果報中悅,而未有不動業悅,亦無無漏、道種智、中智等悅。菩薩為破諸不悅而修諸行,自成三諦悅意三昧。誓熏法界。有機緣者,以本慈悲,令他意悅,是故三昧名為悅意。餘如上說。

12.兜率陀天有,用「青」色三昧破者。真諦三藏云:「此天果報樂青,宮殿服玩等一切皆青。」菩薩為破諸青,修第一義,非青黃赤白,而見青黃赤白。第一義非戒、定、慧,而戒、定、慧。以戒破果報青;以生無生慧破見思青。非真見真,非假見假,非中見中,亦復如是。三青障破,自成三諦三青三昧。乃至感應成他三昧,例上可解。

13.「黃色」三昧破化樂天有。

14.「赤色」三昧破他化自在天有。

15.「白色三昧」破初禪有，皆是果報。白等，例青色三昧，大意可解。白色三昧者，初禪離五欲爲白；未離覺觀故是黑。見思、塵沙、無明等黑，破此諸黑，修諸行白，自成三昧。又成他三昧，如上說。

16.「種種」三昧破梵王有者，梵王主領大千界，種類既多，即是果報種種；未見種種空、種種假、種種中。破此種種，修種種行。自成種種，亦成他種種。如上說。

17.二禪，用「雙」三昧者，二禪獨有內淨、喜兩支，餘支與餘禪共，此即果報雙。而未見雙空、雙假、雙中。例如上說。

18.三禪，用「雷音」三昧者，此禪樂最深，如冰魚蟄蟲，是果報著樂，又著空樂、假樂、中樂。爲驚駭諸樂，修諸雷音之行。餘如上說。

19.四禪，用「注雨」三昧者，四禪如大地，具種種種子。若不得雨，芽不得生。一切善根，在四禪中，謂業種、三諦種。修諸行雨，自生三昧；慈悲應機，生他三昧。

20.無想天有，用「如虛空」三昧者，外道非空，妄計涅槃，謂果報非空，三諦皆非虛無。修諸空淨之行，自成、成他。

21.阿那含天，用「照鏡」三昧。此聖無漏天，雖得淨色，但是報淨色。未究盡色空，如鏡未極明；未知色假，如鏡未有影；未知色中，如未達鏡圓。餘如上說。

22.空處，用「無礙」三昧者，此定得出色籠，即果報無礙，未是空、假、中等無礙。餘如上說。

23.識處，用「常」三昧者，此定謂識相續不斷爲常，此乃定報，非三無爲常、化用常、常樂常。例如上。

24.不用處，以「樂」三昧破者，此處如癡，癡故是苦，乃至無明苦。例如上。

25.非想非非想，用「我三昧」破者，一頂天謂是涅槃果報，

猶有細煩惱不自在，乃至無明不自在。修行破之，得眞我、隨俗我、常樂我。

（5）-4.此二十五皆稱三昧者，調直定也。眞諦以空無漏爲調直；出假（假諦）以稱機爲調直；中道遮二邊爲調直。故皆具三諦，則通稱三昧。又稱王者，空、假調直，未得爲王，所以二乘入空，菩薩出假，不名法王。中道調直，故得稱王。一一三昧皆有中道，悉稱爲王。

「大經」云：「是二十五三昧名諸三昧王」，即其位高義；「若入是三昧，一切三昧悉入其中」，即其體廣義；「應二十五有機」，即其用長也。

以上是菩薩以二十五三昧破二十五有。二十五三昧之證成是菩薩修諸行的結果，爲別教五行中的第一行「聖行」作了一個總結。

（2）別教梵行者，梵者，淨也。無二邊愛見證得，名之爲淨。以此淨法，與拔眾生，即是無緣慈、悲、喜、捨也。

菩薩以大涅槃心，修於聖行，得無畏地，具二十五三昧無方大用。爾時慈悲是眞梵行，非餘梵天所修四無量心，亦非三藏、通教，眾生緣、法緣等慈悲也。以今慈、悲、喜、捨，熏修眾行，無不成辦。《大經》云：「若有人問：誰是一切諸善根本？當言：慈是。」慈既是行本，故言梵行。若依圓語，亦如《大經》：「慈即如來，慈即佛性」。慈若不具佛十力、四無所畏、三十二相者，是聲聞慈；若具足者，是如來慈。是慈即是大法聚；是慈即是大涅槃。慈力弘深，具一切福德莊嚴，故名梵行。

（3）別教天行者，第一義天，天然之理，此語道前；由理成行，此語道中；由行理顯，此語道後。今約由理成行，故言天行。菩薩雖入初地，初地不應住，以有所得故。修上十地慧，十重發眞修慧，由理成行，名爲天行。天行即智慧莊嚴。上求佛道，故有聖行、天行；下化眾生故，有梵行、病行、嬰兒行也。

（4）別教嬰兒行者，若福慧轉增，實相彌顯。雖不作意利益

眾生，任運能有冥、顯兩益。天行力有冥益，梵行力有顯益。眾生雖有小善之機，無菩薩開發，不得生長。慈善根力，如磁石吸鐵，和光利行，能令眾生得見菩薩，同其始學。漸修五戒、十善，人天果報，楊葉之行。

又示二百五十戒，觀、練、熏、修，四諦、十二因緣、三十七品，同二乘嬰兒行。

又示同習六度三阿僧祇，百劫種相好，柔伏煩惱，六度菩薩小善之行。

又示同即色是空，無生無滅，通教小善之行。

又示同別教歷別次第，相似中道，小善之行。皆是慈心之力，俯同群小，提引成就，從慈心與樂，起嬰兒行。

《大經》云：「能說大字，所謂婆和」，此即六度小行而求作佛，故言大字。又云：「不見晝夜、親疏等相」，即同通教菩薩，即色是空意也。

又云：「不能造作，大小諸事」「大事即五逆，小事即二乘心」，此即同別教。別教非生死，故無五逆；非涅槃，故無小乘心。

又云：「楊樹黃葉」，即同人天五戒、十善嬰兒。

又云：「非道為道，以能生道微因緣故。」即同二乘嬰兒也。

慈善根力能出假化物，同小善方便，引入佛慧，作圓教嬰兒也。

（5）別教病行者，此從無緣大悲起。若始生小善，必有病行。

今同生善邊，名嬰兒行；

同煩惱邊，名為病行。

以眾生病，則大悲熏心，是故我病。

或遊戲地獄，或作畜生形，化身作餓鬼等，悉是同惡業病，如調達等。

又示有父母妻子,金鏘、馬麥,寒風索衣,熱病求乳,此示人天有結、業、生、老、病、死之病。

又示道場三十四心斷結,示同二乘見思之病,方便附近,語令勤作。三藏、通教菩薩亦如是。

又同別教寂滅道場,初斷塵沙無明之病。是故菩薩悉同彼病,遍於法界,利益眾生。

次第別教五行竟。

問:聖行證三地,梵行證兩地,天行、病行、嬰兒行何不證地?

答:聖、梵兩行名修因,故論證地,

天行正是所證。

病、兒兩行,從果起應,故不論證耳。

又有義:經顯別義,從地前各入證;經顯圓義,登地同一證。又,地前非不修圓,登地非無有別,互顯令易解,故不煩文。地前別者,戒行從淺至深,證不動地;

定行從淺至深,證堪忍地;

慧行從淺至深,證無畏地。

地上去並同者,豈有三地條然永別?祇登地時,不為二邊所動,名不動地;

上持佛法,下荷眾生,名堪忍地;

於生死涅槃俱得自在,名無畏地。

無畏地,從我德立名;堪忍地,從樂德立名;不動地,從常德立名。淨德通三處。登地之日,四德俱成,則無增減,蓋化道宜然。例如朝三暮四之意耳。

從登地去,地地有自行,地地有自證。自行祇是修天行,自證祇是證天行,故不別說天行證也。

若地前化他,名梵行。慈、悲、喜是化他之事,行一子地是其證;捨心是化他之理行,空平等是其證。

此二地亦不條然，登地慈悲，故言一子；慈悲與體同，故言空平等耳。

地地有悲同惡，名病行。

地地有慈同善，名嬰兒行。證道是同，故不別說。佛地功德，仰信而已，豈可闇心定分別耶？略答如此。

（二）明圓教五行

圓五行者，「大經」云：「復有一行是如來行，所謂大乘、大般涅槃。」此大乘是圓因；涅槃是圓果。舉此標如來行，非餘六度、通、別等行。前雖名大乘，不能圓運；前雖名涅槃，過荼可說，乃是菩薩之行，不得名爲如來一行。

若一圓行者，圓具十法界，一運一切運，乃名大乘。即是乘於佛乘，故名如來行。如《大論》云：「從初發心，常觀涅槃行道。」亦如《大品》云：「從初發心行、生、修，乃至坐道場，亦行、生、修，畢竟、發心二不別。」皆如來行意也。

此經明安樂行者，安樂名涅槃，即是圓果；行即圓因，與涅槃義同，故稱如來行。入室、著衣、坐座，悉稱如來者，此就人爲語；涅槃就法爲語。即人論法，如來即涅槃；即法論人，涅槃即如來。二經義同也。《涅槃》列一行名，而廣解次第五行；《法華》標安樂行，廣解圓意。

今依《法華》釋圓五行。五行在一心中，具足無缺，名如來行。文云：「如來莊嚴而自莊嚴」即圓聖行；

「如來室」即圓梵行；

「如來座」即圓天行；

「如來衣」有二種：柔和即圓嬰兒行，忍辱即圓病行。

此五種行，即一實相行。一不作五，五不作一，非共非離，不可思議，名一五行。

（1）云何莊嚴名圓教聖行？

文云：「持佛淨戒」，佛戒即圓戒也。又云：「深達罪福相，遍

照於方」，即罪即福而見實相，乃名深達，以實相心離十惱亂等，皆是圓戒。「佛自住大乘，如其所得法，定慧力莊嚴」，即是佛之定慧莊嚴，故名佛聖行也。

（2）云何如來室名圓教梵行？

無緣慈悲，能為法界依止，如磁石普吸，莫不歸趣。又以弘誓、神通、智慧引之，令得住是法中，故以如來室為梵行。

（3）云何如來座為圓教天行？

第一義天實相妙理，諸佛所師，一切如來同所棲息。文云：「觀一切法空，不動、不退，亦不分別上、中、下法，有為、無為，實、不實法。」故如來座即天行。

（4）云何如來衣為圓教嬰兒行、病行？

遮喧、遮靜，故名忍辱。雙照二諦，復名柔和。文云：「能為下劣，忍于斯事」，「即脫瓔珞，著弊垢衣」即同病行。「方便附近」即同嬰兒行。

（5）又復觀十法界寂滅，即如來座，名天行；

拔九法界性相，故起悲，與一法界樂，故起慈，即是梵行；

柔和照善性相，即同嬰兒；

照惡性相，即同病行；

又照善性相即戒，寂照即定慧，即是聖行。

當知，一心照十法界，即具圓五行。

（6）又一心五行，即是三諦三昧；

聖行，即真諦三昧；梵、嬰、病，即俗諦三昧；

天行，即中道王三昧。

（7）又圓三三昧圓破二十五有：

即空故，破二十五惡業見思等；

即假故，破二十五無知；

即中故，破二十五無明。

即一而三，即三而一。一空一切空，一假一切假，一中一切

中，故名如來行。

（8）又如來室，冥熏法界，慈善根力不動真際，和光塵垢，以病行慈悲應之，示種種身，如聾如啞；說種種法，如狂如癡。

有生善機，以嬰兒行慈悲應之，婆和、木牛、楊葉。

有入空機，以聖行慈悲應之，執持糞器，狀有所畏。

有入假機，以梵行慈悲應之，慈善根力，見如是事，踞師子床，寶几承足，商估賈人，乃遍他國，出入息利，無處不有。有入中機，以天行慈悲應之，如快馬見鞭影，行大直道無留難故，無前無後，不並不別，說無分別法，諸法從本來，常自寂滅相，圓應眾機，如阿脩羅琴。

若漸引入圓，如前所說。

若頓引入圓，如今所說。

入圓等證，更無差別。

為顯別、圓初入之門，慈善根力，令漸、頓人見如此說。

（9）又圓五行，即是四種十二因緣智行：

不思議識、名色等清淨即戒聖行；

行、有等清淨即定聖行；

無明、愛等清淨即慧聖行；

十二支寂滅，又無前三種十二緣，即天行；

能同前三種十二因緣滅，即嬰兒行；

同前十二因緣生，即病行。

（10）又是四種四諦智行：

無作之道，即戒、定、慧聖行；

無作之滅，即天行；

慈悲拔苦，拔四種苦，與四種樂，即梵行；

直悲，即病行；

直慈，即嬰兒行。

（11）又是七種二諦智行：

圓眞方便即是聖行；圓眞之理即是天行；

悲七俗、慈七善即梵行；

同七俗即病行；

同七眞即嬰兒行。

（12）又是五種三諦智行：

俗諦中善是戒聖行；眞諦中禪是定聖行；眞諦慧即慧聖行；

中諦是天行；

拔五俗苦，與五眞、中樂，是梵行；

同五俗是病行；

同五眞、中，是嬰兒行。

（13）又是一實諦智行：

一實諦有道共戒、定、慧即聖行；

一實境即天行；

同體慈、悲合說即梵行；

各說即病行、嬰兒行。

（14）觀心圓五行者，上來圓行不可遠求，即心而是。一切諸法中，悉有安樂性，即觀心性，名爲上定。心性即空、即假、即中，五行三諦，一切佛法，即心而具。

初心如此，行如來行，應以如來供養而供養之。隨方向禮，至處起塔，已有全身舍利故。初心尙爾，況似解耶？況入住耶？《地持》云：「從自性禪發一切禪。」

一切禪有三種：

一、現法樂禪，即實相空慧，中三昧也；

二、出生一切種性三摩跋提，二乘背捨、除入等，即眞三昧也；

三、利益眾生禪，即俗三昧也。

當知，五行三諦，於一切禪中，皆悉成就，即初住分位。

入此位時，無非佛法，是爲圓心之行，豈與前五行次第意同？當知次第爲粗，一行一切行爲妙，即相待意也。

215-1-5a. 法華玄義的大綱為何？第四位妙

第四、位妙

約藥草喻品明六位：人天位（小藥草）、聲聞緣覺位（中藥草）、六度菩薩（三藏菩薩）位（上藥草）、通教菩薩位（小樹）、別教菩薩位（大樹）、圓教位（最實事，如一地一雨）。

第四明位妙者（一）

第四明位妙者

諦理既融，智圓無隔，導行成妙。三義已顯，體、宗、用足。更明位妙者，行之所階也。

一、今〈藥草喻品〉但明六位

（一）文云：「轉輪聖王、釋、梵諸王，是小藥草。」

（二）知無漏法，能得涅槃……，獨處山林，……得緣覺證，是中藥草。

（三）求世尊處，我當作佛，行精進定，是上藥草。

（四）又諸佛子，專心佛道，常行慈悲，自知作佛，決定無疑，是名小樹。

（五）安住神通，轉不退輪，度無量億百千眾生……，是名大樹。」

（六）追取長行中「一地所生，一雨所潤」，及後文云：「今當爲汝說最實事」以爲第六位也。

前三義是藏中位，三藏教位。

小樹是通位，通教位。

大樹是別位，別教位。

最實事是圓位也，圓教位。

1.小藥草位：人主位、天乘位。

1.a.人主位：1.鐵輪王、2.銅輪王、3.銀輪王、4.金輪王

1.b.天乘位：

b1.須彌四天：持鬘天、迦留波羅天、常恣意天、箜篌天

b2.日行天

b3.清淨天

b4.兜率天

b5.涅摩地

b6.婆羅尼蜜

（一）小草位者，人天乘也

（1）輪王是人主位，釋梵是天主位，皆約報果明位。果義既有優劣，當知修因必有淺深。人位因者，即是秉持五戒，略為四品：下品為鐵輪王，王一天下。

中品為銅輪王，王二天下。

上品為銀輪王，王三天下。

上上品為金輪王，王四天下。

皆是散心持戒，兼以慈心勸他為福故，報為人主，飛行皇帝，四方歸德，神寶自然應也。

（2）天乘位者，修十善道，任運淳熟，通是天因，加修禪定，進升上界。三界天果，高下不同，修因必深淺異也。

1.須彌四天：

1.1.持鬘天，有十住處。

1.2.迦留波陀天，此言象跡，亦有十處。

1.3.第三天，名常恣意，十住處。

1.4.第四、名箜篌天，有十住處。

2.日行天，遶須彌山，住於宮殿。外道說為日曜及星宿，略說三十六億。昔持七戒，令得增上果。

不殺戒，生四天處。不殺、不盜，生三十三天。加不婬，生焰摩天。加不口四過，生兜率天。又加世間戒，復信奉佛七戒，生化樂、他化兩天。所持戒轉勝，天身福命轉勝。又隨心持戒，思心勝者，其福轉勝。

三十三天者，一名住善法堂天。昔持七戒，堅固無嫌，施四果、病人、父母、入滅定人。慈、悲、喜、捨，與怖畏壽命，生善法堂天，作釋迦提婆，姓憍尸迦，名能天主。有九十九那由他天女為眷屬，心無嫉妒，善法堂廣五百由旬。

3.第三、名清淨天，焰摩天王名牟修樓陀，身長五由旬。百千帝釋和合所不及。

4.第四、兜率陀，此云分別意宮。其王名刪鬥率陀。

5.第五、涅摩地，此云自在即化樂天，亦名不憍樂。

6.第六、名婆羅尼蜜，此云他化自在天。色、無色不復書。小藥草竟。

（二）中藥草位：七賢位、七聖位（即聲聞位）、辟支佛位（緣覺）

（1）聲聞七賢位

1.外凡

a.五停心

b.別相念處

c.總相念處

2.內凡

a.煖法

b.頂法

c.忍法

d.世第一法

（2）聲聞七聖位

1.隨信行位：入見道（初果）

2.隨法行位：道（初果）

3.信解位：信行人入修道-初果、二果、三果

4.見得位：法行人入修道（三果）

5.身證位：信解位-修道（三果）

6.時解脫羅漢位：信行鈍根-無學道（四果）

7.不時解脫羅漢位：法行利根-無學道（四果）

中藥草位者，即二乘也。此就習果判位。

今略出有門中草之位：初：明七賢，次：明七聖位。

（1）七賢者：一、五停心。二、別相念處。三、總相念處。四、暖法。五、頂法。六、忍法。七、世第一法。通稱賢者，鄰聖曰賢。能以似解伏見，因似發眞，故言鄰聖。

1.初賢位者，謂學五停心，觀成，破五障道，即是初賢位。所以者何？若定邪聚眾生，不識三寶、四諦，貪染生死。若人歸依三寶，解四眞諦，發心欲離生死、求涅槃樂。五種障道，煩惱散動，妨觀四諦。

2.今修五觀成就（五停心觀：不淨觀、慈悲觀、因緣觀、出入息觀、界分別觀），障破道明，行解相稱，故名初賢。

3.別相念處位者，以五障既除，觀慧諦當能觀四諦，而正以苦諦爲初門，作四念處觀，破四顛倒。

若慧解脫根性人，但修性四念處觀，破性執四倒。

若俱解脫人，修共四念處觀，破事理四倒。

若無疑解脫根性人，修性、共、緣三種四念處，破一切事、理、文字等四顛倒。善巧方便，於念處中，有四種精進，修四種定，生五善法，破五種惡，分別道用，安隱而行，能觀四諦，成別相四念處位也。（別相指身受心法四念處分別觀）

4.總相四念處者，前已別相念慧破四顛倒，今深細觀慧，總破

四倒。或境總觀總，境別觀總，境總觀別。或總二陰、三陰、四陰、五陰，皆名總相觀。是中，亦巧方便，能生正勤、如意、七覺、八道，疾入後法，故名總相念處位也。（總相指身受心法四念處一次一起觀）

5.暖法位者，以別、總念處觀故，能發似解十六諦觀，得佛法氣分。以四諦慧，集眾善法，善法熏積，慧解得起，故名煖也。即是內凡初位，佛弟子有、外道則無，是名暖法位。

6.頂法者，似解轉增，得四如意定。十六諦觀，轉更分明。在暖之上，如登山頂，觀矚四方，悉皆明了，故名頂法。

7.忍法位者，亦是似解增長。五種善法，增進成根。於四諦中，堪忍樂欲，故名忍法位。下、中二忍，皆名忍位。

8.世第一法位者，即是上忍一剎那，於凡夫所得最勝善根，名為世間第一法也。上「智妙」中，已略說竟。

（2）七聖位者：一、隨信行。二、隨法行。三、信解。四、見得。五、身證。六、時解脫羅漢。七、不時解脫羅漢。

通名聖者，正也。苦忍明發，捨凡性，入聖性。真智見理，故名聖人。

1.隨信行位者，是鈍根人，入見道之名也。非自智力，憑他生解。是人在方便道，先雖有信，以未習真，信不名行。行以進趣為義。從得苦忍真明，十五剎那（即道類智忍心）進趣見真，故名隨信行位也。

2.隨法行位者，即是利根入道之名也。利者，自以智力見理斷結。在方便道，能自用觀觀四真諦法，但未發真，不名為行。因世第一法發苦忍真明，十五剎那進趣見真，故名隨法行位也。

3.明信解位者，即是信行人，入修道，轉名信解人也。鈍根憑信，進發真解，故名信解。是人證果有三，謂三果。

證初果者，第十六道，比智相應，即證須陀洹。須陀洹，此翻

修習無漏。《成論》明：「猶是見道數人」明證果即入修道，用此明修習無漏義便。

若見道所斷，略言三結盡（三結：身見、疑、戒禁取，初果所斷），廣說八十八使盡。七生在，終不至八（云云）。

次、明證二果，即有二種：一、向。二、果。向者，從初果心後，更修十六諦觀，七菩提行現前，即此世無漏、斷煩惱。一品無礙，斷欲界一品煩惱，乃至斷五品，皆是於向，亦名勝進須陀洹。約此論家家也。

二果者，若斷六品盡，證欲界第六品解脫，即是斯陀含果也。天竺云薄，薄欲界煩惱也。

次、明證阿那含，亦有二：一、向。二、果。

向者，若斷欲界七品，乃至八品，皆名爲向，亦名勝進斯陀含。約此說一種子也。

果者，九無礙斷欲界，若證第九解脫（斷欲界九品思惑），即名阿那含果也。天竺云不還，不還生欲界也。

復次須陀洹，有三種：一、行中須陀洹，即是向也。二、住果，正是須陀洹也。三、勝進須陀洹，亦名家家，即是斯陀含向也。斯陀含，但有二種：一、住果。二、勝進。

勝進亦名一種子，即阿那含向也。阿那含亦二種：一、住果。二、勝進。勝進那含斷五上分結，謂色、無色染（五上分結：色界貪、無色界貪、我慢、掉舉、無明）等，即阿羅漢向也。羅漢但有一，謂住果也。

復次，超果者，凡夫時斷欲界六品乃至八品盡，來入見道，發苦忍眞明。十五心中，是斯陀含向；

十六心，即證斯陀含果也。十六心爲道類智心。

若凡夫時，先斷二界九品盡，乃至無所有處盡，後入見諦十五心，名阿那含行。第十六心即證那含果，此名超越人，證後二果也。是信解雖是動，根性不同，謂：退、護、思、住、進也。

若證阿那含，各復有五及七種般、八種般。

五種般者：中般、生般、行般、不行般、上流般也。

七種者，開中般爲三種也。

八種般者，五如前，更有現般、無色般、不定般。

4.明見得位者，法行人轉入修道，名爲見得。是利根人，自以智勳，見法得理，故名見得。

是人在思惟道，次第證三果，超越二果，亦如信解中分別。但以利根，不藉聞法，不假眾具，自能見法，得理爲異也。

見得但是不動根性。若證阿那含果，亦有五種、七種、八種般不同也。

5.明身證位者，還是信解、見到二人，入思惟道，用無漏智，斷上下分結（五上分結及五下分結），發四禪、四無色定。即是用共念處，修八背捨、八勝處、十一切處，入九次第定。三空事、性兩障先已斷盡，又斷非想事障，滅緣理諸心、心數法，入滅盡定。得此定故，名身證阿那含也。

入滅定似涅槃法，安置身內，息三界一切勞務。身證想受滅，故名身證也。入滅盡定者所證。

若約初果解身證者，但以先於凡夫，用等智斷結，得四禪、四無色定，後得見諦，第十六心，證那含果，即修共念處，還從欲界修背捨、勝處、一切處，入九次第定身證也。

是阿那含有二種：一、住果、但是阿那含也。二、帶果行向、即是勝進阿那含也，亦是羅漢向攝。《釋論》云：「那含有十一種：五種正是阿那含，六種阿羅漢向攝。」

此身證者，即是勝進，爲羅漢向攝。五種、七種般，皆有上流般。八種般，但有現般、無色般也。《毘曇》分別那含，有一萬二千九百六十種。

6.明時解脫羅漢者，是信行鈍根，待時及眾緣具，方得解脫，故名時解脫羅漢。羅漢，此無翻，名含三義：殺賊、不生、應供

也。位居無學。

羅漢有五種：隨信行生，退法、思法、護法、住法、升進法也。

得盡智、無學等見也。

若用金剛三昧，於非想九品惑盡。次一剎那，證非想第九解脫，成盡智（盡除一切煩惱）。次一剎那，得無學等見也。或彼時退故，不說得無生智。此五種阿羅漢，是信種性，根鈍，因中修道，必假衣、食、床具、處所、說法、及人，隨順善根增進，不能一切時所欲進也。

是五種各有二種：不得滅盡定，但是慧解脫；

得滅盡定，即是俱解脫。

若不得滅盡定，是人因中偏修性念處。

若得滅盡定，是人因中修性共也。

證果時，三明（即三神通：宿命通、天眼通、他心通）、八解，一時俱得，故名俱解脫也。

7.不時解脫羅漢者，即是法行利根，名不動法阿羅漢也。此人因中修道，能一切時，隨所欲進修善業，不待眾具，故名不時解脫。是人不為煩惱所動，故名不動。不動是不退義。成就三智：謂盡智、無生智、無學等見。能用重空三昧，擊聖善法，以定捨定，故言能擊。

是不動羅漢亦有二種：一、不得滅盡定，但名慧解脫。二、得滅盡定，即是俱解脫。

若聞佛說三藏教門，修緣念處，即發四辯，名無疑解脫。是名波羅蜜聲聞，能究竟具足一切羅漢功德也。名沙門那，沙門那者沙門果也。

明辟支佛位者，此翻緣覺。此人宿世福厚，神根猛利，能觀集諦以為初門。《大論》稱獨覺、因緣覺。

若出無佛世，自然悟道，此即獨覺；若出佛世，聞十二因緣

法，稟此得道，故名因緣覺。

獨覺生無佛世，有小、有大。若本在學人，今生佛後，七生既滿，不受八生，自然成道，不名爲佛，亦非羅漢，名小辟支迦羅。論其道力，不及舍利弗等大羅漢。二者、大辟支迦羅，二百劫中作功德身，得三十二相分，或三十一、三十、二十九，乃至一相。福力增長，智慧利，於總相、別相，能知、能入。久修集定，常樂獨處，故名大辟支迦羅也。

若就因緣論小大者，亦應如是分別。此人根利，不須制果，能斷正使，又加侵習，譬如身壯，直到所在，不中止息，故不制果，是名中草位竟。

（三）上草位

第一阿僧祇劫：五停心、別相念處、總相念處

第二阿僧祇劫：煖法

第三阿僧祇劫：頂法

上草位者，即是三藏菩薩位也。此菩薩從初發菩提心，起慈悲誓願，觀察四諦，以道諦爲初門，行六波羅蜜。

a.從初釋迦至羼那尸棄佛時，名第一阿僧祇劫。

常離女人身，亦不自知當作佛、不作佛。準望二乘位，應在五停心、別相總相念處位中，以慈悲心，行六度行也。

b.從羼那尸棄佛至然燈佛時，名第二阿僧祇劫。爾時雖自知作佛，而口不說，準望此位，應在暖法位中，即是性地、順忍，初心之位。既有證法之信，必知作佛。

而用暖解，修行六度，心未分明，故口不向他說也。

c.從然燈佛至毘婆尸佛時，名第三阿僧祇劫。是時內心了了，自知作佛，口自發言，無所畏難。準此位，應在頂法位中，修行六度，四諦解明，如登山頂，了見四方，故口向他說也。

d.若過三僧祇劫，種三十二相業者，準此是下忍之位。用此忍智，行六度成百福德，用百福成一相因，於下忍之位，人中佛出世

時得種也。

若坐道場時，位在中忍、上忍。從上忍，一刹那入眞，三十四心斷結，得阿耨三菩提，則名爲佛。爾前則是三藏菩薩上草之位也。

（四）小樹位者，即是通教，明三乘之人，同以無言說道，斷煩惱，入第一義諦。

體法觀慧不異，但智力強弱之殊，煩惱習有盡、不盡爲異耳。

先明三乘共十地位，次簡名別義通。

（1）三乘共十地位

1.乾慧地者，三乘之初，同名乾慧，即是體法，五停心、別相總相四念處觀。事相不異三藏。此三階法門，體陰、入、界如幻如化，總破見、愛八倒，名身念處。受、心、法亦如是。住是觀中，修四正勤、四如意、五根、五力、七覺支、八正道。雖未得暖法相似理水，而總相智慧深利，故稱乾慧位也。

2.性地位者，得過乾慧，得暖已，能增進初、中、後心，入頂法，乃至世第一法，皆名性地。性地中，無生方便，解慧善巧，轉勝於前，得相似無漏性水，故言性地也。

3.八人地位者，即是三乘信行、法行二人，體見假以發眞斷惑，在無間三昧中，八忍具足，智少一分，故名八人位也。

4.見地位者，即是三乘同見第一義無生四諦之理，同斷見惑八十八使盡也。即初果。

5.薄地位者，體愛假即眞，發六品無礙，斷欲界六品，證第六解脫，欲界煩惱薄也。即二果。

6.離欲地位者，即是三乘之人，體愛假即眞，斷欲界五下分結盡及欲界九品思惑，離欲界煩惱也。即三果。

7.已辦地位者，即是三乘之人，體色、無色愛即眞，發眞無漏，斷五上分結七十二品盡也。斷三界事惑究竟，故言已辦地。即四果。

8.辟支佛地位者，緣覺菩薩發眞無漏，功德力大故，能侵除習氣也。

9.菩薩地位者，從空入假，道觀雙流，深觀二諦，進斷習氣色心無知，得法眼、道種智，遊戲神通，淨佛國土，成就眾生，學佛十力四無所畏，斷習氣將盡也。齊此名小樹位也。

10.佛地者，大功德力資智慧、一念相應慧，觀眞諦究竟，習亦究竟。如劫火燒木，無復炭灰。如象渡河，到於邊底。雖菩薩、佛名異二乘，通俱觀無生體法，同是無學，得二涅槃，共歸灰斷，證果處一，故稱爲通也。

（2）簡名別義，通更爲二

1.就三乘共位中，菩薩別立忍名而義通。

2.用別教名，名別義通。通義已如前說。

別立者，別爲菩薩立伏忍、柔順忍、無生忍之名也。

乾慧地，三人同伏見惑，而菩薩更加伏忍之名者，菩薩信因緣即空，而於無生四諦降伏其心，起四弘誓願。雖知眾生如虛空，而發心度一切眾生，是菩薩欲度眾生，如欲度虛空。故《金剛般若》云：「菩薩如是降伏其心，所謂滅度無量眾生，實無眾生得滅度者。」次三誓願降伏其心，亦如是。是爲菩薩在乾慧地，修停心、別相總相念處觀時，異於二乘，故別稱伏忍。

鐵輪位於通義，即是乾慧地、伏忍也。

三十心即望性地、柔順忍也。

八人地、見地，即是初歡喜地，得無生法忍也。故《大品》云：「須陀洹若智若斷，皆是菩薩無生忍也。」

薄地向果，向即是離垢地，果即是明地也。故《大品》云：「斯陀含智斷，是菩薩無生法忍也。」

離欲地向果，向即焰地，果即難勝地。故《大品》云：「阿那含智斷，是菩薩無生法忍。」

已辦地向果，向是現前地，果是遠行地。《大品》云：「阿羅漢

智斷，是菩薩無生法忍。」

辟支佛地，即是第八不動地，侵習氣也。《大品》云：「辟支佛地智斷，是菩薩無生法忍。」

菩薩地即是善慧地。十地當知如佛地。

佛地如前說。此佛與三藏佛，亦同亦異。同八十年，同入真灰斷也。

異者，三藏因伏果斷，通佛因果俱斷。三藏一日三時照機，通佛即俗而真，照不須入也。

是則用別名辨位，名異義同，猶屬通教也。

（五）大樹位（別教位）：

1.十信

2.十住

3.十行

4.十回向

5.十地

6.等覺地

7.妙覺地

大樹位者，別教位也。此為三：

一、出經論不同。

二、總明位。

三、別明位。此別教，名、義、理、惑、智、斷，皆別。此正約因緣假名、恒沙佛法、如來藏理、常住涅槃、無量四諦而論位次。

無量四諦，凡有四種：

有無量四諦，不伏破塵沙，亦不伏破無明；

有無量四諦，傍伏破塵沙，不伏破無明；

有無量四諦，正伏破塵沙，亦伏無明；

有無量四諦，正伏破塵沙，亦伏破無明。

215-1-5b.法華玄義的大綱為何？位妙：圓教位

（六）位妙：圓教位

（1）圓教五品弟子位：隨喜品位、讀誦品位、說法品位、兼行六度、正行六度

（2）圓教七種階位：

1.十信位：信心、念心、進心、慧心、定心、退心、迴向心、護法心、戒心、願心

2.十住位：

a.緣因善心發

b.了因慧心發

c.正因理心發

d.住清淨圓滿菩提心

e.住一念中

f.住一切種智

g.住得佛眼

h.住圓入一切法門

i.住成就菩薩圓滿業

j.住能從一地具足一切諸地功德

3.十行位

4.十迴向位

5.十地位

6.等覺地

7.妙覺地

明最實位者，即圓教位也。此為十意：一、簡名義。二、明位數。三、明斷伏。四、明功用。五、明粗妙。六、明位興。七、明位廢。八、開粗顯妙。九、引經。十、妙位始終。

（六）-1.簡名義者，若圓別不同自有十意，下辨體中說。今約通、別、圓，三句料簡：一、名通義圓。二、名別義圓。三、名義俱圓。

（一）名通義圓者，下文云：「我等今日，眞阿羅漢。普於其中，應受供養。」又云：「我等今日，眞是聲聞，以佛道聲，令一切聞。」此名與通、藏同而義異。何者？彼但殺四住之賊，無明尚在，此不生義偏，故天女曰：「結習未盡，華則著身。」今殺通、別兩惑，得如來滅度，故殺賊義圓。又彼是分段不生，界外猶生。《寶性論》云：「二乘於無漏界，生三種意陰。」今則分段、變易二俱不生，不生義圓。彼是界內應供，非界外應供。《淨名》曰：「其供汝者，不名福田。」則應供義偏。今則普於其中應受供養，則應供義圓。彼但小乘，從他聞四諦聲，則聲偏、聞偏。今能令一切法界，聞一實四諦、佛道之聲，使一切聞，則聲聞義圓。故知依義不依語，從圓判位也。

（二）名別義圓者，如五十二位，名與別同。而初、中、後位，圓融妙實，隨自意語，非是教道方便，依義不依語，應從圓判位也。

（三）名義俱圓者，文云：「開示悟入，皆是佛之知見。」佛一切種智知、佛眼見，此之知見，無有缺減。又，入如來室，坐如來座，以如來莊嚴，此則名義俱圓，判於圓位也。

（六）-2.明位數者
又爲三：一、明數。二、引證多少。三、料簡。

一、明數者
（一）人解不同。有言：頓悟即佛，無復位次之殊。引《思益》云：「如此學者，不從一地至一地。」又有師言：頓悟初心即究竟圓極，而有四十二位者，是化鈍根方便，立淺深之名耳。引

《楞伽》云：「初地即二地，二地即三地，寂滅真如，有何次位？」又有師言：初頓悟至十住，即是十地；而說有十行、十迴向、十地者，此是重說耳。今謂諸解，悉是偏取。然平等法界，尚不論悟與不悟，孰辨淺深？既得論悟與不悟，何妨論於淺深？究竟大乘，無過《華嚴》、《大集》、《大品》、《法華》、《涅槃》，雖明法界平等、無說無示，而菩薩行位終自炳然。又有人言：平等法界，定無次位。今例難此語：真諦有分別耶？真諦無分別耶？見真之者，判七賢、七聖、二十七賢聖等。今實相平等，雖無次位，見實相者，判次位何咎？《大論》云：「譬如入海，有始入者，到中者，至彼岸者。」若見真判位，如江河深淺，若實相判位，如入海深淺。故《普賢觀》云：「大乘因者，諸法實相。」大乘果者，亦諸法實相，論諸次位，非徒臆說。隨順契經，以四悉檀明位無妨，還約七種以明階位，謂十信、十住、十行、十迴向、十地、等覺、妙覺。

（二）圓教五品弟子位

（1）圓教初隨喜品位

今於十信之前，更明五品之位（云云）。若人宿殖深厚，或值善知識、或從經卷，圓聞妙理，謂一法一切法，一切法一法，非一非一切，不可思議，如前所說，起圓信解，信一心中具十法界，如一微塵有大千經卷。欲開此心而修圓行。圓行者，一行一切行。略言為十：謂識一念，平等具足，不可思議。傷己昏沉，慈及一切。又知此心，常寂常照。用寂照心，破一切法，即空、即假、即中。又識一心諸心，若通、若塞。能於此心，具足道品，向菩提路。又解此心，正、助之法。又識己心，及凡、聖心。又安心不動、不墮、不退、不散。雖識一心，無量功德，不生染著，十心成就。舉要言之，其心念念悉與諸波羅蜜相應，是名圓教初隨喜品位。

（2）第二品位

行者圓信始生，善須將養。若涉事紛動，令道芽破敗。唯得內

修理觀，外則受持、讀誦大乘經典，聞有助觀之力。內外相藉，圓信轉明，十心堅固。《金剛般若》云：「一日三時，以恒河沙身布施，不如受持一句功德。」初品觀智如目，次品讀誦如日。日有光故，目見種種色。《論》云：「於實名了因，於餘名生因。福不趣菩提，二能趣菩提。」聞有巨益，意在於此，是名第二品位。

（3）第三品位

行者內觀轉強，外資又著，圓解在懷，弘誓熏動，更加說法，如實演布。《安樂行》云：「但以大乘法答。設以方便隨宜，終令悟大。」《淨名》云：「說法淨，則智慧淨。」《毘曇》云：「說法解脫，聽法解脫。」說法開導，是前人得道全因緣，化功歸己十心則三倍轉明，是名第三品位。

（4）第四品位

上來前熟觀心，未遑涉事。今正觀稍明，即傍兼利物。能以少施，與虛空法界等。使一切法趣檀，檀為法界。《大品》云：「菩薩少施，超過聲聞、辟支佛上，當學般若。」即此意也。餘五亦如是。事相雖少，運懷甚大。此則理觀為正，事行為傍，故言兼行布施。事福資理，則十心彌盛，是名第四品位。

（5）第五品位

行人圓觀稍熟，理事欲融，涉事不妨理，在理不隔事，故具行六度。若布施時，無二邊取著，十法界依、正，一捨一切捨，財、身及命，無畏等施。若持戒時，性重、譏嫌等無差別；五部重輕，無所觸犯。若行忍時，生、法寂滅，荷負安耐。若行精進，身心俱淨，無間無退。若行禪時，遊入諸禪，靜散無妨。若修慧時，權實二智，究了通達；乃至世智，治生產業，皆與實相不相違背。具足解釋佛之知見，而於正觀，如火益薪。此是第五品位。

如此五品圓信功德，東西八方不可為喻。雖是初心，而勝聲聞無學功德，具如經說。若欲比決取解，類如三藏家別、總四念處位。義推如通教乾慧地位，亦如伏忍位。義推亦得是別教十信位。

　　私謂：五品位是圓家方便，初欲令易解準小望大，如三藏之五停心。

　　初品圓信法界，上信諸佛，下信眾生，皆起隨喜，是圓家慈停心，遍對治法界上嫉妒。

　　第二品讀誦大乘文字，文字是法身氣命，讀誦明利是圓家數息停心，遍治法界上覺觀。

　　第三品說法品能自淨心，亦淨他心，是圓家因緣停心，遍治法界上自、他癡。癡去故，諸行去乃至老死去，

　　第四品兼行六度品，是圓家不淨停心。六蔽初名貪欲，若捨貪欲，欲因、欲果皆捨。捨故無復報身，非淨非不淨也。

　　第五品正行六度品，是圓家念佛停心。正行六度時，即事而理，理不妨道，事妨於道。即事而理，無障可論。大意如此。

　　（三）明十信位者，初以圓聞，能起圓信，修於圓行，善巧增益，令此圓行五倍深明，因此圓行得入圓位。以善修平等法界，即入信心。善修慈愍，即入念心。善修寂照，即入進心。善修破法，即入慧心。善修通塞，即入定心。善修道品，即入不退心。善修正助，即入迴向心。善修凡聖位，即入護法心。善修不動，即入戒心。善修無著，即入願心。是名入十信位。《瓔珞》云：「一信有十，十信有百。百法為一切法之根本也。」是名圓教鐵輪十信位，即是六根清淨，圓教似解，暖、頂、忍、世第一法。《普賢觀》明無生忍前有十境界，即此位也。

　　入此信心，能破界內見、思盡，又破界外塵沙無知，能伏無明住地之惑。《仁王般若》云：「十善菩薩發大心，長別三界苦輪海。」亦此位也。此位，經經出之不同。《華嚴》法慧菩薩答正念天子，明菩薩觀十種梵行空，學十種智力，入初住。十種梵行空即一實諦，亦無作之滅諦。學十種智力，即觀無作之道諦，即十信位也。若《大品》云：「譬如入海，先見平相。」亦是是乘從三界中出也。《仁王般若》、《普賢觀》如前引。下文入如來室、座、衣

佛法三百問第二集（下冊）

等，即是修四安樂行行處、近處。《涅槃》云：「復有一行，是如來行，所謂大乘。」《大論》云：「菩薩從初發心，即觀涅槃行道。若觀涅槃行道，生相似解，即是一行如來行也。」（云云）。

（四）明十住位者，以從相似十信，能入十住真中智也。初發心住發時，三種心發：一、緣因善心發。二、了因慧心發。三、正因理心發。即是前境、智、行妙三種開發也。住者，住三德涅槃也。

1.緣因心發，即是住不可思議解脫首楞嚴定；

2.慧心發，即是住摩訶般若畢竟之空；

3.正因心發，即是住實相法身中道第一義。舉要言之，即是住三德一切佛法也。

4.又住清淨圓滿菩提心，無緣慈悲，無作誓願，普覆法界。

5.又住一念中，成就一切萬行諸波羅蜜。

6.又住一切種智，圓斷法界見、思、無明。

7.又住得佛眼，圓見十法界三諦之法。

8.又住圓入一切法門，所謂二十五三昧，冥益眾生。

9.又成就菩薩圓滿業，能顯一切神通，謂三輪不思議化彌滿法界，顯益眾生。又能成就開權顯實，入一乘道。又能嚴淨一切佛土，能起三業，供養一切十方佛，得圓滿陀羅尼，受持一切佛法，如雲持雨。

10.又住能從一地，具足一切諸地功德，心心寂滅，自然流入薩婆若海。《華嚴》云：「初住菩薩所有功德，三世諸佛歎不能盡。若具足說，凡人聞，迷亂心發狂。」私謂：初住成就十德，應是十信中十法，轉似為真，一住具十。細意尋之，對當相應。何者？十信百法為一切法本，豈不得作此釋耶？初住既爾，三觀現前，無功用心斷法界無量品無明，不可稱計。一往大分，略為十品智斷，即是十住故。《仁王》云：「入理般若名為住。」即是十番進發無漏，同見中道佛性第一義理。以不住法，從淺至深，住佛三德及一切佛

法，故名十住位。此位，諸經出處不同。《華嚴》云：「初發心時，便成正覺。」了達諸法眞實之性，所有聞法，不由他悟。是菩薩成就十種智力，究竟離虛妄，無染如虛空。清淨妙法身，湛然應一切，當知即是發眞無漏，斷無明初品也。《淨名》云：「一念知一切法，是爲坐道場，成就一切智故。」亦是入不二法門，得無生忍也。《大品》明「從初發心，即坐道場、轉法輪、度眾生。」當知，此菩薩爲如佛，亦是阿字門，所謂一切法初不生也。即是今經爲令眾生開佛知見，亦是龍女於刹那頃發菩提心，成等正覺。即是《涅槃》明發心、畢竟二不別，如是二心，前心難。此諸大乘，悉明圓初發心住位也。乃至第十住（云云）。

（五）明十行位者，即是從十住後，實相眞明，不可思議。更十番智斷，破十品無明，一行一切行，念念進趣，流入平等法界海。諸波羅蜜任運生長，自行、化他，功德與虛空等，故名十行位也。

（六）十迴向位者，即是十行之後無功用道，不可思議眞明念念開發一切法界，願行事理自然和融，迴入平等法界海。更證十番智斷，破十品無明，故名迴向也。

（七）十地位者，即是無漏眞明入無功用道，猶如大地能生一切佛法，荷負法界眾生，普入三世佛地。又證十番智斷，破十品無明，故名十地位也。

（八）等覺地者，觀達無始無明源底，邊際智滿，畢竟清淨。斷最後窮源微細無明，登中道山頂，與無明父母別，是名有所斷者，名有上士也。

（九）明妙覺地者，究竟解脫無上佛智故，言無所斷者，名無上士。此即三德，不縱不橫，究竟後心，大涅槃也。一切大：理大、誓願大、莊嚴大、智斷大、遍知大、道大、用大、權實大、利益大、無住大。即是前十觀成乘，圓極竟在於佛，過荼無字可說（云云）。故盧舍那佛名爲淨滿，一切皆滿也。

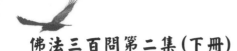

二、引證多少

次引眾經,明位數多少者,《大涅槃》云:「月愛三昧,從初一日至十五日,光色漸漸增長。又從十六日至三十日,光色漸漸損減。」光色增長,譬十五智德,摩訶般若。光色漸減,譬十五斷德,無累解脫。三十心為三智斷,十地為十智斷,等覺、妙覺各為一智斷,合十五智斷,月體譬法身。《大經》云:「月性常圓,實無增減。」因須彌山,故有虧盈。不增而增,白月漸著;不減而減,黑月稍無。法身亦爾,實無智斷,因無明故,約如論智,如實不智;約如論斷,如實不斷。雖無智而智,般若漸漸明;雖無斷而斷,解脫漸漸離。舉月為喻,知是圓教智斷位也。《大經》云:「從初安置諸子祕密之藏,三德涅槃,然後我當於此祕藏而般涅槃。」此即最後智斷也。

三、料簡

問:無明覆佛性中道,止作四十二品斷耶?

答:內容繁多,此處略。請參閱大正「妙法蓮華經玄義卷第五上」735頁。

215-1-5c.法華玄義的大綱為何?明圓位斷伏者

(六)-3.明圓位斷伏者

(1)伏忍

五品已圓解一實四諦,其心念念與法界諸波羅蜜相應,遍體無邪曲偏等倒,圓伏枝、客、根本惑,故名伏忍。

(2)柔順忍

諸教初心,無此氣分。《大經》云:「學大乘者,雖有肉眼,名為佛眼。」小乘伏暖,佛法則有,外道則無。今此伏忍,圓教則

有，三教則無。廁十信之位，伏道轉強。發得似解，破界內見、思，界內、界外無知塵沙。如經文云「得三陀羅尼」，但名似道，未是真道。旋陀羅尼是旋假入真。百千旋陀羅尼是旋真入俗。法音方便正是伏道，未得入中。如《纓珞》從假入空觀，雖斷見、思，但離虛妄，名為解脫，其實未得一切解脫。當知，六根雖淨，圓教暖、頂四善根，柔順忍，伏道位耳。

（3）無生忍

若入初住，得真法音陀羅尼，正破無明，始名斷道。見佛性常住第一義理，名圓教無生忍。十行、十迴向、十地、等覺，皆破無明，同是無生忍位。

（4）寂滅忍

妙覺，斷道已周，究竟成就，名為寂滅忍。

若約位別判，伏、順二忍但伏不斷，例如無礙道。

妙覺一忍，斷而不伏，例如解脫道。

無生一忍，亦伏、亦斷，亦無礙，亦解脫。

若論通義，妙覺、寂滅忍，亦名無生忍。《大經》云：「涅言不生；槃言不滅。不生不滅，名大涅槃。」亦名伏忍。《仁王》云：「從初發心至金剛頂，皆名伏忍。」伏是賢義。普賢菩薩居眾伏之頂。伏忍既通，順忍可解。伏、順既其通上，寂滅、無生亦應通下。《思益》云：「一切眾生即滅盡定。」《淨名》云：「一切眾生皆如也。」如即無生忍。又就事為無生，就理為寂滅。又分證為寂滅，讓果為無生。

若約因果，亦有通別。

通者，一切眾生即大涅槃，即是約因論果。佛性者，名之為因，此即約果論因。《大經》云：「是果非因，名大涅槃；是因非果，名為佛性。」了見佛性，乃是於佛。故亦得是因。等覺望妙覺為因，望菩薩為果。自下已去，亦因、亦因因，亦果、亦果果。約分別義者，伏、順二忍未是真因；無生一忍，未是真果。從十住

去，名眞因；妙覺，名眞果。云何伏、順非眞因？例如，小乘方便之位，不名修道；見諦已去，約眞修道。此義可知。今順忍中，斷除見、思，如水上油，虛妄易吹。無明是同體之惑，如水內乳，唯登住已去菩薩鵝王，能唼無明乳、清法性水，從此已去，乃判眞因。

（六）-4.明功用者，若分字解義，功論自進，用論益物。合字解者，正語化他。

五品之位，理雖未顯，觀慧已圓，具煩惱性，能知如來祕密之藏，堪爲世間作初依止。依止此人，猶如如來，當知不久，詣於道樹，近三菩提。一切世間，皆應向禮；一切賢聖，皆樂見之。若六根似解，圓觀轉明，長別苦海。能以一妙音，遍滿三千界，隨意之所至，一切天龍皆向其處聽法。

其人有所說法，能令大眾歡喜，猶是第一依止。

「涅槃」標四依，義通圓、別。人師多約別判。

地前通名初依。

登地至三地，斷見盡，名須陀洹。

至五地侵思，名斯陀含，是第二依。

至七地思盡，名阿那含，是第三依。

八地至十地，欲色心三習盡，名阿羅漢，是第四依。

若推圓望別，應約十住明三依，對住前爲四依。

若始終判者，五品、六根爲初依；

十住爲二依；

十行十迴向爲三依；十地等覺爲四依。

初住豎破一分無明，獲一分二十五三昧，顯一分我性。論其實處，不可思議，依於教門。橫則百佛世界，分身散影，作十法界像，利祐眾生。如是住住豎入，倍倍轉深，無明漸漸盡、三昧轉轉增、我性分分顯、橫用稍稍廣。千佛界、萬佛界、恒沙佛界、不可

說不可說佛界，遍如是界，八相成道，教化眾生，況餘九法界身耶？諸行、諸地，亦復如是。論其滿足，唯佛與佛，乃能究盡無明之源。故經言：「如佛心中無無明，唯佛法王住究竟王三昧。毘盧遮那法身，橫周法界，豎極菩提，大功圓滿，勝用具足。」

（六）-5.通諸位論粗妙者

（1）諸位粗妙

粗：

1.人天小草位：不動不出

2.聲聞緣覺中草位：智不窮源，恩不及物

3.三藏菩薩上草位：滅色為拙

4.通教小樹位：功齊界內

妙：

別教大樹位：俱有界外功用

別教對圓教：

別教：曲徑迂迴所因處拙……粗

圓教實位：直門……妙

小草止免四趣，不動、不出。

中草雖復動、出，智不窮源，恩不及物。上草雖能兼濟，滅色為拙。

小樹雖巧，功齊界內，故其位皆粗。

大樹實事，同緣中道，皆破無明，俱有界外功用，故此位為妙。

而別教從方便門，曲逕紆迴，所因處拙，其位亦粗。

圓教直門，是故為妙。

又，三藏菩薩，全不斷惑，望圓教五品，有齊有劣：同不斷惑，是故言齊；五品圓解常住，彼全不聞常住，是故為劣。

若三藏佛位，斷見、思盡，望六根清淨位，有齊、有劣：同除

103

四住，此處爲齊；若伏無明，三藏則劣。佛尚爲劣，二乘可知。

當知，三草蒙籠，生用淺短，故其位皆粗。

若乾慧地、性地，望五品位，有齊、有劣，例前。

若八人、六地，見、思盡，七地修方便，至佛斷習盡，望圓教似解，有齊、有劣，例前可解當知。

小樹之位，未有干雲婆娑之能，是故皆粗。

若別教十信望五品位，有齊、有劣：同未斷惑，是故爲齊；十信歷別，五品圓解，此則爲優。

別教十住斷通教之見、思，別教十行破界外塵沙，別教十迴向伏無明，祇與圓家十信位齊優劣。若登地破無明，祇與圓家初住齊。何者？若十地十品破無明，圓家十住亦十品破無明。設開十地爲三十品，祇是圓家十住三十品齊。若與爲論，圓家不開十住，合取三十心爲三十品，與別家十地三十品等者，則十地與圓家十迴向齊。若奪而爲論，別家佛地與圓家初行齊；與而爲論，別家佛地與圓家初地齊。故知，別教權說判佛則高；望實爲言，其佛猶下。譬如邊方未靜，授官則高；定爵論勳，置官則下。

別教權說，雖高而粗；圓教實說，雖低而妙，此譬可解。以我之因，爲汝之果，別位則粗。當知大樹雖巨圍，要因於地，方漸生長。是知圓位從初至後，皆是實說。實伏、實斷，俱皆稱妙。「大論」云：「譬如有樹，名曰好堅。在地百歲，一出即長百丈，蓋眾樹頂。」此譬圓位也。

（六）-6.明位興者

問：權位皆粗，佛何意說耶？

答：爲諸眾生好樂不同，生善緣不同，知過改惡不同，當說取悟不同，是故如來種種諸說，皆有利益。

1.若隨界內好樂，說前兩教位。

a.說三藏位：生界內事善、破界內事惡、緣事入眞

b.說通教位：生界內理善、破界內理惡、緣理入眞

2.若隨界外好樂，說後兩教位。

a.說別教位：生界外事善、破塵沙事惡、從事入中

b.說圓教位：生界外理善、破無明理惡、緣理見中

爲是義故，諸位得興，階差高下無量矣。

（六）-7.明位廢者，理本無位，位爲緣興。緣既迭興，位亦迭謝。非是《法華》始復廢也。須識諸破立意，不得妄破妄立。何者？元夫如來立三藏位，權生事善。事善既生，濟用若足，便須廢也。通、別位亦如是。此是如來破立之意。若《毘曇》、《婆沙》中明菩薩義，龍樹往往破之，謂其失佛方便，是故須破；申佛方便，是故須立。此是龍樹破立意。若常途大乘師，全不整理三藏，此則失佛方便。常途小乘師，探取經義，釋所弘之論，辨菩薩義。《毘婆沙》自說菩薩義，而不肯用。取大乘經，解三藏空、有二門，豈應相會？此有二過：一、埋佛方便。二、彰論主不解菩薩義。是故須破。

縱令引經釋大乘義，是何等大乘？

1.若作通教大乘者，三乘同入眞諦，至佛亦然。那得八地觀中道、破無明？作通義不成，是故須破。

2.若作別教大乘義者，始從初心與二乘異，那得六地將羅漢齊？作別義不成，是故須破。

3.又，別是方便，執權謗實，是故須破。

往者，人往義定，今窺見其過，是故須破。

申佛方便，復應須立，即是今時破立之意。

4.而圓教起自一師，超三權、即一實。境、智、行、位，不與前同。若文理有會，夷塗共遊，失旨乖轍，請從良導。先敘此意，次明廢位也。

a.若佛赴機，興廢破立者，如《無量義經》云：「無量法者，

從一法生，所謂二道、三法、四果。」二道者，即頓、漸也。三法者，即三乘也。四果者，四位也。此無量法，從一法生。何者？二道既是頓、漸，頓即大道，日照高山，且置未論。今明漸道之初，即三藏教。教云：求佛當三阿僧祇劫修六度行，百劫種相，乃可得佛。欲令生事善，故作是說。欲求佛者，改惡從善，善立教廢。即便破曰：豈有菩薩不斷結惑，而得菩提？毒器不任貯食，此教即廢，行、位皆廢。本望果行因，無果可望，佛智、佛位俱廢。

　　b.若約二乘辨廢者，本令事行調心，從拙度見眞，見眞已，教意即足，是故析教廢。爲此諸義，故言廢藏、立通。元稟通教，不學三藏者，不於此人論廢。立通之意，爲生理善，體法斷惑，從巧度入眞，教意即足。智者見空，復應見不空，那得恒住於空？通教則廢，菩薩行、智悉廢，佛智位亦廢。二乘但教廢，餘者，此通教，通藏、通別。共般若意，如上說。不共般若意，則有不廢。故知成論、地論師，秖見共般若意，不見不共意。中論師得不共意，失共意。通教既具兩意，於通菩薩及方便聲聞，即是廢義；住果聲聞，未是廢義；不共菩薩則不廢義。

　　c.若別教起時，生界外事善。若破無知塵沙，事善既成，教意即足，復須破。此隨他意語，是故別教教廢，地前行位悉廢，地上位及佛位皆廢高歸下，是故廢別立圓。

　　d.圓八番位皆是實位，故不須廢。《大經》云：「一切江河，悉有迴曲。一切叢林，必有樹木。」諸教隨情，故有迴曲。三草二木是佛方便，故非眞實，宜須廢位。金沙大河直入西海；金銀之樹悉是寶林。非曲，是直，是故不廢。昔從頓出漸，漸不合頓。引漸入頓，處處須廢。今已會頓，頓何須廢？文云：「始見我身」。是故一教不廢。又云：「但說無上道」，此道不廢。「昔於一佛乘，分別說三」，三乘不合，欲令三合一，處處須廢。今會三歸一，同乘一乘，是故一行不廢。

　　e.昔四果隔別，謂羅漢、辟支佛、菩薩習果、方便佛果。又四

佛為四果。欲合此果，處處須廢。今草庵已破，化城又滅，同至寶所，是故一果不廢。若從是義，三廢、一不廢。然三教有廢、有不廢。何者？從得道夜至泥洹夜，所說四《阿含經》，結為聲聞藏，初教何曾廢？成前人事善，逗後人事善，故有廢、有不廢。通教成前逗後，亦如是。別教成前逗，後亦如是。

f.圓教有立、有不立。初照高山，已自是立，於三藏者不立。文云：「始見我身，入如來慧。」即是前立。學小者，今入佛慧，即是後立。中間可知。諸行智有廢、有不廢。諸果位有廢、有不廢。

g.若歷諸味，乳味有兩教：一教行位，亦廢、亦不廢：一教行位，不廢。酪教行位，有廢、有不廢。生蘇四教：三教行位，有廢、有不廢；一教行位，不廢。熟蘇三教：兩教行位，有廢、有不廢；一教行位，不廢。《法華》三教行位皆廢，一教行位不廢。但說無上道，同乘一寶乘，俱直至道場，故三義皆不廢。《無量義》云：「二道、三法、四果」不合，至《法華》皆合，故不論廢。成道已來，四十餘年，未顯真實，《法華》始顯真實。相傳云：佛年七十二歲。說《法華經》。

h.又教廢、行位不廢。行位廢、教不廢。俱廢、俱不廢。

云何教廢、行位不廢？住果聲聞，猶在草庵，行位不廢，而教廢也。

云何行位廢、教不廢？利根密益，不待廢教，早休行位者是也。

云何俱廢？三藏菩薩是也。

云何俱不廢？逗後緣者是也。通教、別教例此可解。

i.若就施權，三教行位立、一不立；若就廢權，三教行位廢，而一（實）不廢；若就利根，一立、三權不立；若就鈍根，三立、一不立；若就轉鈍為利，一立、三不立；利鈍合論，亦立、亦不立，亦廢、亦不廢；若就平等法界，非立、非不立，非廢、非不

廢。

j.又廢教更聞教，自有廢教不更聞教，自有不廢教更聞教，自有不廢教不更聞教。云何廢教更聞教者？如廢六度事善，更聞亡三理善。

云何廢教不更聞教？如住果二乘，廢教已，入滅。

云何不廢教更聞教？如逗次第學者，方等經中並聞小大乘名者。

云何不廢不更聞？未廢教而密入者。

k.又廢智、更修智，不廢智、更修智，廢智、不修智，不廢智、不修智。

云何廢智、更修智？三藏菩薩廢己智，更修無生智。

云何不廢智、更修智？住果聲聞，不廢己智，又復遊觀，學無生智，實不用巧智斷結也（不廢智）。又次第習者（更修智）是也。

云何不廢智、不修智？亦是住果聲聞，生滅度想，不肯修大也。如四弟子領解云：「我昔身體疲懈，但念空無相願，於菩薩法，都無願樂之心」者是也。及更逗後緣者是也。

云何廢智、不修智？廢三藏智菩薩，退為諸惡者（不修智）是也。亦是廢智已，密入頓中，不修方便智是也。

l.又廢位、更入位，廢位、不入位，不廢、不更入，不廢而入。云何廢位更入位？三藏菩薩，廢不斷惑位，入斷惑位。

云何廢位不更入位？謂廢位密悟頓者，不入次第位也。

云何不廢位不更入位？謂住果二乘是也。不更迴心入大。

云何不廢位而更入位？謂逗後緣者，亦是未廢密悟而入上位也。通教、別教，智位料簡。亦應如此。

問：廢更修，可有益，廢不更修，有何益？

答：自有廢修得益。自有訶廢，聞雖不修，而有恥小鄙劣，折其取證之心，亦是有益。又，齊其斷結，謂言無益，迴心入大，即

是得益。

（六）-8.開粗位、顯妙位者

（1）若破三顯一，相待之意，可得如前。即三是一，絕待之意，義則不爾。何者？昔權蘊實，如華含蓮；開權顯實，如華開蓮現。離此華已無別更蓮；離此粗已無別更妙。何須破粗往妙？但開權位即顯妙位也。

（2）開生死粗心者，明凡夫有反復，易發菩提心。生死即涅槃，無二無別，即粗是妙也。若始從凡夫，發析析空、體體空、別、圓四心者，亦是四位初心。皆是因緣所生心，即此因緣，即空、即假、即中，與圓初心無二無別。諸初心是乳顯妙，即是置毒乳中，即能殺人。殺有奢促，若按位而妙，即成假名妙。若進入方便，成相似妙。若進入理，即成分真妙。

（3）若開六度權位行者，檀即因緣生法，即空、即假、即中。開檀得見佛性，乃至般若亦復如是。亦名置毒乳中，即能殺人。按位即假名妙。若進方便，成相似妙。若進入理，成分真妙。方便聲聞未入位者，開權顯實亦如是。

（4）三藏斷結位，若未開權，永無反復，如焦種無芽。今開析空，即假、即中，如置毒酪中，亦能殺人。按粗即妙，是相似位。若進入，隨位判妙也。

（5）次、開通教二乘、菩薩，亦如是。出假菩薩位者，決了此假，假即是中，如置毒生蘇，而能殺人。按粗即妙，是相似位。若進入，隨位判妙。

（6）若開別教十信位者，同前。

若開別教十住者，同二乘。

若開別教十行位者，同通教出假菩薩。

若開別教十迴向、伏無明位，即此而中，是名置毒熟蘇，即能殺人。按粗即妙，是相似位。若進入，隨位判妙。

（7）若登地之位不決了者，祇是拙度之位。今決此權，令得顯實，即是置毒醍醐而殺於人。

（8）按粗即妙，是十住位。若進入，隨位判妙。若決諸權，或按位妙，或進入妙，無粗可待，同成一妙，其義已顯。今更譬說，譬如小國大臣，來朝大國，失本位次，雖預行伍，限外空官。若大國小臣，心膂憑寄，爵乃未高，他所敬貴。諸教諸位，決粗入妙，雖得入流，欲比圓教八妙，猶是從鈍中來。圓教發心，雖未入位，能知如來祕密之藏，即喚作佛。初心尚然，何況後位乎！

（六）-9.引《涅槃》五譬，成四教位

（1）若不將四教釋譬，譬不可解。若非五譬判四教位，取信為難。若信經文，則位義易曉。解諸位意，彼譬冷然。彼此相須，可謂兼美者也。彼文云：「凡夫，如乳。須陀洹，如酪。斯陀含，如生蘇。阿那含，如熟蘇。阿羅漢、支佛、佛，如醍醐。」此譬三藏五位。何者？凡夫全生，未能除惑，菩薩亦爾，但得如乳。須陀洹破見，革凡成聖，如乳變為酪。斯陀含侵六品思，故如生蘇。阿那含欲界思盡，故如熟蘇。阿羅漢、支佛、佛，皆斷三界見思盡，故同稱醍醐。故《釋論》云：「聲聞經中，稱阿羅漢地為佛地。故共為一味也。」

問：此經以三藏菩薩為上草。彼經云何以菩薩為乳味？

答：經取化他邊強，喻之上草。此中自證力弱，同凡夫為乳味。

三十二云：「凡夫如雜血乳；須陀洹、斯陀含如淨乳；阿那含如酪；阿羅漢如生蘇；支佛、菩薩如熟蘇；佛如醍醐。」此譬通教五位也。

凡夫不斷惑，乳猶雜血。二果侵思未多，同初果如乳。三果（阿那含）欲思已盡，故如酪。四果（阿羅漢）見思俱盡，如生蘇。支佛智利侵習，小勝聲聞，故共菩薩如熟蘇。十地名佛地，即

是醍醐。

前以菩薩同凡味，故知是三藏。今以菩薩同支佛，故知是通。若不作通釋譬義，何由可解。

（六）-10.明妙位始終者，真如法中無詮次，無一地、二地，法性平等，常自寂然，豈應分別初後始終？良由平等大慧，觀於法界無有若干，能破若干無明，顯出無若干智慧。約此智慧，無始而始，即是初阿（阿是無生）；無終而終，即是後荼（荼毘：死後火燒屍）；無中而論中，即是四十心。雖復差別，則無差別，故名不思議位也。如下文云：「聲聞、緣覺如竹林，新發、不退菩薩等，皆不能知，除諸菩薩眾信力堅固者。」聲聞、緣覺所不能知，此簡三藏、通教兩種二乘也。三藏菩薩，緣真不及聲聞，聲聞尚不知，此菩薩那得知？通教菩薩入真之智，與二乘不殊，二乘不知，彼菩薩亦不知。

今標二乘不知，兩處菩薩亦不能測。發心不知，即指別教十信；不退不能知，即指別教三十心。十住，位不退。十行，行不退。十迴向，念不退。此三不退皆不能知。三藏中不退，尚不及二乘；通教中不退，止等二乘，二乘不知，豈重舉菩薩？今標發心不退者，則擬別教中人也。

信力者，是假名位。堅固者，是鐵輪位。如此等位，聞經即解，故得為妙，似位之始也。初開佛知見，乘是寶乘，遊於東方，即是真位之始也。三方是中位，直至道場，過荼無字可說，即是終位也。

如此諸位，乘何等乘？乘有三種：謂教、行、證。若言是乘，從三界出，到薩婆若中住。住有二義：一、取證故住，即通教意也。二、所乘極故住，即別、圓意也。初心憑教所詮，信教立行，得出三界。無明未破，未有所證，故不見真。但乘教乘，來至此耳。我圓教中，其誰是耶？謂五品弟子，能善發大心，長別三界苦

輪海，即其人也。教乘既息，證乘未及，以似解慧，進修眾行，則以行爲乘，從方便三界中出，到初住薩婆若中住。我圓教中，其誰是耶？謂十信心六根淨者，即其人也。初住乃至等覺，更增道損生者，此以證爲乘，從因緣三界乃至無後三界中出，到妙覺中，過茶無字可說，故言到薩婆若中住。前來諸乘，猶有上法，不得稱住。茶無上法，是故言住。住無住處，即妙位之終。

復次，別教十住破見思，是行三百由旬，十行破塵沙爲四百，十迴向伏無明爲五百。十地斷無明，此分見中道，即爲寶所也。

圓教六根清淨時，是行四百。破無明入初住，是行五百。二乘聞經，破無明惑，開佛知見，得記作佛者，即是決了諸粗位，過五百由旬，來入初住。即是妙位之始，得於證乘，遊於東方也。若至本門中增道損生，更乘證乘，遊於南方，是進入十行位也。西方是進入十迴向。北方是進入十地也。又如文云：「說是如來壽命長遠時，六百八十萬億那由他恒河沙人得無生法忍」，即是十住。「復千倍菩薩，得聞持陀羅尼」，即十行。「復有一世界微塵數菩薩，得樂說辯才」，即十迴向。「復有一世界微塵數，得旋陀羅尼」，即初地。「三千大千微塵，得不退」，即二地。「二千國土微塵，能轉清淨法輪」，即三地。「小千國土微塵，八生當得菩提」，即四地。七生當得，即五地。六生當得，即六地。五生當得，即七地。「四生當得」，即八地。「三生當得」，即九地「二生當得」，即十地。「一生當得」，即等覺。過此一生，即是過茶無字，即是妙覺地，妙位之終也。

將前列位中，引《法華經》文，入此中共作一科者，即不煩也。

215-1-6.法華玄義的大綱為何？第五三法妙

第五三法妙

第五、三法妙者，斯乃妙位所住之法也。言三法者，即三軌也。軌名軌範，還是三法可軌範耳。此即七意：一、總明三軌。二、歷別明三軌。三、判粗妙。四、開粗顯妙。五、明始終。六、類三法。七、悉檀料簡。

一、總明三軌者：一、真性軌。二、觀照軌。三、資成軌。名雖有三，只是一大乘法也。經曰：「十方諦求，更無餘乘，唯一佛乘」。一佛乘即具三法，亦名第一義諦，亦名第一義空，亦名如來藏。

此三不定三，三而論一。一不定一，一而論三，不可思議，不並不別。故《大經》云：「佛性者，亦一、非一、非一非非一。亦一者，一切眾生悉一乘故。」此語第一義諦。

「非一者，如是數法故。」此語如來藏。「非一非非一，數、非數法，不決定故。」此語第一義空。

（一）三軌

（1）

1.前明諸諦，若開、若合，若粗、若妙等，已是「真性軌」相也。

2.前明諸智，若開、若合，若粗、若妙，是「觀照軌」相也。

3.前明諸行，若開、若合，若粗、若妙，已是「資成軌」相也。

（2）私謂一句即三句，三句即一句，名圓佛乘。

1.非一者，數法故。指此為如來藏，開出「三藏」中三乘事相方便。

2.非一非非一，不決定故。指此一句，為第一義空，開出「通教」三人即事而真。

3.亦一者,一切眾生悉一乘故。指此一句,爲第一義諦,開出「別教」獨菩薩乘。

4.此諸方便,悉從「圓」出。故經言:「於一佛乘,分別說三。」即此義也。

二、歷別明三法者

(一)佛從何法開諸權乘?如《大經》明佛性非一,如是數法,說三乘故。

當知,諸乘數法,爲如來藏所攝。佛於此藏,開出聲聞、緣覺,及諸菩薩通、別等乘。

二乘未破變易生死,猶是有爲;無明未脫,故言有漏;非中道智,故名福德。

以是故知,方便諸乘悉爲資成所攝,皆從大乘一句偏出,非究竟法,故云「於一佛乘,分別說三。」即此意也。亦是於一佛乘,分別說五;亦是分別說七;亦是分別說九。若依此釋,如來藏句,開出種種方便、諸權乘法也。

(二)歷四教各論三法者

(1)三藏教

1.聲聞

a.中以無爲智慧,名觀照軌。

b.正爲乘體,助道成乘具,名資成軌。

c.正、助之乘,斷惑入眞,眞是眞性軌。

2.緣覺亦爾。

3.菩薩以無常觀爲觀照;功德肥爲資成;坐道場斷結、見眞爲眞性。

4.此教詮眞,乘是教乘,從三界中出,到薩婆若中住,言教已盡,故無教乘。眞不能運,故證非乘,故有索車之意。

(2)通教

1.以眞性軌爲乘體。

何以故？即色是空，事中有理，此理即眞，故爲乘體。

2.以空慧爲觀照。

3.眾行爲資成。

4.此教詮眞，乘是教乘，從三界出，到薩婆若中住。菩薩出三界已，用行爲乘，淨佛國土，教化眾生，乃至道場，乃可名住。亦是有教無人。無誰住者，亦是教謝證寂，無復運義，亦有索車之意。

（3）別教

1.以緣修觀照爲乘體。

2.諸行是資成。

3.以此二法爲緣修智慧。

4.慧能破惑顯理，理不能破惑，理若破惑，一切眾生悉具理性，何故不破？若得此慧，則能破惑，故用智爲乘體。故《大經》云：「無爲無漏，名菩薩僧。即是一地、二地，乃至十地智慧，名智慧莊嚴。」以此智慧運通十地，故爲乘體。

5.然《攝大乘》明三種乘：理乘、隨乘、得乘。

理者，即是道前眞如。

隨者，即是觀眞如，慧隨順於境。

得者，一切行願熏習，熏無分別智，契無分別境，與眞如相應。

元夫如來初出，便欲說實；爲不堪者，先以無常遣倒，次用空淨蕩著，次用歷別起心，然後方明常樂我淨。

龍樹作論，申佛此意，以不可得空洗蕩封著，習應一切法空，是名與般若相應。

（4）圓教

明圓教三法者：

1.以眞性軌爲乘體。不僞名眞，不改名性，即正因常住，諸佛所師，謂此法也。一切眾生亦悉一乘，眾生即涅槃相，不可復滅；

涅槃即生死，無滅不生。故《大品》云：「是乘不動、不出。」即此乘也。

2.觀照者，只點眞性，寂而常照，便是觀照，即是第一義空。

3.資成者，只點眞性法界，含藏諸行，無量眾具，即如來藏。

4.三法不一異，如點如意珠中論光、論寶，光、寶不與珠一，不與珠異，不縱不橫。三法亦如是，亦一、亦非一，亦非一非非一，不可思議之三法也。

5.若迷此三法，即成三障：一者、界內、界外塵沙，障如來藏。二者、通別見思，障第一義空。三者、根本無明，障第一義理。

若即塵沙障達無量法門者，即資成軌得顯。

若即見思障達第一義空者，觀照軌得顯。若即無明障達第一義諦者，眞性軌得顯。眞性軌得顯，名爲法身。

觀照得顯，名爲般若。

資成得顯，名爲解脫。

此兩即是定慧莊嚴，莊嚴法身。法身是乘體，定慧是眾具，

6.復次，何必一向以運義釋乘？若取眞性，不動、不出，則非運非不運。

若取觀照、資成，能動、能出，則名爲運。

秖動出即不動出；即不動出是動出。

即用而論體，動出是不動出；即體而論用，即不動出是動出。體用不二而二耳。例如：轉、不轉，皆阿鞞跋致；動、不動，皆是毘尼。以是義故，發趣、不發趣，皆名爲乘也。

（三）明粗妙

1.藏教：三藏於有爲福德，論三法爲乘。

四念處是聞慧，乘於教乘，到四善根。

四善根乘於行乘，到見諦。

見諦乘於證乘，到無學。

既是權法，出三界外，以眞爲證。證則不運、不見實乘。
是故三法皆粗也。

2.通教：通教即空慧，三法爲乘巧，餘意大同。乾慧地乘於教乘，性地乘於行乘，八人見地乘於證乘。此亦偏說，是故爲粗。

3.別教以資成資於觀照，觀照開於眞性，三法爲乘。十信乘教、十住乘行、十地乘證，到妙覺薩婆若中住。緣修成即謝，唯眞修在。若爾，資成在前，觀照居次，眞性在後。此三豎別，縱非大乘，此三並異，橫非大乘，是方便法，是故爲粗也。

4.圓教：點實相爲第一義空，名空爲縱。第一義空即是實相，實相不縱，此空豈縱？點實相爲如來藏，名之爲橫。如來藏即實相，實相不橫，此藏豈橫？故不可以縱思、不可以橫思，故名不可思議法，即是妙也。只點空、藏爲實相，空縱、藏橫，實相那不縱橫？只點空爲如來藏，空既不橫，藏那得橫？點如來藏爲空，藏既不縱，空那得縱？點實相爲空、藏，實相非縱非橫，空、藏亦非縱非橫，宛轉相即，不可思議，故名爲妙。

只點如來藏爲廣，點第一義空爲高，故言其車高廣。

如來藏即實相，故其車非廣。第一義空即實相，故其車非高。只實相是空，那得非高？只實相是如來藏，那得非廣？

又點實相爲如來藏，故言眾寶莊校，又多僕從而侍衛之。

點實相爲第一義空，故言有大白牛，肥壯多力，行步平正，其疾如風，智慧無染，名爲白。能破惑，故名多力。中道慧，名平正。入無功用，故其疾如風。不思議三法，共成大車，豈有縱橫並別之異？

5.若將此粗妙等乘，約五味者，
乳教一粗一妙。
酪教一粗。
生蘇三粗一妙。
熟蘇二粗一妙。

眾經悉帶縱橫方便，說不縱、不橫之眞實，故言爲粗。今經正直捨方便，故加之以妙。

215-1-7.法華玄義的大綱為何？開粗顯妙者

（四）開粗顯妙者

1.約《大經》三句也。經言：「佛性亦一」者，一切眾生悉一乘故。此是不動、不出之一乘，故具足三法，不縱、不橫。夫有心者皆備此理，而其家大小都無知者，是故爲粗。

2.今示眾生諸覺寶藏，耘除草穢，開顯藏金。一切無礙人，一道出生死。十方諦求，更無餘乘，唯一佛乘，是故爲妙。

3.經言：「佛性亦非一非非一。」數、非數法，不決定故。若執緣修智慧，定能顯理；慧自非理，則照用不明，不見佛性，是故爲粗。

4.今開定執之慧，即不決定慧，即慧而理、即理而慧，不執著數，定三定一，不著非數，非三非一，如此乃名無著妙慧。能破一切定相及不定相，亦無能破、所破。如輪王能破能安，如日除闇生物，如醫除膜養珠，即是大乘不縱不橫之妙慧也。

5.經言：「佛性亦非一」說三乘故。即是三乘、五乘、七乘等諸方便乘。若住諸乘，但是事善，及以偏眞，通入處近，是故爲粗。

6.今若決了諸乘即是如來藏，藏名佛性。從人天善乃至別乘，皆不動本法，即是於妙。

當知，三句攝一切法，無非佛性，悉皆是妙。無粗可待，即絕待妙也。

（五）明始終者

1.不取五品教乘爲始，乃取凡地一念之心，具十法界、十種相

性，為三法之始。何者？十種相性祇是三軌。

如是體即真性軌；

如是性，性以據內，即是觀照軌；

如是相者，相以據外，即是福德，是資成軌。

力者是了因，是觀照軌；

作者是萬行精勤，即是資成；

因者是習因，屬觀照。

緣者是報因，屬資成；

果者是習果，屬觀照；

報者是習報，屬資成。

本末等者，空等，即觀照；假等即資成；中等即真性。

2.直就一界十如論於三軌。今但明凡心一念，即皆具十法界，一一界悉有煩惱性相、惡業性相、苦道性相。

若有無明煩惱性相，即是智慧觀照性相。何者？以迷明故起無明。若解無明，即是於明。《大經》云：「無明轉，即變為明。」《淨名》云：「無明即是明。」當知，不離無明而有於明，如冰是水，如水是冰。

3.又凡夫心，一念即具十界，悉有惡業性相，只惡性相即善性相，由惡有善，離惡無善，翻於諸惡，即善資成。

惡即善性，未即是事。遇緣成事，即能翻惡。如竹有火，火出還燒竹。惡中有善，善成還破惡。故即惡性相是善性相也。

4.凡夫一念，皆有十界識、名色等苦道性相。迷此苦道，生死浩然，此是迷法身為苦道，不離苦道別有法身。若悟生死，即是法身，故云：苦道性相即是法身性相也。

5.夫有心者，皆有三道性相，即是三軌性相。故《淨名》云：「煩惱之儔，為如來種。」此之謂也。

a.若言如是力、如是作者，菩提心發也，即是真性等萌動。

b.如是因者，即是觀照萌動。

c.如是緣者，即是資成萌動。

d.如是果者，由觀照萌動，成習因，感得般若習果滿也。

e.如是報者，由資成萌動，爲緣因，感得解脫報果滿也。

f.果報滿故，法身亦滿，是爲三德究竟滿，名祕密藏。

g.本末等者，性德三軌，冥伏不縱、不橫；修德三軌，彰顯不縱、不橫。冥伏如等、數等、妙等；彰顯如等、數等、妙等，故言等也。亦是空等、假等、中等。

（六）類通三法者

1.類通諸三法。何者？赴緣名異，得意義同，粗通十條，餘者可領。

十條：三道、三識、三佛性、三般若、三菩提、三大乘、三身、三涅槃、三寶、三德。

諸三法無量，止用十者，舉其大要，明始終耳。

a.三道輪迴，生死本法，故爲初。

b.若欲逆生死流，須解三識、知三佛性、起三智慧、發三菩提心、行三大乘、證三身、成三涅槃，是三寶，利益一切，化緣盡，入於三德，住祕密藏。

2.類通三道者

真性軌即苦道；觀照軌即煩惱道；資成軌即業道。苦道即真性者。

a.觀照軌即煩惱道：

下文云：「世間相常住」，豈不即彼生死而是法身耶？煩惱即觀照，觀照本照惑，無惑則無照，一切法空是也。文云：「諸法從本來，常自寂滅相。」即煩惱是觀照也。照如薪生火。文云：「於諸過去佛，若有聞一句，皆已成佛道。」又云：「深達罪福相，遍照於十方。」即是聞於體達煩惱之妙句也。

b.資成即業道：

惡是善資，無惡亦無善。文云：「惡鬼入其心，罵詈毀辱我，

我等念佛故，皆當忍是事。」惡不來加，不得用念，用念由於惡加。

c.真性軌即苦道：

三軌即三道，是為理性，行於非道，通達佛道。

五品，觀行行於非道，通達佛道。

六根清淨，相似行於非道，通達佛道。

十住去，即分真行於非道，通達佛道。

妙覺，究竟行於非道，通達佛道。

3.類通三識者

a.菴摩羅識即真性軌

b.阿黎耶識即觀照軌

c.阿陀那識即資成軌

若地人明阿黎耶是真常淨識攝；大乘人云是無記、無明、隨眠之識，亦名無沒識，九識乃名淨識互諍。

為善則善識，為惡即惡識，不為善惡，即無記識。此三識，何容頓同水火？只背善為惡，背惡為善，背善惡為無記。只是一人三心耳。三識亦應如是，若阿黎耶中，有生死種子，熏習增長，即成分別識。

若阿黎耶中，有智慧種子，聞熏習增長，即轉依成道後真如，名為淨識。

若異此兩識，只是阿黎耶識。此亦一法論三，三中論一耳。

菴摩羅識，名無分別智光。若黎耶中，有此智種子，即理性無分別智光。

五品，觀行無分別智光。

六根清淨，相似無分別智光。

初住去，分真無分別智光。

妙覺，究竟無分別智光。

4.類通三佛性者

a.真性軌即是正因性

b.觀照軌即是了因性

c.資成軌即是緣因性

故下文云：「汝實我子；我實汝父。」即正因性。

又云：「我昔教汝無上道故，一切智願猶在不失。」智即了因性，願即緣因性。

又云：「我不敢輕於汝等，汝等皆當作佛。」即正因性。「是時四眾，以讀誦眾經」即了因性。「修諸功德」即緣因性。

又云：「長者諸子，若十、二十，乃至三十。」此即三種佛性。

又云：「種種性相義，我已悉知見。」既言種種性，即有三種佛性也。

若知三軌即三佛性，是名理佛性。

五品，觀行見佛性。六根，相似見佛性。十住至等覺，分真見佛性。

妙覺，究竟見佛性。是故稱妙。

5.類通三般若者

a.真性是實相般若

b.觀照是觀照般若

c.資成是文字般若

具如上釋境、智、行三妙之相。

a.故下文云：「止止不須說，我法妙難思。」

又云：「是法不可示，言辭相寂滅。」即實相般若。

b.「我及十方佛，乃能知是相。」「唯佛與佛，乃能究盡。」又云：「我所得智慧，微妙最第一。」即觀照般若。

c.又云：「我常知眾生，行道不行道，隨應所可度，為說種種法。」若干言辭，隨宜方便，即是文字般若。

　　d.又云：「如來知見廣大深遠。」廣大深遠即實相般若。如來知見稱廣大深遠，即觀照般若。若言方便、知見皆已具足，即文字般若。

　　e.故知三軌亦三般若之異名耳。若三智在三心、屬三人，是則為粗。

　　三智在一心中，不縱不橫，是則理妙。

　　五品，觀行三般若。六根淨，相似三般若。

　　四十心，分真三般若。

　　妙覺，究竟三般若也。

　　6.類通三菩提者

　　a.真性軌即實相菩提

　　b.觀照軌即實智菩提

　　c.資成軌方便菩提

　　a.故下文云：「我先不言汝等皆得阿耨三菩提。」「非實、非虛、非如、非異，不如三界，見於三界。」即實相菩提。

　　b.「我成道已來，甚大久遠。」即實智菩提。

　　c.「我說少出家，近伽耶城，得三菩提。」即方便菩提。

　　d.若就弟子明三菩提者，

　　d1.「若我遇眾生，盡教以佛道。」即實相菩提。

　　d2.「安住實智中，我定當作佛。」又云：「佛子行道已，來世得作佛。」「乘是寶乘，直至道場。」即是修成實智菩提。

　　d3.授八相記，即方便菩提。

　　e.不一異者，名之為如。不決了名粗，決了名為妙。

　　一切眾生，理性菩提。

　　五品，名字菩提。

　　六根，相似菩提。

　　四十一位，分真菩提。

妙覺，究竟菩提。

7.類通三大乘者

7.1.

a.眞性即理乘

b.觀照即隨乘

c.資成即得乘

7.2.

a.故下文云：「佛自住大乘，如其所得法，定慧力莊嚴。」住大乘即理乘。

b.定慧莊嚴即隨乘。

c.所得法即得乘。

7.3.

a.「佛自住大乘」是理乘。

b.「於道場知已」是隨乘。

c.「導師方便說」是得乘。

d.又「舍利弗！以本願故，說三乘法。」是得乘、隨乘。又，「是乘微妙清淨第一」是理乘。「於一佛乘」是理乘；「分別說三」是得乘、隨乘。

e.不縱不橫妙，開粗妙

歷七位：

五品，名字乘。

六根，相似乘。

妙覺，究竟乘。四十一位，分眞乘。

8.類通三身者

a.眞性軌即法身

b.觀照即報身

c.資成即應身

d.若《新金光明》云：「依於法身，得有報身；依於報身，得

有應身。」此即如前所明，依於境妙，得有智妙；依於智妙，得有行妙。

彼文云：「佛眞法身，猶如虛空，應物現形，如水中月。」報身即天月。此文云：「佛自住大乘」即是實相之身，猶如虛空。「定慧力莊嚴」慧如天月，定如水月。

e.又云：「唯佛與佛，乃能究盡諸法實相。」即是法身。「我所得智慧，微妙最第一。」即是報身。「名稱普聞」即是應身。

f.又，非生、現生等，是應身也。或示己身，即法身、報身。或示他身，即報、應身。

「我以相嚴身，光明照十方，爲說實相印。」實相印即法身；照十方即應身；相嚴身即報身。

g.又「深達罪福相，遍照於十方。」即報身；「微妙淨法身」即法身；「具相三十二」即應身。

h.三軌名異，義即三身，故《普賢觀》云：「佛三種身，從方等生。」《法界性論》云：「水銀和眞金，能塗諸色像，功德和法身，處處應現往。」若此三身不縱不橫，妙決了三身入法身妙。歷七位妙。

9.類通三涅槃者

地人言：「但有性淨、方便淨。實相名爲性淨涅槃；修因所成爲方便淨涅槃。

a.今以理性爲性淨涅槃

b.苦道即眞性者修因所成爲圓淨涅槃

c.薪盡火滅爲方便淨涅槃

d.

d1.文云：「是法不可示，言辭相寂滅。」又云：「諸法從本來，常自寂滅相。」是性淨涅槃。

d2.又云：「皆以如來滅度而滅度之」即圓淨涅槃。

又云：「我成佛已來，甚大久遠。」久修業所得，慧光照無

量，亦是圓淨涅槃。

d3.數數唱生，處處現滅，於此夜滅度，如薪盡火滅，豈非方便淨涅槃？

e.「大經」題稱「大般涅槃」，翻爲大滅度。大者，其性廣博，即據性淨。

度者，到於彼岸，智慧滿足，即據圓淨。滅者，煩惱永盡，斷德成就，即據方便淨。

此三涅槃，即是三軌也。

10.類通一體三寶者

a.眞性即法寶

b.觀照即佛寶

c.資成即僧寶

d.故法性不動名不覺；佛智契理，故佛名爲覺。事和、理和，故僧名和合。《思益》云：「知覺名爲佛；知離名爲法；知無名爲僧。」此是一體三寶。

e.故下文云：「佛自住大乘」佛是佛寶；大乘是法寶；「如其所得法，以此度眾生。」即是與理和，復與眾生和，即是僧寶。

f.「世間相常住」，名法寶；「於道場知已」，名佛寶；「導師方便說」上與理和，下與眾生和，名僧寶。

g.一體三寶，非一之一，不三之三，此之三一，不縱不橫，稱之爲妙。歷七位。

11.類通三德者

「大經」三德，共成大涅槃。此經三軌，共成大乘。

a.彼明法身德，此云實相。

b.彼云：「佛性者亦一」一切眾生悉一乘故，亦是指實相爲一乘。彼處明般若德；此經明其智慧門難解難入。「我所得智慧，微妙最第一」乃至「決了聲聞法，是諸經之王」皆是般若。

c.彼經明解脫德；此經明數數示現，現生現滅，隨所調伏眾生

之處，自既無累，令他解脫，乃至收取萬善事中功德悉得證果，豈非解脫？

d.「八千聲聞於法華中，得受記別，如秋收冬藏，見如來性，更無所作。」

而人云：「《涅槃》有遙指之文，此中無佛性之語。」

今據此文：「種種性相義，而我皆已見。」既言種種，何獨簡於佛性耶？

又，「世間相常住。於道場知已，導師方便說。」豈非佛性之文耶？

「論」云：「佛性水常不輕。」知眾生有佛性。

又《涅槃》三德爲祕密藏。安置諸子祕密藏中，我亦不久當入其中，此即自他俱入祕密。

此經云：「佛自住大乘，以此度眾生。終不以小乘濟度諸眾生，悉以如來滅度而滅度之。」

e.但《涅槃》以佛性爲宗，非不明一乘義；今經以一乘爲宗，非不明佛性義。赴機異說，其義常通也。若三德縱橫即是粗；不縱橫即是妙。歷七位。

215-1-8a.法華玄義的大綱為何？第六感應妙

第六感應妙

（一）釋感應名

眾生機，聖人應。

（1）機有三義：微、關、宜。

微：事物變化的最初徵兆或所由或未發之時。關：關聯。宜：適宜。

（2）應有三義：赴、對、應。

赴：趨而赴之。對：對應。應：回應。

（二）明機應相

（1）就理無差而言，機應同是一實相，是不異。就事有別而言，機是眾生之感，應是聖人之應，故不一。

（2）機是子，應是父。新理而言，父子都具佛性，故一。但子眾生的佛性爲隱，而父如來的佛性爲顯，故異。

（3）聖人得事，聖人能得事之佛性理。可以慈（予樂）應眾生的善；可以悲（拔苦）應眾生的惡。故曰聖人得事。眾生得理，即眾生具有佛性，可以事善惡的佛性與聖人相應。

（三）明機感不同

（1）以三世角度，機應有四種對應關係：冥機冥應：過去有行善，密益會來。即積善之家必有餘慶。

冥機顯應：過去世所殖善業，這一世成熟，得佛出世聞法而得度的利益。

顯機顯應：現世修行其不懈努力之因立時感得聖人降臨或靈瑞之應。

顯機冥應：現世修行其不懈努力之因，雖無明顯感應，但未來冥冥中會有利益。

四機爲冥機、顯機、亦冥亦顯機、非冥非顯機。四應爲冥應、顯應、亦冥亦顯應、非冥非顯應。

每一類「機」感四類「應」，即有十六類機應。機和應各有十六，合成三十二句。再加上述四種根本機應，便是三十六句機應。

（四）明機應相對

1.地獄機有：

a.惡機：黑業、見思、塵沙、無明

b.善機：白善、空善、假善、中善

2.無垢三昧慈悲應有：

a.因緣觀：悲拔黑業苦，慈與白業樂

b.即空觀：悲拔黑見思苦，慈與無漏樂

c.即假觀：悲拔塵沙苦，慈與道種智樂

d.即中觀：悲拔無明苦，慈與法性樂

三十六句的感應模式

如上。

圓教的圓應是聖人之應普利一切，一即一切，個別眾生的佛性開顯即是全體眾生的佛性開顯。

（五）明粗妙

藏、通、別三教的「機」和「應」是粗，圓教的「機」和「應」是妙。

九法界的機是粗，佛界的機是妙。

藏、通教是粗應；別圓教是妙應。

第七神通妙

（一）佛的三輪不可思議「化他」

（1）身輪：佛以身業現出種種神變，吸引眾生的注意，使之生起正信。

（2）口輪：佛以口業教導眾生而使之修行。

（3）他心輪：佛以意業去識別他人之根機及樂欲，以方便善巧的教化引導眾生。

佛首先以身輪之神通去化導眾生，其次以口輪宣說真理，最後以他心輪鑑機施教。

（二）六種神通

天眼通、天耳通、他心通、宿命通、如意身通、無漏通。

天然之慧，徹照無礙，故名神通。由禪定與智慧所獲之超自然、無礙自在、神變不可思議之妙用。

而幻術只是迷惑人眼，讓事物表面看似起了變化，而內在成分其實沒有變化。

神通也並非只以眾生果報作為代價，而是令人獲得實在的利益。

（三）各階位的神通

明神通不同者，鬼道報得通；人能服藥亦得通；外道因根本禪亦發通；諸天報得通；二乘依背捨勝處一切處，修十四變化發得神通；六度菩薩因禪得五通，坐道場時能得六通；通教菩薩因禪得五通，依體法慧得無漏通；別教地前依禪發五通，登地發正無漏通，任運常照，不以二相見諸佛土。

圓教通者：

經云：「諸根通利，智慧明了」也。六根皆智慧，即互用意也。

今云六根之通，不因事禪而發，此乃中道之眞。眞自有通，任運成就，不須作意，故名「無記化化禪」。不別作意故名無記，任運常明如阿脩羅琴；化復能化，故言化化。中道眞通，任運如此，與餘通異。

（四）判粗妙

（1）五味教中用神通者：乳教所用神力，若多若少，但表兩意：一粗、一妙。

三藏用神力，若多若少，但為一粗。

方等用神力，若多若少，三粗一妙。

般若用神力，若多若少，二粗一妙。

此經神力，若多若少，唯為一妙。所以（2）「序品」中瑞相有十，咸皆表妙也：「地皆嚴淨」表理妙。

「放眉間光」表智妙。

「入于三昧」表行妙。

「天雨四華」表位妙。

「栴檀香風」表乘妙。

「四眾咸有疑」表機，

「見萬八千土」表應，此二明感應妙也。

「地六種動」表神通妙。

「天鼓自鳴」及「而為說法」，表說法妙。

「天龍大眾歡喜」，表眷屬妙。

「又見佛子修種種行」，表利益妙。

此用神變，若少若多，俱表妙也。

第八說法妙

（一）釋法名

釋法名者，三世佛法雖多無量，十二部經收罄無不盡。

有七種分別：體一、相二、制名三、定名四、差別五、相攝六、料簡七。

（1）體一者，經以名味章句為體，經無不然，故體一也。

（2）相二者，長行直說，有作偈讚頌，兩種相別。

（3）制名三者，脩多羅、祇夜、伽陀。

三部：就字句為名，不就所表。授記等八部。

不就所表，又不就字句，從事立稱。方廣一部，

名從所表。何者？脩多羅等三部，直說法相，可即名以顯所表。

（4）定名有四，脩多羅名線經。經體是名字，而名從況喻。祇夜、偈陀，當體為名。授記、無問自說、論義等三經，體事合目。自餘從事也。

（5）差別有五者

1.脩多羅有九種。經云：從如是至奉行，一切名脩多羅。是則脩多羅名通而體總，皆名為經，故名通。就文字經體分為十二部，故體總也。

2.就總脩多羅中，隨事分出十一部，即對十一部，餘直說法相者，是別相脩多羅。

3.論義經，解釋十一部經，是則十一部爲經本。當知論所解釋，前十一部皆是脩多羅。又《雜心》中〈脩多羅品〉，亦對論以經爲脩多羅。又如婆脩槃馱解提婆〈百論〉，論爲經本，亦名論爲脩多羅。又經云：除脩多羅，餘四句偈以爲偈經。即對四句偈經，餘長行說者是脩多羅。又云：祇夜名偈頌脩多羅。即對祇夜頌偈，所頌即是脩多羅也。又如分別三藏，以敷置理教爲脩多羅，對別毘尼、阿毘曇也。又如經說，從佛出十二部經，從十二部經出脩多羅。對十二別教，以通教爲脩多羅，是九中、初二偈亦是也。

4.偈陀者，有四種。

a.如言《法華》有阿閦婆等偈，《涅槃》二萬五千偈。是則偈經，復是通總。若四句爲偈，一字一句，得名爲經。非一字一句，皆名爲偈。但以聖言巧妙，章句成就，數句爲偈，故通得名偈。

b.除脩多羅餘四句爲偈。

c.偈中重頌者，名祇夜，當知不重頌偈，名爲偈經。

d.如脩多羅通總，隨事剋分，別爲異部，以直說爲脩多羅。當知偈中亦隨事剋分，若授記因緣等，別爲異部，以不隨事，直爾偈說，名爲偈經。

5.祇夜者，名爲重頌。頌有三種：一、頌意。二、頌事。三、頌言。

a.頌意者，頌聖意所念法相及事。若頌心所念法相，則名偈陀經。若頌心所念授記等事，則隨事別爲異經。

b.頌事，謂授記等事，亦隨所頌事，別爲異經。

c.頌言者，若頌隨事之言，隨事別爲異經。若頌直說脩多羅者，名爲重頌祇夜經也。

6.授記者，果爲心期名記，聖言說與名授。授記有二種：

a.若與諸菩薩授佛記，是大乘中授記。

b.若記近因、近果，是小乘中記也。

7.無問自說有二種：一、理深意遠，人無能問。二、非不可問，但聽者宜聞，佛為不請之師，不請之師不待問自說也。

8.方廣有二種：一、語廣。二、理廣。

（6）相攝六者

a.就脩多羅中出十一部。

b.若偈與直說，相對言之，脩多羅中得出九部，但無二偈。

c.偈陀中得出十部，但無直說脩多羅也。

d.祇夜中得出九部，無脩多羅，亦無偈經也。

（7）料簡七

釋法名者，上起教中已說。今標名互有不同，翻譯多異。今依《大智論》標名者。

1.脩多羅，此云法本，亦云契經，亦線經。

脩多羅者，諸經中直說者，謂四《阿含》，及二百五十戒，出三藏外諸摩訶衍經直說者，皆名脩多羅也。

2.祇夜，此云重頌，以偈頌脩多羅也。

祇夜者，諸經中偈，四、五、七、九言句，少多不定，重頌上者，皆名祇夜也

3.和伽羅那，此云授記。

和伽羅那者，說三乘、六趣、九道劫數，當得作佛。若後爾所歲，當得聲聞、支佛。後爾所歲，當受六趣報，皆名授記。夫授記法，面門放五色光，從上二牙出，照三惡道。下二牙出，照人天。光中演說，無常無我，安隱涅槃。遇光聞法者，三途中身心安樂，人中癃殘者差，六欲天厭患欲樂，色天厭禪樂。光照十方，遍作佛事，還遶七匝，從佛足下入，是記地獄道。踝入、髀入、臍入、胸入、口入、肩間入、頂入者，是記佛道。《論》不見記脩羅光，當是開鬼道出脩羅，從容在於髀臍之間耳。

4.伽陀，此云不重頌，亦略言偈耳。四句為頌，如此間詩頌也。

伽陀者，一切四言、五言、七、九等偈，不重頌者，皆名伽陀也。

5.優陀那，此云無問自說。

優陀那者，有法佛必應說，而無有問者，佛略開問端。如佛在舍婆提毘舍佉堂上，陰地經行，自說優陀那。所謂無我、無我所，是事善哉！是名優陀那。又如般若中，諸天子讚須菩提所說，善哉！善哉！希有世尊，難有世尊，是名優陀那。乃至佛滅後，諸弟子抄集要偈，諸無常偈作〈無常品〉，乃至〈婆羅門品〉，皆名優陀那也。

6.尼陀那，此云因緣。

尼陀那者，說諸佛本起因緣，佛何因緣說此事？脩多羅中，有人問故為說是事；毘尼中，有人犯是事故結是戒。一切佛語緣起事，皆名尼陀那。

7.阿波陀那，此云譬喻。

阿波陀那者，與世間相似，柔軟淺語。如《中阿含》長譬喻，《長阿含》大譬喻，億耳、二十億耳譬喻等，無量譬喻皆名阿波陀那。

8.伊帝目多伽，此云如是語，亦云本事。

伊帝目多伽有二種：一者、結句。言我先許說者，今已說竟。二者、更有經，名一目多伽。有人言：因多伽目多伽，名出三藏及摩訶衍，何等是？如淨飯王強逼千釋令出家，佛選堪得道者五百人，將往舍婆提，令離親屬。身子、目連教化，初中後夜，專精不睡，以夜為長。後得道還本國，從迦毘羅婆林五十里入城乞食，覺道路為長。時有師子，來禮佛足，為三因緣說偈（云云），說此三事本因緣，故名一目多伽也。

9.闍陀伽，此云本生。

闍陀伽者，說菩薩本曾爲師子，受獼猴寄，攫脅肉貿猴子。於病世作赤目魚，施諸病者。或作飛鳥，救於泫溺，如是等無量本生，多有所濟，皆名闍陀伽也。

10.毘佛略，此云方廣。

毘佛略者，所謂《摩訶衍般若經》、《六波羅蜜經》、《華首》、《法華》、《佛本起》、《因緣雲》、《法雲》、《大雲》，如是等無量諸經，爲得阿耨三菩提故，說此毘佛略也。

11.阿浮陀達摩，此云未曾有。

阿浮陀達摩者，如佛現種種神力，眾生怪未曾有。放光動地，種種異相，皆名阿浮陀達摩也。

12.優波提舍，此云論議。

優波提舍者，答諸問者，釋其所以，廣說諸義，如是等問答解義，皆名優波提舍也。佛自說論義經、迦栴延所解，乃至像法凡夫人如法說者，亦名優波提舍經也。

（二）明分法大小

明分法大小者，有三種說法：

（1）此經指九部爲入大之本，則九部是小，三部是大，蓋別語耳。

通而爲言，小亦有記六道因果。

又《阿含》中亦授彌勒當作佛記，豈非授記經？亦有自唱善哉！無問而說。

聲聞經中，以法空爲大空，故《成論》中云：「正欲明三藏中實義。」實義者空，是《阿毘曇》所不申，而《成論》申於空。空即廣經。當知小乘，通具十二部也。故《涅槃》云：「先雖得聞十二部經，但聞名字，不聞其義。今因《涅槃》得聞其義。」

《大品》亦云：「魔作比丘，爲菩薩說聲聞十二部經。」

（2）有經言：「大小乘各具十二部。若信六部通大小乘，不信

六部互不相通。」

按此者，即是大小俱有十二部也。

又《涅槃》第七云：「九部中，不明佛性，是人無罪。」例此而言，十二部中不明佛性，是人有罪。

（3）有人言：大乘九部，除因緣、譬喻、論義，大乘人根利，不假此三。

斯亦別論。通語大乘，何得無此三經耶？

（4）有經言：「小乘但讓廣經一部，有十一部。」無方廣者，大乘說如來是常，一切眾生皆有佛性。正理為方，包富為廣。又理融無二，亦名為等。聲聞中所無，但十一部耳。

若言小乘定有九，不應復有十一部；

既取十一，亦通有十二。

為緣別說，或讓三（小乘有九部），或讓一（小乘有十一部），大乘有十二部，以判大小乘。

（三）對緣有異

（1）對緣有異者，緣即是十因緣法所成眾生，而此眾生皆有十界根性，熟者先感。佛知成熟、未成熟者，應不失時。

若眾生解脫緣未熟，不可全棄，對此機緣，止作人天乘說，不作脩多羅等名。

故天竺外典，無十二部名，亦無其意。

此間儒道，亦無斯名，意義皆闕。

若法身為王，示十善道，亦不濫用此名。故《地持》中說種性菩薩，能自熟又能熟他。有二乘種性及佛種性者，隨法熟之，無種性者，以善趣熟。善趣熟者，即是其義。種性熟者，如下說。若深觀行者，妙得其意，以邪相入正相，用無礙辯，約邪經外典，作十二部義，胡為不得？而非正對緣說也。

（2）今總論如來對四緣，說十二部法，有兩種四教不同：

1.就隱、顯共論四教：隱即祕密教，顯即頓、漸、不定教。祕

密既隱，非世流布，此置而不論。若對四法界眾生，通說十二部，別說或九部、或十一部，名漸法說也。若對兩法界眾生，通說十二部，此說頓法也。或對四法界，或對兩法界，或作別說、或但通說，此說不定法也。

2.直就顯露漸教中更明四教者，即是三藏、通、別、圓也。三藏教直對三法界，別說或九、或十一。通教對四法界，通說十二部法也。別教對兩法界，通說十二部法。圓教對一法界，通說十二部法。前以無記化化禪，與諸慈悲合，示現身輪：或為國師、道士、儒林之宗，父母、兄弟，乃至猴猿鹿馬，同事利益不可稱說。今口輪說者，例如前用諸慈悲，熏無記化化禪，種種不同，百千萬法不可說。

（四）明所詮者

（1）若說人天乘，詮界內思議之俗，永不詮真。

若為漸教人，別說九部、十一部，乃至通十二部者；

初、正詮思議之俗諦，傍詮思議之真諦；

中、正詮思議之真諦，傍詮思議之俗諦；

後、正詮不思議之真諦，傍詮不思議之俗諦也。

乃至雙詮不思議之真俗。

若說頓十二部者，正詮不思議之真，傍詮不思議之俗。

若說不定者，此則不可定判其詮。

（2）若約漸中四教明詮者：

1.三藏正詮思議真，傍詮思議俗。

若為三藏菩薩者，正詮思議俗，傍詮思議真。

若通教二乘，正詮思議真，傍詮思議俗。若為通教初心菩薩，同二乘；

若為後心菩薩，正詮於俗，傍詮於真。

若為別教初心，正詮界內之真俗，傍詮界外之真俗。

若為中心，正詮界外之真俗，傍詮界內之真俗。

若爲後心，雙詮界內外之眞俗。

若爲圓教，初、中、後心，圓詮界外不思議之眞俗。

（五）明粗妙

即爲五：一、約理。二、約言。三、約所詮。四、約眾經。五、正約此經。

（1）就理妙者

一切諸法無非中道，無離文字而說解脫。文字性離即是解脫，一切所說即理而妙。

理具情乖順耳，乖故爲粗，理順爲妙。

（2）約言辭者

如佛得道夜至泥洹夕，常說般若，常說中道，而一音演法，隨類異解。一音巧說，是則爲妙；異類殊解，自有粗妙。

（3）就所詮者

若對六道眾生說人天乘者，此詮有爲，能詮、所詮俱粗。

若對鈍根三藏五門，詮於生滅四諦理，此則能詮、所詮俱粗。若通教體法五門，比於三藏析門，體門能詮雖巧，而所詮猶是眞諦，所詮亦粗。

若別教五門，能詮爲粗，所詮中道爲妙。若圓教五門，能詮、所詮俱皆是妙也。

（4）就眾經者

「華嚴」詮別、詮圓。

三藏詮偏。

方等四種詮。

「般若」三種詮。《法華》唯一詮。

又諸經詮妙，與《法華》不異，而帶粗詮，粗詮不得合妙，是故爲粗：

「法華」不爾，佛平等說，如一味雨。正直捨方便，但說無上道，純是一詮。

又云：昔毀呰聲聞，而佛實以大乘教化。又云：「汝等所行，是菩薩道。」此則融粗令妙。如此兩意，異於眾經，是故言妙。譬如良醫，能變毒為藥。二乘根敗，不能反復，名之為毒。今經得記，即是變毒為藥。故《論》云：「餘經非祕密，法華為祕密」也。復有本地圓說，諸經所無，在後當廣明。

（5）正就此經明妙十二部者

1.如脩多羅名直說，今經直說中道佛之智慧；不說六道。

2.二乘、菩薩等法，唯說佛法，故直說為妙。

3.祇夜妙者，重頌長行中道之說耳，故知祇夜亦妙。

4.伽陀者，如龍女獻珠，喜見說偈，孤然特起。此偈明於刹那頃便成正覺，稱歎於佛成菩提事。喜見孤起，歎佛容顏甚奇妙，故知孤起伽陀妙也。

5.本事妙者，即是二萬佛所教無上道，不教餘事，即是本事妙也。

6.本生妙者，明十六王子，生身生為王子，法身生為佛子，即是本生妙也。

7.因緣者，結緣覆講大乘，繫珠不論小乘人天等緣，是名因緣妙也。

8.未曾有妙者，天華地動，二眉間光，三變土田等，是不可思議未曾有事妙也。

9.譬喻妙者，經題以法譬為名，譬於開三顯一，何曾譬於餘事？即譬喻妙也。

10.優波提舍妙者，身子問佛，佛答諸佛智慧門。龍女、智積問答，論法華事。智積云：「我見釋迦經無量劫，方成菩提。不信此女，須臾成佛。」此執別疑圓。龍女云：「佛自證知。」以圓珠獻佛，此以圓答別。此即提舍妙也。

11.無問妙者

如文云：「無問而自說，稱歎所行道，從三昧安詳而起，告舍

利弗,說佛智慧。」又「宿世因緣,吾今當說」,即是無問妙也。

12.授記妙者,授三根佛記,皆安住實智中,爲天人所敬,即授記妙也。

13.方廣妙者,廣妙者,其車高廣,智慧深遠等,即是方廣妙也。

當知此經,從初直說,乃至優波提舍,十二意足,而皆是妙,此即待粗明說法妙也。

(6)開粗顯妙者,昔十二、十一、九部不說實者;今無別實,異昔不實。昔但言廣,不明理廣;今開言廣,即理廣也。開昔之異,顯今之同,即是絕待明說法妙也。

第九眷屬妙

(一)明眷屬

*業生眷屬:

不失心者:求索救護,結大乘父子。

失心者:

三藏:說生滅法

通教:說無生滅法

別教:說不生生恆沙佛法

圓教:說不生不生一實相法

*願生眷屬:

前世佛弟子:願生內眷屬

前世佛佛怨家,若今世得道:法內眷屬

前世佛佛怨家,若今世尚未得道:法外眷屬

傳付後佛,得成正果:法外眷屬

*神通生眷屬:證得初果、二果、三果的行者猶有各種形式的受生之報,故他們或以誓願力,或以神通力,來生下界人間,以斷盡其對境而起的顛倒思惑,最終跳出三界。所謂神通,即是行者自

己善業所修得的力量。

*應生眷屬

因菩薩應身而生成的關係。佛以法身起用化他，以應他之機緣而化現的菩薩身入世間生死，導引眾生，令向佛道。

應身受生有三意，一爲熟他，二爲自熟，三爲本緣。

*明法門眷屬

就三藏法門明眷屬

就通教法門明眷屬

就別教法門明眷屬

就圓教法門明眷屬

*觀心眷屬

愛心眷屬：因思惑誤入歧途而形成。

見心眷屬：因見惑而形成。

四番觀心眷屬：從四種觀心（作者未提及，可能是對四種十二因緣的理解有關）所形成的眷屬。

（1）理性眷屬：眾生皆具佛性，所以眾生都是佛的眷屬。

（2）業生眷屬：由眾生之上世之業所引起的因緣關係。

（3）願生眷屬：因行者願力（先世未斷輪迴發願再生爲佛弟子）而生的因緣關係。

（4）神通生眷屬：因行者神通（前世的誓願力或神通力即初二三果的行者來生下界人間）而生的因緣關係。

（5）應生眷屬：菩薩應身而生成的關係。

（二）明法門眷屬

（1）就三藏法

以觀諸法眞空爲究竟實法（實），以觀諸法假有爲權宜之法（權）。

（2）就通教法：以體達即空爲實法，知諸法幻如化，當體即空。分別四門同異爲權法。

（3）就別教法：超越眞俗二邊而達中道爲實法；分別眞俗爲權法。

（4）就圓教法：以即空即假即中，三諦合一諦之實相爲實法。分別三諦爲權法。

（三）觀心眷屬

見上文 141 頁。

第十功德利益妙

（一）遠益

*七種根本益及所引申十益

七益：

1.清涼益（二十五有果報益）：果益-地獄、餓鬼、畜生、阿修羅、四天下人、欲天、色天、無色天-業生眷屬

2.小草益（二十五有因華開敷益）：因益-業生眷屬

3.中草益（眞諦三味析法益）：聲聞益、緣覺益-願生眷屬

4.上草益（俗諦三味五通益）：六度益-願生眷屬

5.小樹益（眞諦三味體法益）：通益-願生眷屬

6.大樹益（俗諦三味六通益）別益-神通眷屬

7.最實事益（中道王三益）：圓益-應生眷屬

十益：

變易益：三藏教聲聞、緣覺二乘人；通教聲聞、緣覺、菩薩三乘人；別教十住位、十行位、十迴向位菩薩；圓教五品弟子位。

實報土益：別教十地菩薩；圓教等覺、妙覺佛。

略說七益：二十五有果報益、二十五有因華開敷益、眞諦三味析法益、俗諦三味五通益、眞諦三味體法益、俗諦三味五通、中道王三味益。

（二）廣開十益

果益、因益、聲聞益、緣覺益、六度益、通益、別益、圓益、

變易益、實報土益。

（三）近益

為彰顯佛今世成道後之神通運用及說法度生事業的成果。

1.佛以神通力而來的利益指以上七益之第一益（二十五有果報益）及第二益（即二十五有因華開敷益）也相當於十益之果益及因益。

2.從佛說法所產生的利益相當於七益中第三益到第七益。

（四）當文益

以上有關四教教主化導眾生利益的特徵，說明圓教之益為殊勝絕妙。

（五）流通利益

謂出師，指弘揚法華經之人所帶利益，即三類導師：釋迦牟尼的前生法身菩薩、令此土、他土、下土、上土得利益。歷史上的釋迦牟尼生身菩薩，令此土、他土眾生得利益，僅局於斷三界內生死之利益。

出法：使眾生對法華經生起信心並接受之。

出益由弘經利他而來利益即指遠益之七益

（六）觀心利益

以觀心所獲得的利益即獲遠益中的七益

二、本門十妙

（一）本門十妙

（1）略釋十意

1.本因妙者，本初發菩提心，行菩薩道所修因也。

文云：「我以佛眼觀彼久遠，猶若今也。」唯佛能知如此久遠，皆是跡因，非本因也。若留中間之因，於後難信，是故《法華》拂跡除疑，權而非實，我本行菩薩道時，不在中間，過是已前所行道者，名之為本，即是本因妙也。

2.本果妙者，本初所行圓妙之因，契得究竟常、樂、我、淨，乃是本果。不取寂滅道場，舍那成佛，爲本果也。尚不取中間之果以爲本果，況舍那始成云何是本？但取成佛已來，甚大久遠，初證之果，名本果妙也。

3.本國土者，本既成果，必有依國。今既跡在同居、或在三土，中間亦有四土，本佛亦應有土，復居何處？文云：「自從是來，我常在此娑婆世界說法教化。」按此文者，實非今日跡中娑婆，亦非中間權跡處所，乃是本之娑婆，即本土妙也。

4.本感應者，既已成果，即有本時所證二十五三昧，慈悲誓願，機感相關，能即寂而照，故言本感應也。

5.本神通者，亦是昔時所得無記化化禪，與本因時諸慈悲合，施化所作神通，駭動最初可度眾生，故言本神通也。

6.本說法者，即是往昔，初坐道場，始成正覺，初轉法輪，四辯所說之法，名本說法也。

7.本眷屬者，本時說法，所被之人也。如下方住者，彌勒不識，即本之眷屬也。

8.本涅槃者，本時所證斷德涅槃，亦是本時應處同居、方便二土，有緣既度，唱言入滅，即本涅槃也。

9.本壽命者，既唱入滅，則有長短、遠近壽命也。

10.本利益者，本業、願、通、應等眷屬，八番、十番饒益者是也。

（2）生起者

所以本因居初者，必由因而致果。果成，故有國。極果居國，即有照機。機動則施化，施化則有神通。神通竟，次爲說法。說法所被，即成眷屬。眷屬已度，緣盡涅槃。涅槃故，則論壽命長短、長短之壽所作利益、乃至佛滅度後正像等益。義乃無量，止作十條。

（3）跡本同異者

跡中因開而果合，合習果、報果為三法妙也。本中因合而果開，開習果，出報果，明本國土妙也。作此同異者，依於義便，互有去取。跡中委悉明境、智、行、位；本文語略，通束為因妙，得意知是開合耳。果妙者，即是跡中三軌妙也。感應、神通、說法、眷屬，名同上也。本開涅槃壽命妙者，久遠諸佛，如燈明、迦葉佛等，皆於法華即入涅槃。義推本佛，必是淨土淨機。又往事已成，故開出涅槃等妙也。跡中無此二義者，釋迦雖於《法華》唱言涅槃，而未滅度，此事方在涅槃，故跡中不辨。利益同上也。

（4）引文證者

十證宛然。文云：

1.「我本行菩薩道時所成壽命，今猶未盡」者，即是本之行因妙也。

2.文云：「我實成佛已來，無量無邊億那由他。」又云：「我實成佛已來，久遠若斯，但以方便教化眾生，作如此說。」即是本果妙也。

3.文云：「我於娑婆世界得三菩提已，教化示導是諸菩薩。」

4.又云：「自從是來，我常在此娑婆世界說法教化，亦於餘處導利眾生。」此之國土非復今時娑婆，即本國土妙也。

5.文云：「若有眾生來至我所，我以佛眼觀其信等諸根利鈍。」此即本時照機之智，是感應妙也。

6.文云：「如來祕密神通之力。」又中間文云：「或示己身、或示他身；或示己事、或示他事。」即是垂形十界，作種種像，驗本亦然，是本神通妙也。

7.文云：「是諸菩薩悉是我所化，令發大道心，今皆住不退，修學我道法。」又中間，或說己事、或說他事，驗本亦然，即本說法妙。

8.文云：「此諸菩薩身皆金色，下方空中住，此等是我子，我

從久遠來，教化是等眾。」即本眷屬妙也。

9.文云：「又復言其入於涅槃，如是皆以方便分別。」又云：「今非實滅，而便唱言當取滅度。」往緣既訖而唱入滅，中間既唱涅槃，例本亦有涅槃，即本涅槃妙。

10.文云：「處處自說名字不同，年紀大小。」年即壽命，大小即長短常無常也。中間既爾，本壽亦然，即本壽命妙也。

11.文云：「又以方便說微妙法，能令眾生發歡喜心。」即中間利益。又云：「聞佛說壽命劫數長遠如是，無量無邊阿僧祇眾生得大饒益。」即跡中之益。跡與中間既爾，例本亦然，即是本利益妙也。

十據在經非人造也。

215-1-8b. 法華玄義的大綱為何？釋蓮華

三、釋蓮華

（一）定法譬：定蓮花是法名？還是譬喻名？

對上根人而言，蓮華是法名。對中、下根人而言，蓮華則是譬名。就三根合論之，蓮華定為法譬，即既是法，也是譬。

（二）引舊釋

（1）前人有關蓮華的解釋，共有十六譬。

智者大師批評此十六譬只能表達十妙中之「行」妙及「說法妙」之片段而已。並舉出「法華論」中有關蓮華的含義，比此十六義更為豐富。

（2）

1.他解蓮華有十六義：蓮華從緣生，譬佛性從緣起；

蓮華能生梵王，譬從緣生佛；

蓮華生必在淤泥，譬解起生死；

蓮華是瑞見者歡喜，譬見者成佛；

蓮華從微之著，譬一禮一念皆得作佛；

蓮華必俱，譬因果亦俱；

華必蓮，譬因必作佛；

蓮華，譬引入蓮華世界；

蓮華是佛所踐，譬眾聖託生。

此十譬祇是今家譬「行妙」中片意耳。

2.蓮華生淤泥，淤泥不染，譬一在三中，三不染一；

蓮華三時異，譬開三祇是一；

蓮華有開有合，譬對緣有隱有顯；

蓮華於諸華最勝，譬諸說中第一；

華開實顯，譬巧說理顯；

蓮華有三時異，譬權實適時。

此六譬祇是今家「說法妙」中片意耳。

（三）引經論

引「法華論」中所列蓮華十七名。可以顯示十六義舊釋之不全。並推出了自己的解釋。

列十七名：一、無量義。二、最勝。三、大方等。四、教菩薩法。五、佛所護念。六、諸佛祕藏。七、一切佛藏。八、一切佛密字。九、生一切佛。十、一切佛道場。十一、一切佛所轉法輪。十二、一切佛堅固舍利。十三、諸佛大巧方便。十四、說一乘。十五、第一義住。十六、妙法蓮華。十七、法門攝無量名字句身，頻婆羅、阿閦婆等。餘名悉不解釋，唯列十七名。

（四）正解釋

對於跡門和本門，蓮華各有三譬，可以彰顯蓮華的含義。

（1）蓮華跡本六譬

1.跡門三譬約權實來說

喻跡者：

a.華生必有於蓮，爲蓮而華，蓮不可見，此譬約實明權、意在於實，無能知者。文云：「我意難可測，無能發問者。」

此譬指由佛界十如「旋出」九界十如，由實明權，但意在實。

b.華開故蓮現，而須華養蓮，譬權中有實，而不能知。今開權顯實，意須於權，廣識恒沙佛法者，祗爲成實，使深識佛知見耳。

此譬指須開九法界十如以顯佛界十如，即開權顯實。

c.華落蓮成，即喻廢三顯一，唯一佛乘直至道場。菩薩有行，見不了了，但如華開；諸佛以不行故，見則了了，譬如華落蓮成。

此譬指廢九界十如，成佛界十如，即廢權成實。

此三譬跡門，從初方便，引入大乘，終竟圓滿也。

2.本門三譬約本跡而言

三譬譬本門者：

a.華必有蓮，譬跡必有本，跡含於本。意雖在本，佛旨難知，彌勒不識。

此譬指由本佛界十如，旋出跡中佛界十如。

b.華開蓮現，譬開跡顯本，意在於跡。能令菩薩識佛方便，既識跡已，還識於本，增道損生。

此譬指開跡中佛界十如，以顯出本佛界十如。

c.華落蓮成，譬廢跡顯本。既識本已不復迷跡，但於法身修道，圓滿上地也。

此三譬，譬本門，始從初開，終至本地。

此譬指廢跡中佛界十如，以成本佛界十如。

（2）用蓮華形象所作各種類比

1.用蓮華譬六境妙

用蓮華譬十如境竟，已如上論。

a.用蓮華譬十二因緣者，即是無明支種子；能生力即是行支；內有卷荷，華鬚備具，即是識、名色、六入、觸、受支；含潤愛、

取、有支；團圓盤屈，不能得出，即是老死支。若能芽鋒萌動，鑽鳥皮破，即是無明滅；不復在鳥皮內生，即是諸行滅；出殼外，即是老死滅，此略譬四種十二因緣也。

b.用蓮華譬四諦者，鳥皮譬界內苦，白肉譬界內集，泥譬界外集，水譬界外苦，道滅可知。此通譬四種四諦也。

c.用蓮華譬二諦者，蓮藕莖葉等譬俗，蓮藕莖孔空譬眞，此通譬七種二諦也。

d.用蓮華譬三諦者，眞俗如前，四微擬常樂我淨，譬中道第一義諦，此通譬五種三諦也。

e.四微無生無滅，譬一實諦。

f.劫初無生，今時無滅，譬無諦無說也。

2.用蓮華譬智妙

3.用蓮華譬行妙

4.用蓮華譬位妙

5.用蓮華譬三法乘妙

6.用蓮華譬感應妙

7.用蓮華譬神通妙

8.用蓮華譬說法妙

9.用蓮華譬眷屬妙

10.用蓮華譬功德利益妙

四、釋經

（1）明無翻：無相應詞可以翻譯，只能用音譯，如修多羅即「經」義。

經含五義：

1.含法本：一切本不可說，但以四悉檀則有言說。

世界悉檀說是爲教本，爲聞慧。

各各爲人悉檀及對治悉檀說是爲行本，爲思慧。

第一義悉檀說是爲義本，爲修慧。

2.含微發：四悉檀說法爲漸進的過程，引領眾生從淺教義漸入深教義，直至完全證悟。

約教：由世界悉檀之教證入成佛。以遍讀經論，多聞強識，以至成佛。

約行：指各各爲人悉檀及對治悉檀之教導，起實踐之行，由戒定慧入無漏行，依次見道、修道而無學位，最終證果。

約義：由第一義悉檀得入，而見似眞中道。

3.含湧泉：從四悉檀湧出無量教義，法之源泉不可窮盡。

約教：世界悉檀

約行：各各爲人悉檀及對治悉檀

約義：第一義悉檀

4.含繩墨：以四悉檀說爲準繩，令行者去除邪見，遠離非道，行於正道。

約教：世界悉檀

約行：各各爲人悉檀及對治悉檀

約義：第一義悉檀

5.含結鬘：將組成經典的教、行、理統攝一處，如結花鬘，令不零落，使成統一整體。

約教：世界悉檀

約行：各各爲人悉檀及對治悉檀

約義：結義理使不零落。

（2）明有翻：字詞可以翻譯，亦有五義：

1.翻爲經

可由教由、行由、義由三方面解釋：教由是一切修多羅等，皆由聖人口出，是名教由。行由是實踐行源自心的作用及佛說。義由是指經是眞理的代表、觀心的結果和佛說眞理的顯現。

2.翻爲契

指契緣（佛說世界悉檀是契緣）、契事（爲人悉檀是契生善，對治悉檀是契破惡，此二悉檀是爲契事）、契義（第一義悉檀直顯最高眞理，是契義）。

3.翻法本：經爲教本、行本及義本。

4.翻爲線：線可貫持教、行、義，使不散亂零落。線即「縫」之義，即聯繫在一起。

5.翻善語教：指四悉檀與教（語）、行、義（理）的關係。

世界悉檀是善語教；各各爲人悉檀及對治悉檀是善行教；第一義悉檀是善理教。

（3）和融有無

經完整的意思乃是「有翻五義」及「無翻五義」的結合，方爲圓滿的教義。

中文「經」字的翻譯是梵文 sutra.最好的選擇，因爲「經」字所包含的意思最爲豐富。

（4）歷法明經

色聲香味觸法等六塵均可爲經，因爲佛經教乃蘊含於一切法中。

（5）觀心明經

強調心能攝一切，凡諸多含義皆可由心任運釋之而無所礙。所謂「遍一切心無不是經」。

心能通逢一切法和討論如下四個主題：

1.類無翻明觀

經無翻而有五義：法本、微發、湧泉、結鬘、繩墨。

心是法本、心含微發、心含湧泉、心含結鬘、心是繩墨。

2.類有翻明觀

經有翻而有五義：經、契、法本、線、善語教。

心是經緯、心是契、心是法本、心是線、心是善語教。

3.類歷法為觀

由觀心來概括之。

觀心的方法是三心，即觀空、假、中之一心三觀。此三心即統攝一切心、一切法。

一切法趣此心，一切心趣此法。心與法一體無二。

遍一切心無不是經，故經之無翻五義、有翻五義，經之為教本、行本、義本等，皆可於心解釋無滯。

心含萬法，觀心能讓人領悟到「經」的所有含義，心是經的各種解釋的證明。

第二節、顯體

一、正顯經體

法華經之體乃是一實相印，即諸法實相。

實相之不同含義：

1.三軌之中，實相指真性軌。

2.十法界中，實相指佛法界。

3.佛界十如是中，實相指如是體。

4.四種十二因緣中，實相指圓教不思議不生不滅十二因緣。

5.十二支中，實相指苦道，即是法身。

6.四種四諦中，實相指圓教無作四諦。

7.無作四諦中，實相指滅諦。

8.七種二諦中，實相指五種中道第一義諦。

9.五種二諦中，實相指真諦。

10.五種三諦中，實相指五種中道第一議諦。

11.一實諦中，實相指中道一實諦。

12.無諦中，實相指中道無諦。

二、廣簡偽

智者駁斥：

　　1.儒家為代表的世間所見之實。

　　2.外道所見之實。

　　3.小乘的錯誤見解。超越有無二邊之空為真諦，稱此偏真為實。

　　4.檢視通教三乘人對實相的不同理解。二乘人自求出苦，無大悲心，得空則止。通教鈍根菩薩亦是如此。二乘只得寂，不得寂照，故非實相。

　　見空有三個層次：

　　a.聲聞緣覺二乘人得空即止。

　　b.以空為最高境界，不能見不空。即是不但空。

　　c.中道乃寂而常照。空是自度所得之寂靜，不空是照機教化眾生。二乘人但寂不照，菩薩既寂又照，才是實相。

　　見不空有二種情況：

　　a.別教菩薩知空和不空、入一相，又入無量相，但卻不能由無量相更入一相，即不能由萬法歸一。此法是次第斷結，相似實相。

　　b.圓教的見不空，是為見不空而具一切法，初始因與終極果無異，乃即空即假即中，三諦一諦。是具一切法，正實相。

　　5.用譬喻來簡別實相正體或偏體。

　　a.兔、馬雖可渡河，但水淺不到底；大象渡河深可觸底。兔喻聲聞，馬喻緣覺，二者只見空，而不見假（不空）。大象喻菩薩。小象但到底泥，只能次第歷諸行才能成佛；大象到實土，一行一切行，一切行即一行。

　　b.頗梨是水精或玻璃，喻二乘人所證的「但空」理，只能自度，不能雨寶度他人。如意珠是出自龍王腦中或佛舍利所變，喻菩薩之即空即假觀，可以入世濟生。

　　c.眾生本具的實相佛性如石中含金。

　　6.正實相可於悟時得。以如實智即能契入諸法實相，此實相即是法華經體。

三、一法異名

（1）實相之體爲一，但所含意義與功用不同，而有下列異名：妙有、眞善妙色、實際、畢竟空、如如、涅槃、虛空佛性、如來藏、中實理心、非有非無中道、第一義諦、微妙寂滅等。

（2）以上的異名是佛陀因四教的眾生根基不同所作的應機說法的結果：

1.爲持有見眾生，佛陀說「妙有」和「眞善妙色」。

2.爲持空見眾生，佛說「畢竟空」、「如如」和「涅槃」。

3.爲持既觀空又觀有的眾生，佛說「虛空佛性」、「無我如來藏」及「中實理心」。

4.爲持觀非空非有的行者，佛說「非有非無中道」的概念。

（3）智者解釋諸實相異名：

妙有：此實相是諸佛所得之法，故稱妙有。諸法當體，妙有不可破壞，故名實相。

眞善妙色：妙有雖不可見，諸佛能見，故稱眞善妙色。

畢竟空：實相非二邊之有，不雜餘物，故名畢竟空。

如如：空理湛然，非一非異，無二無別，故名如如。

涅槃：實相寂滅，故名涅槃。

虛空佛性：覺了不改、不變，故名虛空佛性。

如來藏：多所含受，含備諸法，故名如來藏。

中實理心：寂照靈知，故名中實理心。

非有非無中道：不依於有，亦不附無，遮離諸邊，故名中道。

第一義諦：最上無過，故名第一義諦。

如是種種異名，所呈現的俱是實相的功能。

（4）

1.依名、義、體有四組異名：

第一組：名：妙有。義：眞善妙色。體：實際。

第二組名：妙有。義：畢竟空。體：如來藏。

第三組名：妙有。義：眞善妙色。體：畢竟空。

第四組名：妙有或空。義：眞善妙色或如如。體：實相。

第一、二、三組是別教教義；第四組是圓教教義，體都是實相，而名、義異。

四、入實相之門

（1）就圓門入實觀之「圓門」作了定義：

a.明融不融者：

三藏有門，已破外道邪計先盡；次、空等三門，破邪則少；又、通巧四門，破三藏之拙；又、別教之門，破通門之近，已不與二乘共，何況外道冥覺而濫妙有！

圓門虛融微妙，不可定執，說有不隔無，約有而論無；說無不隔有，約無而論有。有無不二，無決定相，假寄於有，以爲言端。而此有門亦即三門，一門無量門，無量門一門，非一、非四，四一一四，此即圓門相也。

若圓破者，從別教已去，皆是方便。故迦葉自破云：自此之前，我等皆名邪見人也。既言邪見之人，即無圓正道法，則人法俱被破也。別教人法尚爾，何況草庵人法！二乘尚爾，何況凡夫人法！是則圓破，無所固留。

圓會者，會諸凡夫，

「世間治生產業，皆與實相不相違背」，即會一切惡法也。「汝等所行是菩薩道」，析法二乘尚被會，況通況別！

復次，更約經文前後明圓不圓相。

若先明不融門，此說地前；後明不融門而言證融，此說向後。或先明證融門，此說向後；後明不融門，此說地前者，此皆別門攝。

若先明融門證亦融，此說信後；

後明證不融，此說住前。

或先明證不融，此說住前；

後明證融，此說信後者，此皆屬圓門攝（云云）。

b.即法、不即法者：

若說有為門，此有非生死有，出生死外，別論真善妙有。

空門者，出二乘真外，別論畢竟空，乃至非有非無門亦如是。是為別四門相。若有為門，即生死之有是實相之有，一切法趣有，有即法界，出法界外，更無法可論；生死即涅槃，涅槃即生死，無二無別，舉有為門端耳；實具一切法，圓通無礙，是名有門。三門亦如是，此即生死之法，是圓四門相也。

即法有遍不遍，

判圓別相，例前分別約五住遍不遍。復次，即法不即法，或前或後，判別圓相，如前分別。

c.約佛智、非佛智者：

若有為門，分別一切智，了達空法；

分別道種智，照恒沙佛法。差別不同者，是菩薩智即別四門相也。

若有為門，分別一切種智，五眼具足，圓照法界正遍知者，即諸佛之智，是圓四門相也。

復次，別門說圓智，圓門說別智，或前或後，分別別、圓相，例如前（云云）。復次，別門證圓智，圓門證別智，或前或後，分別別、圓，如前分別。

d.次第、不次第者：

若以有為門，依門修行，漸次階差，從微至著，不能一行中即無量行，乃至非空非有門亦如是，是別四門相。

若以有為門，一切法趣有門，依門修行，亦一切行趣有行，一行無量行名為遍行，乃至非空非有門亦如是，是圓四門相。

復次，別門圓行，圓門別行，或前或後，分別別圓，例如前。

e.約斷斷、不斷斷者：

夫至理虛無，無明體性本自不有，何須智慧？解惑既無，安用

圓別？《涅槃》云：「誰有智慧？誰有煩惱？」《淨名》曰：「婬、怒、癡性即是解脫」，又「不斷癡愛起於明脫」，此則不論斷不斷。《大經》云：「闇時無明，明時無闇。有智慧時，則無煩惱。」此用智慧斷煩惱也。

若別有門，多就定分割截，漸次斷除五住，即是思議智斷也，乃至三門亦如是，是為別四門相。若圓有門，解惑不二，多明不斷斷，五住皆不思議，即是不思議斷，乃至三門亦如是，是為圓四門相。

復次，圓門說斷，別門說不斷斷，或前或後，判別圓相者，例如前說。

f.約實位、非實位者：若有門明斷界內見思，判三十心位；

斷界外見、思、無明，判十地位；

等覺後心，斷無明盡；

妙覺常果，累外無事，此乃他家之因，將為己家之果，皆方便非實位也。

後三門大同小異，皆是別四門相。

若有門從初發意，三觀一心，斷界內惑；圓伏界外無明，判十信位，進發真智；圓斷界外見思無明，判四十心位；等覺後心，無明永盡，妙覺累外，此是究竟真實之位，乃至三門亦如是，是名圓四門相。復次，別門說實位，圓門說不實位，別門證實位，圓門證不實位，或前或後，皆如前分別。

g.約果縱、果不縱者：若有為門，從門證果，三德縱橫：言法身本有，般若修成，解脫始滿。不但果德縱成，因亦局限。

如地人云：初地具足檀波羅蜜，於餘非為不修，隨力隨分，檀滿初地，不通上地。餘法分有而不具足者，是義有餘，三門亦如是，是為別四門相。

若有為門，從門證果，三德具足，不縱不橫，亦因如是一法門具足一切法門，通至佛地。《華嚴》云：「從初一地具足諸地功

德。」《大品》云：「初阿字具足四十一字功德。」三門亦如是，是
爲圓四門相。

復次，別門說果不縱，圓門說果縱，或前或後，判圓別相，例
前。

h.約圓詮、不圓詮者：若有爲門，門不圓融，或融一或融二，
門前章，偏弄引；

門中章，詮述不融不即菩薩智，乃至偏譬喻等；門後，還結不
融不即等，三門亦如是，是爲別四門相。若有爲門，一門即三門：
門前，圓弄引；門中，詮述融即佛智，乃至圓譬喻等；門後，結成
融即等。三門亦如是，是爲圓四門相。復次，別門詮圓，圓門詮
別，或前或後，分別別圓之相，例前。

i.約問答者，若有門明義未辨圓、別，須尋問答覈徵，自見
圓、別指趣，三門亦如是。

j.約譬喻者，諸門前後，或舉金銀寶物爲譬，或舉如意日月爲
譬，或用別合，或用圓合，圓、別之相自顯。

（2）就圓門入實觀之「圓觀」作了定義，

即圓教之十乘觀：

1.對前十二思議之門名不思議境，不思議境即是一實四諦。謂
生死苦諦，不可思議，即空、即假、即中。即空故，方便淨；即假
故，圓淨；即中故，性淨；三淨一心中得名大涅槃。煩惱集諦不可
思議，即空、即假、即中。即空故，名一切智；即假故，名道種
智；即中故，一切種智；三智一心中得名大般若。

此即煩惱之集，而是無作道諦，亦是苦滅，故名不思議一實四
諦也。

亦是眞善妙色，何者？生死即空故名眞，生死即假故名善，生
死即中故名妙，此名有門不可思議境也。

2.發眞正心者，一切眾生即大涅槃，云何顚倒？以樂爲苦，即
起大悲，興兩誓願：令未度者度，令未斷者斷。

一切煩惱即是菩提，云何愚闇？以道為非道，即起大慈，興兩誓願：令未知者知，未得者得。無緣慈悲，清淨誓願，慈善根力，任運吸取一切眾生也。

3.安心者，既體解成就，發心具足，豈可臨池觀魚，不肯結網，裹糧束腳，安坐不行？修行之要，不出定慧。

體生死即涅槃名為定，達煩惱即菩提名為慧。於一心中，巧修定慧，具足一切行也。

4.破法遍者，以此妙慧，如金剛斧，所擬皆碎；如無翳日，所臨皆朗。若生死即涅槃者，分段、變易，苦諦皆破；若煩惱即菩提者，四住五住，集諦皆破。雖復能破，亦不有所破。何者？生死即涅槃，故無所破也。

5.識通塞者，知生死過患名為塞，即涅槃名為通；煩惱惱亂名為塞，即是菩提名為通。始從外道四見，乃至圓教四門，皆識通塞；節節執著即是塞，節節亡妙名為通。若不識諸法夷嶮，非但行法不前，亦亡去重寶也。

6.善識道品者，觀生死即涅槃，十界生死色陰皆非淨非不淨，乃至識陰非常非不常。能破八顛倒，即法性四念處，念處中具道品、三解脫及一切法。又知涅槃即生死，顯四枯樹；知生死即涅槃，顯四榮樹；知生死涅槃不二，即一實諦，非枯非榮，住大涅槃也。

7.善修對治者，若正道多障，應須助道，觀生死即涅槃，治報障也；觀煩惱即菩提，治業障煩惱障也。

8.善知次位者，生死之法本即涅槃，理涅槃也。解知生死即涅槃，名字涅槃也。勤觀生死即涅槃，觀行涅槃也。善根功德生，即相似涅槃也。真實慧起，即分真涅槃也。盡生死底，即究竟涅槃也。觀煩惱即菩提，亦如是。

9.善安忍者，能安內外強軟遮障，不壞觀心。若觀生死即涅槃，不為陰、入、境、病患、業、魔、禪、二乘、菩薩等境所動壞

也。若觀煩惱即菩提，不為諸見、增上慢境所動壞也。

10.無法愛者，既過障難，道根成立，諸功德生。觀生死即涅槃，故諸禪三昧功德生。觀煩惱即菩提故，諸陀羅尼無畏不共諸般若生。觀生死涅槃不二，故法身實相生。相似功德順理而生，喜起順道法愛、生名愛法，不上不退，名為頂墮。此愛若起，即當疾滅；愛若滅已，破無明，開佛知見，證實相體。觀生死即涅槃，故證得解脫；煩惱即菩提，故證得般若；此二不二，證得法身。一身無量身，無上寶聚，如意圓珠，眾法具足。是名有門入實，證得經體。餘三門亦如是。

五、遍為眾經體

實相不但是「法華經」的經體，而且是實相遍為眾經體。

體之正指的是實相；體之傍即是偏空真諦。偏真含實相，實相亦帶偏真，而這些皆通稱實相。

藏教小乘三法印便是此傍之體。

通教是帶傍明正。

別教及圓教但明於正體，不復論傍。

六、遍為諸行體

實相不僅是遍為眾經體，而且也是遍為諸行體。

（1）諸行同異

三藏信行及法行，以傍實相為體。

通教信行及法行，以傍實相含正為體。

別信行及法行，以正實相為體。

圓教信行及法行，亦用正實相為體。

（2）依經修行

法華經四種三昧行，都是以實相正觀為體。

（3）粗妙

藏通二教之行為粗，因以傍實相為體。

別教之行是行粗而體妙，因體是正實相，而行之因為無常，行

之果爲常。

圓教之行，體行俱妙，因依圓門正體。

（4）開粗

以圓教而言，所有粗行都有其價值，都是妙。藏通二教被開即妙，因爲它們是步向佛道不可或缺的階梯。

七、遍爲一切法體

實相不僅是遍爲眾經體，遍爲諸行體，而且是遍爲一切法體。一切法即是實相體的顯現。

實相的特性是具有諸多名稱和意義，但其體則爲一。

無論諸法的名相有多大的差異，個別之一法即包括一切法，個別即見全體。

實相統攝所有的法門，粗門亦是妙門，粗妙相即，實相即是諸法，諸法即是實相。

第三節、明宗

一、簡宗體

「宗」是爲了顯「體」，宗如樑柱，可以顯出屋的體即是空間。而屋空（屋之體）可以成就樑柱之存在。所以宗與體各有作用，不可混淆。

二、正明宗

法華經之宗要即是前十四品本門中成佛因果，及後十四品跡門之成佛因果。

三、眾經因果同異

眾經的因果是權，屬於跡門。

法華經的本門因果則是實。

四、明粗妙

法華經是妙，因其因圓滿，其果究竟，不帶方便權法。

但無論粗或妙因果，都能接引眾生成就佛道，故無不皆是妙因

果也。

五、結成

（1）各位的因果關係

十住、十行：十住是因，十行是果。

十行、十回向：十行是因，十回向是果。

十回向、十地：十回向是因，十地是果。

（2）區分四種不同的因果

圓漸：初住。初入此圓，同觀空假中三諦，見實相理。

漸漸：二住至三十心。從十住位一直漸進向上至等覺位，此是漸漸。

漸圓：初地已去。指行者有理外七種方便（人乘、天乘、聲聞乘、緣覺乘及藏教、通教、別教之菩薩乘），同開佛智，始見圓理。漸入圓因故，是爲漸圓。

圓圓：妙覺。指行者修行至妙覺位。由眾生本具之實相圓理已是先圓，以至證果之事圓，故言圓圓。

第四節、論用

一、明力用

將用與力聯繫起來論述。法華經具眾經所無的力用，此力用能引領眾生皆成佛道。

法華經不論二乘、菩薩等智，純顯佛微妙智慧。不開眾生九法界知見，純開眾生佛之知見。餘經但道佛所變化是跡，不道佛本身即是跡，信佛已久遠成佛之事實。

今經正面破、廢化城二乘之果，作爲手段的化城最終須廢，二乘之因行自也應廢除。今經會三歸一，破廢餘經執跡門權法爲實。

二、明同異

法華經之力用獨特，用佛菩提二智（權實二智），斷七種聲聞見道前之七種方便（五停心觀、別相念住、總相念住、煖法、頂

法、忍法、世第一法），去除根本無明，令眾生同入圓因。另又破
二乘執近跡之情，令對本地之深信。令至別教等覺位者，亦令斷疑
生信。論權實二智之用，具體表現在跡門和本門之十用上，而與其
十妙相應。

三、明歷別

以十意作為符號，以揭跡、本二門十妙的功用。

（1）跡門十意

1.破三顯一：智妙

2.廢三顯一：說法妙

3.開三顯一：妙

4.會三顯一：妙

5.住一顯一：妙

6.住三顯一：妙

7.住非三非一顯一：妙

8.覆三顯一：妙

9.住三用一：妙

10.住一用三：妙

（2）本門十意

1.破跡顯本：本因妙

2.廢跡顯本：本說法妙

3.開跡顯本：本果妙

4.會跡顯本：本果妙

5.住本顯跡：本國土妙

6.住跡顯本：本國土妙

7.住非跡非本顯本：本感應妙

8.覆跡顯本：本神通妙

9.住跡用本：本壽命妙及本眷屬妙

10.住本用跡：本涅槃妙及本利益妙

四、對四悉檀

（1）跡門十意

為人悉檀：開三顯一、會三顯一、住一顯一。

對治悉檀：破三顯一、廢三顯一、覆三顯一。

世界悉檀：住三顯一、住一用三。

第一義悉檀：住一顯一、住非三非一顯一。

（2）本門十意

世界悉檀：住跡顯本、住本用跡。

為人悉檀：開跡顯本、會跡顯本、住本顯本。

對治悉檀：破跡顯本、廢跡顯本、覆跡顯本。

第一義悉檀：住本顯本、住非跡非本顯本。

五、悉檀異同

（1）跡門明異

五時：

a.三藏阿含時：用四悉檀破、廢等，但第一義只是有餘、無餘涅槃。

b.般若時：用四悉檀破、立、廢等，但悟真理，未能久圓。

c.方等時：用破三顯一，於菩薩人有一分同，二乘人則不得入實相。

d.法華時：用四悉檀意，二乘人得以斷疑除執，入佛正道，受記作佛。

（2）本門明異

法華經之跡中悉檀已出諸經，本中悉檀諸經無一，何況有四。

第五節、判教相

一、南三北七

（1）南三

1.虎丘山觀炭法師：三時：有相、無相、常住。

2.宗愛法師：頓教、漸教四時：有相、無相、同歸、常住。

3.慧觀、僧柔、僧次判教：偏方不定教、漸教五時：有相、無相、抑揚、同歸、常住。

（2）北七

1.北地師：漸教五時：人天、有相、無相、同歸、常住。

2.菩提流支：半字、滿字。

3.慧光：四宗：因緣宗、假名宗、誑相宗、常宗。

4.五宗：因緣宗、假名宗、誑相宗、常宗、法界宗。

5.六宗：因緣宗、假名宗、誑相宗、常宗、眞宗、圓宗。

6.二大乘：有相大乘、無相大乘。

7.一音教。

請參閱《佛法三百問第二集（上冊）》第 43 問

二、本宗立五時八教

（1）五時

1.華嚴時：唯滿不半，乳味。

2.三藏（阿含時）：唯半不滿，酪味。

3.方等時：半滿相對、以滿斥半，生酥味。

4.大品：帶半明滿，熟酥味。

5.法華：廢半明滿，醍醐味。

（2）八教

化儀四教及化法四教。見本書上文。

216.法華文句的大綱為何？

一、一經三分

三分：序分、正分、流通分。

序分：第一序品。

正分：第二方便品至第十七分別功德品十九行偈，共十五品半。

流通分：從上偈後至經末，共十一品半。

二、一經分跡本二門

1.跡、約跡開權顯實：從序品第一至安樂行品第十四。

2.本、約本開權顯實：從地踊出品第十五迄經末。

三、各品大要

（1）「跡」門序、正、流通三分：

1.初序品者：如是等五事，冠於經首，次序也。放光六瑞，發起之端，由序也。問答釋疑，正說弄引，敘述也。

2.從方便品迄授學無學人記品第九，是跡門正說。更分為二：

a.從此下是略開三顯一。

b.從告舍利弗汝已殷勤下，是廣開三顯一。

廣開共七品半，此中有法說、譬說、因緣說三周。

b1.法說周：從此到譬喻品盡迴向佛道，佛為上根之人，作三乘一乘說，開三乘之權，顯一乘之實。

b2.譬說周：從爾時舍利弗白佛下至授記品，佛為中根之人，於上法周中不悟，更作三車一車說，許初羊鹿牛三車是施車，後等賜大白牛車是顯實。

b3.因緣說周：化城喻下三品，佛為下根之人，於上說譬二周之中，不能解了，遂說宿世曾於大通智勝佛時，同下一乘之種，令其得悟。

3.法師下五品是跡門流通。

（2）「本」門序、正、流通三分：

1.從地踊出品第十五是本門發起序。

2.壽量品第十六，是正開近跡顯遠本，分別功德品第十七，於中佛說長行，為總授法身記；彌勒說偈，為總申領解，正宗分竟。

3.此後並下三品，為勸持流通。神力品第二十一乃至普賢菩薩

勸發品第二十八，爲付囑流通。

四、文句解釋有四種釋：因緣釋、約教釋、本跡釋、觀心釋。

（1）因緣釋：以四悉檀爲釋義之方規。

悉檀之意爲成就，以此四法成就眾生佛道，故名悉檀。

1.世界悉檀：又云樂欲悉檀，隨眾生所樂欲。

2.爲人悉檀：又云生善悉檀，隨眾生機宜，令生正信，增長善根。

3.對治悉檀：又云斷惡悉檀，施種種法藥，除遣眾生惡病。

4.第一義悉檀：又云入理悉檀，令悟入諸法實相之妙理。

（2）約教釋：初以藏教意淺近解釋，次通教，次別教，最後依圓教意，作至深至妙之解釋。

（3）本跡釋：佛菩薩爲化眾生，從本身垂萬化。能現本，日本地。由本所現末，曰垂跡。依此本地、垂跡二門，解釋法義，日本跡釋。

（4）觀心釋：一一約觀心解釋。

217-1.摩訶止觀的大綱爲何？著書緣起與學說傳承智者大師

一、著書緣起與學說傳承智者大師

（1）著書因緣

智者大師於隋朝開皇十四年，（公元五九四年），在荊州玉泉寺結夏安居期間，爲大眾闡揚「法華經」而講述此書。所宣法音，如甘霖傾注。

但講到第七「正修止觀章」十境之第七境時，因結夏安居期滿，於是終止講席。

（2）金口相承的付法歷史

佛滅以後，佛法代代傳付予以下祖師，從大迦葉、阿難、商那和修等……，直到第二十三師子，再加上與商那和修同時的末田地尊者，共有二十四人。

（3）今師相承的求道足跡

「摩訶止觀」是天台智者大師所著，出家後修行法華三昧懺儀，證入法華三昧前方便，自稱修行果位為圓教「五品弟子位」。智者師承南岳慧思禪師，慧思用七年修習方等三昧，終證得法華三昧，頓悟大小乘法門。

慧思師承慧文禪師，發明「一心三觀」，使禪學法門得以改轉。而龍樹是天台圓教的高祖，因圓頓止觀的「圓融三諦」也是來自於「中論」：「因緣所生法，我說即是空、亦為是假名，亦是中道義」。

（4）三種止觀

1.漸次止觀：漸則初淺後深，切彼登梯。

漸初亦知實相。實相難解，漸次易行。先修歸戒，止火血刀，達三善道；次修禪定，止欲散網，達色無色定道；次修無漏，止三界獄，達涅槃道；次修慈悲，止於自證，達菩薩道；後修實相，止二邊偏，達常住道。

2.不定止觀：不定前後更互，如金剛寶置之日中。

無別階位，約前漸後頓，或前頓後漸，互淺互深，或事或理。

或指世界悉檀為第一義悉檀、或指第一義悉檀為為人悉檀；或息觀為止、或照止為觀。故名不定止觀。

3.圓頓止觀：圓頓初後不二，如通者（具神通者）騰空。

初緣實相，造境即中，無不真實。繫緣法界，一念法界。一色一香，無非中道。

a.己界、佛界、眾生界亦然。

b.無苦可捨，陰入皆如。

c.無集可斷，無明塵勞即是菩提。

d.無道可修，邊邪皆中正。

e.無滅可證，生死即涅槃。

f.無苦無集，故無世間；無道無滅，故無出世間。

g.純一實相，實相外更無別法。

h.法性寂然名止，寂寞而常照名觀。

雖言初後，無二無別，是名圓頓止觀。

二、全書的組織是五略十廣

（1）十廣：今當開章為十

1.大意：無量劫來，眾生被癡惑所覆，不知無明即是明，今開覺之，故言大意。既知無明即明，不復流動，故名為止；朗然大淨，呼之為觀。

2.釋名：既知無明即明，不復流動，故名為止；朗然大淨，呼之為觀。

3.體相：既聞名為止觀，進一步理解止觀之體。

4.攝法：體即攝法，由止觀體起用而能概括一切佛法。

5.偏圓：法有偏圓，深淺不一的教義和法門。

6.方便：以偏圓解，起於方便，依教義發起修習止觀前的方便法門。

7.正觀：方便既立，正觀即成。正式進入止觀的修習。

8.果報：成正觀已，獲妙果報。正觀實相理的觀行成就而感得果報。

9.起教：從自得法，起教教他。修證得法後起大悲心化導他人。

10.旨歸：自他俱安，同歸常寂。自行化他成就，同歸於常寂光淨土。

既了無生無起，心行寂滅，言語道斷，寂然清淨。

（2）以十門明十章之相互關係

1.眞俗：初八章，即俗而眞；果報一章，即眞而俗；旨歸章，非眞非俗。

2.說默：正觀是聖默，餘八章是聖說，旨歸是非說非默。

3.定慧：正觀及一部分是定，餘八章及一分是慧，旨歸是非定非慧。

4.因果：大意至正觀是因，果報是果，旨歸是非因非果。

5.自他：前八章是自行，起教是化他，旨歸是非自非他。

6.目足：大意至起教是目，方便至果報是足，旨歸是非目非足。

7.共不共：大意至正觀是共果報，起教是不共，旨歸是非共非不共。

8.通別：大意是通，餘八章是別，旨歸是非通非別。

9.廣略：大意是略，餘八章是廣，旨歸是非廣非略。

10.橫豎：體相是豎，餘八章是橫，旨歸是非橫非豎。

（3）五略：發大心、修大行、感大果、裂大網、歸大處

發大心：發菩提心

修大行：修行四種三昧

感大果：若行順中道，即有勝妙果報

裂大網：融通經論，解疑結出籠

歸大處：旨者自向三德者，引他同入三德，故名旨歸，又自入三德名歸，令他入三德名旨，旨歸三德實不知何以名之，勉強名之則爲中道實相。非止非觀，一切種智，平等大慧，般若波羅蜜，觀首楞定，大涅槃，不可思議解脫，止言語道斷，心行處滅，永寂如空，是名旨歸

三、六即說

（1）六即說的根據

問：六即顯「是」（是指理即的理，即如來藏理），是初心（最初的發心）即顯示，還是到最後的後心（最後的圓覺）才顯示？

答：如論焦炷（燒燒的燭蕊），非初不離初、非後不離後，因為六即是在談論圓教的修行位階，所以也可能初發心即成正覺，那麼就是不離初心；但也可能是依六即的漸次位階而得悟，如此則是不離後心。

若智及信具足，聞一念初心即成正覺。如果能信即能不謗，有智即能不懼，初後都能得悟。

若無信，聖境非是自己的智分；若無智，卻自慢已得，如此則初後心均不能得證。

（2）六即說的構成

1.理即：一念心即如來藏理，如故即空，藏故即假，理故即中，三智一心中具，不可思議，如上說三諦一諦，非三非一。是名理即止觀、即寂名止，即照名觀。

2.名字即：或從知識、經卷，聞上所說，一實菩提，於名字中，通達解了，知一切法皆是佛法，是為名字即菩提，亦是名字止觀。攀覓心息，名止；但信法性，不信其諸名為觀。

3.觀行即：必須心觀明了，理慧相應，所行如所言，所言如所行，此心口相應，是觀行菩提。觀行亦如是，雖未契理，觀心不息，是名觀行菩提，亦名觀行止觀。恆作此想，名觀。餘想息，名止。

4.相似即：以其愈觀愈明，愈止愈寂，如勤射鄰的，名相似觀慧。圓伏無明，名止；似中道慧，名觀。

5.分眞即：因相似觀力，入銅輪位，初破無明見佛性，開寶藏顯眞如，名發心住，乃至等覺，無明微薄，智慧轉著。若人應以佛身得度者，即八相成道。應以九法界身得度者，以普門（十普門：

171

慈悲普、弘誓普、修行普、斷惑普、入法門普、神奇通普、方便普、說法普、成就眾生普、供養諸佛普）示現。是名分眞即菩提，亦名分眞止觀，分眞智斷。

6.究竟即：等覺一轉，入於妙覺，智光圓滿，不復可增，名菩提果。大涅槃斷，更無可斷，名果果。故名究竟菩提，亦名究竟止觀。

（3）以譬喻說六即

1.理即佛：譬如貧人家有寶藏。

2.名字即佛：譬如貧人不知家有寶藏，通過善知識開導而得知。

3.觀行即佛：譬如知道家有寶藏後，即除草挖土而發掘。

4.相似即佛：譬如發掘，漸漸接近寶藏。

5.分眞即佛：譬如寶藏已經打開。

6.究竟即佛：譬如將寶藏全部取出而用之。

（4）六即說與五菩提

1.今豎判圓位。會之即：發心菩提對名字；伏心菩提對觀行；明心菩提對相似；出到菩提對分眞；無上菩提對究竟。圓位為：發心是十住，伏心是十行。

2.以別教而言：明心是十迴向位，出到是十地位，無上是妙覺位。

而從圓教而言，位位皆具五菩提。從十住具五菩提，乃至至妙覺位，都究竟具足五菩提。

圓教是以六即判別修行位次。其餘三教都不用六即來判教。

四、四種三昧

（1）常坐三昧：一行三昧、一相三昧、眞如三昧、一相三摩地。有理、事二種，理是定心觀法界平等一相。事是一心念佛的念佛三昧。

一行三昧：方法是身論開遮，口論說默，意論止觀。

1.身：開是常坐。九十日為一期，結跏正坐。以坐自誓，肋不掛床。隨一佛方面，端坐正向，時刻相續。所遮是勿犯，不欺佛，不負心，不誑眾生。

2.口：口常專稱一佛名字，慚愧懺悔，以命自歸。

3.意：端坐正念。莫雜思惟，但專繫緣法界，一念法界。繫緣是止，一念是觀。住無所住，安處寂滅法界。此法界亦名菩提，亦名不可思議境，亦名般若，亦名不生不滅。能如是觀者，是觀如來十號。如來與如來智，非二相非不二相，猶如虛空，無有過失。初見一佛，次見十方佛，不用神通往見佛，唯住此處，見諸佛，聞佛說法，得如實義。見如來而不取如來相，無形無相無見聞知，佛不證得。佛即法界，無證無得。

觀眾生相，如諸佛相，眾生界住，如虛空住。以不住法，以無相法，住般若中。不取不捨，但住實際。如此觀眾生，真佛法界。

觀貪欲瞋癡諸煩惱，恆是寂滅行，是無動行，非生死法，非涅槃法。非修道非不非道，是名正住煩惱法界也。

觀業重者，無出五逆。五逆即是菩提，五逆菩提無二相。逆罪相、實相相，皆不可思議，不可壞，本無本性，一切業緣皆住實際，不來不去，非因非果，是為觀業即是法界印。

法界印四魔所不能壞，魔不得便。何以故？魔即法界印。

（2）常行三昧：般舟三昧、佛立三昧。

佛立有三義：佛威力、三昧力、行者本功德力。能於定中，見十方現在佛在其前立。如明眼人清夜觀星，見十方佛亦如是多，故名佛立三昧。

三昧住處，所謂住處，於初禪、二、三、四中間，發是勢力，能生三昧，故名住處。初禪少，二禪中，三四禪多。

a.身：常行。常獨處止，唯專行旋，九十日為一期。須明師內外律開除妨障。承事師如僕奉大家。須外護，須同行。須要期誓

願，三昧不得，終不休息。起大信，大精進。常與善師從事，終竟三月，行不得休息，爲人說經，不得希望衣食。

b.口：九十日口常唱阿彌陀佛無休息。或唱念俱運，唱念相繼無休息時。但專以彌陀爲法門主。

c.意：三月常念佛，念三十二相，從足下千輻輪相，一一逆緣，念諸相乃至無見頂（項相）。亦應從頂相順緣，乃至千輻輪。又念：我當從心得佛，從身得佛？佛教不用心得，不用身得，不用心得佛色，不用色得佛心，何以故？心者佛無心，色者佛無色，故不用色心得三菩提。不用身口得佛，不用智慧得佛，何以故？智慧索不可得，自索我了不可得，亦無所見。一切法本無所有，壞本絕本。……其次用假觀及中觀。

（3）半行半坐三昧

1.方等三昧

a.身：先求夢王（大方等陀羅尼經卷三之十二夢王），若得見一，是許懺悔。於閑靜處，莊嚴道場。七日長齋，日三時洗浴。初日供養僧，隨意多少。引請一內外律者爲師，受二十四戒及陀羅尼咒，對師說罪。七日爲一期，決不可減。俗人亦許。

b.口：預誦陀羅尼咒一篇使利。於初日分，三遍召請三寶、十佛、方等父母（權實二智）、十法王子（初聞佛說法的十二位菩薩），陳悔罪咎竟，起旋百二十匝。一旋一咒，之後禮十佛、方等、法王子，後卻坐思惟，後再旋咒，周而復始，終竟七日。

c.意：思惟摩訶袒特陀羅尼（大祕要遮惡持善）。祕要只是實相中道正空。求者、得者、著者、實者、語者、問者，一切悉空，寂滅涅槃亦復皆空，一切虛空分界亦復皆空，於六波羅蜜中求空空眞實之法；此與大品十八空同；大經迦毗羅城空、如來空、大涅槃空，更無有異，以此空慧歷一切事，無不成觀。

2.法華三昧

a.身：開十：嚴淨道場、淨身、三業供養、請佛、禮佛、六根

懺悔、繞旋、誦經、坐禪、證相。

b.意止觀者：專誦大乘，不入三味，日夜六時，懺六根罪。

於諸法無所行，亦不行不分別。

安樂行品：護持、誦經、解說、深心禮拜等。

「觀經」明無相懺悔，我心自空，罪福無主，慧日能消除，豈非理耶？南岳師云：有相安樂行、無相安樂行。

持是行人，涉事修六根懺，爲悟入弄引，故名有相。若直觀一切法，空爲方便者，故言無相。妙證之時，悉皆兩捨。若得此意，於二經無疑。

（4）非行非坐三味

1.名義：隨自意、意起即修三味、覺意三味。

覺者照了也，意者心數也。行者心數起時，反照觀察，不見動轉根原終末、來處去處（心理活動運轉的根源和來去的始終），故名覺意。對境覺知，異乎木石名心；心籌量名意；了了別知名識。窮諸法源，皆由意造，故以意爲言端。

覺者，了知心中非有意，亦非不有意；心中非有識，亦非不有識。心、意、識非一，故立三名；非三，故說一性。若知名非名，則性亦非性。非名故不三，非性故不一。非三故不散，非一故不合；不合故不有，不散故不空；非有故不常，非空故不斷。若不見常、斷，終不見一、異。

若觀意，則攝心、識，一切法亦爾。若破意，無明則壞，餘使（煩惱）皆去。故諸法雖多，但舉意以明三味。觀則調直，故言「覺意三味」也。

2.依「請觀經」而說修法。

於靜處嚴道場，旛蓋香燈，請彌陀像、觀音、勢至二菩薩像，安於西方，設楊枝、淨水，當正向西方禮三寶、七佛、三陀羅尼、二菩薩。禮已胡跪。供養已，端身正心結跏趺坐，繫念數息。八息爲一念，請三寶，三稱名，加稱觀世音，誦四行偈，誦三篇咒。誦

竟，披陳懺悔，自憶所犯。發露已，一人登記高座，若唱若論此經文，餘人諦聽。午餐前、初夜其方法如此。

五、惡亦是止觀的對象

（1）惡在不同眾生中的相對表現

1.藏教菩薩：能行六度是善，但仍不能斷盡煩惱，又是惡了。

2.通教菩薩：能同斷三界煩惱，此乃稱好，但不見別教之理，仍停滯於空假二邊，未入中道，未斷住地無明，已復是惡。

3.別教菩薩：雖已入中道，但只是但中，仍然不是不但中，猶帶方便，不能稱理。

4.圓教菩薩：唯圓教之圓法為善。能達諸惡非惡，能行於非道，通達佛道。

但若執著佛道，則道成非道，又是惡了。

5.凡夫根性易奪，必有過患，其誰能無失？白衣受欲，非行道人，惡是其本分。羅漢都有殘習，何況凡夫？當於惡中，而修觀慧。

（2）末法時代觀惡的根據與意義

1.以惡中有道，雖行眾蔽，而得成聖，故知惡不妨道。如央掘摩羅、彌殺彌慈；祇陀末利、唯酒唯戒；須密多女，婬而梵行；提婆達多、邪見即正。

2.又道不妨惡。於蔽修觀，若於蔽強為對治折伏，恐蔽彌更增劇，反而但恣（隨）其趣向，任其自然，此蔽不久，堪任乘御（駕御）。

（3）對惡的觀察

對惡如何觀呢？諦觀貪欲有四種相：未貪欲，欲貪欲，正貪欲，貪欲已。

未貪欲又有下四句：若未滅欲生、未貪不滅而欲生、若亦滅亦不滅而欲生、若非滅非不滅而欲生，如是四句均不見欲貪欲生。

還轉四句，也不見末貪欲滅。因此，觀貪欲蔽，畢竟空寂，雙照分明。若蔽恆起，此觀恆照，亦不見起，亦不見照，而起而照。

又觀此蔽，因何塵起？爲何事起？如是觀時，於塵無受者，於緣無作者，而於塵受根緣，雙照分明。幻化與空、及與法性，不相妨礙。當知蔽即法性（指蔽的體也是法性），蔽起即法性起（蔽的生起也是法性的，「性起」啓動「緣起」而生），蔽息即法性息（此句不可誤解爲法性滅，息不是滅，法性不生不滅）。

所謂行於非道，通達佛道。非道及佛道都是佛性體，只要將非道觀即空即假即中，則非道即是佛道。

（4）觀惡並非縱情作惡

雖說六蔽非道，即解脫道，然對鈍根障重者，聞已必將沉沒，若更勸修觀惡，則失旨逾甚。

這種亂使用隨自意意的愚人，心無慧解，信其本師，又仰慕前賢達，以爲是道，恣心取樂，而不改迷，既嗜欲樂，不能自止，猶如蒼蠅爲唾所粘，浪行之過，其事略爾。其師之過在於，不達根性，不解佛意。

所以觀惡之隨自意意，此法不須勸修。

（5）切勿誤解貪欲即道

佛說貪欲即道，是佛見機宜，知有一種眾生，底下薄福，決不能於善中修道，不得已才令於貪欲修習止觀，而不是教導一般眾生都是行貪欲即道。若有眾生不宜於惡修止觀者，佛即說諸善，名之爲道。

若因爲時節難起，或王事（政治事務）所拘，不得修善，才令於惡中而習止觀，若無難無拘，何必用貪欲即道這種非道去毒他慧命呢？

路有夷險二種，貪欲即道是險道，世間險路尚不能通，何況行惡而會正道，豈可得乎？

因此，若見有人不識機宜，行說此者，則是戒海的死屍，宜依

戒律的規定處治，勿令毒樹生長於持正法的長者的宅中。

217-2.摩訶止觀的大綱為何？三止三觀與教觀互具

六、三止三觀與教觀互具

（1）次第三止

1.體真止：知因緣假合，幻化性虛，故名為體；攀緣妄想，得空即息，空即是真，故言體真止。

2.方便隨緣止：知空非空，故言方便；分別藥病，故言隨緣；心安俗諦，故名為止。經言：動、止心常一。亦得證此意。

3.息二邊分別止：今知俗非俗，俗邊寂然；亦不得非俗，空邊寂然，名息二邊止。

4.與「釋名章」之比較：

「止息止」（此息一切煩惱妄想）似體真；「停止止」（將心念停住於諸法實相的諦理上）似方便隨緣；「非止止」（對無明之止而明法性之止）似息二邊。

三止均各具「止息止」、「停止止」、「非止止」。

（2）次第三觀

1.從假入空觀：名二諦觀。破四住惑，同貫穿義及止息止。所入之空，空即是理，智能顯理，即觀達義，同停止止。此是空理，即是非觀觀義，同非止止。

2.從空入假觀：名平等觀。識假名法，破無知障，即是貫穿義，同止息止。照假名理，分別無謬，即觀達義，同停止止。假理常然，即是非觀觀義，同非止止。

以上二觀為方便道得入中道。

3.中道第一義觀：雙照二諦，心心寂滅，自然流入薩婆若（一切智）海，名中道第一義諦觀。

空於二邊，即是貫穿義，同止息止。正入中道即觀達義，同停止止。中道法性即不觀觀義，同非止止。

4.次第三觀的總結

此依摩訶衍，明三止三觀之相。以義隨相，條然各別。若論三觀（空觀、假觀、中觀），則有權實淺深。若論三智（一切智、道種智、一切種智），則有優劣前後。若論三人（十住位破見思惑得一切智；十行位破塵沙惑得道種智；初地位破無明惑得一切種智），則有諸位大小。

（3）圓頓止觀的一心三觀

1.圓頓止觀相者，以止緣於諦，則一諦而三諦。以諦繫於止，則一止而三止。所止之法雖一而三，能止之心雖三而一也。

以觀觀於境，則一境而三境；以境發於觀，則一觀三觀。

止、觀、色境，如是三法不前不後，一時論三，三中論一，若見此意，即解圓頓止觀相也。

2.

2a.體無明顛倒即是實相之眞，名體眞止；體一切諸假皆是空，空即實相，名入空觀。

體眞之時，五住磐石砂礫，一念休息，名止息義。

又此一念能穿五住，名貫穿義。

2b.如此實相遍一切處，隨緣歷境，安心不動，名隨緣方便止；達此空時觀冥中道，能知世間生滅法相，如實而見，名入假觀。

心緣中道入實相慧，名停止義。

又能達於實相，名觀達義。

2c.生死涅槃靜散休息，名息二邊止；如此空慧即是中道，無二無別，名中道觀。

實相之性即非止非不止義，名非止義。

實相非觀亦非不觀，名不觀觀義。

3.經言：善能分別諸法相，於第一義而不動。佛說種種名，眾名皆圓，諸義亦圓。相待絕待對，體不可思議。不可思議故，無有障礙；無有障礙故，具足無減。是圓頓教相，顯止觀體也。

七、正修止觀的對象與方法

（1）依妙解以立正行

1.智目與行足

觀如智目，止如行足，目足相資。當以觀觀昏，即昏而朗；以止止散，即散而寂。此金剛觀，割煩惱陣；此牢強足，越生死野。慧淨於行，行進於慧，照潤導達，交絡瑩飾，一體二手，更互揩摩。

2.只對高尚者說此止觀

癡鈍者，毒氣深入，失本心故；厭世者甄下劣乘，攀附枝葉，定瓦礫是明珠；又一種禪人，不達他根性，純教乳藥。

以上三類人，不應說此止觀。

（2）十境

1.十境產生的原因

a.陰界入境：將陰列在十境之初，有二義：一現前，二依經。

現前：行人受身，誰不陰入？重擔現前，是故初觀。

依經（大品）：「聲聞人依四念處行道，菩薩初觀色乃至一切種智」

b.煩惱境：五陰與四分合。四分是四暴流：欲（欲界之五欲）、有（色、無色界之貪慢疑）、見、無明。若不照察，不覺紛馳。

c.病患境：地水火風四大不調是身病；貪瞋癡三毒是心病。

d.業相境：無量諸業不可稱計，散善（散亂之心所修善，不同於修禪定的定善）微弱，不能令動。

e.魔事境：魔遽出境，作諸留難，或壞其道。若過魔事，則功

德生。

f.禪定境：諸禪競起，或味或淨：即味定和淨定。

味定指外道凡夫之定，貪著禪定靜慮功德。淨定指凡夫相應於有漏善心所起禪定，有順退分定、順住分定、順勝進分定、順抉擇分定。

g.諸見境：初禪有觀支，因生邪慧，自以為得真實法，其實是邪見。而生起諸倒，只是世智辨聰的邪辨。

h.增上慢境：即未得謂得，增上慢人。若識見為非，息其妄著貪瞋，利鈍二（五利使：身見、邊見、邪見、見取、戒取及五鈍使：貪瞋痴慢疑）俱不起，無智者自以為證涅槃；小乘也有橫計四禪為四果；大乘亦有魔來與記。

i.二乘境：上述的見及慢既靜除，先世的小習氣卻因靜而生，如身子捨眼事，指舍利弗捨眼後因眼被丟棄在地，起如此之輩不可救濟，不如自求早脫生死，即由菩薩回墮二乘。二乘只求自我解脫，不求利他。

j.菩薩境：若憶本願，故不墮空者，諸方便道菩薩境界（即權教菩薩）即起也。權教菩薩有三藏菩薩（即大度菩薩）及道教菩薩。

藏教六度菩薩，不久行六波羅蜜，若聞深法，即起誹謗；通教菩薩亦有謗義，入真道（即中道）不謗；別教菩薩入初住發心住，知有深法，是則不謗。

2.十境的主次關係

十境凡夫只能見前八境。小乘及大乘權教菩薩能見到十境。

陰入一境，常自現前，不論發（呈現）不發，恆得為觀。

餘九境，發可為觀，不發何所觀（從何而觀）？又前八境去正道遠，須深加防護才能歸正轍（正軌道）；後二境去正道近，至此位時不必顧慮無觀，薄修即能得正果。

（3）以觀陰界入境爲中心

1.色心本無二致

毗婆沙論明三科開合：若迷心，開心爲四陰（受想行識），色爲一陰；若迷色，開色爲十入：色聲香味觸及眼耳鼻舌身及法有一入少分，色共十一入。心爲一意入及法入少分。若俱迷者，開爲十八界。

數人（說一切有部）說，五陰同時，識是心王，四陰（色受想行）是數，約「有」明義，故王數相扶，同時而起。

論人（成實論師）說，識先了別，次受領納，想取相貌，行起違從，色由行感。約「空」門明義，故次第相生。

2.區別九種五陰

又分別九種：果報五陰（一期色心）、無記（平平想受）、污穢五陰（起見起愛者）、善惡兩五陰（動善惡身口業）、工巧五陰（變化示現）、方便五陰（五善根人即五停心觀）、無漏五陰（證四果者）等，如是種種源從心出。

「正法念」云：「如畫師手畫出五彩，黑、青、赤、黃、白、白白」畫手譬心，黑色譬地獄陰，青色譬鬼，赤譬畜，黃譬修羅，白譬人，白白譬天。此六種陰皆在界內。

「華嚴」云：「心如工畫師，畫種種五陰」，界內、界外一切世間中，莫不從心造。故龍樹中論破五陰，一異同時前後（心王心所既非一體同時，也非前後相異），皆如幻影虛響，如夢如幻，悉不可得。怎麼能對心王心所是同時相依還是異時相生，妄加執著呢？

3.去丈就尺，去尺就寸的三科擇境

界內外一切陰入，皆由心起。佛告比丘：一法攝一切法，所謂心是」。大智度論云：「一切世間中，但有名與色。若欲如實觀，但當觀名色」

心是惑本，其義如是。若欲觀察，須砍伐其根，伐去心的迷惑根源，如用針炙治病，必須得有穴一樣。今三科範圍大如同丈，必

須縮小至尺，將三科縮至五陰。又去尺就寸，置色等四陰，縮小至識陰，但觀識陰即可，識陰者，心也。

（4）十乘觀法

1.名稱：觀不可思議境（自達妙境）、起慈悲心（起誓悲他）、巧安止觀（作行塡願）、破法遍（願行既巧破無不遍）、識通塞（遍破之中精識通塞）、修道品（令道品進行）、對治助開（又用助開道）、知次位（道中之位己他皆識）、能安忍（安忍內外榮辱）、無法愛（莫著中道法愛，故得疾入菩薩位）。

請參閱《佛性辨正》P202-205

2.十乘觀法之勝妙

此十重觀法橫豎收束，微妙精巧。初則簡境眞僞，中則正助相添，後則安忍無著。

八、一念三千的性具實相說

（1）十法界

法界者三義，十數是能依，法界是所依，能所合稱，故言十法界。又此十法各各因各各果，不相混濫，故言十法界（此時界是種義、類義）。又此十法一一當體，皆是法界（此時界是因義，是性義），故言十法界。

（2）五陰世間

以十種之五陰界各不同故，故名五陰世間。

（3）眾生世間

攬五陰通稱眾生，眾生不同：攬三途陰，罪苦眾生；攬人天陰，愛樂眾生；攬無漏陰，眞聖眾生；攬慈悲陰，大士眾生；攬常住陰，尊極眾生。

直約一期十時差別，況十界眾生寧得不異？故名眾生世間。

（4）國土世間

十種所居通稱國土世間者：地獄依赤鐵住；畜生依地水空住；

修羅依海畔海底住；人依地住；天依宮殿住；六度菩薩同人依地住；通教菩薩惑未盡者同人天依住、斷惑盡者依方便土住；別圓菩薩惑未盡者同人天方便等住、斷惑盡者依實報土住；如來依常寂光土住。土土不同，故名國土世間。

（5）十如是

又十種五陰，一一各具十法，謂如是相、性、體、力、作、因、緣、果、報、本末究竟等。

如是相：夫相以據外，覽而可別。

如是性：性以據內，有三義：不改（不動性）、性分（種性）、實性（佛性）。不動性扶空；種性扶假；實性扶中。

如是體：主質故名體。此十法界陰，俱用色心爲體質也。

如是力：堪任力用也。心亦如是，具有諸力，煩惱病故，不能運動。如實觀之，具一切力。

如是作：運爲建立名作。若離心者，更無所作，故知心具一切作也。

如是因：招果爲因，亦名爲業，十法界業起自於心，但使有心，諸業具足，故名如是因也。

如是緣：緣名緣由，助業皆是緣義，無明愛等，能潤於業，即心爲緣也。

如是果：剋獲爲果，習因習續於前，習果剋獲於後，故言如是果也。

如是報：酬因曰報，習因習果，通名爲因，牽後世報，此報酬於因也。

如是本末究竟等：相爲本，報爲末，本末悉從緣生，緣生故空，本末皆空，此就空爲等也。又相但有名字，報亦但有名，悉假施設，此就假名爲等。又相無相，無相而相，非相非無相；報無報，無報而報，非報非無報，一一皆入如實之際，此就中論等也。

（6）一念心起即具足三千世間

夫一心具十法界，一法界又具十法界、百法界，一界具三十種世間，百法界即具三千種世間。此三千在一念心，若無心而已，介爾有心，即具三千。

九、一心三觀及圓融三諦

（1）一念與三千世間的關係

1.心物不二的絕對世界

亦不言一心在前，一切法在後；亦不言一切法在前，一心在後。例如八相遷物（八相是四本相：生住異滅；四隨相是生生、住住、異異、滅滅，一切有爲法的生成，必須有法的自體與八相（共九法）同時俱起，交互相續，缺一不可），物在相前，物不被遷；相在物前，亦不被遷。前亦不可，後亦不可，祇物論相遷，祇相論物遷。今心亦如是，若從一心生一切法者，此則是縱；若心一時含一切法者，此即是橫。縱亦不可，橫亦不可，祇心是一切法，一切法是心，非一非異。非識所識，非言所言，所以稱爲不可思議境界。

2.語言無法描述的不可思議境界

a.地論師南道派認心具一切法，因爲心即是阿賴耶識即是眞如；攝論師則認爲緣具一切法，因爲阿賴耶識是妄識，眞識是阿摩羅識，阿賴耶緣起是由緣緣起。此兩師各據一邊。

b.若法性生一切法者，法性非心非緣。諸法不自生，亦不從他生，不共不無因。

諸法的生起是「性起」（即法性）啓動緣起而生起萬法。

c.眠夢喻黎耶，心喻法性，四句求夢尚不可得，云何於眠夢見一切事。

橫從四句生三千法不可得，一念心滅生三千法亦不可得，心非滅非不滅生三千法亦不可得，是故非縱非橫求三千法均不可得，言

語道盡，心行處滅，故名不可思議境。

3.爲化度眾生於世俗諦中說一念三千

當知第一義中，一法不可得，況三千法？世諦中，一心尚具無量法，況三千耶？故若有因緣，亦可得說，謂四悉檀因緣也。雖離四句冥寂不可說，然慈悲憐愍，於無名相中，也假名相說，故爲化度眾生，於世俗諦中說一念三千。

（2）四悉檀的解經方法

1.世界悉檀：應一般凡夫的樂欲而說。

或作世界，說心具一切法，如言三界無別法，唯是一心造；或說緣生一切法，如言五欲令人墮惡道，善知識者是大因緣，所謂化導令得見佛；或說因緣共生一切法，如言水銀和眞金能塗諸色像；或說離生一切法，如言十二因緣非佛作，非天、人、修羅作，其性自爾而有。

以上四句即世界悉檀，說心生三千一切法也。

2.爲人悉檀：對應人的機遇而說。

如言佛法如海，唯信能入，信則道源功德母，一切善法由之生，汝但發三菩提心，是則出家禁戒具足，聞者生信。或說緣生一切法；或說合生一切法；或說離生一切法。

3.對治悉檀：對治人的病，施藥而說。說心治一切惡，如言得一心者，萬邪滅矣。

或說緣治一切惡；或說因緣和合治一切惡；或說離治一切惡。

4.第一義悉檀：爲說實相、眞如第一義。心得見理，如言心開意解，豁然得道。

或說緣能見理；或說因緣和合得道；或說離能見理，如言無所得。

（3）圓融三諦

1.不思議三諦

a.此心爲不思議心：心與緣合，則三種世間、三千相性，皆從

心起，一性雖少而不無，無明雖多而不有。何者？指一為多，多非多；指少為一，一非少。

b.遍歷一切，皆是不可思議境：若解一心一切心，一陰一切陰，一入一切入，一界一切界，一眾生一切眾生，一國土一切國土，一相一切相，乃至一究竟一切究竟。

c.遍歷一切法，無非不思議三諦：若法性、無明合有一切法，陰界入等，即是俗諦；一切界入是一法界，即是真諦；非一非一切，即是中道第一義諦。

2.不可思議一心三觀

a：a1.假觀：若一法一切法，即是因緣所生法，是為假名，假觀也。

a2.總假觀：一假一切假，無空中而不假，總假觀也（空及中都是假）。

b：b1.空觀：若一切法即一法，我說即是空，空觀也。

b2.總空觀：一空一切假空、無假中而不空，總空觀也（假及中都是空）。

c：c1.中道觀：若非一非一切者，即是中道觀也。

c2.總中道觀：若一中一切中，無空假而不中，總中道觀也（空及假都是中）。

即「中論」所說不可思議一心三觀。

3.成就不可思議的三智、三語、三趣

即「中論」所說不可思議一心三觀。

a.不思議三智：

a1.方便隨情道種權智：若因緣所生一切法。

a2.隨智一切智：若一切法一法，我說即是空。

a3.權非實一切種智：

若非一非一切亦名中道義者。

例上一權一切權，一實一切實，一切非權非實，遍歷一切，是

不思議三智也。

b.三語

因三智而形成教化他人的三種語言方式。

b1.隨他意語：即隨情。

b2.隨自意語：即隨智。

b3.非隨自意語非隨他意語：即隨非權非實。

c.三趣：頓、漸、不定三種趣入途徑。

a.若解頓即解心，心尚不可得，云何有趣入、非趣入呢？

b.若解漸即解一切法趣心。

c.若解不定即解是趣不過（不過即不定之意，或頓或漸）。

總結：以上是名異，但義同：

軌則行人呼為三法（依修行人根機規定為頓、漸、不定三法）；所照為三諦（依所照察的真理有空假中三諦）；所發為三觀（依三諦發行的觀有空假中三觀）；觀成為三智（依三觀所修成的成果有一切智、道種智、一切種智三智）；教他呼為三語（化導他人所用的語言有隨自意、隨他意、隨自他意三種）；歸宗呼為三趣（歸趣入解脫有頓、漸、不定三種）。

218.天台宗各大師的重要名著之大綱各為何？

一、湛然

（一）法華玄義釋籤

（1）法華玄義釋籤

法華玄義釋籤為荊溪湛然所著，全書共二十卷，

唐代湛然（711～782）著於廣德二年（764）。又稱天台法華玄義釋籤、法華釋籤、玄義釋籤、玄籤、釋籤、妙法蓮華經玄義釋籤。收於大正藏第三十三冊。

　　本書乃「箋釋」智顗之法華玄義之作。全書將法華玄義之本文作適當之分節，先示本文，次釋文旨字義，詳疏文義，明示引文出典，廣引佛教各宗經籍，於主要處敷演補釋。

　　（2）文中對於三論之吉藏、法相之窺基、華嚴之法藏、慧苑、澄觀等之說，多所評駁。

　　1.對華嚴宗的批評：

　　a.駁斥法華經是同教一乘，華嚴是別教一乘的說法。

　　b.將頓教與小始終圓四教列在一起，實不倫不類。因頓是「理」，非「教」，不能與另四教並列。

　　c.駁斥澄觀將華嚴經歸屬頓頓、頓圓，而法華經屬漸頓、漸圓之說法。因為華嚴經的頓是「頓部」而非頓教。部指說法時間順序，教指教義的深淺。華嚴經的頓是「部仍兼別」，而非純圓。

　　法華經亦屬「漸頓」，但是漸中頓，不同方等、般若之漸中漸。漸頓的意義是開漸顯頓。法華經是開權顯實，開漸顯頓，而非其他諸經之「兼但對帶」，如華嚴是兼，三藏是但，方等是對，般若是帶。

　　d.駁斥華嚴是根本法輪，法華是枝末法輪的說法。

　　法華經是既妙且頓之圓教法輪。而華嚴經是「兼別」教。

　　2.對窺基「五性各別」、「三乘真實說」及「理佛性、行佛性說」之批判。主張只有一性、三乘非真實、理行二佛性不能分隔異時。

　　3.對禪宗「單傳暗證」之批評，主張教觀並重，止觀並重之思想。

　　（3）力闡天台「當體實相」一家之真意。在《玄義》之「跡門十妙」與「本門十妙」之間，夾入「十不二門」，視為獨特創見，後被單行為《十不二門》一書。後世研鑽玄義者，多以本書為指南。與《法華文句記》、《止觀輔行傳弘決》合譽天台三大部注釋之指南。

（二）金剛錍論

主張無情有性論：

1.佛性是有情、無情悉法爾而有。

2.無情的佛性也是具有三因佛性，而且三因是互具一體，不可分離，因此理佛性及行佛性不可分離。

3.無情因未具心識，能否自行成佛，湛然未提出說明。

請參閱《佛性辨正》P89-96

（三）十不二門

（1）湛然的〈十不二門〉一文，是一篇相當精簡的短文，在此一短文中，收攝了天台智者大師《法華玄義》中「跡門十妙」之要義，乃至「本門十妙」等皆包含在內，甚至天台智者《摩訶止觀》之「一念三千」亦被加以運用，以作為湛然理論思想之依據及觀法之所在。由此可知，〈十不二門〉所涉及層面之深廣（含括了《法華玄義》與《摩訶止觀》），統攝了天台教觀之內容。

由於「十不二門」以凸顯一念理具三千思想為主，因此成為宋朝山家、山外論諍的焦點，尤其「一念」為理為事（或真心或妄心）的爭議，在山家山外有關〈十不二門〉的注疏中，有相當精采豐富的論述。而被視為雜山外派的仁岳，針對山家山外之爭而提出即事顯理的一念心性看法，亦有其獨到之處。

（2）此十門中，實以第一門「色心不二門」為基礎，由此而成就內外不二、修性不二、因果不二、染淨不二、依正不二、自他不二、三業不二、權實不二、受潤不二等其餘九門，此可從每一門皆依於前門而成就可以得知。

此「十不二門」之基礎，根源於心性一理，亦即以理具三千作為色心不二、內外不二，乃至受潤不二等之立論基礎。

更以十門收攝十妙。

換言之，亦即以十門不二以顯一理，以一理以明不二。如第一門「色心不二門」中，將色心判屬為別，而統攝於一念中。

作者認為色心之不二體就是「即空即假即中」的眞如本性體，也如金剛經所言：色即是空，空即是色。「即色即空」即是「眞如本性體」。

這色心不二的境界即是佛的境界。

請參閱《佛性辨正》P191-195

（四）始終心要

全文僅有二百八十七字，其中立三觀、破三惑、證三智，成三德，乃圓頓一乘之開示。

原文：夫三諦者，天然之性德。中諦者，統一切法；眞諦者，泯一切法；俗諦者，立一切法。舉一即三，非前後也。含生本具，非造作之所得也。

＊解釋：三諦為空諦、假諦、中諦。是天然本具的性德。中諦者是一切法的本體，萬法以其為依止因而生。眞諦者，是一切法其自性空。俗諦是因自性空須依緣由阿賴耶識生起一切假法，因自性空，所以為假法。一心觀三諦，三諦是同時觀，沒有前後之別，而且三諦即是一諦，三即一，一即三。

原文：悲夫！諦不顯，蓋三惑之所覆也。故無明翳乎法性，塵沙障乎化導，見思阻乎空寂。然茲三惑，乃體上之虛妄也。於是大覺慈尊喟然歎曰：眞如界內，絕生佛之假名；平等慧中，無自他之形相；但以眾生妄想，不自證得，莫之能返也。

＊解釋：諦所以不顯，是因為被見思、塵沙、無明三惑所覆蓋，三惑的無明翳障了法性（即眞如佛性），塵沙惑障礙了對認知假法的化導，見思惑阻礙了自性空的空寂。然茲三惑，然這三惑都是眞如本性體所起，若由體上視之皆是虛妄，空寂無相，卻宛然虛假存在。於是大覺慈尊喟然歎曰：在眞如界內，眾生及佛都是假名；在平等慧中，萬法平等，無自他之分別形相；只因眾生妄想，

不能自證，無法返歸本性而已。

原文：由是立乎三觀，破乎三惑，證乎三智，成乎三德。空觀者，破見思惑，證一切智，成般若德。假觀者，破塵沙惑，證道種智，成解脫德。中觀者，破無明惑，證一切種智，成法身德。

*解釋：於是立三觀（空觀、假觀、中觀），破除三惑（見思惑、塵沙惑、無明惑），證得三智（一切智、道種智、一切種智），成就三德（般若德、解脫德、法身德）。

空觀能破見思惑，證得一切智，成就般若德。假觀能破塵沙惑，證得道種智，成就解脫德。中觀能破無明惑，證得一切種智，成就法身德。

原文：然茲三惑、三觀、三智、三德，非各別也，非異時也，天然之理具諸法故。然茲三諦，性之自爾。迷茲三諦，轉成三惑；惑破藉乎三觀，觀成證乎三智；智成成乎三德。從因至果，非漸修也。說之次第，理非次第。大綱如此，綱目可尋矣

*解釋：此三惑、三觀、三智、三德，並非各別不相關，也非異時存在，而是天然即萬法都是理具存在的。

三諦是本性即自存，因為迷惑三諦，而轉成三惑；而要破惑須藉用三觀，以三觀才能證得三智；有了三智才能成就三德。從因至果，以說而言是漸修次第，但以理而言則非次第。

（五）止觀輔行傳宏決

凡四十卷。唐代荊溪湛然（711～782）撰。又稱止觀輔行傳弘決、止觀輔行弘決、止觀輔行、輔行、弘決。

本書係注釋智顗之「摩訶止觀」一書，書題「止觀輔行傳弘決」即已揭出全書旨趣，謂以佛一代之諸教「輔」翼止觀之妙「行」，復依止觀之妙行以「傳弘」一代教旨；故於全書四十卷

中，試圖以咨稟口決、審理要決等諸「決」來彰顯此教行相資之旨。古來凡講摩訶止觀者，皆以此書爲憑。書中引用外典之處甚多，由此可見作者博覽之精。

二、知禮

（一）觀音玄義記

凡四卷。宋代四明知禮述。又稱觀世音菩薩普門品玄義記、觀音經玄義記、觀音別行玄記、別行玄義記、別行玄記。收於大正藏第三十四冊。乃觀音玄義之注釋書。

本書係知禮六十二歲時所撰。知禮初投寶雲義通，適逢義通講觀音普門品，經數番諮疑，遂得奧義，於宋天禧五年（1021）抄錄之。以唐宋訓詁主義之學風解釋玄義之文句，強調性惡法門。天聖二年（1024），由遵式奏請收入大藏經。

（二）十不二門指要鈔

（1）十不二門指要鈔概述

知禮之撰本書，乃爲匡正舊解之謬，爲指示介爾之心而撰。

有源清、宗昱二師分別撰述「十不二門示珠指」、「注不二門」二書。知禮認爲此二書事理未明，解行無記，荊溪妙解，翻隱于時。因此，知禮乃就妄心觀，兩重能所、理具事造、別理隨緣等觀點，發揚自說。

本書撰寫年代爲宋·景德元年（1004）；書中另附有慈雲遵式所撰序。此外，本書之注書極多，但中國除天台可度大師之「指要鈔詳解」四卷外，其餘皆不傳。可度之「詳解」注釋極詳細，且引用趙宋天台山家山外諸師之著作，可資參考者不少，爲「指要鈔」末注書中之姣好者。

（2）重要原文

1.性具善惡

「應知圓家明理已具三千，而皆性不可變，約事乃論迷解眞，

193

似因爲果有殊」

2.色具三千

「大經云：自此之前我等皆名邪見人也。邪豈非惡，唯圓法名
爲善。善順實相名爲道，背實相名非道。若達諸惡非惡皆是實相，
即行於非道通達佛道。若於佛道生著不消甘露，道成非道。如此論
善惡其義則通」此指色具善惡，但若能達善惡皆是實相，則惡之非
道也是佛道，但若執善，則道成非道。

3.別理隨緣

「子云：指要爲破安國師立問故，特立別理隨緣者」

「……故知若不談體具者，隨緣與不隨緣皆屬別教，何者？如
云梨耶生一切法，或云法性生一切法，豈非別教有二義耶？」

三、智旭

教觀綱宗

請參閱本書前問，不再贅述。請參閱《佛法三百問第二集（中
冊）》212-1 問及 212-2 問。

四、懷則：天台傳佛心印記

元虎溪沙門懷則述。一卷。說深明性具之圓宗，直指人心，使
見性成佛者。

原文：須知今家言佛心者。非指眞心爲佛心。乃指現前介爾一
念妄心當體即是佛心。以一念具足百界千如、即空假中故。

*解釋：本家所指佛心，非指眞心爲佛心，乃指現前介爾一念
妄心，其當體即是佛心。

這一現前一念妄心，「當體」即以一念具足百界千如、即空即
假即中之眞如本心。此處強調「當體」，即萬法的本體即是「即空
即假即中」之眞如佛性體。

　　原文：只一具字，彌顯今宗。以性具善，他師亦知，具惡緣、了，他皆莫測。是知今家性具之功，功在性惡，若無性惡，必須破九界修惡，顯佛界性善，是爲緣理斷九，非今所論。

　　＊解釋：只一具字，更顯本宗之特色。他師都只知性具善，未知性也具惡。本家主張性具，重點即在性具惡，若無性惡，九界眾生必須破除修惡（惡有性惡及修惡，性惡是本具），才能顯出佛之性善（佛是斷修惡，存性惡；眾生是斷修善，存性善。性善及性惡皆是本具不可斷），是爲緣理斷九，非今所論。

　　原文：修惡即性惡。修惡無所破，性惡無所顯，是爲全惡，是「惡即」義方成。是則今家明「即」，永異諸師。以非「二物相合」，亦非「背面相翻」，直須當體全是，方名爲「即」，何須修惡即性惡。修惡無所破，性惡無所顯，是爲全惡，是「惡即」義方成。是則今除煩惱生死，方顯佛果菩提涅槃耶？

　　＊解釋：若不破修惡，性惡則無法顯現。是「惡」之「即」義方成。因此今家之明「即」，不同於別家諸師。本家認爲，「即」非「二物相合」，也非「背面相翻」，而是直須「當體全是」，方名爲「即」。因此，並非將煩惱生死滅除，才能顯現佛果菩提涅槃，而是煩惱生死「當體」即是菩提涅槃。因爲煩惱生死的「本體」也是菩提涅槃。

　　原文：三因既妙，言緣必具了、正，言了必具正、緣，言正必具緣、了。一必具三，三即是一，毋得守語害圓，誣罔聖意。

　　＊解釋：三因既妙，是因爲「三因互具」，說緣因，必同時具了因、正因。說了因，必同時具正因、緣因。說正因，必同時具緣因、了因。一必具三，三即是一，毋得守語害圓，誣罔聖意。三因不可分離，但只有佛才是「三因一因」，即三因都是正因。

原文：諸宗既不知性具惡法，若論九界唯云性起，縱有說云：圓家以性具為宗旨者，只知性具善也。不知性具惡故，雖云煩惱即菩提，生死即涅槃，鼠喞鳥空，有言無旨，必須翻九界修惡，證佛界性善，以至「直指人心，見性成佛，即心是佛」等，乃指眞心成佛，非指妄心。

*解釋：諸宗既不知性具惡法，若論九界唯云性起，縱有說云：圓家以性具為宗旨者，只知性具善，而不知性也具惡。雖說煩惱即菩提，生死即涅槃，但是也只是空口說白話。必須斷除九界的「修惡」，才能證得佛界的「性善」，以至「直指人心，見性成佛，即心是佛」等，這性善即指眞心，乃指眞心成佛，非指妄心。

五、傳燈

著「性善惡論」六卷，內容有三段：第一段論述儒、道二教與天台性具說之差異；第二段闡明佛陀教性具說之開展；第三段強調圓教性具說之殊勝。

原文：客又問曰：夫性善之言，本出於孟子；性惡之言，本乎於荀子；善惡混之言，本出於揚子。今台宗之言性具，而曰其於性也則善惡具，其言修也則善惡分，豈非兼三家而有之，以為超勝之說乎？

*解釋：客又問曰：性善之言本出於孟子；性惡之言本乎於荀子；善惡混之言，本出於揚子。今台宗之言性具，而曰，其性也具善惡（即性善及性惡），其修也具善惡分（即修善及修惡），豈非兼三家之說。

原文：余對曰：三子之說，各言性之一偏，固為聖門之所不取。然皆即才情以言性，非即性以言性。況是即人道才情之間以言之，非吾教本具十法界之為性善性惡也。恐君於吾道猶有所未深，

196

試爲約世教而略言之，然後約本教而詳言之，委曲言之，廣引證以發明之，庶幾知性具法門，深有功於圓教，大有益於圓修。

*解釋：余對曰：三子之說，各執一偏，固非所宜。三子都是「就才情」以言性，非「即性」以言性。只是人道才情之言，非吾教所主張的「本具十法界之爲性善性惡」也。恐君於吾道猶有所未深，今試爲約世教而略言之，然後約本教而詳言之，委曲言之，並廣引證以發明之，令知性具法門，深有功於圓教及有益於圓修。

原文：蓋儒之言性，與吾佛教異。既言善惡矣，則所謂情者，乃儒所謂性也。惟聖人無是無由以爲聖，而小人無是無由以爲惡。聖人以其喜怒哀懼愛惡欲七者，御之而之乎善，小人以是七者，御之而之乎惡，豈非善惡者性之所能之，而非性之所有之乎？

*解釋：儒教之言性，與吾佛教不同。儒教是以人情探討「性」，以爲聖人是因御抗其喜怒哀懼愛惡欲，才能成乎善；小人也是因抵御這七欲而成乎惡，其實性本具善惡，即「性善」及「性惡」，是本具的，而非如同「修善」及「修惡」是修得的。

原文：蓋善惡之論，有性也修也。於性之未形，固不當以善惡論，若以修而觀乎性，孰有無體之用，異性之修乎？是故約修以論性，修既有善惡矣，而性豈得無之？但於修須論乎三義，曰才也、智也、情也。

*解釋：善惡之論，有性及修二種。在於性，因尚未成形，固不當以善惡論；若以修而觀乎性，怎會有無體之用（用都是由體起用）及異性之修？（修都是由性修成），因此，約修以論性，修都有善惡，修由性來，性怎會沒有善惡。但於修須論及三義，曰才也、智也、情也。

原文：若夫子之言中可以上下者，此論人之才能可以爲堯、舜，可以爲桀、紂爾。苦謂人可以爲堯、舜而竟爲之，則賢智也，即修善也。性苟不具乎善，則何以能而何以爲？則性之具善明矣。若日人可以爲桀、紂而竟爲之，此愚情也，即修惡也。性苟不具乎惡，則何以能而何以爲？則性之具惡又明矣。雖聖人未嘗以善惡而明言之。

*解釋：人所以能成爲堯、舜爲賢智之人，是因爲有「修善」（後天修得之善），但若不具本有的「性善」（先天具有之善），如何能修得「修善」呢？性苟不具乎善，因此性具善惡明矣。

若日人可以成爲桀、紂，此愚情之見，實即因爲「修惡」之故。性若不具乎惡，如何能成爲惡呢？則性之具惡又明矣。

雖聖人未嘗以性具善惡而明言之。

六、諦觀

天台四教儀

請參閱《佛法三百問第二集（中冊）》212-1問及212-2問。

七、諦閑

著「大乘止觀述記」。

（一）「大乘止觀法門」是南嶽慧思大師所作（作者仍有爭論），「述記」是諦閑大師述其舊聞，煦又覆述之作。內容依五重玄義論述之：一釋名、二顯體、三明宗、四論用、五判教相。

（二）本書的基本思想

（1）如來藏思想

1.本書兼論及自性清淨心、眞如、佛性（智慧佛性、報應佛性、出障佛性、平等佛性）、法身、如來藏、法界、法性。

2.由止觀所依體狀，初舉離相以明淨心、二舉不一不異以論法性、三舉二種如來藏以空義及不空義以辨眞如。

3.以何所依止之體狀來說明止行體狀及觀行體狀。

4.以明「何所依止」來破小乘人執及破大乘人之名言及暗證。

（2）心意識論

1.以「止觀境界」來合辨「一心」及「依他」。

2.以「止觀境界「來合辨及三釋六識疑。

（3）三性三無性思想

1.以「止觀境界」來總明三性及別辨眞實性、依他性及分別性。

2.以「止觀體狀」初明染濁三性。

3.以「止觀體狀」各釋染濁三性的分別性、依他性、眞實性。

4.以「止觀體狀」來通簡染濁三性的如幻、如夢喻。

5.以「止觀體狀」初明清淨三性。

6.以「止觀體狀」各釋清淨三性的分別性、依他性、眞實性。

7.以「止觀體狀」來通簡清淨三性的寂用之相、生佛之名、同異之義、自他修益、佛德虛實、常住生滅。

8.以「止觀斷得」來各釋各別三性的觀行斷得及止行斷得。

（4）本書性染說與天台智者之性惡論

以「止觀斷得」來總辨除障之義、熏心之由及地位之相。

（5）明止觀的作用

1.初明備顯作用，二重明所依，三再示方便。

2.以偈頌初頌理諦，二頌觀法，三頌勸修。

（6）歷事指點

1.初明禮佛時之止觀：

a.初觀門、初實事觀

b.初觀門、二假想觀、初佛身觀

c.初觀門、二假想觀、二供具觀

2.初明禮佛時止觀之二止門

3.明食時止觀

4.明便利時止觀

初正明、二釋疑。

請參閱聖嚴大師之「大乘止觀法門之研究」

（三）本書內容之科釋

初略標大網即序分

二廣作分別即正宗分：

一、初明止觀依止

（一）明何所依止

（1）初釋自性清淨心

（2）二釋真如

（3）三釋佛性

（4）四釋法身

（5）五釋如來藏

（6）六釋法界

（7）七釋法性

（二）明何故依止

（三）明以何依止

（1）初明體狀

（2）初明體狀

1.止行體狀

2.觀行體狀

（3）破小乘人執

1.初正破

2.釋疑

（4）破大乘人執

1.破名言

2.破暗證

二、明止觀境界

（一）初總明三性

（二）別明三性

（1）辨眞實性

（2）辨依他性

（3）辨分別性

（4）合辨，初約一心辨

（5）合辨，二約依他辨

（6）合辨，三釋六識疑

三、明止觀體狀

（一）約染濁三性

（1）初分科

（2）各釋

1.約分別性

2.約依他性

3.約眞實性

（3）通簡

1.初正簡示

2.約幻喻

3.約夢喻

（二）約清淨三性

（1）初分科

（2）各釋

1.約分別性

2.約依他性

3.約眞實性

（3）通簡

1.簡寂用之相

2.簡生佛之名

3.簡同異之義

4.簡自他修益

5.簡佛德實虛

6.簡常住生滅

四、明止觀斷得

（一）初標科

（二）各釋

（1）約分別性

1.明觀行斷得

2.明止行斷得

（2）約依他性

1.明觀行斷得

2.明止行斷得

（3）約眞實性

1.明觀行斷得

2.明止行斷得

（三）總辨

（1）辨除障之義

（2）辨熏心之由

（3）辨地位之相

五、明止觀作用

（一）正明

（1）備顯作用

（2）重明所依

（3）再示方便

（二）偈頌

1.頌理諦

2.頌觀法

3.頌勸修

六、歷事指點

（一）明禮佛時止觀

（1）觀門

1.實事觀

2.假想觀

a.佛身觀

b.供具觀

（2）止門

（二）明食時止觀

（三）明便利時止觀

（1）正明

（2）釋疑

八、寶靜

「修習止觀坐禪法要講述」係寶靜法師所著。

寶靜法師（1899-1940）爲天台宗四十四代，爲諦閑大師之上足，早年在香港蓮社宣講「修習止觀坐禪法要」，由學人法慈、敏智二人記錄輯成「修習止觀坐禪法要講述」。

全書內容有十章（即止觀十意），分別爲：

（一）具緣第一

持戒清淨、衣食具足、閒居靜處、息諸緣務、近善知識。

（二）訶欲第二

訶五欲：色、聲、香味、觸。

（三）棄蓋第三

棄五蓋：貪欲、瞋恚、睡眠、掉悔、疑。

（四）調和第四

調五事：食、眠、身、息、心。

（五）方便行第五

行五法：行欲、行精進、行念、行巧慧，行一心。

（六）正修行第六

（1）坐中修

1.對治初心粗亂修止觀

a.修止有三種：

a1.繫緣守境止

a2.制心止

a3.體眞止

b.修觀有二種

b1.對治觀：五停心觀

b2.正觀：觀諸法無相，並是因緣所生，因緣無性，即是實相。

2.對治心沉浮修止觀

3.隨便宜修止觀：隨機應變修止觀

4.對治定中細心修止觀

5.爲均齊定慧修止觀

（2）歷緣對境修

1.六種緣：行、住、坐、臥、作作（在工作中修習）、言語（在言語中修：知言語會致煩惱及善惡即止，並將言語觀空）

2.六塵境：眼對色（止：不起貪瞋無明亂想。觀：一切法畢竟空寂）、耳對聲、鼻對香、舌對味、身對觸、意對法。

（七）善根發第七

1.外善根發相：布施、持戒、孝順父母尊長、供養三寶及諸聽學。

2.內善根發相：有三種意：

2.1.明善根發相

a.息道善根發相：身心調適，妄念止息，自覺入定。發欲界及未到地定。

b.不淨觀善根發相：觀不淨而悟知生死無常，厭惡五欲，不再執著人我。

c.慈心善根發相：若得欲界未到地定，於此定中，忽然發心慈念眾生，或緣親人得樂之相，即發深夜定，內心悅樂清淨，從禪定起，其心亦悅樂，是爲慈心善根發相。

d.因緣觀善根發相：觀十二因緣，破除人我見，遠離無常謬誤見，得到禪定安隱及五陰、十八界了不可得。

e.念佛善根發相：三味開發，身心快樂，清淨安隱，是爲念佛三味善根發相。

2.2.一切法門發相應廣分別

分別眞僞者有二：

1.辨邪僞禪發相：邪定發而愛著，與九十五種鬼神法相應。要不接納，不理會。用正觀破之。

2.辨眞正禪發相：正覺與正定相互應合，處於空明清淨的境界中，內心充滿喜悅，沒有煩惱覆蓋，善心逐漸開發，虔信與恭敬，與日俱增，智慧與鑒別力更加分別，身心柔和輕軟，微妙空虛寂然，厭惡世間俗事，無爲且無欲，出入禪定，任運自在。

2.3.明用止觀長養諸善根：若於坐中諸善根發時，應用止觀二法修令增進。

（八）覺知魔事第八

（1）四種魔：煩惱魔、陰入界魔、死魔、鬼神魔：精魅、堆剔鬼、風魔惱。

（2）卻法有二：修止卻之；修觀卻之。

（3）若見魔境不謝，不須生憂；若見滅謝，亦勿生喜。

（4）取要言之：若欲遣邪歸正，當觀諸法實相，善修止觀，無邪不破。

（九）治病第九

（1）明病發相

1.四大增損病相

2.五臟生患之相

3.善知因起：因內外發高動、因外發動、因內發動。

4.得病因緣不同：四大五臟增損得病、鬼神所作得病、業報得病。

（2）明治病方法

1.用止治病：安心止在病處，即能治病。止在丹田，止在足下。

2.用觀治病

a.用六種氣治病：吹、呼、嘻、呵、噓、呬。

b.用觀想運作十二種息：上息、下息、滿息、焦息、增長息、煖息、冷息、衝息、持息、和息、補息。

c.善用假想觀，能治眾病。如患冷，想身中火氣起。

d.用止觀檢析身中，四大病不可得，心中病不可得，眾病自差。

e.鬼病用彊心加咒以助治之。業報病須修福懺悔。

f.用心坐中治病有十法：信、用、勤、常住緣中、別病因法、方便、久行、知取捨、持護、識遮障。

（十）證果第十

（1）體真止：從假入空觀，一切智。

（2）方便隨緣止：從空入假觀，一切道種智。

（3）息二邊分別止：中道正觀，一切種智。定慧力等，了了見佛性，流入薩婆若海，成就一串三昧，安住首楞嚴定，以三德為大涅槃，入佛境界。

　　　請參閱《佛性辨正》P201-202
　　　《佛法三百問》214-4 問 P288-293

219.天台宗如何併淨土或其他宗一起修持？

一、天台闡揚止觀的實踐，即教觀並重

　　（1）慧文：一心三觀心要
　　慧思：大乘止觀法門（作者有爭議）、諸法無諍三昧法門、隨自意三昧。
　　（2）智者大師
　　著述止觀典籍有：釋禪波羅蜜次第法門、禪門章、禪門要略、次第禪門、修禪六妙法門、禪法口訣、小止觀、摩訶止觀
　　（3）荊溪湛然大師：止觀輔行傳弘決、止觀大意、止觀義例
　　（4）四明知禮：「四明尊者教行錄」之「止觀義例境觀」
　　（5）慈雲遵式：天台教觀目錄
　　（6）南宋時代
　　1.神照系智湧了然大師
　　著有大乘止觀宗圓記
　　2.廣智系
　　a.神智從義：將實相分為性具門（假說）、性量門（空）、性體門（中道）。將知禮的性具門列為最下位。
　　b.道琛大師，親近禪宗及淨土宗，但又是教觀的闡揚者。
　　法登：針對禪宗，著有圓頓宗眼、議中興教觀。
　　宗曉：專精淨土、四明尊者教行錄。
　　善月：綜合兩者。
　　3.南屏系
　　a.可觀大師：將禪學思想融入天台教學體系，顯揚「教觀雙

美」的特色，強調「具」及「即」是同義異語。著山家義苑、竹庵草錄。

b.法照大師：以天台止觀配合念佛實踐而努力，成爲天台念佛門的特色。

（7）清代

1.智旭大師的天台教觀

智旭著有：大乘止觀釋要、教觀綱宗、教觀綱宗釋義。

2.天溪老人景淳大師

將湛然大師的「摩訶止觀輔行傳弘決」予以簡明化分科。

（8）民國

1.諦閑大師：大乘止觀述記、教觀綱宗講錄。

2.寶靜老法師：修習止觀坐禪法要講義。

3.靜修老法師：教觀綱宗科釋。

二、知禮的「天台教與起信論融會章」

出自「四明尊者教行錄卷第二」

三、天台宗與淨土宗的關係

（1）智者

「佛說觀無量壽佛經」疏、淨土十疑

（2）知禮

「佛說觀無量壽佛經疏」妙宗鈔、觀無量壽佛經融心解

（3）南宋時代之台宗傾向淨土

（1）傾向淨土

1.慈雲遵式：往生淨土懺儀一卷、往生淨土決疑行願二門一卷

2.知禮門下三系

2.1.南屏系的齊玉大師：在其臨終時，親見寶塔而欣求淨土。

2.2.廣智系

a.中立大師：令門徒介然於四明延慶寺，造十六觀堂。

b.道琛大師：強調知禮大師之「妙宗鈔」念佛義，主張唯心淨土。

c.宗曉大師：道琛的孫弟子。著「樂邦文類」五卷、「樂邦遺稿」二卷。

樂邦遺稿卷一：「法華高會，一道無偏，開彼權乘，悉歸眞實。故出世本懷，至是始暢矣。又念將來之世，人根暗鈍，不能自求出離。唯彌陀本願，取土橫截愛河，徑超佛地。故於諸大乘經，殷勤勸往者不一。」

d.法照大師：以天台止觀配合念佛實踐而努力，成爲天台念佛門的特色。

2.3.神照系擇瑛大師，著「淨土修證義」及「阿彌陀佛身金色」讚偈，頗受後人讚頌。

（4）明代

1.傳燈大師的弘揚淨土

著作：觀無量壽佛經圖頌、淨土生無生論。

淨土生無生論：「人於臨命終時，未含暖觸，一生善惡俱時現前。純想即飛，必生天道。若飛心中，兼福兼慧，及與淨願，自然心開，見十方佛，一切淨土，隨願往生。」

（5）清代

1.智旭大師之融攝台淨

阿彌陀經要解：「原夫諸佛憫念群迷，隨機施化，雖歸元無二，而方便多門。然於一切方便之中，求其至直捷至圓頓者，則莫若念佛求生淨土；又於一切念佛法門之中，求其主簡易至穩當者，則莫若信願專持名號。是故淨土三徑並行於世，而古人獨以「阿彌陀經」引爲日課，豈非有見於持名一法，普被三根，攝事理以無遺，統宗教而無外，尤爲不可思議也哉。」

靈峰宗論：「所持之佛名，無論悟與不悟，無非一境三諦；能持之念心，無論達與不達，無非一心三觀。只爲眾生妄想執著，情見分別，所以不契圓常。殊不知能持者即是始覺，所持者即是本覺。今直下持去，持外無佛，佛外無持，能所不二，則始覺合乎本覺，名究竟覺矣。」

同上：「究此現前一念心性，名爲參禪；達此現前一念心性，名爲止觀。思惟憶持現前一念心性，名爲念佛。」

2.省庵大師

法名實賢。從渠成學法華，隨紹曇習天台教觀，傳承智旭法脈。於崇福寺參靈鷲和尚，於「念佛是誰」的公案有所契悟。復在眞寂寺閱佛教三藏，夕課彌陀佛名。晚年力倡淨土，在杭州梵天寺共結蓮社，率眾念佛。

所撰「勸發菩提心文」謂：「在此土修行，其進道也難，彼土往生，其成道也易……下菩提種，耕以念佛之犁，道果自然增長。乘大願船，入於淨土之海，西方決定往生。」

（6）民國

1.諦閑大師之台淨並修

諦閑大師語錄：「請讀『佛說阿彌陀經』，經云：縱是西方，過十萬佛土，『有』世界名曰極樂，其土『有』佛，號阿彌陀。此二有字，大如明燈，請高著眼看。」

同上：「淨土法門，須有三種要力：一本有功德力，二彌陀宏願力、持名奇助力。前一屬性，後二屬修，全性起修，全修在性。性修不二，所以後二全歸本有功德中。」

四、天台宗與禪宗的關係

（1）南宋時代之台宗傾向禪宗

知禮門下三系：

1.南屏系

a.法久、可觀大師曾參過臨濟大慧禪師。

b.宗印大師曾參過臨濟法演禪師。

2.神照系

智運大師參曹洞天童正覺禪師。

3.廣智系

道琛大師參雪竇大圓禪師。

4.傳燈：永嘉禪宗集註

五、會通儒佛：智圓

閑居編卷十九：「吾修身以儒，治心以釋，拳拳服膺，罔敢懈慢，猶恐不至於道也，況棄之乎！好儒以惡釋，貴釋以賤儒，豈能庶中庸乎？」

同上：「夫儒釋者言異而理貫也，莫不化民俾遷善遠惡也。儒者，飾身之教，故謂之外典也；釋者，修心之教，故謂之內典也。惟身與心，則內外別矣，蚩蚩生民，豈越於身心哉？非吾二教，何以化之乎？嘻！儒乎？釋乎？其共爲表裡乎？」

六、天台宗對金光明經、觀音經、維摩詰經、涅槃經的重視

（1）金光明經

1.智者：金光明經玄義、金光明經文句

2.知禮：金光明經文句記、金光明經玄義拾遺記、金光明經釋難扶宗記、金光明經最勝懺儀

3.廣智尚賢：金光明玄義闡幽志

（2）觀音經

智者：觀音玄義、觀音義疏、觀經疏

知禮：觀音玄義記、觀音義疏記

神照本如：觀經義疏

（3）維摩詰經

智者：維摩經玄義、維摩經玄疏

湛然：維摩經略疏、維摩經玄疏記（亦稱廣疏記）

傳燈：維摩經無我疏

（4）涅槃經

灌頂：大般涅槃經玄義、大般涅槃經疏

（5）仁王經、瓔絡經爲三觀思想之淵源。

1.仁王經：

序品提及：法假虛實觀、孚假虛實觀、名假虛實觀。

2.瓔絡經、賢聖學觀品：「初地以上，有三觀心入一切地，三觀者：從假名入空二諦觀，從空入假名平等觀，是二觀方便道，因是二空觀，得入中道第一義諦觀。」

華嚴宗（220-229 問）

220.華嚴宗的源流為何？及著名經典有哪些？

一、華嚴宗的源流

華嚴宗是由唐代僧人法藏為實際創建人，因以華嚴經為主要經典，故稱為「華嚴宗」，又因法藏被賜號「賢首大師」，故又稱為「賢首宗」。

其傳法世系是法順-智儼-法藏-澄觀-宗密。

法順、智儼是先驅者，澄觀、宗密是後繼者。華嚴宗是吸取盛行於北方的地論宗和攝論宗的學說，並受初唐玄奘所傳的唯識佛教的刺激而形成。華嚴宗的主要理論是法界緣起，同時提出「五教十宗」的判教。智儼門人義湘將該宗傳入新羅，被稱為海東華嚴宗初祖。後來新羅僧人又將宗傳入日本，開創了日本華嚴宗。

二、華嚴宗的經典

（1）杜順

1.經典：華嚴五教止觀、華嚴法界觀門。

2.主要思想：一心法界、華嚴法界觀、華嚴五教止觀。

（2）智儼

1.經典：華嚴搜玄記、華嚴孔目章、華嚴一乘十玄門、華嚴五十要問答。

2.主要思想：二種觀法

（3）法藏

1.經典：華嚴經疏、華嚴經隨疏演義鈔（合刊為華嚴經疏鈔）、華嚴五教章、華嚴問答、修華嚴奧旨妄盡還源觀、華嚴經義海百門、華嚴金師子章、華嚴經明法品立三寶章、華嚴雜章門、華嚴經探玄記、華嚴經文義綱目、華嚴經關脈義記、華嚴經旨歸、華嚴遊心法界記、華嚴策林、華嚴三昧章、華嚴經傳記、普賢觀行法門、密嚴經疏、梵網經疏、起信論義記、十二門論宗致義記。

2.主要思想：同別二教、法界緣起論（三性同異、因門六義、六相圓融、十玄說）、心造萬法、性起與緣起、法藏佛性說、法藏的法界觀、十重唯識觀、妄盡還源觀。

（4）澄觀

1.經典：大方廣佛華嚴經疏、大方廣佛華嚴經疏演義鈔、華嚴經演義鈔、華嚴法界玄鏡、大華嚴經略策、華嚴經鈔科、華嚴經綱要、答順宗心要法門、三聖圓融觀門、華嚴心要、入法界品十八問答、華嚴經七處九會頌、華嚴經七處八會章、普賢行願品別行疏、貞元華嚴疏、五蘊觀、十二因緣觀（失傳）、發菩提心戒本（失傳）

2.主要思想：即境即佛、無情無性、性相十異、無心之一心說、四法界及四法界觀、重新闡釋五教十宗及十玄緣起、性具說、兼容儒道。

（5）宗密

1.經典：華嚴原人論、註華嚴法界觀門、註華嚴法界觀科文、華嚴心要法門註、禪源諸詮集都序、中華傳心地禪門師資承襲圖、圓覺經大疏、圓覺經略疏、圓覺經略疏鈔、圓覺經道場修證儀、普賢行願品別行疏鈔、行願疏科、新華嚴合經論、答眞妄頌、圓覺經大疏釋義鈔、金剛般若經疏論纂要、四分律疏、四分律疏懸談。

2.主要思想：華嚴禪、禪教合一、三教合一、原人論思想

（6）其他朝代經典

1.唐代華嚴宗

a.慧苑：爲法藏高足，但因將十玄門分爲德相與業用兩種十玄來進行論述，而被澄觀當作異端。著有：續華嚴略疏刊定記、華嚴經音義。

b.文超：著華嚴經義鈔、華嚴關鍵。

c.李通玄：著華嚴經合論。

2.宋代華嚴宗

相當衰微，代表人物有長水子璿（著楞嚴經疏，後稱長水疏）和晉水淨源（著原人論發微錄、妄盡還源觀疏鈔補解）。

宋代華嚴宗四大家：淨源、師會、希迪、道亭。

師會著：華嚴一乘教義分齊章復古記。

希迪著：五教章集成記。

道亭：五教章義苑疏。

3.明代華嚴宗

更是奄奄一息，若存若亡。洪恩大力弘傳華嚴。明河依華嚴教義疏釋「楞伽」、「楞嚴」二經，並編撰「補續高僧傳」而知名。

4.清代華嚴宗

清代弘傳華嚴宗的，頗不乏人。以續法和通理為代表。

續法著：華嚴別行經圓談疏鈔記、賢首五教義、賢首五教義科注。

通理著：五教義增注。

5.民國

a.靄亭：華嚴一乘教義章集解。

b.月霞大師：創辦華嚴大學。

c.常惺法師-賢首概論。

d.賢度：華嚴學講義、華嚴學專題研究、華嚴宗五祖論著精華。

221.華嚴經內容大綱為何？

一、三部華嚴經

（1）六十華嚴

東晉支法領前往闐遮拘槃國求取前分三萬六千偈以歸，東晉西

域高僧佛陀跋馱羅譯成華文。計得經文六十卷，故定名爲「六十華嚴」。

（2）八十華嚴

唐武則天女皇遠聞于闐國有華嚴全經梵本，發使求訪取得。請實又難陀尊者進行翻譯，計八十卷，稱「八十華嚴」。

（3）四十華嚴

此經爲華嚴經「入不思議解脫境界普賢行願品」之廣譯本，南天竺烏荼國王拿上經之梵本，來大唐向德宗皇帝進貢，詔命般若三藏譯梵爲華，得經文四十卷，改名爲「四十華嚴」。

二、八十華嚴之內容：七處九會三十九品

全經分爲七處、九會、五周、四分。

（1）七處九會三十九品

1.第一會：六品十一卷經；會場：摩竭陀國阿蘭惹法菩提場；會主普賢菩薩；爲四十二位法身大士說，佛果依正莊嚴境界；六品爲：「世主妙嚴品」、「如來現相品」、「普賢三味品」、「世界成就品」、「華藏世界品」、「毗盧遮那品」。爲四分之第一分：舉果勸樂生信分。爲五周中：所信因果周。

2.第二會：六品四卷；會場：普光明殿；會主：文殊菩薩：說十信法門。計有六品：「如來名號品」、「四聖諦品」、「光明覺品」、「菩薩問明品」、「淨行品」、「賢首品」。前三品復顯所信之果法，後三品則正說十信法之解行力用。

3.第三會：六品三卷；會場：忉利天宮；會主：法慧菩薩，入無量方便三味，說十住法門。計六品：「升須彌山頂品」、「須彌頂上偈讚品」、「十住品」、「梵行品」、「初發心功德品」、「明法品」。說明十信滿心，入十住位，初發心時便成正覺。

4.第四會：四品三卷；會場：夜摩天宮；會主：功德林菩薩，入菩薩善思惟三味，說十行法門。計四品：「升夜摩天宮品」、「夜

摩宮中偈讚品」、「十行品」、「十無盡藏品」。

5.第五會：三品十二卷；會場：兜率天宮；會主：金剛幢菩薩，入菩薩智光三昧，說十迴向法門。計有三品：「升兜率天宮品」、「兜率宮中偈讚品」、「十迴向品」。

6.第六會：一品六卷；會場：他化自在天宮；會主：金剛藏菩薩，入菩薩智慧光明三昧，說十地法門。唯一品：十地品。進位十地，親證眞如，如來智業，漸漸增修。

7.第七會：十一品十三卷；會場：重回普光明殿；會主：如來。放眉間光及口光，入刹那際三昧，說「等妙覺法門」，有十一品。

從十定品、十通品、十忍品、阿僧祇品、如來壽量品、及諸菩薩住處品等六品，總說等覺法，良以十地既已滿心，即將成正等覺，故立等覺之名。

從佛不思議法品、如來十身相海品、至如來隨好光明功德品之三品，爲說妙覺之法。

以上於四分中屬第二「修因契果生解分」，於五周爲「差別因果周」。

8.第八會：一品七卷；會場：仍在普光明殿；會主：普賢菩薩，入佛華嚴三昧，說二千行門。亦唯只一品，即離世間品。

9.第九會：一品二十一卷；會場：逝多林；會主：如來善友；說法界法門。

亦唯一品，即「入法界品」而經文長達二十一卷。此會如來自入師子頻申三昧，意在顯示果法界法，令看眾會頓證法界。而以善財示範，歷位進修，是爲漸證法界。

（2）八十華嚴經：序分、正宗分、流通分。

1.序分：教起因緣分-世間淨眼品。

2.正宗分

A.舉果勸樂生信分：舍那品-所信因果-第一周-信。

B.修因契果生解分

a.名號品至佛小相品-差別因果（修起）-第二周-解。

b.普賢行品、性起品-平等因果（性起）-第三周-解。

C.託法進修成行分：離世間品-成行因果-第四周-行。

D.依人入證成德分：入法界品-證入因果-第五周-證。

3.流通分

三、六十華嚴之內容：七處八會

（1）寂滅道場：1-4 卷。二品：世間淨眼品、盧舍那品。分次：總序分教起因由分。周次：所信因果周。

a.世間淨眼品：讚佛之歌。

天兵與阿修羅之戰、雜華莊嚴、開淨眼、淨眼之明珠、法雨之雨、佛之讚歌。

b.盧舍那品：世界之莊嚴。

提雲般若與華嚴部經典、莫高窟之盧舍那像、蓮花之花瓣、世間方圓如水、佛國土者為畫師之所造、精進之力-普莊嚴童子。

（2）普光明殿會：4-7 卷。六品：如來名號品、四諦品、如來光明覺品、菩薩明難品、淨行品、賢首菩薩品。分次：修因契果生解分。周次：差別因果周。

a.如來名號品、四諦品、如來光明覺品：無邊之光明。

-如來名號品：換頭之求那跋陀羅，佛名無盡。

-四諦品：無量之真實。

-如來光明覺品：光明無量。

b.菩薩明難品：無礙之境界。

無礙之面具-新羅元曉；髑髏之水-唯心之道理；無量之說法，怨親平等之大悲，行的重要；所謂佛之境界。

c.淨行品：生活中之佛教。

淨行品之實踐者-道王睿；無戀慕之心；歸依三寶，見諸自然

風光；與人相會-以完成佛道為旨；所謂生活即佛法。

d.賢首菩薩品：淨心之功德。

一念之淨心-五台山華嚴寺無著；信為功德之母，平等供養；映現萬象-海印三味；財如夢如浮雲。

（3）忉利天會：8-10 卷。六品：佛昇須彌頂品、妙勝殿上說偈品、菩薩十住品、梵行品、初發心菩薩功德品、明法品。分次、周次同第二會。

a.佛昇須彌頂品、妙勝殿上說偈品、菩薩十住品、梵行品：清淨梵行。

大住聖窟-盧舍那佛之坐像；華嚴經之菩提薩-靈裕。

-佛昇須彌頂品：吉祥之地。

-妙勝殿上說偈品：痴惑之網。

-菩薩十住品：於佛法中安住不動。

-梵行品：毀譽褒貶皆梵行，生死乃世之定論。

b.初發心菩薩功德品、明法品：初發心之功德。

五台山木瓜寺之曇韻

-初發心菩薩功德品：初發心之重要。

-明法品：心無憂喜，克服煩惱之教法；清淨之十波羅蜜，六和敬之實踐。

（4）夜摩天宮會：11-13 卷。四品：佛昇夜摩天宮品、夜摩天宮菩薩說偈品、功德華聚菩薩十行品、菩薩十無盡藏品。分次、周次同第二會。

a.佛昇夜摩天宮品、夜摩天宮菩薩說偈品：唯心之風光。

受「唯心偈」之竹林寺法照。

-佛昇夜摩天宮品：吉祥之寶莊嚴殿。

-夜摩天宮菩薩說偈品：見佛難甚。

心佛眾生本為一-唯心偈，破地獄之偈。

心淨則眾生淨，佛之音聲深妙。

b.功德華聚菩薩十行品、菩薩十無盡藏品：無盡之寶藏。

石窟之行者-樊玄智

-功德華聚菩薩十行品：菩薩之十行。

-菩薩十無盡藏品：十種無盡藏。

富貴無常-布施難，聽聞誦經之音聲。

（5）兜率天宮會：13-23 卷。三品：如來兜率天宮品、兜率天宮菩薩讚佛品、金剛幢菩薩十迴向品。分次、周次同第二會。

a.如來兜率天宮品、兜率天宮菩薩讚佛品、金、剛幢菩薩十迴向品：無量之迴向。

-於兜率天之慧遠與僧休；受束力入住大興善寺之靈幹。

-如來兜率天宮品：宮殿之莊嚴。

-兜率天宮菩薩讚佛品：菩薩之讚佛偈。

-金剛幢菩薩十迴向品：十種迴向，迴向至彼岸。

無限迴向。

（6）他化自在天會：23-37 卷。十一品：十地品、十明品、十忍品、阿僧祇品、壽命品、菩薩住處品、佛不思議法品、如來相海品、佛小相功德品、普賢菩薩行品、寶王如來性起品。分次同第二會、周次為平等因果周。

a.十地品（一）：歡喜之妙道。

得見天宮之大覺寺慧光。

第一歡喜地：具大悲心。

第二離垢地：三聚淨戒。

第三明地：惟佛法為貴。

第四燄慧地：真妙之明珠。

第五難勝地：超越無明之闇路。

b.十地品（二）：甘露之法雨。

雁聽華嚴經-大覺寺僧範。

專修唯心行之捨身行者-法喜禪師。

第七遠行地：願力與神通力。

第八不動地：不壞之境涯。

第九善慧地：說法無盡。

第十法雲地：智慧之完成。

c.十明品、十忍品：華嚴力之發揚。

於華嚴力有所體悟之慧悟。

-十明品：明見過去與未來，無礙之智明。

-十忍品：十種忍智，一切法如幻。

d.阿僧祇品、壽命品：無量數與壽命。

大白山之華嚴行者-法藏。

-阿僧祇品：無限之數。

-壽命品：華嚴之數論，壽命無盡。

e.菩薩住處品：文殊菩薩之聖地。

五台山之華嚴行者-澄觀

菩薩住處品第二十七-清涼山之文殊菩薩

寶山之那羅延窟-立大願。

f.佛不思議法品、如來相海品、佛小相功德品：

安陽修定寺塔與慧藏。

-佛不思議法品：靈妙之佛德。

-如來相海品：如來有大人相。

-佛小相功德品：廣大之佛國土。

g.普賢菩薩行品：普賢之行願

北山石窟之普賢菩薩。

普賢行與靈夢-普濟與辨才。

瞋心-惡中之惡，一攝一切行-普賢行。

普賢菩薩之誓願，大智與大悲。

h.寶王如來性起品：如來之示現。

菩薩之涌出-崇福寺惠招。

-寶王如來性起品：信心之眼，自身本具如來智慧。

如來之境界與說法；如來之出現。

（7）普光法堂重會：37-44 卷。離世間品。分次：託法進修成行分、周次為成行成果周。

a.離世間品：清涼之心水。

五台山清涼寺；「華嚴論」一百卷-靈辨。

聖地之莊嚴，自在之出入，十種自在。

清涼之月-名句之花束。

（8）逝多林會：45-60 卷。一品：入法界品。分次為依人證入成德分、周次為證入因果周。

a.入法界品（一）：善財童子求道。

五台山竹林寺-法照，

文殊菩薩與善財童子。

五十三位善知識，善知識難遇，女人之法悅。

b.入法界品（二）：唯一法門。

-善財童子之合掌像-法海寺壁畫，袪除心病。

-煩惱大海；天女之擁抱；光明山之觀音菩薩。

-善知識即菩提；精進；不可壞力。

c.入法界品（三）：永遠之求道。

-終南山之華嚴行者-普安；善知識如慈母。

-行道如救頭燃-彌勒菩薩。盛者必衰。

-智慧之完成-普賢菩薩。

四、四十華嚴之內容

即入法界品。分本會、末會。

本會是頓入法界分，為如來會。

末會是漸入法界分，為菩薩會，有：攝龍王會、攝善財會。

攝善財會，有寄位修行相：信位、十住位、十行位、十向位、

十地位;會緣入實相;攝德成因相,智照無二相;顯因廣大相。

222-1.華嚴宗的判教(一)華嚴五教章之第九章:所詮差別。包括(1)心識差別,至(5)修行所依身

一、五教:小乘教、始教、終教、頓教、圓教

「華嚴五教章」全稱「華嚴一乘教義分齊章」、「華嚴一乘教分記」、略稱「五教章」,全書四卷十章,唐代華嚴宗三祖法藏(六四三~七一二)述。

全書共有十章,今擇第九章:所詮差別;第十章:義理分齊,分別探討如下:

(一)所詮差別

(1)心識差別

第一心識差別者。

1.如小乘

但有六識,義分心意識,如小乘論說。於阿賴耶識但得其名,如增一經說。

2.若依始教

於阿賴耶識,但得一分生滅之義。以於真理未能融通,但說凝然不作諸法。故就緣起生滅事中建立賴耶,從業等種辨體而生,異熟報識為諸法依。

3.若依終教

於此賴耶識,得理事融通二分義。故論(大乘起信論)但云不生不滅與生滅和合非一非異,名阿梨耶識。以許真如隨熏和合成此本識,不同前教(始教)是由業等種論生滅故。

4.若依頓教

即一切法唯一真如心。差別相盡,離言絕慮,不可說也。

5.若依圓教

即約性海圓明，法界緣起無礙自在，一即一切，一切即一，主伴圓融。故說十心以顯無盡，如離世間品及第九地說。又唯一法界性起心亦具十德，如性起品說，此等據別教（別教一乘）言。

若約同教（同教一乘），即攝含前諸教（小、始、終、頓四教）所說心識，何以故？是此方便故，從此而流故。

（2）種性差別

1.若依小乘

種性有六種，謂退・思・護・住・昇進・不動。不動性中有三品，上者佛種性，中者獨覺性，下者聲聞性。如舍利弗等。

雖於此中說佛一人有佛種性，然非是彼大菩提性，以於佛功德不說盡未來際起大用等故。是故當知於此教中，除佛一人，餘一切眾生皆不說有大菩提性。餘義如小乘論說。

2.若依三乘教

種性差別略有三說。一約始教，即就有為無常法中立種性故。即不能遍一切有情。故五種性中即有一分無性（未具有佛種性）眾生。故顯揚論云，云何種性差別五種道理？謂一切界差別可得故。乃至云，唯現在世非般涅槃法，不應理故（無性者於現在世無法成就涅槃，這是不應道理），乃至廣說。是故當知由法爾故，無始時來一切有情有五種性。第五種性（指無性）無有出世功德因故，永不滅度。由是道理，諸佛利樂有情功德無有斷盡。

其有種性者，瑜伽論云，種性略有二種。一本性住，二習所成。本性住者，謂諸菩薩六處殊勝有如是相，從無始世，展轉傳來，法爾所得。

習所成者，謂先（先前）串習善根所得。此中本性，即內六處中意處為殊勝，即攝賴耶識中「本覺解性」為性種性。故梁攝論云，聞熏習與阿賴耶識中「解性」和合，一切聖人以此為因。然瑜伽既云具種性者方能發心，即知具性習二法，成一種性。是故此二

緣起不二，隨闕（缺）一不成，亦不可說性爲先習爲後。但可位至
「堪任」已去，方可約本，說有性種；約修說爲習種。然有二義而
無二事，如上攝論云，二義和合爲一因，故得知「有二義而無二
事」。

3.約終教

即就眞如性中，立種性故。則遍一切眾生，皆悉有性故。智論
云，白石有銀性，黃石有金性，水是濕性，火是熱性，一切眾生有
涅槃性。以一切妄識，無不可歸自眞性故。如經說言，眾生亦爾，
悉皆有心。凡有心者定當得成阿耨多羅三藐三菩提。以是義故，我
常宣說一切眾生皆有佛性。

4.約頓教

唯一眞如，離言說相名爲種性，而亦不分「性」「習」之異，
以一切法由無二相故。是故諸法無行經云，云何是事名爲種性？文
殊師利，一切眾生皆是一相，畢竟不生，離諸名字，一異不可得
故，是名種性。

5.約一乘有二說

一攝前四教所明種性，並皆具足主伴成宗。

a.以同教（一乘同教）故，攝方便故（攝含前四教方便）。

b.據別教，種性甚深，因果無二，通依及正，盡三世間，該收
一切理事解行等諸法門，本來滿足已成就訖。故大經（華嚴經）
云，菩薩種性甚深廣大，與法界虛空等，此之謂也。若隨門顯現，
即五位（十住、十行、十迴向、十地、妙覺）之中，位位內六決定
義（觀相善決定、眞實善決定、勝善決定、因善決定、大善決定、
不怯弱善決定）等，名爲種性，亦即此法名爲果相，以因果同體唯
一性故。

由此種性緣起無礙具五義門，是故諸教各述一門隨機攝化，義
不相違。

何者爲五：

一是隨執非有門，如小乘說。

二隨事虧盈門，如始教說。

三隨理遍情門，如終教說。

四絕相離言門，如頓教說。

五性備眾德門，如圓教說。

義雖有五，然種性圓通隨攝遍收，隱顯齊致也。

（3）行位差別

1.初者依小乘

a.有四位。謂方便・見修・及究竟也。

又說小乘十二住以爲究竟；及說三界九地十一地等，廣如小論說。

b.二不退者：此中修行至忍位，得不退故也。其行相亦如彼諸論說。

2.初位相者（始教）此中有二

a.一爲引愚法二乘令迴心故。施設迴心教。亦但有見修等四位及九地等名同小乘。或立五位（資糧、加行、見、修、無學）。謂見道前七方便內。分前三種（五停心、總相四念、別相四念）爲資糧位。以遠力便故。後四善根（煖、頂、忍、世第一）爲加行位。是近方便故。餘名同前。又亦說爲乾慧等十地。第九名菩薩地。第十名佛地者。欲引二乘望上不足。漸次修行至佛果故。又彼佛界不在十地外。同在地中者。以引彼故方便同彼。以二乘人於現身上得聖果故。不在後也。又此位相及行相等。廣如瑜伽聲聞決擇及雜集論說。

b.二爲直進人。顯位相者。彼說菩薩十地差別。又以十地說爲見修。及通地前以爲大乘十二住義。何以故。爲影似小乘故。又彼地前有四十心（十信、十住、十行、十迴向）。以彼十信亦成位故。此亦爲似小乘道前四方便故。是故梁攝論云。如須陀洹道前有

四位。謂暖頂忍世第一法。菩薩地前四位亦如是，謂十信、十解（十住）、十行、十迴向。又亦爲似迴心教故。以信等四位爲資糧位。十迴向後。別立四善根（暖頂忍第一法）爲加行位。見等同前。

3.若依終教

亦說菩薩十地差別，亦不以見修等名說。又於地前但有三賢（十住、十行、十迴向），以信（十信位）但是行非是位故，因爲十信位未得不退故。

本業經云，未上十住前有此十心（十信位之十心：信、進、念、定、慧、戒、願、護法、迴向、捨），尚不能稱爲「位」也。

又云。始從凡夫地值佛菩薩，正教法中起一念信發菩提心，是人爾時名爲住前信相菩薩，亦名假名菩薩，名字菩薩。其人略修行十心，謂信進等，廣如彼說。又仁王經云，習忍位已前。行十善菩薩有進有退，猶如輕毛隨風東西等。在此修行經十千劫，入十住位，方得不退故。十住初即不退墮下二乘地，況諸惡趣及凡地耶。設本業經，說十住第六心有退者（第七住爲不退位，故七位前尚有退）。起信論中，釋彼文爲示現退也。爲慢緩者策勵其心故，而實菩薩入發心住（十住位第一位），即得不退也。其行相者，起信論說，三賢初位中少分得見法身（三賢位即十住、十行、十迴向），能於十方世界，八相成道利益眾生。又以願力受身自在，亦非業繫。又依三昧亦得少分見於報身佛。其所修行皆順眞性，謂知法性體無慳貪，隨順修行檀波羅蜜等，廣如彼說。又梁攝論中，十信名凡夫菩薩，十解（十住）名聖人菩薩等。其地上行位倍前準知。是故當知此中行位，與前始教淺深之相差別顯矣。

4.若依頓教

一切行位皆不可說，以離相故，一念不生即是佛故。

5.若依圓教者

有二義：一攝前諸教所明行位，以是此方便故（此爲同教一

228

乘），二據別教（別教一乘）有其三義：

一約寄位顯：謂始從十信乃至佛地六位不同，隨得一位得一切位。何以故？由以六相收故，主伴故，相入故，相即故，圓融故。經云，在於一地即能普攝一切諸地功德。是故經中十信滿心勝進分上，得一切位及佛地者，是其事也。又以諸位及佛地等相即等故，即因果無二，始終無礙。於一一位上即是菩薩即是佛者，是此義也。

二約報明位相者：

但有三生：

一成見聞位：

謂見聞此無盡法門，成金剛種子等。如性起品說。

二成解行位：

謂兜率天子等。從惡道出已，一生即得離垢三昧前，得十地無生法忍及十眼十耳等境界，廣如小相品說。又如善財始從十信乃至十地，於善友所一生一身上皆悉具足如是普賢諸行位者，亦是此義也。

三證果海位：

謂如彌勒告善財言，我當來成正覺時汝當見我。如是等，當知此約因果前後分二位故。是故前位但是因，圓果在後位故，說當見我也。

三約行明位即唯有二：

1.謂自分勝進。此門通前諸位解行及以得法分齊處說，如普莊嚴童子等也。其身在於世界性等上處住，當是白淨寶網轉輪王位。得普見肉眼，見十佛剎微塵數世界海等。若三乘肉眼，即不如此故。智論云，肉眼唯見三千世界內事，若見三千世界外者，何用天眼為，故知不同也。

又彼能於一念中，化不可說不可說眾生，一時皆至離垢三昧前，餘念念中皆亦如是。其福分感一定光玻璃鏡，照十佛剎微塵數

世界等。當知此是前三生中，解行位內之行相也，以約因門示故。

2.若約信滿得位已去，所起行用皆遍法界，如經能以一手覆大千界等。手出供具與虛空法界等，一時供養無盡諸佛，作大佛事饒益眾生不可說也，廣如信位經文說。

又云，不離一世界，不起一坐處，而能現一切無量身所行等。又於一念中，十方世界一時成佛轉法輪等，乃至廣說。

是故當知，與彼三乘分齊全別，何以故。以三乘行位是約信解阿含門中作如是說也。

（4）修行時分

第四修行時分者。

1.若依小乘

自有三人。

a.下根者，謂諸聲聞中。極疾三生得阿羅漢果。謂於一生種解脫分，第二生隨順決擇分，第三生漏盡得果。極遲經六十劫。

b.中根者。謂獨覺人極疾四生得果，極遲經百劫。

c.上根者。謂佛定滿三僧祇劫。

2.若依始教

修行成佛定經三僧祇。但此劫數不同小乘。

3.若依終教

說有二義：

一定三阿僧祇，約一方化儀故。

二不定修三阿僧祇。

此有二義，一通餘雜類世界故，如勝天王經說。二據佛功德無限量故，如寶雲經云。

善男子，菩薩不能思議如來境界，如來境界不可思量。但為淺近眾生，說三僧祇修習所得。菩薩而實發心已來不可計數。

4.若依頓教

一切時分皆不可說，但一念不生即是佛故，一念者即無念也，

時者即無時也。餘可準思。

5.若依圓教

一切時分悉皆不定。何以故？謂諸劫相入故，相即故。該通一切因陀羅等諸世界，故仍各隨處。或一念或無量劫等，不違時法也。

（5）修行所依身

1.若依小乘

但有分段身至究竟位佛亦同然，是實非化。

2.若始教中

為迴心聲聞，亦說分段至究竟位。佛身亦爾，然此是化非實也。若依直進中有二說：一謂寄位，顯十地之中功用、無功用，粗細二位差別相故，即說七地已還有分段，八地已上有變易。二就實報，即說分段至金剛已還，以十地中煩惱障種未永斷故，留至金剛故。既有惑障，何得不受分段之身？故十地經云：第十地已還有中陰者，是此義也。

3.若依終教

地前留惑受分段身，於初地中永斷一切煩惱使種，亦不分彼分別、俱生。於所知障中又斷一分粗品正使，是故地上受變易身，至金剛位。

4.若依頓教

一切行位既不可說，所依身分亦準此知。廣如「大般若經那伽室利分」說。

5.若依圓教

不說變易，但分段身至於十地離垢定前。以至彼位得普見肉眼故，知是分段也。又如善財等以分段身窮於因位故也。

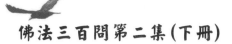

222-2. 華嚴宗的判教（二）華嚴五教章之第九章：所詮差別。包括（6）斷惑分齊至（10）佛身開合

（6）斷惑分齊

（6.1）三乘的斷惑

若依三乘有二種義。一約位滅惑相。二寄惑顯位相。

（1）約位滅惑

1.始教

初義者。若依始教具足三乘斷惑差別，由此是其三乘教故。

障有二種，謂煩惱所知。

a.先辨二乘斷煩惱障。於中有二，先障名數後斷惑得果。

初中煩惱有二，謂分別俱生。總有十種：一貪二瞋三無明四慢五疑六身見七邊見八邪見九見取十戒禁取。

於中四種唯分別起，謂疑・邪見・見取・戒禁取。餘六通二種。

五識得起初三。亦通分別及俱生。由用意識中邪師等三因引故，得有分別起也。意識具十種，四分別六通二。

末那唯有四俱生。六中除瞋及邊見，以瞋唯不善，此識有覆無記故。又以一類相續緣第八識，刹那刹那執我故無邊見，又以後三見及疑籍三因生，此識無彼故不起也。又由恒相續緣故。非第六所引不同五識，是故唯四。

其第八識總不起，唯是異熟，無覆無記性故。

此分別俱生，皆通三界，瞋唯欲界，以上二界煩惱，皆有覆無記性故。

其分別起者，欲界四諦，各有十使，即為四十。上二界除瞋諦，別各有九，即有七十二，併欲界，合有一百一十二也。

其俱生者，欲界具六，上二界除瞋，各唯有五，合成十六。

通前分別，總有一百二十八也。

問，何故前愚法小乘中，十使不通迷四諦，此中即通耶。

答，此有二義，一以三乘中煩惱，功力漸漸寬廣，故障一切也。二又由迷等義，通一切境也。

b.斷惑得果者。先斷分別有其三人：

一若從具縛，入眞見道。刹那頓斷三界四諦，分別煩惱，得預流果（小乘第一果，須陀洹，斷三界見惑）。

二若倍離欲人，入眞見道，兼斷倍離欲，得一來果（小乘第二果斯陀含）。

言倍離欲者，謂凡夫時，欲界修惑（即思惑）九品之中，伏斷前六品，故云倍離欲。入見道時，即永斷前所伏故。是以得彼果也。

三若已離欲人，入眞見道，兼斷欲界九品思惑，得不還果（小乘第三果阿那含）。如瑜伽說。入見道果者，有其三種，隨其所應，證三果故。

次斷俱生者，第六識俱生，九地各有九品。

又進修道人有其二種。

一漸出離：

a.斷欲界九品中前六品盡得一來果。

b.斷九品盡得不還果。

c.斷上二界（斷上二界七十二品思惑）盡，得阿羅漢果。

二頓出離者：

謂得初果已，即頓斷三界，漸除九品，即得阿羅漢果，更無餘果。

何者，以彼欲界九品修惑，及上二界，總三種九品。各初一品，一時頓斷，故云頓斷三界。豎論九品，一一別斷，故云漸除也。

若爾，何故有漸斷者？以於三界法，不能頓緣故。

對法論云，頓出離者，謂入諦現觀已，依止未至定（未到地

定，即初禪定之前）而發出世道。頓斷三界一切煩惱，品品別斷。唯立二果，謂預流果及阿羅漢果。乃至廣引指端經等，如彼說。

其末那煩惱，行相微細。前漸頓二人，皆與非想地惑，一時頓斷。

故瑜伽云，末那相應任運煩惱，唯與非想處共斷故。一時頓斷，非如餘惑漸次而斷故也。

問：何故前愚法二乘，無頓出離，此中有耶。

答：為顯前劣，故此超過。愚法二乘，無此勝智，顯彼教劣，方便漸引，起彼勝欲。令捨小從大，故作此說。其論末那惑滅，小乘無者，亦準此知。此謂二乘斷煩惱障。

其所知障，諸趣寂者，入無餘（無餘涅槃）時，一時皆斷。唯此非擇滅也。

其餘一切有斷不斷。慧解脫人不斷，俱解脫人分（部分）有所斷。謂八解脫障，不染無知，修八勝解所對治故。如瑜伽說。又諸解脫，由所知障解脫所顯。由聲聞及緣覺等，於所知障，心得解脫故。

當知此始教，為引愚法漸向大故。安立此教，深勝於彼，故所知障，亦許分斷。

然上所斷，不同愚法（小乘法）。以彼唯斷煩惱障故（小乘只斷煩惱障，未斷所知障）。此即不爾（指始教），斷種子故。直進菩薩斷惑者，二障俱斷。

又煩惱障中，不同二乘，約界（約三界）分品。

但於二障分別起者，地前伏現行。初地真見道時，一剎那中，頓斷彼種（分別煩惱障及所知障種子）。

其俱生中煩惱障，初地已去，自在能斷，留故不斷，何以故？

為了留惑以潤生攝化故。為不墮二乘地故。為斷所知障故。為得大菩提故。

是故攝論云，由留惑至惑盡，證佛一切智。解云，惑盡者，是

234

所知障盡。即由留煩惱障起勝行故，得至此位，證佛果也。

又梁攝論，既云留種子。是故當知煩惱障種，至金剛位。

其所知障，行相細故，正障菩薩道。是故地地分斷，要至佛地方得總盡。

由此即說二障修惑，俱至佛地。

其末那俱生，行相細故，亦同前至佛地盡也。

問：其二障修惑，諸識相應，地上現行，有何同異。

答：其煩惱障，第六識惑既盡，盡故留彼。是故現種，皆以智御，用成勝行，不起過患。猶如毒蛇，以咒力御不令死，不起過患，而成餘用。菩薩善巧留惑亦爾。

故攝論云，如毒蛇咒所害等。是故當知，於彼煩惱，或現（現行）或種（種子）皆得自在。

其第七識煩惱，性非潤生，故非所留。行相細故，七地已還（以前）有時暫現，以觀智有間（間斷）故。

其所知障，皆後地惑。於前地起，或現或種，以地地分斷故。

問：若爾，何故有處說七地已還（以前）起有漏心等耶。

答：若約第六識中煩惱為有漏者，彼既留惑故，即似有漏。若約所知障為有漏，即實有漏，此二通十地。

若末那煩惱，即實有漏，至於七地，有無不定。以有時暫起有漏心故。餘義準知。

又此教中惑滅智起分齊者，惑種在滅相時，智即在生相。同時相反，如昂即低，低即昂等。廣如對法論說。

又此障法，以依識無性故，即空無分別。是其障義。如維摩經云。五受陰洞達，空無所起，是苦義。今此障義，亦準彼知之。

2.若依終教

諸聲聞於煩惱障，尚不能斷，但能折伏，何況能斷所知障。

故彌勒所問經論云，一切聲聞辟支佛人，不能如實修四無量，不能究竟斷諸煩惱。但能折伏一切煩惱等。楞伽經文亦如上說。

問：此說何故與前教不同耶。

答：彼爲引二乘故，未深說故。是故以上就下，說煩惱同彼二乘，至佛地智方盡。又以下同上，亦許二乘全斷惑障（煩惱障），分斷所知障。今此就實，以愚法二乘，無廣大心故，不究竟斷煩惱障。

又亦前約三乘中聲聞，此中約愚法，故不同也。

其菩薩人於二障中，不分俱生及分別，但有正使及習氣。

地前伏使（結使）及現（現行）。

初地斷使種（結使的種子）。

地上除習氣。

佛地究竟清淨。

然彼地前三賢位中，初既不墮二乘地中。於煩惱障，自在能斷，留故不斷。爲除所知障等故。

是故梁攝論云，十解（十住位）已去（以上）得出世淨心。又云，十解心已上名聖人，不墮二乘地故。仁王經云，地前得人空，而不取證等；又起信論得少分見法身，作八相等，皆此義也。

以此菩薩，唯怖智障，故修唯識真如等觀，伏斷波障。然於煩惱障，非但不怖，不修對治。亦乃故留，助成勝行。

初地已上斷於所知障一分粗故，於煩惱障，不復更留。是故二障，不分見修。

至初地時，正使俱盡。

（2）明寄惑顯位

諸聖教說，略有一十八門：

1.寄二障以顯二位，謂分惑（煩惱障）智（所知障）二障，以顯比證二位故。梁攝論云，地前漸除煩惱障；地上漸除智障。

又云，十解已去（十住以上）得出世淨心。

又云，地前雖得人無我，以法無我未淨故，人無我亦不清淨。

又云，其人我執前十解（十住）中已除，今唯滅法我執。

又仁王經云，習種性已入生空位，得聖人性故。本業經起信論亦同此說。

2.寄皮等三惑顯三僧祇故。

梁攝論云，初僧祇斷皮煩惱；第二僧祇斷肉煩惱；第三僧祇斷心煩惱。

3.以此三惑，寄顯地地三心不同。

如梁攝論三十三僧祇中說，地地之中入心除皮，住心除肉，出心除心等。

4.以二障粗細，寄顯三位。

如地持論云，二障三處通，謂地前地上及佛地。

5.以染心粗細，寄於三位以顯三身。

如金光明經說，依諸伏道，起事心盡得顯化身；依法斷道，依根本心盡得顯應身；依勝拔道，根本心盡得顯法身。有人解云，伏道是地前起事心此是第六識。法斷道是地上，依根本心是末那，以依緣賴耶識本心故。勝拔道是金剛位，根本心是賴耶識。

6.寄於三障直顯三身。

故彼經云，煩惱障清淨能顯應身；業障清淨能顯化身；智障清淨能顯法身。

7.以迷三無性所起煩惱寄顯三身。

故彼經云，一切凡夫爲三相故。有縛有障遠離三身不至三身。何者爲三：一者思惟分別相，二者依他起相，三者成就相。

如是三相不能解故，不能滅故，不能淨故，是故不得至三身。如是三相能解能滅能淨，是故諸佛至於三身。解云，能解者是所執性，但應知解故；能滅者染分依他起性，應斷滅故；能淨者在纏真如修令淨故。

8.寄四障以顯四位。

8.1.此有二義：一約正使寄顯地前四位四行四因四報。何者爲四：

a.謂以闡提不信障使滅已，翻顯十信之位成信樂大乘行，為淨德因及鐵輪王報。

b.以外道執我障，寄以翻顯十解位成般若行，為我德因銅輪王報。

c.聲聞畏苦障，寄顯十行位成破虛空定器三昧行，為樂德因銀輪王報。

d.獨覺捨大悲障，寄顯十迴向位成大悲行，為常德因金輪王報。

又翻前四障，所得四行即為佛子四義。翻初障成信樂大乘種子為因，即如父也。

二般若為緣，即如母也。三顯破虛空定，離小乘執令法身堅固，如胎也。四大悲益生，如乳母。具此四緣故，得從地前生在初地已上諸佛家，故名佛子也。

又此四種和合，如車輪能運能轉至解脫處。如聖王輪備有四事，謂轂輞輻軸，如其次第四義應知。

8.2.第二以四障習寄顯地上四位、四定、四德、四報。

a.初二三地，滅闡提不信習，即顯此一位相同世間。又得大乘光明三昧成於淨德，除因緣生死變易報。

b.四五六地，滅外道我執習，顯此一位相同二乘，得集福德王三昧，成於我德，除方便生死。

c.七八九地，滅聲聞畏苦習，顯此一位相同大乘，得賢護三昧，成於樂德，除有有生死。

d.十地至佛地已還，滅獨覺捨大悲習，顯此一位因圓果滿，得首楞嚴三昧，成於常德，無有生死，四德圓故，生死永盡故，云無有也。

此上義廣如無上依經・本業經・佛性論・寶性論・梁攝論等說。又此四中，初二通二障，後二唯智障。正使地前除，習氣地上淨。

此文亦誠證也，

9.於十地中爲別相故。

三地終心已來，斷二障修惑正使皆盡。四地已去，但有微習，何以故，前三地相同世間，四地已去是出世故。

是故十地經三地末文云，一切欲縛，轉復微薄。一切色縛，轉復微薄。一切有縛，轉復微薄。一切無明縛，轉復微薄。諸見縛者，先已除斷。地論釋云。一切欲縛，轉微薄等者，斷一切修道欲色無色所有煩惱及彼因。同無明習氣，皆悉微薄遠離故。諸見縛者，於初地見道已斷故。

解云，及彼因者，煩惱障種子也。無明習氣者，所知障種子也。以二障種子，同時遠離，故云同也。是故當知，二障修惑正使種子，此地皆盡。上來多分約終教說。

10.又於十地。別相中。

寄顯世間三乘菩薩三位別故。仁王經說，前之三地，斷三界中色煩惱。四五六地，斷三界中心煩惱。七八九地，斷三界中色習煩惱。第十地及佛地斷三界中心習煩惱。

解云，以三地終位，得上界定，極至四空定，離下地色，故云斷色惑也。以四地已去，得二乘無漏出世間位故。於世間色心俱盡故。七地已去，是菩薩位，漸細於前。故寄滅於色心習氣，以顯彼位也。

11.於此菩薩位中。

爲顯自在及未自在二位別故。七地已還，寄滅三界色心煩惱，及彼果報。八地已去，寄滅色心二習無明。故本業經云，七地已還，滅三界色心二習果報，滅無遺餘。八地色習無明盡。九地心習無明已滅除。十地二習無明滅盡。

12.依三無性論。

寄滅二性，以顯見修二位差別。故彼論云，由見道故，分別性即無，故言不得。由修道故，依他性即滅，故言不見。

13.依雜集論等。

以分別俱生二種煩惱，寄顯見修二位差別。

何以得知，但是寄位，非實斷者。如分別我見，藉三緣生，謂邪師邪教及邪思惟，妄計即蘊離蘊等我。如佛弟子，雖居凡位，然依正師正教正思惟故。非直不起即蘊等執，亦乃願樂於無我性。此人豈斷已非入見道邪。若言雖無現行，然有種故。非入見者。既無現行，即應入資糧加行。

義既不爾。是故當知，為顯見道無我理故，寄彼橫計顛倒粗惑，反以顯之。又以任運所起煩惱，細難斷故，翻顯修位漸增差別。如實義者，但一煩惱，有粗有細，見位斷粗，修位斷細。

如末那煩惱，通二位斷之。如無相論云，第二執識，及相應法，至羅漢位，究竟滅盡。若見諦內煩惱識及心法，得出世道十六心時，畢竟斷滅。餘殘未盡，但屬思惟，是名第二識。無性攝論，亦同此說。如上所引，故得知也。

14.於分別所藉三緣，寄顯地前三賢位別。

謂十解等，除邪師等，如次應知。此約直進說。又以邪師邪教所起，寄資糧位伏，以行相粗故。

邪思惟所起，寄加行位伏，以行相細故。此約迴心二乘說。

15.於俱生內六七識惑，七地已來，寄有現行。八地已去，永伏不起。此為寄顯入觀有間無間位異，故作此說。

16.又以六識煩惱，寄至四地。末那煩惱，寄至七地。八地已去，唯有所知障。此亦為顯世間二乘菩薩位故，作此說也。

17.為顯十地至佛地差別故，以十一無明，返寄顯之。

18.為顯地地真俗二智，故以二十二無明寄以顯之，如深密經云。由此二十二種愚癡品，及十一粗重，安立諸地故。既云安立，故知寄顯也。此諸義，廣如瑜伽・對法・唯識攝論等說。上來多約始教說。

（6.2）若依頓教，一切煩惱本來自離。不可說斷及與不斷。如法界體性經云，佛告文殊師利，汝云何教諸善男子發菩提心？文殊言，我教發我見心，何以故？我見際即是菩提故。

（6.3）若依圓教，一切煩惱不可說其體性，但約其用即甚深廣大。以所障法，一即一切，具足主伴等。故彼能障惑，亦如是也。是故不分使習種現。但如法界，一得一切得故。是故煩惱，亦一斷一切斷也。故普賢品明一障一切障，小相品明一斷一切斷者。是此義也。

（6.4）又此斷惑分齊，準上下經文有四種。一約證，謂十地中斷。二約位，謂十住已去斷。三約行，謂十信終心斷。四約實，謂無可斷。以本來清淨故，廣如經說。

又前三乘等諸門斷惑，若一障一切障，一斷一切斷，即入此非。若隨門前後，是三乘等。此約別教言。

若約攝方便，前諸教所明，並入此中。以是此方便故。及所流所目故。餘義準之。斷惑門竟

（7）二乘迴心（略）

（8）佛果義相

第八佛果義相者：

於中有二。先明常無常義。後明相好差別。

（8.1）先明常無常義

1.前中約小乘佛果

唯是無常，以不說本性功德故。如佛性論云，小乘以無「性德佛性」，指未證到性德佛性，但有修德也。

2.若三乘始教

法身是常，以自性（指佛性）故。亦無常，以離不離故。修生功德，是無常，以從因緣生故，是有為無漏故。亦得是常，以無間斷故，相續起故。法身是常，也是無常。但三乘始教尚未證得法身。

3.若依終教

有二義，先別明，後總說。

a.別中修生功德是無常，以修生故。亦即是常，一得以後，同真如故。何以故，本從真流故。無明已盡，還歸真體故。終教已證得中道真如。

梁攝論云。無不從此法身流，無不還證此法身等。寶性論起信論等，盛立此義，如彼應知。

又智論云，薩婆若不與三世合，何以故？過去世等，是虛妄，是生滅。薩婆若，是實法，非生滅故。解云，薩婆若，此云一切智，即知佛地圓智，同真如故，非生滅也。

又攝論云，猶如虛空，遍滿一切色際，無生住滅變異等。如來智亦爾，一遍一切所知無倒，無變異等。是故當知，非直無間斷故以為常，亦即同真如，不變異常也。

法身是常，以隨緣時不變自性故。亦是無常，以隨染緣赴機故。何以故？以諸功德，既並同是真，是故起用，唯是真作。故起信論中，釋報化二身，唯屬真如用大攝（真如體所起用）。又論云，眾生心淨，法身影現等。又云，復次本覺，隨染分別，生二種相。與彼本覺，不相捨離。謂一者，智淨相。二者不思議業相。乃至廣說等。

b.總說者。

由此法身，隨緣義故（即真如有不變隨緣義），是故功德差別得成。由不變故，是故功德無不即真如。舉體隨緣，全相不變，二義鎔融，無障礙故。是故佛果即常即無常，具足四句或非四句，隨義應知。

問：若爾，何故得說非一非異耶。

答：

b1.若始教中，以真如遍故，智證真如，故非異也。有為無為不同，故非一也。

b2.若終教中，功德有二義。一緣起現前義，以三無數劫功德不虛故。二無自性義，以離眞如無自體故。

b3.若依頓教。以相盡離念故，唯一實性身，平等平等，不可說有功德差別。亦不可說常與無常。

若寄言顯者，如經云，吾今此身，即是法身。又經云，一切諸佛身，唯是一法身等。

b4.若依圓教。佛果常等，義有三說。

1.一約用。佛果既通三世間等一切法。是故具有常等四句。

2.約德。佛果即具四義。謂一修生，二本有，三本有修生。四修生本有。圓融無礙，備無邊德。是故亦通「常」等四句，上二句義，思之可見。

3.約體，亦通四句。謂此經中，以不說爲顯，故是常。與阿含相應，故是無常。二義無礙，故俱有。隨緣起際，故俱非。

此上三義，若體即俱體，乃至用即俱用，以體攝無礙故，皆有常等無礙。思之。

（8.2）相好差別

1.若依小乘，有三十二相八十種好，是「實」法也

2.若三乘中，或亦但說三十二相八十種好，是「化身」之相，仍即空是相義。如金剛般若經，對法論等說。此約始教，引小乘說也。

或約報身，說八萬四千相，並是實德。此約直進，及終教等說。

3.又三十二相等，即無生無性故，亦即是眞如法身。此約終教說。

4.若依一乘，有十蓮華藏世界海微塵數相。彼一一相，皆遍法界，業用亦爾。所以說十者，欲顯無盡故。如相海品說。

（9）明攝化分齊者

1.若依小乘中，唯此娑婆雜穢處，是佛報土。於中此閻浮提，

是報佛所依。餘百億等，是化境分齊也。

2.若三乘中法性土，及自受用土。今此不說。

其釋迦佛隨他受用實報淨土。或有說在摩醯首羅天化身充滿百億閻浮提是所化分齊。如梵網經及對法論等說。當知此約始教說。何以故。為二乘教以釋迦身為實報身。今即翻彼顯其是化故。於彼天別立實報。又恐二乘不信界外有實淨土故。寄界內最勝處說。其化身但充滿百億等。亦順彼說也。

3.或有說釋迦佛報土，在三界外。如涅槃經云，西方去此三十二恒河沙佛土，有世界名無勝，是釋迦佛實報淨土（即實報莊嚴土）。此約終教說。

以不隨下說故，為顯娑婆唯是化故。是故當知，色頂之身，亦非實報。

或說化境，非但百億。如大智論中，以三千大千世界為一數。數至恒河沙，為一世界性。又數此至恒河沙，為一世界海。數此又至無量恒河沙，為一世界種。數此又至無量十方恒河沙，為一佛世界所化分齊也。此亦約終教說，以攝化漸廣於前成。

又唯約須彌山世界說。以局此界故，未說樹形等世界，故非一乘也。

或說釋迦報土，在靈鷲山。如法華云，我常在靈山等。法華論主，釋為報身菩提也。當知此約一乘同教說。

何以故？以法華中亦顯一乘故。其處隨教，即染歸淨，故說法華處，即為實也。如菩提樹下，說華嚴處，即為蓮華藏十佛境界。法華亦爾，漸同此故，是同教也。然未說彼處，即為十華藏，及因陀羅等，故非別教也。

或有說此釋迦身，即為實報受用之身。如佛地經初說，此釋迦佛，即具二十一種實報功德，彼論釋為受用身也。此亦約同教說。

何以故？此釋迦佛，若三乘中，但為化身。若別教一乘，以為究竟十佛之身（即法身）。

4.或有說此釋迦身，即是法身。如經云，吾今此身，即是法身。此約頓教寄言而說，以相盡離念故。

5.若別教一乘，此釋迦牟尼身，非但三身亦即是十身，以顯無盡。

然彼十佛境界，所依有二。

一國土海，圓融自在，當不可說。若寄法顯示，如第二會初說。

二世界海有三類，

一蓮華藏莊嚴世界海，具足主伴，通因陀羅等，當是十佛等境界。二於三千界外，有十重世界海。一世界性，二世界海，三世界輪，四世界圓滿，五世界分別，六世界旋，七世界轉，八世界蓮華，九世界須彌，十世界相。此等當是萬子以上輪王境界。

三無量離類世界，皆遍法界。如一類須彌樓山世界。數量邊畔，即盡虛空，遍法界。又如一類樹形世界，乃至一切眾生形等，悉亦如是。皆遍法界，互不相礙。

此上三位，並是一盧舍那十身攝化之處。仍此三位，本末圓融，相收無礙。何以故？隨一世界，即約粗細有此三故。

（10）佛身開合

身開合者有二。先義後數。

（10.1）法身之義

1.義中先約法身，或唯眞境界爲法身。

a.如佛地論五種法攝大覺地。清淨法界攝法身，四智攝餘身，此約始教說。

b.或唯妙智爲法身，以本覺智故。修智同本覺故。如攝論無垢無罣礙智爲法身。金光明中，四智攝三身，以境智攝法身故。

或境智合爲法身，以境智相如故。如梁攝論云，唯如如及如如智獨存，名爲法身。此上二句，約終教說。

c.或境智俱泯爲法身。如經云，如來法身，非心非境，此約頓

教說。

d.或合具前四句，以具德故。或俱絕前五。以圓融無礙故。此二句如性起品說，此約一乘辯。

2.次別約釋迦身明者。

2.1.釋迦身

a.此釋迦身或是化非法報。如始教說。

b.或有是報非法化。如同教一乘及小乘說。但深淺爲異也。

c.或是法非報化。如頓教說。

d.或亦法亦報化。總如三乘等說。

e.或非法非報化。如別教一乘。是十佛故也。

2.2.佛身開合之數

1.一身佛

數開合者或立一佛。謂一實性佛也。此約頓教。

2.二身佛

或立二佛。此有三種。一生身化身。此約小乘說。

（10.2）生身、法身

1.謂他受用與化身合，名生身。自受用身與法身合，名法身。如佛地論說，此約始教說。

2.三自性法身，應化法身。如本業經說。此約終教說。

3.三身佛

或立三身佛，如常所說。此通始終二教說。

4.四身佛

或立四佛，此有三種。

一於三身中受用身內，分自他二身（自受用身及他受用身），故有四。如佛地論說。此約始教。

二於三身外，別立自性身。爲明法身，是恒沙功德法故。是故梁攝論云，自性身與法身作依止故。

三亦於報身內，福智分二，故有四。如楞伽經云，一應化佛，

二功德佛，三智慧佛，四如如佛。此約終教說。

5.十身佛

或立十佛，以顯無盡。如離世間品說。此約一乘圓教說也。

222-3.華嚴宗的判教（三）華嚴五教章之第十章：義理分齊

（三）義理分齊：月三性同異義、緣起因門六義、十玄緣起、六相圓融義

（1）三性同異義

（1）-1.別明三性

1.直說三性：三性（眞中、依他、所執）各有二義：

a.眞中二義：不變義、隨緣義

b.依他二義：似有、無性

c.所執中二義：情有、理無

2.問答抉擇

2.1.護分別執

初門護執者。

問眞如是有耶，答不也，隨緣故。

問眞如是無耶，答不也，不變故。

問亦有亦無耶，答不也，無二性故。

問非有非無耶，答不也，具德故。

又問有耶，答不也，不變故。何以故，由不變故，隨緣顯示。問無耶，答不也，隨緣故。何以故，由隨緣故，不變常住也。餘二句可知。

又問有耶，答不也，離所謂故。

下三句例然。

又問有耶,答不也。空真如故。

問無耶,答不也,不空真如故。

問亦有亦無耶,答不也,離相違故。

問非有非無耶。答不也。離戲論故,

又問有耶,答不也,離妄念故。

問無耶,答不也,聖智行處故。餘句準之。依他性者。

問依他是有耶,答不也,緣起無性故。

問依他是無耶,答不也,無性緣起故。

問亦有亦無耶,答不也,無二性故。

問非有非無耶,答不也,有多義門故。

又問有耶,答不也。緣起故。何以故,以諸緣起皆無性故。

問無耶,答不也,無性故。何以故。以無性故,成緣起也。餘二句可知。

又以緣起離於四句,又以無性故亦離四句,並可知矣。

又問依他有耶,答不也,約觀遣故。

問無耶,答不也,能現無生故。

下二句離相違故,離戲論故可知。

又問有耶,答不也,異圓成故。

又約遍計分故,又離所謂故。

問無耶,答不也,異遍計故,以圓成分故,又智境故。餘句準之。遍計所執者。問遍計是有耶,答不也,理無故。

問是無耶,答不也,情有故。

問亦有亦無耶,答不也,無二性故。

問非有非無耶,答不也,所執性故。

又問有耶,答不也,無道理故。

問無耶,答不也,無道理故。餘句準知。又問有耶,答不也,執有故。

又問無耶,不也,執有故。

又亦有亦無耶，不也，執有故。

又非有非無耶，不也，執成故。

又有耶，不也，由無相故。

又無耶、不也，無相觀境故。餘句準之。又有耶，不也，無體故。

又無耶，不也，能瞳眞故。餘句準之。

2.2.示分別執之失

第二示執過者。

1.若計眞如一向是有者，有二過失：

a.常過，謂不隨緣故，在染非隱故，不待了因故，即墮常過。

b.斷過者，如情之有，即非眞有。非眞有故即斷有也。又若有者，即不隨染淨。染淨諸法既無自體，眞又不隨不得有法，亦是斷也。

2.執無者，亦有二過失：一常過者。

謂無眞如，生死無依。無依有法，即是常也。又無眞如，聖智無因，亦即常也。又無所依，不得有法，即是斷也。又執眞如是無，亦即斷也。

3.第三執亦有亦無者，具上諸失。謂眞如無二，而雙計有無。心所計有無，非稱於眞。失彼眞理，故是斷也。若謂如彼所計以爲眞者，以無理有眞，是即常也。

4.第四非有非無者，戲論於眞，是妄情，故失於眞理，即是斷也。戲論有眞，而謂爲眞者，理無有眞，故是常也。

2.3.顯示其義

第三顯示其義者。

1.眞如（眞實性）

a.眞如是有義。以迷悟所依故，又不空義故，不可壞故。餘如上說。

b.又眞如是空義。以離相故，隨緣故，對染故。餘亦如上。

c.又眞如是亦有亦無義。以具德故，違順自在故，鎔融故。

d.又是非有非無義。以二不二故，定取不得故。餘翻說準上知之。

2.依他

a.依他是有義。緣成故無性故。餘準前知。

b.依他是無義。以緣成無性故。亦準前知。

c.依他是亦有亦無義。以緣成無性故，準前。

d.依他是非有非無義。以二不二故，隨取一不得，故準前。

3.遍計

a.遍計是有。約情故。

b.遍計是無。約理故。

c.遍計是亦有亦無。由是所執故。

d.遍計是非有非無。由是所執故。餘準前思之。

（1）-2.總說三性：三性一際，舉一全收；眞妄互融，性無障礙。

（2）緣起因門六義法

（2.1）釋相

1.列名：一切因皆有六義：空有力不待緣、空有力待緣、空無力待緣；有有力不待緣、有有力待緣、有無力待緣。

2.釋相

a.初者是刹那滅義。何以故，由刹那滅故，即顯無自性，是空也。由此滅，故果法得生，是有力也。然此謝滅非由緣力故。云不待緣也。

b.二者是俱有義。何以故，由俱有故方有，即顯是不有是空義也。俱故能成，有是有力也。俱故非孤，是待緣也。

c.三者是待眾緣義。何以故，由無自性故是空也。因不生緣生，故是無力也，即由此義，故是待緣也。

d.四者決定義。何以故，由自類不改，故是有義。能自不改而

生果故，是有力義。然此不改，非由緣力故，是不待緣義也。

e.五者引自果義。何以故，由引現自果，是有力義。雖待緣方生，然不生緣果，是有力義。即由此故是待緣義也。

f.六者是恒隨轉義。何以故，由隨他，故不可無。不能違緣，故無力用。即由此，故是待緣也。

g.是故攝論爲顯此六義而說偈言：刹那滅・俱有・恒隨轉。應知決定，待眾緣，唯能引自果。

g1.刹那滅義（空有力不待緣）

g2.俱有義（空有力待緣）

g3.待眾緣（空無力待緣）

g4.決定義（有有力不待緣）

g5.引自果義（有有力待緣）

g6.恆隨轉義（有無力待緣）

（2.2）建立：略。

（2.3）句數料揀

1.約體

約體有無而有四句：一是有，謂決定義。二是無，謂刹那滅義。

三亦有亦無，謂合彼「引自果」及「俱有」無二是也。

四非有非無，謂合彼「恒隨轉」及彼「待眾緣」無二是也。

2.約用

就用四句者：

由合彼「恒隨轉」及「待眾緣」無二故，是不自生也。

由合彼「刹那滅」及「性決定」無二故，不他生也。由合彼「俱有」及「引自果」無二故，不共生也。由具三句合其六義，因義方成，故非無因生也。

（2.4）開合

或約體唯一，以因無二體故。

或約義分二，謂空有，以無自性故，緣起現前故。

或約用分三：一有力不待緣，二有力待緣，三無力待緣。

初即全有力，後即全無力，中即亦有力亦無力。

以第四句無力不待緣非因，故不論也。

是故唯有三句也。

或分爲六，謂開三句入二門故也。如前辯。

（2.5）融攝

然此六義，以六相融攝取之。謂融六義爲一因是「總相」，開一因爲六義是「別相」。

六義齊名因是「同相」，六義各不相知是「異相」。

由此六義，因等得成是「成相」，六義各住自位義是「壞相」。

（2.6）約教

若小乘中法執因相，於此六義，名義俱無。若三乘賴耶識、如來藏、法無我因中，有六義名義，而主伴未具。

若一乘普賢圓因中，具足主伴，無盡緣起，方究竟也。

又由空、有義故，有「相即」門也。

由有力、無力義故，有「相入」門也。

由有待緣、不待緣義故，有同體、異體門也。

由有此等義門，故得毛孔容刹海事也。

（3）十玄緣起

（3.1）以喻略示

1.異體門

a.以數十錢喻異體相入

b.以數十錢喻異體相即

2.同體門

a.以數十錢喻同體相入

b.以數十錢喻同體相即

（3.2）約法廣辯

1.立義門

約法廣辯者，略有二種：一者立義門，二者解釋門。

初立義門者。

略立十義門以顯無盡。何者爲十：

一教義，即攝一乘三乘乃至五乘等一切教義，餘下準之。

二理事，即攝一切理事。

三解行，即攝一切解行。

四因果，即攝一切因果。

五人法，即攝一切人法。

六分齊境位，即攝一切分齊境位。

七師弟法智，即攝一切師弟法智。

八主伴依正，即攝一切主伴依正。

九隨其根欲示現，即攝一切隨其根欲示現。

十逆順體用自在等，即攝一切逆順體用自在等。

此十門爲首，皆各總攝一切法。成無盡也。

2.解釋門

言解釋者，亦以十門釋前十義，以顯無盡。問：何以得知十數顯無盡耶。答：依華嚴經中立十數爲則，以顯無盡義。

一者同時具足相應門。此上十義，同時相應成一緣起。無有前後始終等別，具足一切自在逆順，參而不雜，成緣起際。此依海印三昧，炳然同時顯現成矣。

二者一多相容不同門。此上諸義，隨一門中，即具攝前因果理事一切法門。如彼初錢中即攝無盡義者，此亦如是。然此一中雖具有多，仍一非即是其多耳。多中一等，準上思之。餘一一門中，皆悉如是重重無盡故也。

三者諸法相即自在門。此上諸義，一即一切，一切即一，圓融自在，無礙成耳。若約同體門中。即自具足攝一切法也。然此自一切復自相入，重重無盡故也。然此無盡，皆悉在初門中也。

四者因陀羅網境界門。此但從喻異前耳。此上諸義，體相自在，隱顯互現，重重無盡。

五者微細相容安立門。此上諸義，於一念中具足，始終同時別時前後逆順等一切法門，於一念中炳然同時齊頭顯現，無不明了。猶如束箭，齊頭顯現耳。

六者祕密隱顯俱成門。此上諸義，隱覆顯了，俱時成就也。

七者諸藏純雜具德門。此上諸義，或純或雜。如前人法等，若以人門取者，即一切皆人，故名為純。又，即此人門，具含理事等一切差別法，故名為雜。又如菩薩入一三昧，唯行布施，無量無邊，更無餘行，故名純。又入一三昧，即施戒度生等無量無邊諸餘雜行，俱時成就也。如是繁興法界，純雜自在，無不具足者矣。

八者十世隔法異成門。此上諸雜義，遍十世中，同時別異，具足顯現，以時與法不相離故。言十世者，過去未來現在三世，各有過去未來及現在，即為九世也。然此九世，迭相即入，故成一總句，總別合成十世也。此十世具足別異，同時顯現成緣起故，即得入也。

九者唯心迴轉善成門。此上諸義。唯是一如來藏，為自性清淨心轉也。但性起具德，故異三乘耳。然一心亦具足十種德，如性起品中說十心義等者，即其事也。

所以說十者，欲顯無盡故。如是自在具足無窮種種德耳。此上諸義門，悉是此心自在作用，更無餘物，名唯心轉等。宜思釋之。

十者託事顯法生解門。此上諸義，隨託之事以別顯別法。謂諸理事等一切法門，如此經中說十種寶王雲等事相者，此即諸法門也。顯上諸義可貴，故立寶以表之。顯上諸義自在，故標王以表之。顯上諸義潤益故，資澤故，斷齆故，以雲標之矣。如是等事，云云無量，如經思之。

此上十門等解釋，及上本文十義等，皆悉同時會通，成一法界緣起具德門。普眼境界，諦觀察餘時，但在大解大行大見聞心中。

然此十門，隨一門中即攝餘門，無不皆盡，應以六相方便而會通之可準。

（4）六相圓融義

初列名略釋。二明教興意。三問答解釋。

（4.1）列名略釋

初列名者，謂總相・別相・同相・異相・成相・壞相。

總相者，一含多德故。

別相者，多德非一故。別依止總，滿彼總故。

同相者，多義不相違，同成一總故。

異相者，多義相望，各各異故。

成相者，由此諸緣起成故。

壞相者，諸義各住自法不移動故。

（4.2）第二明教興意者

此教爲顯一乘圓教，法界緣起、無盡圓融、自在相即、無礙鎔融，乃至因陀羅無窮理事等。此義現前，一切惑障，一斷一切斷，得九世十世惑滅；行德即一成一切成，理性即一顯一切顯。並普別具足，始終皆齊，初發心時便成正覺。良由如是法界緣起，六相鎔融，因果同時，相即自在，具足逆順。因即普賢解行，及以證入；果即十佛境界，所顯無窮，廣如華嚴經說。

（4.3）第三問答解釋者

然緣起法一切處通，今且略就緣成舍辨。

第一總相者

問何者是總相，答舍是。問此但椽等諸緣，何者是舍耶。答椽即是舍。何以故，爲椽全自獨能作舍故。若離於椽，舍即不成。若得椽時，即得舍矣。

問若椽全自獨作舍者，未有瓦等，亦應作舍。答，未有瓦等時，不是椽故不作。非謂是椽，而不能作舍。今言能作者，但論椽能作，不說非椽作。何以故，椽是因緣，由未成舍時，無因緣故。

非是緣也。若是椽者，其畢全成。若不全成，不名爲椽。

問若椽等諸緣，各出少力共作，不全作者，有何過失。答，有斷常過。若不全成，但少力者，諸緣各少力，此但多箇少力，不成一全舍，故是斷也。諸緣並少力，皆無全成。執有全舍者，無因有故，是其常也。若不全成者，去卻一椽時，舍應猶在。舍既不全成，故知非少力並全成也。

問，無一椽時，豈非舍耶。答，但是破舍，無好舍也。故知好舍，全屬一椽，既屬一椽，故知椽即是舍也。

問，舍既即是椽者，餘板瓦等，應即是椽耶。答，總並是椽。何以故，去卻椽，即無舍故。所以然者，若無椽，即舍壞。舍壞故，不名板瓦等。是故板瓦等，即是椽也。若不即椽者，舍即不成。椽瓦等，並皆不成。今既並成，故知相即耳。一椽既爾，餘椽例然。是故一切緣起法，不成則已，成則相即鎔融，無礙自在，圓極難思，出過情量。法性緣起，一切處準知。

第二別相者。

椽等諸緣，別於總故。若不別者，總義不成。由無別時，即無總故。此義云何，本以別成總，由無別故，總不成也。是故別者，即以總成別也。

問，若總即別者，應不成總耶。答，由總即別故，是故得成總。如椽即是舍，故名總相。舍即是椽，故名別相。若不即舍不是椽，若不即椽不是舍。總別相即，此可思之。

問，若相即者，云何說別。答，祇由相即，是故成別。若不相即者，總在別外，故非總也。別在總外，故非別也。思之可解。

問若不別者，有何過耶。答有斷常過。若無別者，即無別椽瓦。無別椽瓦故，即不成總舍，故是斷也。若無別椽瓦等，而有總舍者，無因有舍，是常過也。

第三同相者。

椽等諸緣，和同作舍，不相違故。皆名舍緣，非作餘物，故名

同相也。

問此與總相何別耶。答，總相唯望一舍說，今此同相，約椽等諸緣。雖體各別，成力義齊，故名同相也。

問，若不同者，有何過耶。答，若不同者，有斷常過也。何者，若不同者，椽等諸義，互相違背，不同作舍，舍不得有。故是斷也。若相違不作舍，而執有舍者。無因有舍，故是常也。

第四異相者。

椽等諸緣，隨自形類，相望差別故。

問，若異者，應不同耶。答，祇由異故，所以同耳。若不異者，椽既丈二，瓦亦應爾，壞本緣法故，失前齊同成舍義也。今既舍成，同名緣者，當知異也。

問，此與別相，有何異耶。答，前別相者，但椽等諸緣，別於一舍，故說別相。今異相者，椽等諸緣，迭互相望，各各異相也。

問，若不異者，有何過失耶。答，有斷常過。何者，若不異者，瓦即同椽丈二，壞本緣法，不共成舍，故是斷。若壞緣不成舍，而執有舍者，無因有舍，故是常也。

第五成相者。

由此諸緣，舍義成故。由成舍故，椽等名緣。若不爾者，二俱不成。今現得成，故知成相互成之耳。問，現見椽等諸緣，各住自法，本不作舍，何因得有舍義成耶。答，祇由椽等諸緣不作，故舍義得成。所以然者，若椽作舍去，即失本椽法，故舍義不得成。今由不作故，椽等諸緣現前，故由此現前故，舍義得成矣。又若不作舍，椽等不名多緣。今既得緣名，明知定作舍。

問，若不成者，有何過失耶。答，有斷常過。何者，舍本依椽等諸緣成，今既並不作，不得有舍，故是斷也。本以緣成舍名為椽，今既不作舍，故即無椽，亦是斷。若不成者，舍無因有，故是常也。又椽不作舍，得椽名者，亦是常也。

第六壞相者。

椽等諸緣，各住自法，本不作故。

問，現見椽等諸緣，作舍成就，何故乃說本不作耶。答，祇由不作，故舍法得成。若作舍去，不住自法者，舍義即不成。何以故，作去失本法，舍不成故。今既舍成，明知不作也。

問，若作去有何失。答，有斷常二失。若言椽作舍去，即失椽法。失椽法故，舍即無椽，不得有故，是斷也。若失椽法而有舍者，無椽有舍，是常也。

頌曰：

一即具多名總相。多即非一是別相。

多類自同成於總。各體別異顯於同。

一多緣起妙理成。壞住自法常不作。

唯智境界非事識。以此方便會一乘。

二、十宗：我法俱有宗、法有我無宗、法無去來宗、現通假實宗、俗妄真實宗、諸法但名宗、一切皆空宗、真德不空宗、相想俱絕宗、圓明具德宗。前六宗為小乘宗，一切皆空宗為始教，真德不空宗為終教，相想俱絕宗為頓教，圓明具德宗為圓教。

223.法界緣起與性起是什麼？性起與性具有何不同？

一、法界緣起

（1）法界緣起之意義

界有三義，一是因義，法界指一切淨法的因。二是性義，是諸法所依的性質、特性。三是分齊義，即種類之意。

法界緣起若是取因義，即類似真如緣起或如來藏緣起；若是取性義，即類似性起；法界緣起若是取分齊義，則是以法的各種種類緣起，即以「整體法界」為緣起，類似密宗的六大緣起，是一種果性起。

《佛性辨正》P220-221

（2）法界緣起之原因

1.因門六義

a.空有力、不待緣：等同種子剎那滅。代表不他生。

b.空有力、待緣：等同種子果俱有。代表不共生。

c.空無力、待緣：等同種子待眾緣。代表不自生。

d.有有力、不待緣：等同種子性決定。代表不他生。

e.有有力、待緣：等同種子引自果。代表不共生。

f.有無力、待緣：等同種子恆隨轉。代表不自生。

空及有是果，空是無自性而從他生；有是從他生而存在有。

上述六義是因。由果之二義及因六義，決定了宇宙萬象是一幅無窮無盡，交錯複雜的因果聯繫網路，各事物可互爲原因也可互爲結果，同一事物可作爲原因，也可作爲結果。

2.緣起相由

諸緣各異義、互遍相資義、具存無礙義、異體相入義、異體相即義、體用雙融義、同體相入義、同體相即義、具融無礙義、同異圓滿義。

3.三性一際

三性：遍計所執性、依他起性、圓成實性。

遍計所執性：以爲世間有實物、實體存在的觀念，認爲一切事物都是有自性差別的客觀存在的認識。是一種謬誤，妄執。

有「情有」及「理無」二義。

依他起性：依多種因緣而生起的一切現象，是虛幻不實，非有而似有；又是離妄情而自存的。

有「似有」及「無性」二義。

圓成實性：圓滿成就的眞實性。即依他起性的實體（眞如）遍滿一切事物（圓滿），不生不滅（成就），體性眞實（眞實），也就是一切事物的眞實體性。

有「隨緣」及「不變」二義。

六義中的不變、無性、理無稱爲「本三性」；隨緣、似有、情有稱爲「末三性」。本三性的三性同一無差別，不壞世界末有而說眞如之本，所以是三性一際。末三性是不動眞如之本而說世界末有，是眞如隨緣生出的現象，也是三性一際。本三性表宇宙萬有即眞如，末三性表眞如即宇宙萬有，二者是相即一體。即是依他起上有染淨，講眞妄交徹；圓成實及遍計所執二者之關係講性相融通；本三性的三性同一；末三性的三性同一；本三性與末三性同一。

請參閱《佛法三百問》239 問

（3）法界緣起之內容

1.六相圓融

1.1.六相

a.總相：一含多德故。

b.別相：多德非一故，別依止總，滿彼總故。

c.同相：多義不相違，同成一義故。

d.異相：多義相望，各各異故。

e.成相：由此諸義，緣起成故。

f.壞相：諸義各住自法，不移動故。

1.2.六相之體相用關係

萬法：

1.體-體：總相、別相

2.義：

義相-相：同相、異相

義用-用：成相、壞相

1.3.六相中，總相、同相、成相，是屬於圓融門。

別相、異相、壞相是屬於行布門。

圓融不礙行布，行布不礙圓融，相即相入，所以總相即別相，同相即異相，成相即壞相，六相圓融，所以萬物無不圓妙，這是由

六相所看的事事無礙。

請參閱《佛法三百問》243 問、《佛性辨正》P224

2.十玄緣起

2.1.十玄內容

主要在闡明佛教各種法門彼此都是互相關連，互相攝入而又周遍含容的。

a.同時具足相應門。指佛法是一個整體，雖然分為許多不同法門，但同時相應成一緣起，同為成佛的根據。

b.廣狹自在無礙門。指每一法門既包含一切教理，又保持自身的特點，自在無礙。

c.一多相容不同門。各種法門雖然彼此有別，但是任何一種法門都能包容其他法門。

d.諸法相即自在門。各種法門相互依存，圓融自在。

e.祕密隱顯俱成門。各種法門或隱或顯，也都俱時成就佛果。

f.微細相容安立門。一切法門，都於一念中具足。

g.因陀羅網境界門。是以印度傳說中帝釋天宮中懸掛的結有無數寶珠的網為譬喻，說明萬物互相包含、層層疊疊、融成一體的境界；也說明佛教各種法門之間互相映現，無窮無盡。

h.託事顯法生解門。隨託一事以便彰顯一切事法皆互為緣起。佛教也是通過不同事情表現為不同法門，而不同的法門都體現了共同的教義，使人產生正解。

i.十世隔法異成門。一念中有九世，九世又同為一念，合為十世，十世相互有別，又相由成立。即是說一切法門遍佈於「十世」之中。

j.主伴圓明具德門。事物之關係，舉其一為主，連帶所緣為伴，一物（主）生，萬物（伴）從之而生，佛法以某一法門為主，其他法門為伴，彼此圓明，俱德成就。

2.2.杜順「華嚴經旨歸」、智儼的「華嚴經探玄記」、法藏的

「華嚴五教章」三者之比較：
　　1.性相無礙、同時具足相應門、同時具足相應門。
　　2.廣狹無礙、諸藏純雜具德門、廣狹自在無礙門。
　　3.一多無礙、一多相容不同門、一多相容不同門。
　　4.相入無礙、諸法相即自在門、諸法相即自在門。
　　5.相是無礙、微細相容安立門、微細相容安立門。
　　6.隱顯無礙、隱密顯了俱成門、隱密顯了俱成門。
　　7.微細無礙、因陀羅網境界門、因陀羅網境界門。
　　8.帝網無礙、託事顯法生解門、託事顯法生解門。
　　9.十世無礙、十世隔法異成門、十世隔法異成門。
　　10.主伴無礙、唯心回轉善成門、主伴圓明具德門。
　　2.3.法藏「廣狹自在無礙門」、「主伴圓明具德門」不同於智儼之「諸藏純雜具德門」、「唯心回轉善成門」。
　　十玄之第一、二、三、九門是著重時間、空間、數量方面，指出相入關係。
　　第四、五、六指出相即關係。
　　第七門「因陀羅網境界門」指出相入相即關係。
　　第八門「託事顯法生解門」說悟解無盡緣起的途徑。
　　第十門（主伴圓明具德門）、第一門（同時具足相應門）一起概括全部十玄的內容，強調萬有森羅，同時具足，然主伴分明，互融無礙。
　　十門之間，任何一門又都容攝其餘九門，每門也都具有六相。
　　2.4.法藏提出十義，將現象界分為十對，即以十對概括一切事法。
　　十對為：教義、理事、境智、行位、因果、依正、體用、人法、逆順、應感十對。
　　請參閱《佛法三百問》243問、《佛性辨正》P224-226

二、性起

　　性起是由法性（佛性、本性體）直接頓現而起，不須藉他緣。其頓現之法即入實相。

　　如來二字也是性起之意。如來的「如」是「如實道」或「自性住」，來是來「成正覺」或來「至得果」，意即從如實道或自性住，而來的正覺或至得佛果，叫如來。

　　（1）智儼之性起

　　智儼、搜玄記：「如來者，如實道來成正覺，性者體也，起者現在心地耳，此即會其起相入實也」

　　（2）法藏之性起

　　法藏、探玄記：「從自性住來至得果，故名如來。不改名性，顯用稱起，即如來之性起。又眞理名如名性，顯用名起名來，即如來爲性起」

　　（3）澄觀之性起

　　澄觀、華嚴經疏：「性有二義，一種性義，因所起故。二法性義，若眞若應皆此生故」性起之性指法性義。

　　（4）在佛之性起，是因性起，也是果性起，是因也是果。佛果的緣起也變成性起，佛實際已無緣起。

　　其他九法界之性起，皆是因性起，因爲其佛性是成佛之因，佛性（佛因）尚未變成「性佛」（佛果）。

　　（5）性起與緣起之關係

　　1.緣起是不起而起，是一種因加緣而起果的「因緣生起」法。而性起非「因緣生起」法，而是不需緣，直接由本性頓現，不是生起，是起而不起，這起是頓現的意思，而非生緣生起的起，所以說起而不起。

　　緣起法是不起而起，即由「不起」的性起的啟動而藉緣生起。

　　智儼：「由是緣起性故，說爲起，起即不起，不起者是性起」

　　2.「緣起」以「性起」爲依止因，而非生因；「性起」啟動

263

「緣起」。

「其性起者，即其法性。即無起以爲性故，即其以不起爲起點」

3.緣起是因全有力，緣全無力的相奪而成果。性起乃恒常的法性體，故起而不起。

請參閱《佛性辨正》P273-285、P216-220

三、性具：證觀的思想曾涉及天台的性具觀念，提及佛具性惡，一闡提具性善

性具是「性體」具含善惡諸法，有「性善」及「性惡」，性是法爾本具。「修」是後天修得，也有修善及修惡。

佛是斷盡「修惡」，但仍有「性惡」，因性惡不可斷。不過佛可達惡即善，雖有性惡，但不會有修惡，而且性惡於佛也是性善，佛的性有惡惡，但不會分別善惡。

一闡提是斷盡修善、但仍有性善，一闡提不能達惡即是善，所以會有修惡，但仍有性善，若他日因緣到，也可以藉「性善」而修善成佛。

請參閱《佛性辨正》P285
請參閱《佛法三百問》239 問

224.華嚴宗的主要義理是什麼？

一、相即相入

相即與相入是華嚴宗描述宇宙萬象圓融無礙的兩種形式。因爲諸緣起法皆有二義：一、空有義，此望自體，二、力無力義，此望力用。由初義故得相即，即緣起的各種事物的「體性」可以互相融攝，這叫相即；緣起的各種事物的「作用」能夠互相滲透，這叫相

入。

（1）從「體」上論述「相即」：

「自若有時，他必無故，故他即自」

自體有，他物空，叫他即自。

「自若空時，他必是有，故自即他」

自體空，他物是有，叫自即他。

（2）從「用」上論述「相入」：

「力用中自有全力故，所以能攝他；他全無力故，所以能入自」

相即相入足對華嚴經「一塵中現無量佛刹」之哲學論證。

而且，構成整體事物的各種條件「本身」也是空無自性，相即相入才能成立。

二、真妄交徹

澄觀致力於融會天台宗的性具思想及禪宗的迷悟論，融於自家的染淨緣起學說之中。

澄觀：「然心是總相，悟之名佛，成淨緣起。迷作眾生，成染緣起。緣起雖有染淨，心體不殊。佛果契心同眞無盡，妄法有極故不言之。云心佛眾生，是三無差別，則三皆無盡。無盡即是無別之相。應云心佛眾生，體性皆無盡。以妄體本眞故亦無盡。是以如來不斷性惡，亦猶闡提不斷性善。又上三各有二義，總心二義者：一染二淨；佛二義者：一應機隨染，二平等違染；眾生者二義：一隨流背佛，二機熟感佛。各以初義成順流無差，各以後義成反流無差。又三中二義，各全體相收，此三無差成一緣起。」

a.心二義：一染二淨。

b.佛二義：一應機隨染、二平等違染。

c.眾生二義：一隨流背佛、二機熟感佛。

d.各以初義成順流無差。

e.各以後義成反流無差。

f.又三中二義，各全體相收。

真妄其實是同一法，其體也是同一體，即「即真即妄體」。

真妄是同一體之不同相用顯現。所以真妄必須使其相用兩亡，都不可執，才能捕捉真妄之同一本體。

三、心造萬法，一心法界

（1）心造萬法

法藏、妄盡還原觀：「三界所有法，唯是一心造，心外更無一法可得，故曰歸心」。「謂一切分別，但由自心」、「知諸法唯心，便捨外塵相，因此息分別，悟平等真如」

法藏、華嚴經旨歸：「一切法皆唯心現，無別自體，是故大小隨心迴轉」

世間任何事物都是「一心」全體的顯現。這一心即是「性起加上緣起」、「真心加上假心」。世間萬法都是「性起」催動「緣起」而生起。

宗密、禪源諸詮集都序：「唯心者，直是真如之心。無為、無相，離諸緣慮分別。緣慮分別，亦唯一心」此處之一心是指佛性真如。但「緣慮分別亦唯一心」此一心即真心（性起）催動假心（緣起）。

（2）一心法界

華嚴經十地品：「三界虛幻，但是心作，十二緣分，是皆一心」

法藏、妄盡還源：「是心則攝一切世間、出世間法。眾生因妄念而引致有世間差別法，若能離妄念，就是出世間的真如，就是海印三昧」

宗密、註華嚴法界觀門：「統唯一真法界，謂總該萬有，即是一心，然心融萬有，便成四法界」

一心法界即是「阿賴耶識」的理體，是即「眞心即假心」的眞實心，也是宗密四心說之「堅實心」，這一心能展現四法界，而在佛心看來，四法界都是「事事無礙法界」。

《佛法三百問》234 問

《佛性辨正》P213

四、明辨色空

凡色法都是緣起之法，而緣起之法必無自性，無自性即是空。而緣起之法是由「一心」所展現。

華嚴宗論述色與空是圓融無礙。

法藏、妄盡還原觀：「謂無自性，即空也；幻相宛然，即有也」

杜順、法界觀門：「看色無不見空，觀空莫非見色」

空與色不是二法，空是色之體，色是空之用，空色是「不二」之體用關係。

法藏、妄盡還源觀：「觀色即空，成大智而不住生死；觀空即色，成大悲而不住涅槃」

但空與色是一法的體用關係，佛是體用一致，凡夫是由體起用，體用有別。

杜順、法界觀：「空是所依非能依，故不即色」

法藏、五教章：「色空乃相成而非相破」

杜順、五教止觀：「空是不礙有之空，即空而常有；有是不礙空之有，即有而常空」

有因自性無，故有而常空，是假有；空因由悲起有，故空而常有，空非斷滅無。

五、自性清淨圓明體

法藏、妄盡還源觀：「顯一體者，謂自性清淨圓明體，然此即

如來藏中法性之體，從本已來，性自滿足。處染不垢，修治不淨，故云自性清淨；性體遍照，無幽不燭，故說圓明」

　　華嚴宗的心體即是理體，即是自性清淨圓明體。此心體是法界大總相法門體，可以攝持一切世間、出世間法。

　　《佛性辨正》P212

六、三聖圓融

　　澄觀的三聖圓融觀特別調其實殊德性。三聖就是以文殊與普賢二聖代表因分，毗盧遮那代表果分，因為因果不二，故三聖自然圓融無礙。

　　文殊師利表乎真智；普賢菩薩，旌乎真理；二法混融，即表毗盧遮那之自體也。理包萬行，事括千門，廣喻太虛，周齊罔極。普賢菩薩代表所信的法界，及所起的萬行，才能窮究諸種方便法門。文殊代表引發信心的象徵，及能證悟的大智，彰顯般若空慧，世上的一切萬理，都是從文殊菩薩的智慧大海所流出，有了如量真智之後，才能證悟理體。所以善財童子一見文殊菩薩，便證入根本智，而發起廣大信心，要修學菩薩行願。

　　由文殊所證的理，依普賢的行，才能一證一切證，即體即用，即用顯體，彰顯華嚴無盡法界緣起的思想。

　　《佛性辨正》P227-228

七、四種法界及事事無礙

　　宗密、註華嚴法界觀門：「統唯一真法界，謂總該萬有，即是一心，然心融萬有，便成四法界」

　　四法界如下：

　　「一、事法界：界是分義，一一差別，有分齊故。

　　二、理法界：界是性義，無盡事法，同一性故。

　　三、理事無礙法界：具性、分義，性分無礙故。

四、事事法界無礙法界：一切分齊事法，一一如性融通，重重無盡故。」

界是分義，分是指「相」，即部分、形相、種類。

界是性義，性是性體、本體。

a.事法界即萬法之現象，一一有差別不同，即凡夫境界。

b.理法界即萬法之理體，是同一性體，即始教境界。

c.理事無礙法界是性相無礙，本體與現象無礙，即終教境界。

d.事事無礙法界是一切不同的事均事事融通，融合事事的差異而無礙，如一一性融通一樣。即圓教境界。

華嚴宗將四法界歸於一心。事事都是一心的呈現。因為這一心即是事事無礙心，所以心、佛、眾生三無差別。一切（事事）即一（無礙）。因為萬法是理一體，所以只要個別事能「理事無礙」，則能事事無礙，融通一切事，一切法，一切即一，一即一切。

《佛法三百問》241 問

《佛性辨正》P226

八、華藏世界

華藏世界共有二十層，最中心的香水海叫做無邊妙華光香水海，海中有一朵大蓮花，名叫「一切香摩尼王莊嚴」，蓮花之上有一個世界叫「普照十方熾然寶光明」，娑婆世界就在這個系統之中。「華嚴經」將娑婆世界置於蓮花世界海的中心，顯示娑婆世界雖然汙穢，卻有非凡的地位，是修行的最佳場所，修行一世抵過淨土一劫。

以佛力加持，菩薩可以在佛光中得睹「華藏莊嚴世界海」。

最普遍的方法是透過修習禪定來觀照，普賢菩薩即是「入一切如來淨藏三昧正受」而照見華藏世界。

當然在諸佛的禪定中，華藏世界也能呈現出來。

無限廣闊的華藏世界也能為「海印三昧」所映現。

從因看，世界海有三類：蓮華藏世界海、十重世界海、無量雜類世界海。以蓮華藏世界海為中心，其他二類為末。三類之體非不同，只是約粗細而論。所以無量雜類世界本身即是蓮華藏世界；十重世界也即是蓮華藏世界。

《佛性辨正》P229-230

九、別教一乘

同教一乘

法華經「會三歸一」是指同教一乘，以一多無盡之法寄顯於始終等教，使二乘三教之機，皆入圓融無礙之法界；華嚴經的圓融無盡是說別教一乘，亦即區別於始終等教的華嚴獨有的一乘圓融法。

法藏、五教章：「約相就門，分位前後，寄同三乘，引彼方便，是同教也；約體就法，前後相入，圓融自在，異彼三乘，是別教也」法華經是三乘通一乘，三乘只是義理較淺。華嚴經是一乘圓教，此一乘有別於三乘。華嚴之五教中，「小始終頓」可稱同教一乘，而圓教則別教一乘。

澄觀、華嚴經疏：「故此圓教語其廣名無量佛，語其深唯顯一乘，一乘有二：一同教一乘，同頓同實故；二別教一乘，唯圓融具德故」實是指終教，權是小、始教。同教指終教、頓教，別教指圓教。以上是澄觀的看法，天台湛然則批評澄觀而有不同看法（本書189頁）

十、十重唯識

法藏：

相見俱存、攝相歸見唯識觀、攝數歸王唯一識觀、以末歸本唯識觀、攝相歸性唯識觀、轉真成事唯識觀、理事俱融唯識觀、融事相入唯識觀、全事相即唯識觀、帝網無礙唯識觀。

由八識的相分、見分俱存，到攝相分歸見分，到攝數（心數是

八識的心所）歸王（心王，即識本身），末到「以末歸本」（末是前
七識，本是第八識），到攝相歸性（相是識的相用，性是識的性
體），到「轉真成事」（真是理體，事是外事），到理事俱融，到融
事相入（從事事的作用融入），到全事相即（從事事的性體相融），
到帝網無礙（即事事無礙）。

　　澄觀及宗密也均有提出「十重唯識」的看法，請參閱《佛法三
百問第二集（上冊）》166問及本書（下冊）273頁。

225.華嚴宗的唯心觀及觀法為何？

一、唯心觀

　　（1）杜順

　　一心法界：法是規範或任持。法的種類很多，有六十七法、七
十五法、八十四法、百法、八萬四千法和無量之法，而且種種法之
間，有統一，有組織，而形成「全一」的世界。這個主客一體的宇
宙，叫做一心法界。法界不出一心，一心即是全宇宙，法界即是一
心。

　　（2）智儼

　　1.心識論

　　一乘別教雖運用了三乘始教之唯識等文，然仍基於無盡法界之
教義闡述。如以一心顯性起具德；又如以十心顯無量。一乘之論心
及心所法同三乘終教一樣，即有無量心數及心所法。以下討論一乘
之心識觀點：

　　a.轉四識成四智：這是三乘始教唯識之教義，不可定執此義。
一乘顯示末那識之染法在於凡夫，而聖人無。

　　b.阿賴耶識受熏：一乘認同三乘終教如來藏系，如大乘起信論
所主張真如與無明互熏是實。

c.心數及心所法：大乘終教及一乘別教認為心數無量，其數量如法界緣起。

d.智儼的別教一乘觀點：初念即是成佛；見佛義甚廣，所見有十佛：正覺佛、願佛、業報佛、住持佛、化佛、法界佛、心佛、三昧佛、性佛、如意佛；三乘有三佛：法身、報身、化身；小乘有二佛：生身佛及化身佛；念念中盡眾生界成佛遍滿無有前後、小乘一時中唯菩薩一人作佛。

2.主張真如緣起

不認同玄奘主張賴耶緣起。華嚴經並無賴耶說或八識九識的辨別，只有在明難品有類似六識差別的文字。有提及眼耳鼻舌身，心意諸情根，一切空無性，妄心分別有。

3.心意識義

華嚴五十要問答第二十五問：「於諸教內建立心意識差別云何？答：若依小乘，但有六識，義分心意識，餘如小論釋。依三乘教，初教文中，立有異熟賴耶，受熏成種、所以知之」

其心識觀點分為一心、三法、八識、九識、十心、十一識、四識、無量。

其中一心、十心、無量乃依「地論」；九識、十一識、四識乃依「攝論」；三法、八識乃依「成唯識論」，但以地論的一心即第一義清淨心而統攝，故其究竟性，乃依如來藏的心體為所依。

（3）法藏

1.唯心之去向

a.心是「一心」即真心，亦即「自性清淨圓明體」。

b.「顯一體者，謂自性清淨圓明體，然此即如來藏中法性之體，從本已來，性自滿足。處染不垢，修治不淨，故云自性清淨；性體遍照，無幽不燭，故說圓明」

c.「三界所有法，唯是一心造，心外更無一法可得，故曰歸心。謂一切分別，但由自心」

d.十種十二因緣觀及依止一心觀

2.十重唯識：見 224 問之（十）

3.五教心識差別

a.小乘：但有六識，意分心意識，如小乘論說。於阿賴耶識但得其名。如增一經說。

b.始教：於阿賴耶識但得一分生滅之義。以於眞理未能融通，但說凝然不作諸法。

c.終教：於阿賴耶識，得理事融通二分義。大乘起信論云不生不滅與生滅和合非一非異，名阿梨耶識。許眞如與無明互熏。

d.頓教：一切法唯一眞如心，差別相盡，離言絕慮，不可說也。

e.圓教：性海圓明，法界緣起無礙，一即一切，一切即一，說十心以顯無盡，唯一法界性起心亦具十德。

（4）澄觀

1.眞妄交徹：「眞妄兩亡，方說眞妄，眞妄交徹，定無始終」

見 224 問之（二）

2.唯心之觀：一心即是法界、一眞法界。

見 224 問之（三）

3.十重唯識

第一、假說一心

第二、相見俱存，故說一心。

第三、攝相歸見，故說一心。

第四、攝數歸王，故說一心。

第五、以末歸本，故說一心。

第六、攝相歸性，故說一心。

第七、性相俱融，故說一心。

第八、融事相入，故說一心。

第九、全事相即，故說一心。

第十、帝網無礙，故說一心。

與法藏相比，澄觀去掉了法藏的第六轉眞成事唯識，增加了假說一心唯識，補充法藏所缺之小乘教。

（5）宗密

1.一心即一眞法界

「統唯一眞法界，謂總該萬有，即是一心，然心融萬有，便成四種法界」

「一心之外別無法界，法界之外，別無一心」

「唯心者，直是眞如之心。無爲，無相，離諸緣慮分別。緣慮分別，亦唯一心」

「眞心本體，有二種用：一者自性本用，二者隨緣應用。猶如銅鏡，銅之質是自性體；銅鏡之明是自性用；明所現緣是隨緣用」

2.眞心論

a.一般特徵：豎通、橫遍、眞常、絕跡、不變、隨緣。

b.本質特徵：寂知。

b1.空寂：寂若虛空。

空：如虛空，非有非無的狀態，稱「沖虛」。

寂：眞心的自性之體。

禪源集都序：「空寂之心，靈知不昧。即此空寂之知，是汝眞性。任迷任悟，心本自知」

b2.靈知：眞心自性空寂體上所本來具有的自性用。寂是知的自性體，知是寂的自性用。知寂不二，本空寂體上，自有般若智能知，不假緣起。

b3.知的特點

b3-1.知與智：一知與智相通，都指智慧；二知作動詞用，指了知，屬認識行爲。

神會：「今言智證者，即以本覺之智慧知，故稱爲智證」

b3-2.知與識：「識屬分別，分別即非眞知」

b3-3.知與見：以解悟爲知，以親證爲見。見是見悟，而非眼見或見解。

3.圓覺妙心

清淨無污的靈知之心，稱爲圓覺之心。

a.圓覺意義：「圓者，滿足周備，此時外更無一法案；覺者，虛日月靈照，無諸分別念想」

b.圓覺的基本特點：本有、不動、平等。

c.圓覺性即佛性：「如來圓覺，妙語心涅槃，即名佛性」

d.本覺眞心：圓覺之覺也是本覺之覺，圓覺妙心即是起信論的本覺眞心，集都序：「覺諸相空，心自無念，念起即覺，覺之即無，修行妙門，唯在此也」

e.圓覺融合即圓合：「以圓合一切，是從體起用；性相無異覺性，是會用緣體；體用無礙，寂照同時，是爲圓滿無上妙覺」

4.五教一心說與十重唯識觀

a.愚法聲聞假，假說一心

b.大乘權教，以阿賴耶識爲一心

b1.相見俱存，故說一心

b2.故說一心，攝相歸見

b3.故說一心，攝所歸王

c.大乘實教，以如來藏識爲一心

d.大乘頓教，泯絕無寄，故說一心

e.大乘圓教，總該萬有，即是一心

e1.融事相入，故說一心

e2.融事相即，故說一心

e3.帝網無盡，故說一心

宗密-法藏相比：多愚法聲聞假，假說一心；多泯絕無寄。

宗密-澄觀相比：取消澄觀的第七性相俱融改爲泯絕無寄，明確加入了頓教。

二、華嚴宗觀法

（1）杜順

1.法界觀：真空觀、理事無礙觀、周遍含容觀

2.五教止觀

a.小乘教：法有我無門

b.大乘始教：生即無生門

c.大乘終教：事理圓融門

d.大乘頓教：語觀雙絕門

e.一乘圓教：華嚴三味門

請參閱《佛法三百問》237問

（2）智儼

1.通觀：為了消滅一切凡夫的煩惱。

2.二種觀

a.唯識觀：先近行知識及解知識二識，次持戒清淨，至心懺悔，身結跏趺坐，閉目調息，習經月日，其心則止，次連成定，辨煩惱減少，是觀成相。

b.空觀：其空有四，併成觀境：有為無為虛空、擇數滅空、成實論教性空、地論教性空。

唯識觀成於正定；空觀為止觀的體。二觀通一乘及三乘，小乘無此觀法。

3.五種觀

a.不淨觀：觀身不淨，破貪及貪色。

b.慈心觀：破瞋。

c.緣起觀：破癡。

d.安般念觀：安般是觀入息出息，破散亂。

e.界分別觀：觀地水火風空識六界為虛幻，五蘊無我，破我執。

4.十八種觀

隨根差別，設觀不同。所謂：眞如觀、通觀、唯識觀、空觀、無相觀、佛性觀、如來藏觀、壁觀、盲觀、苦無常觀、無我觀、數息觀、不淨觀、骨觀、一切處觀、八勝處觀、八解脫觀、一切入觀等。

（3）法藏

1.十重唯識觀：相見俱存唯識觀、攝相歸見唯識觀、攝數歸王唯識觀、以末歸本唯識觀、攝相歸性唯識觀、轉眞成事唯識觀、理事俱融唯識觀、融事相入唯識觀、全事相即唯識觀、帝網無礙唯識觀。

澄觀另開十門，與法藏之不同如下：澄觀以一心說，法藏以唯識說；法藏第六爲轉眞成事，澄觀無此項；法藏第七爲理事俱融，澄觀爲性相俱融，理事與性相，義相近。澄觀加「假說一心」。

2.妄盡還源觀

a.一體：指自性清淨圓明的心體。

b.二用：海印森羅常住用、法界圓明自在用。

c.三遍：一塵普周法界遍、一塵出生無盡遍、一塵含容空有遍。

d.四德：隨緣妙用無方德、威儀住持有則德、柔和質直攝生德、普代眾生受苦德。

e.五止：照法清虛離緣止、觀人寂怕絕欲止、性起繁興法爾止、定光顯現無念止、理事玄通非相止

f.六觀：攝境歸心眞空觀、從心現境妙有觀、心境祕密圓融觀、智身影現眾緣觀、多身入一鏡像觀、主伴互現帝網觀

（4）澄觀

1.華嚴心要觀

原文：「至道本乎其心，心法本乎無住。無住心體靈知，不昧性相寂然。包含德用，該攝內外。能深能廣，非有非空。不生不滅，無終無始。求之而不得，棄之而不離。」

　　*解說:「無住心體靈知」即是眞如佛性,「不昧性相寂然」指此無住靈知心體是性相俱融無二。

　　「包含德用,該攝內外。能深能廣」這無住靈知心體是具有無量性功德,包括內外之德用。

　　「非有非空。不生不滅,無終無始。求之而不得,棄之而不離。」以上描述此無住靈知心體之特性。

　　原文:「迷現量則惑苦紛然,悟眞性則空明廓徹。雖即心即佛,唯證者方知。然有證有知則慧日沉沒於有地,若無照無悟則昏雲掩蔽於空門。」

　　*解說:「迷現量則惑苦紛然,悟眞性則空明廓徹」若迷惑執持外境之現量,則惑苦紛生。若能悟此無住靈知心體(即眞性),則色空一如,心境一體,心能空明廓徹。

　　原文:「雖即心即佛,唯證者方知。然有證有知則慧日沉沒於有地,若無照無悟則昏雲掩蔽於空門。」

　　*解說:有證有知則慧日明照有地,若無照無悟則昏雲掩蔽於空悟之門。

　　原文:「若一念不生則前後際斷。照體獨立,物我皆如。直造心源,無知無得。不取不捨,無對無修。

　　然迷悟更依眞妄相待:若求眞去妄,猶棄影勞形;若體妄即眞,似處陰影滅。」

　　*解說:「若一念不生則前後際斷」若能一念不生,則已契眞如,眞如無前際也無後際。

　　原文:「照體獨立,物我皆如。直造心源,無知無得。不取不捨,無對無修。」

　　*解說：「照體獨立，物我皆如」若能照悟性體，即證眞如，眞如自他不二，人法皆亡。

　　「直造心源，無知無得」直造心源即是證悟眞如心體，而眞如是無知無得。

　　「不取不捨，無對無修」不取不捨即入平等眞如，而眞如是無對無修。

　　原文：「然迷悟更依眞妄相待：若求眞去妄，猶棄影勞形；若體妄即眞，似處陰影滅。」

　　*解說：悟是證入眞，迷是迷於惑。但眞如不是去除妄而另外去求眞，而是體悟妄的當體即是眞如。眞是妄的體，二者是一法的體用關係，而非二法。

　　原文：「若無心忘照，則萬慮都捐；若任運寂知，則眾行爰起。放曠任其去住，靜鑒覺其源流；語默不失玄微，動靜未離法界。」

　　*解說：「若無心忘照，則萬慮都捐」是指若無心出執，忘離照取，則萬般妄念可以捐除。

　　「若任運寂知，則眾行爰起」是指若能隨時作到寂而能知，則證入眞如，而眞如可以起萬行。

　　「放曠任其去住，靜鑒覺其源流」是指若能「去」或「住」到都放任其行，不去執取，則能於靜中能鑒覺其源流，即能覺悟眞如源流。

　　「語默不失玄微，動靜未離法界。」是指若能「語」或「默」皆放開，則能證得玄微的眞如。若證眞如，動靜都能契合法界。

　　「言止則雙亡知寂，論觀則雙照寂知，語證則不可示人，說理則非證不了」若能言止，則能雙亡（不執著）「知」及「寂」。若能論觀照，則能雙雙照見「寂」及「知」。

「語證則不可示人，說理則非證不了」

是說若已得證，則不可示人炫耀。若說真理，光說不證則不能了知真理。

原文：「是以悟寂無寂，真知無知。以知寂不二之一心，契空有雙融之中道。無住無著，莫攝莫收。」

*解說：是以真正悟寂，寂是無形無有。真正悟到知，知是無形不可知。

必須以知寂不二之一心，才能契入空有雙融之中道。

原文：「無住無著，莫攝莫收，是非兩亡，能所雙絕，斯絕亦寂，則般若現前。」

*解說：無住持無執著，不攝含也不收取，是非二者都不計較，能及所都雙絕，連絕也不執取，則般若現前。

原文：「般若非心外新生，智性乃本來具足。然本寂不能自現，實由般若之功。」

*解說：般若並非從心外新生，因為般若智慧本來具足。然這本來寂止的智慧不會自現，必須靠般若的作用才能顯現其功。

原文：「般若之與智性，翻覆相成；本智之與始修，實無兩體。雙亡正入，則妙覺圓明，始末該融，則因果交徹。」

*解說：般若與智性，是相依相成。本智與始修也是一樣。

若般若與智性能夠互融，本智與始修也能夠互融，則能即因即果，始末融和，證得妙覺圓明之般若智慧。

原文：「心心作佛，無一心而非佛心；處處成道，無一塵而非佛國。故真妄物我，舉一全收；心佛眾生，渾然齊致。」

　　*解說：若能證得佛心，因爲人人皆有佛性，則人人皆得佛心。若能一處成爲佛國，則每一塵都是佛國。故眞妄物我，舉一全收；心佛眾生，渾然相同。

　　原文：「是知，迷則人隨於法，法法萬差而人不同；悟則法隨於人，人人一智而融萬境。言窮慮絕，何果何因；體本寂寥，孰同孰異。唯忘懷虛朗，消息沖融。其猶透水月華，虛而可見；無心鑑象，照而常空矣。」

　　*解說：所以，若迷則人會隨於法，而法法是千差萬別，人人當然也會不同；若悟則法會隨於人，人人以一佛智可以融合萬境。

2.三聖圓融觀

見 224 問之（六）

3.十二因緣觀

大方廣佛華嚴經

又作是念：「三界虛妄，但是心作。十二緣分是皆依心。所以者何？隨事生欲心，是心即是識。事是行，行誑心故名無明。識所依處名名色。名色增長名六入。三事和合有觸。又觸共生名受。貪著所受名爲愛。愛不捨名爲取。彼和合故名爲有。有所起名爲生。生變名爲老。老壞名爲死。」

　　了達三界但從貪心而有，知十二因緣在一心中。如是則生死但由心起。心若得滅，生死則亦盡。

4.法性融通門

由眞如法性來融通諸種事相，當顯現無礙。

5.四法界觀

見 224 問之（七）

請參閱《佛法三百問》241 問、《佛性辨正》P255-258

（5）宗密

1.十重唯識觀

見上文 235 問「唯心觀」之宗密十重唯識觀。

2.融合的法界觀

2.1.無礙即是圓融

1.體用無礙：體是理，是無生無性一味，當理事圓融即是智，智照理，事的相用會宛然而生。

華嚴經義海百門：「了達塵無生無性一味，是體；智照理時，不礙事相宛然，是用」、「由理事互融，故體用自在」

2.本末無礙

「塵空無性，是本；塵相差別，是末」

2.2.無礙方法運用

「性相無礙，真妄融通，凡聖交徹，本末自在，無雜無亂，千門萬義，一一成就，無疑滯耶」

請參閱《佛法三百問第二集（上冊）》P440

（6）其他觀法

1.普賢觀：三聖法門既能相融，則普賢因滿，離相絕言，沒同果海，是名毗盧遮那光明遍照。普賢代表所信的法界，所起的萬行，所證的法界。

2.華藏世界觀：請參閱《佛性辨正》P229-230。

3.五蘊觀：觀五蘊無我，正觀四大地水火風及受想行識皆是無我空性，照五蘊皆空，斷除我法二執。

請參閱《佛性辨正》P254-259、P212

226.華嚴宗的五教種性與佛性論為何？

一、五教種性

參閱本書 222 問之所詮差別之（2）：種性差別。

二、華嚴五祖的佛性論

（1）智儼

1.佛性義者略有十種。謂體性、因性、果性、業性、相應性、行性、時差別性、遍處性、不變性、無差別性。

以上是以三乘菩薩而言，屬三乘教義。

2.依佛性論小乘諸部解執不同。若依分別部說一切凡聖眾生位以空爲其本。所以凡聖眾生皆從空出故。空是佛性。佛性者即大涅槃。若依毘曇薩婆多等諸部說者則一切眾生無有「性得」佛性。但有「修得」佛性。

以上爲小乘教之佛性看法，以空爲佛性或以修得論佛性。

3.分別眾生有三種：

一定無佛性永不得涅槃。是闡提犯重禁者。

二不定有無。若修時則得。不修不得。是賢善共位以上人故。

三定有佛性。即三乘人。一聲聞。從苦忍以上即得佛性。二獨覺。從世第一法以上即得佛性。三者菩薩。十迴向以上是不退位得於佛性。

所謂得佛性是指佛性不退位。依三因佛性而言，正因佛性是本具，緣因及了因佛性才有修得及退的問題，所謂修得是將緣了因修成正因。

4.略說佛性有三種。一自性住佛性，二引出佛性，三至得果佛性。自性住佛性，即是本性。引出佛性，即修得性。至得果性，修因滿足名至得果。又自性住性，即是本性。引出佛性，本性引出至得果性。本性至果名至得果。

此處佛性三因是引用自「佛性論」。可見智儼是認可「佛性論」的佛性三因。

（2）法藏

（2.1）依據「華嚴一乘教義章」

1.小乘只有佛一人有佛性。

2.始教立佛種性有五種，有「無種性」眾生。並以「就位前後有無」解釋一闡提之前後有無佛性。

3.終教立種性遍一切眾生。

4.終教立眾生皆當作佛，眾生不會減，佛也不會增。佛也不會因眾生減而沒有眾生可以度化。

5.五教之佛性得法有不同：

a.小乘一切皆無，唯除佛一人。

b.始教亦有亦無，許一分無性（指唯識宗）

c.終教一切皆有，唯除草木。（天台宗認為草木亦有佛性）

d.頓教非有非無，以離相故。（禪宗主張明心見性）

e.圓教即因具果通三世間。

（2.2）依據「賢首五教釋要」

a.小乘教：除佛一人有菩提性，餘諸眾生，無佛種性。

b.始教：就有為中，立五種性，由法爾故，無始時來，一切有情，有無永別。（指唯識立五種性，無性及定性聲聞及定性緣覺，三者不能成佛）

c.終教：就真如中，立種性故，遍諸眾生，皆有佛性。

d.頓教：離言說相，名為種性。

e.圓教：菩薩種性，即因即果，盡三世間，一切諸法，甚深廣大，與法界等。

（3）澄觀

1.對三因佛性（正因、緣因、了因）之看法

a.正因也可稱為生因（生因是涅槃經的觀點）。

b.了因是佛性的體：

「佛性能了菩提，故名菩提了因，明知佛性之體即是了因」

此處所言之了因，是指菩提了因，不同於智者大師所提之了因。依智者大師，正因才是佛性體。

c.緣因是成佛的助緣，佛法及善知識即是緣因。

此處緣因之義同智者大師三因之緣因。

d.三因關係：正因通緣因、了因；緣因通生因、了因；了因不通生因。

涅槃經只談及兩對因：正因、緣因及生因、了因。其所舉的例子也有了因通生因的。

澄觀對於了因的看法，不太同於智者大師，與涅槃經也稍有不同。

2.即境即佛與無情無性

a.即境即佛：今明以如為佛，心境皆如，心如即佛，境有心性，安不作佛？

心境兩亡，境境相望，心心互研。

所以即境即佛，即以佛心看境，境也是佛。

b.無情無性：澄觀是主張「無情有性」的，即無情也具佛性。

此處說「無情無性」是指無情沒有心識及心智，其本身不能成佛。而非反對「無情有性」。

將佛性再分性相討論，性指佛性因，相指佛性相用果。

若相從性講，無情具有佛性性，故無情有性。

若性從相講，佛性的果相是智慧，無情無智慧，自己不能成佛，故言無情無性。

（4）宗密

1.佛性看法

a.佛性是空寂真心，性自清淨，了了常知，常住不滅，由隱覆故，亦名如來藏，亦名心地。

b.真心本體有二種用：一者自性本用；二者隨緣應用。猶如銅鏡，銅之質是自性體，銅之明是自性用，明所現影是隨緣用」。

宗密之佛性觀是，佛性是空寂真心，但有自性用及隨緣用。

與真如不變（空寂）隨緣（隨緣用），及隨緣不變（自性用即空寂）之理符合。

2.頓漸合一

宗密主張頓悟漸修，指頓悟眞理理論，再加上實修驗證。

指出有十重迷執，須加以十重修證。宗密的頓悟顯然不似慧能之一悟即到佛地。宗密究竟悟到初地或七地（支道林的小頓悟）或十地（道生的大頓悟），吾人不得而知。

請參閱《佛性辨正》P264-273

227.華嚴宗與天台、唯識、禪宗的交涉爲何？及朝鮮、日本的華嚴宗爲何？

一、華嚴宗與天台

（1）法藏

1.法藏的五教說是吸取天台宗的「化法四教」作基礎而形成的。

2.法藏的性起說與天台宗的性具說在思想結構上是不同的。性起指萬法是由眞如佛性直接稱性而頓現，不須藉緣生起。性具是眞如法性上具備萬法，即一念含三千。性本具善惡諸法。

（2）澄觀

1.早年曾從天台湛然受學。

2.採用一念三千的性具說，吸取了性具說中的性惡說法，來補充和發展性起說，也表現對天台的包含，而使其失去理論優勢的意圖。

（3）湛然對華嚴宗的批判

1.吸取「大乘起信論」的眞如不變隨緣的論點，但又作出不同於華嚴宗的解釋。湛然認爲不變與隨緣是一致而不是華嚴所說的割裂現象，主張不變即隨緣，隨緣即不變，二者是一，如水即是波，波即是水。

2.批判華嚴的「無情無性」，主張「無情有性」。無情之物也是真如的體現，也有佛性。因此，性起的性不能只是心性，而是法性。

二、華嚴宗與唯識

1.法藏的理事觀念與玄奘對理的翻譯有關。

2.法藏判教的十宗說是吸收窺基的說法而成。

3.法藏的十重唯識觀是吸收唯識宗的五重唯識觀而加以擴充。

4.判教上將唯識貶為大乘始教。

三、華嚴宗與禪宗

1.法藏華嚴宗是在天台宗、唯識宗之後，幾乎與禪宗南宗同時成立。

2.法藏的性起說及人人都有佛性與禪宗的思想基調是相同的。法藏的妄盡還源觀與禪宗的明心見性有異曲同工之妙。

而禪宗也因不立文字，久而久之流於空疏，又轉向與華嚴宗義理合流。

3.澄觀：反駁慧苑的四教說，恢復法藏的五教說，明確將禪宗列入五教之頓教。也主張用荷澤系的靈知之心來解釋大乘起信論的本覺思想。

4.宗密

a.華嚴禪：指宗密提出定慧合一，禪教合一。

禪序：「禪定一行，最為神妙，能發起性上無漏智慧。一切妙用，萬德萬行，乃至神通光明，皆勞定發」

將禪學分五個階段：外道禪，凡夫禪，小乘禪，大乘禪，如來清淨禪（即神會的菏澤禪）。

b.主張禪教合一，教有三教：密意依性說相教、密意破相顯性教、顯示真心即性教。禪也有三宗：息妄修心宗、泯絕無寄宗、直

顯心性宗。三教和三宗相配對，即顯示真心即性教和直顯心性宗分別為教和宗的最高階段。

宗密強調「靈知之心」，是禪宗荷澤系禪師，也是華嚴宗五祖。以心性、本覺統一了禪與教的說法。

5.文益：法眼宗創始人文益洞悉禪宗學人空疏不通教理的弊病，轉而提倡教理，推崇華嚴經，會通華嚴教義來講禪。著作「頌華嚴六相義」，將禪建立在六相圓融的基礎上。

6.延壽：在詮釋「一心」時，引用華嚴經及華嚴宗的理論最多，著作「宗鏡錄」目的即在禪教統一，宣揚禪是達摩，教是華嚴，教尊賢首的主張。

四、朝鮮及日本的華嚴宗

（1）朝鮮華嚴宗

法藏對於朝鮮華嚴學的流傳與日本華嚴宗的創立影響是巨大的。

義湘與法藏是同學，同以智儼為師，情誼篤厚。義湘師事智儼七年，智儼去世後返回朝鮮，在太白山創浮石寺，有知名十大德弟子，被尊為東海華嚴初祖。法藏弟子勝詮返國回朝鮮，順便帶回「華嚴一乘教義分齊章」及「華嚴經探玄記」給義湘。義湘對弟子說：「博我者藏公，起予者爾輩」。

（2）日本華嚴宗

法藏由弟子審詳朝鮮人返國將華嚴學傳入朝鮮。後來審詳赴日本傳給日本僧人良辯，建東大寺，開創了日本華嚴宗。

當時洛陽大福先寺道王睿，於公元 736 年帶「華嚴經」章疏赴日本弘揚華嚴宗學說，對於華嚴宗的傳播也起了很大的作用。

228.宗密的原人論思想及禪教一致與三教合一為何？

一、原人論思想

「華嚴原人論」為宗密所作，全書前有小序，後分四節：

（1）第一節：斥迷執

對儒家天命觀及道家元氣自然論的批判。

批判「大道即是生死賢愚之本」、「皆是自然生化」、「人稟無知之氣」等說法。

（2）第二節：斥偏淺

1.人天教

批判「大道即是生死賢愚之本」的說法。

「雖信業緣，不達身本」，在相信業報因緣時，卻不能了達人生的本源關係。

a.批判儒家「天命觀」

b.批判道家「元氣自然論」

2.小乘教：批判小乘教將色、心二法及貪、瞋、癡三毒作為一切生命存在的根本。認為自己的身心為一常住不變的實體，不能了解色心不過是四大所假合而成的幻相。

3.大乘法相教

此教以為阿賴耶識衍生第七末那識及各種意識的識根，再生出所緣的境界之相。這些境界之相本由識所變現，是沒有自性的虛幻假相，但由於無明妄想覆蓋而產生錯誤的執見，以為是真實的存在。

4.大乘破相教

此宗質詢法相教「所變之境既妄，能變之識豈真？」

因此，「是知心境皆空，方是大乘實理」。

「今既心境皆空，未審依何妄現？」

所以宗密認為仍未明確表述真如佛性的本義。

所以以上四教都是「淺教」，對於四教的認識都是一種「偏見」。

5.一乘顯性教

只有一乘顯性教，才能顯示最高、最圓滿的道理。

華嚴經：「無一眾生而不具有如來智慧」，只是覺性被無明妄想所蒙蔽，才造成種種因業，受生死輪迴的痛苦。

（3）第三節：直顯眞源

華嚴經：「無一眾生而不具有如來智慧」，只是覺性被無明妄想所蒙蔽，才造成種種因業，受生死輪迴的痛苦。

所以必須以佛的行爲來規範自己，使人心與佛心相契合，才能尋回迷失的覺性，進入圓通無礙的妙境。

只要能息妄歸眞，才能認識眞心。

（4）第四節：會通本末

「會前所斥，同歸一源，皆爲正義」

宗密在前三節用判教形式，將儒、道、外教、佛教大小乘等宗派，加以一一批判，反對儒、道之以元氣、自然、天命、大道爲人之源。

但也同時提出融合的觀點，如心神入母胎中，稟受氣質，融合元氣。以因果報應是「自然而然」融合自然。若承認因果報應也可歸結爲天命。元氣是心的從屬地位。

宗密在批判其缺點後，最以一乘顯性教加以包容。所謂「會前所斥，同歸一源，皆爲正義」。

二、禪教一致

指禪的三宗（息妄修心宗、泯絕無寄宗、直顯心性宗）與三教（將識破境教、破相顯性教、眞心即性教）應融合一致。

見上 227 問。

參閱《佛性辨正》P250-252

三、三教合一

（1）三教合一指釋教、儒教、道教等三教融合一致。

原人論序：「孔、老、釋迦皆是至聖，隨時應物，設教殊途，內外相資，共利群庶」，而且三教都可以「策萬行，懲惡勸善，同歸於治」。

三教的教化功能有共同性，有如下三方面：

1.佛家的五戒與儒家的五常可相通，即不殺生是仁，不偷盜是義，不邪淫是禮，不妄語是信，不飲酒益於智。

2.佛之涅槃四德（常樂我淨）與儒家的乾之四德（元亨利貞）相通。

3.佛之孝與儒之孝也可以相通。

（2）先批評道家的「大道生成論」（使老莊教化變成無用）及「道法自然論」（造成一因多果）。

批評儒家的「元氣論」及「天命論」。

（3）宗密用「本覺眞心」（眞心論）的一乘顯性教，會通人天教、小乘教、大乘法相乘、大乘破相教等四教。同時也用眞心論會通儒道的「元氣論」及「大道生成論」；用佛教的因果報應論，會通儒道的「自然論」及「大命論」。儒家的「大道」即是佛家的「眞心」。

參閱《佛法三百問》236 問

229.什麼是華嚴三昧及海印三昧？華嚴宗的修行為何？華嚴宗的佛身論及佛土論為何？

一、華嚴三昧及海印三昧

（1）海印三昧

從自性清淨圓明的心體起二用：海印三昧及華嚴三昧。

「言海印者，真知本覺也。妄盡心澄，萬象齊現，猶如大海，因風起浪，若風止息，海水澄清，無象不現」

「若風止息，海水澄清」即心已呈現自性清淨圓明心體，此時經由「性起」，頓現萬象。

（2）華嚴三昧

即「法界圓明自在用」，又稱華嚴三昧。即菩薩入於華嚴三昧，放大光明，廣度眾生，布施、持戒、忍辱、精進、禪定、智慧、方便、神通等，一切自在，無障無礙。

海印三昧是如來境界，華嚴三昧是菩薩境界。

《佛性辨正》P228-229

二、華嚴宗的修行

（一）修道的階段

（1）本宗方便法門：包攝小乘、始、終、頓四教所說的行位

1.小乘教

a.分便位：五停心觀乃至世第一法七階。

b.見道位：四諦十六行相中的前十五心。

c.修道位：第十六心以後，將斷盡三界修惑之位。

d.究竟位：斷盡了三界見修二惑的阿羅漢位四種。

2.始教

1.迴心教：有方便、見道、修道、無學四位說，有乾慧地、性地、八人地、見地、薄地、離欲地、已辦地、辟支地、菩薩地、佛地。（前八地是二乘位，第九是菩薩位，第十是佛果位）

2.直進教：有菩薩五十一位說，即十信、十住、十行、十迴向、十地及佛果。

其中菩薩不退有三說：七住不退，十迴向不退，初地不退。

3.終教：立四十一位。十信併入初住。

4.頓教：一念不生即佛，離行位差別相，故不立階位。

（2）別教一乘（圓教）所講的行位

前四教所明行位，皆此同教一乘所攝，以是此教之方便故。

別教一乘在「寄位顯」乃立階位差別；而在「約行明位即直顯門」乃不立階位，認為一位即一切位，因是普賢一因，果是遮那一果，而且因果不二。

（2.1）有三層含義

1.約寄位顯：即寄顯門

a.次第行布門：由十信次第而至等覺、妙覺之階級。

b.圓融相攝門；不作次第差別，得一位即得一切位，如十信滿心即成佛，位位相即，因果無二。

2.約報明位：在別教，極速乃無念成佛，極遲亦應經三生

a.見聞生：觀見聽聞別教之法，熏成當來證佛果之種子。

b.解行生：前見聞別教一乘之法而熏成種子，今生得一乘圓解及修習圓行。

c.證入生：由前見聞、解行而證得佛果菩提。有二種：須經解行才能證入，稱三世隔世之三生成佛，如善財童子的證入。或不經第二世直接證果，稱法門分位之三生成佛，如兜率天子的證入。

3.約行明位

a.自分：依據其當位。

b.勝進分：趣向於後位。

一切行位皆具此二分。

而一行一切行，十信滿心即具其他諸位，一時成佛。

以上三位，其實是無位無差別，位位相即相入，這是別教一乘的特色，而與前四教不同之處。

（二）修行行位

（1）總說

菩薩行位有：

a.四十三位：十住（十信併入初住）、十行、十迴向、十地、

等覺、妙覺、佛果。

　　b.五十二位：十信、十住、十行、十迴向、十地、等覺、妙覺（妙覺即佛果）。

　　c.四十一位：十住（十信併入初住）、十行、十迴向、十地、佛（等覺併入妙覺，妙覺即佛）。

　　由四十一位分為五位：資糧位、加行位、通達位、修習位、究竟位。

　　（2）別說五位

　　1.資糧位：即地前十住、十行、十迴向之三十心位。每一地各有入、住、出三心。

　　2.加行位：十迴向入初地中間，即煖、頂、忍、世第一等四善根位。

　　3.通達位：即初地之入心位。至第十地之出心位（即等覺）之中間位。通達二空無我理的見道位。

　　4.修習位：即初地住心位至第十地之出心位（即等覺）之中間位。修習妙觀以斷除餘障的修道法。

　　5.究竟位：即妙覺佛位。究竟斷惑證理的無學位。

　　前四位是因，後一位是果。

　　佛位圓證二轉依果：菩提及涅槃。菩提是能發的無漏智，是所生得；涅槃是所證的真如理，是所顯得。

　　a.菩提：是轉有漏雜染的八識而成的四智：大圓鏡智、平等性智、妙觀察智、成所作智。

　　大圓鏡智：此智為一切現行功德之所依，如大圓鏡，顯現種種色像，故名大圓鏡智。

　　平等性智：此智證得諸法平等的理性，及自他平等，變現他受用土，故名平等性智。

　　妙觀察智：此智善能觀察諸法的自相、共相及眾生根器，說法斷疑，故名妙觀察智。

成所作智：成就為欲利樂有情的本願所能作的事，故名成所作智。

菩薩入見道時，轉有漏的第六識成無漏的妙觀察智；轉有漏的第七識成平等性智。

到底佛果位時，轉有漏的前五識成成所作智及轉有漏的第八識成大圓鏡智。

b.涅槃：證佛位四智圓滿的時候，所證的真如妙理完全顯現，即具得四種涅槃：

b1.自性清淨涅槃：人人本具。

b2.有餘依涅槃：二乘所修得，尚有餘苦蘊及依身未除。

b3.無餘依涅槃：地前三賢或地上菩薩所修得。已斷盡苦蘊及所依身。尚有住地無明或俱生所知障未斷。

b4.無住涅槃：佛所修得，斷盡所有煩惱障及所知障。

c.三身：自性身（清淨法界、法身）、自受用身（四智心品之大圓鏡智）、他受用身（四智心品之平等性智及一部分說法斷疑的妙觀察智）、變化身（成所作智及一部分的妙觀察智）。

d.十力：

d1.知覺處非處智力，即能知一切事物的道理和非道理的智力；

d2.知三世業報智力，即能知一切眾生三世因果業報的智力；

d3.知諸禪解脫三昧智力，即能知各種禪定及解脫三昧等的智力；

d4.知諸根勝劣智力，即能知眾生根性的勝劣與得果大小的智力；

d5.知種種解智力，即能知一切眾生種種知解的智力；

d6.知種種界智力，即能普知眾生種種境界不同的智力；

d7.知一切至所道智力，即能知一切眾生行道因果的智力；

d8.知天眼無礙智力，即能以天眼見眾生生死及善惡業緣而無

障礙的智力;

　　d9.知宿命無漏智力,即知眾生宿命及知無漏涅槃的智力;

　　d10.知永斷習氣智力,於一切妄惑餘氣,永斷不生,能如實知之的智力。

　　e.四無所畏(說一切智無所畏、說漏盡無所畏、佛通釋無所畏、說盡苦道無所畏)。

　　f.十八不共佛法

　　1.諸佛身無失,佛自無量劫來,持戒清淨,以此功德滿足之故,一切煩惱皆盡,故於身無失。

　　2.口無失,佛具無量之智慧辯才,所說之法隨眾機宜而使皆得證悟之謂。

　　3.念無失,佛修諸甚深禪定,心不散亂,心於諸法無所著,得第一義之安穩。以上三法指身、口、意三業皆無過失。

　　4.無異想,佛於一切眾生平等普度,心無簡擇。

　　5.無不定心,佛之行住坐臥常不離甚深之勝定,攝心住善法中,於諸法實相中不退失。

　　6.無不知己捨心,於苦等之受,佛念念之中覺知其生住滅等相,而住於寂靜平等。

　　7.欲無減,佛具眾善,常欲度諸眾生,心無厭足。

　　8.精進無減,佛之身心精進滿足,為度眾生恆行種種方便,無有休息。

　　9.念無減,三世諸佛之法、一切智慧,相應滿足,無有退轉。

　　10.慧無減,指佛具一切智慧,又三世之智慧無礙故,於慧無缺減。

　　11.解脫無減,佛遠離一切執著,具有為、無為二種解脫,一切煩惱之習悉盡無餘,即於解脫無缺減。

　　12.解脫知見無減,佛知見諸解脫相,了了無闇障。

　　13.一切身業隨智慧行。

14.一切口業隨智慧行。

15.一切意業隨智慧行。以上三項，乃佛造作身、口、意三業時，先觀察得失，後隨智慧而行，故無過失，皆能利益眾生。

16.智慧知見過去世無閡無障。

17.智慧知見未來世無閡無障。

18.智慧知見現在世無閡無障。上三者謂佛之智慧照知過去、未來、現在三世所有一切之事，皆通達無礙。

（三）修行的時間及修行所依身

（1）修行的時間

1.小乘教：聲聞極速三生，極遲六十小劫。獨覺極速四生，極遲一百大劫。小乘菩薩須三僧祇百大劫修六度。

2.始教：始教菩薩須三僧祇百大劫才能成佛。但此三阿僧祇不同小乘，第一阿僧祇劫從十住至十迴向位；第二阿僧祇劫至第七地；第三阿僧祇劫至得佛果。

3.終教：亦是三阿僧祇劫，但定數的三阿僧祇之外，還有不定的三阿僧祇，以勸三乘人向一乘。

4.頓教：不說修行的時節，一念不生即佛。

5.圓教：一念即多劫，多劫即一念，念劫圓融相即，長短相入，所以成佛時節也不一定。

（2）修行所依身

1.小乘教：唯依分段身而修（佛世尊的實報身也是分段身）。

2.始教：寄顯門乃七地以前依分段身，八地以上依變易身；在實報門乃十地金剛無間道以前依分段身（因要留惑潤生）。

3.終教：地前三賢位（十住十行十迴向）依分段身；初地以上依變易身而修。

4.頓教：一切絕言，故不說二種生死之依身。

5.圓教：唯依分段身，因圓教但究分段身之因位，故不分生死粗細之相。

（四）斷惑次第及所斷二障

（1）小乘教

於世第一法的無間道而入見道斷三界見惑，得一果預流果；次斷欲界修惑（思惑）九品中的前六品而得二果一來果；再斷欲界九品中之後三品修惑而得三果不還果；全斷上二界（色界無色界）之修惑（即剩下的七十二品思惑）而得四果羅漢果。

（2）始教

1.二乘人於見道之初，全斷分別起之煩惱障，而於修道中斷盡俱生起之煩惱障。

2.菩薩乘（指相始教之唯識教）亦將煩惱所知二障分爲分別、俱生二種，並於此二種上再立現行、種子、習氣之斷別，於地前、地上，或伏或斷，作一詳細之分別。

（3）終教

認爲聲聞人只能伏煩惱障，同時不能斷所知障，也不能伏所知障，因爲仍有微細的根本無明故。

終教不分分別、俱生之別，因爲此教在初地上不分見修二惑，一具而斷，故亦無分別俱生之別。於發心住（十住之初住）已得不退位，不墮二乘地。

終教之斷惑階段如下：

（3）-1.煩惱障

1.正使：

a.現行：伏於地前三賢位

b.種子：頓斷於初地入心位

2.習氣：於第十地滿心斷盡。

（3）-2.所知障

1.正使：

a.現行：伏於地前三賢位

b.種子：

b1.粗：初地住心以後地地漸斷

b2.細：初地住心以後地地漸斷

2.習氣：初地住心以後地地漸斷，於第十地滿心斷盡。

（4）頓教：離言絕想之法門，故不分斷惑品類，能斷上亦無各種差別。

以上是同教一乘的斷惑次第。

（5）別教一乘則一切所障之法，一即一切，一切即一，故無分煩惱所知二障，或分別俱生，或現行種子習氣等差別之必要，因此一斷一切斷，一證一切證，無所局限。

三、華嚴宗的佛身論及佛土論

（一）佛身論

（1）華嚴的教主是十身具足的毗盧遮那法身佛，六十華嚴略稱「盧舍那」，八十華嚴稱「毗盧遮那」，有的地方也以釋迦為「毗盧遮那」或「盧舍那」，故其實並無三身可分。

（2）智儼於「孔目章」及「搜玄記」立解行二種十身佛：

1.解境十佛：眾生身、國土身、業報身、聲聞身、緣覺身、菩薩身、如來身、知身、法身、虛空身。

此十身融三世間（眾生世間、器世間、正覺世間）之佛。即山河大地、吾人眾生身、悟界三身，一切現象，皆是佛體，一切聲音，皆是佛法的獅子吼，此十身為十地品所說，各身皆各攝其他九身，故知三世間是融攝的。

2.行境十佛：菩提身（正覺佛）、願身（願佛）、化身（涅槃佛）、力持身（住持佛）、相好莊嚴身（業報佛）、威勢身（心佛）、意生身（隨樂佛）、福德身（三昧佛）、法身（法界佛）、智身（本性佛）。

此行境十佛是由於因位的行力而具足種種福德的「修因契果之佛」。

3.解境與行境的關係：

從「體」而言，兩者不二。

由「義」而論。解境是融三世間之佛，是由「德」。行境乃局限於智正覺世間，是由「智」。

從「所崇」而言，法藏認爲應以解境十佛爲教主而兼行境。解境是教主說性海如實的法門，行境是表現修因感果義。智儼是以行境十佛爲主。

澄觀認爲十身與三身相即相融，無一法非佛身，皆是同一無礙法界身雲。

宋代華嚴四家：道亭、觀復、師會、希迪，均以解境爲比量智所緣，所以是可說的，而行境是無分別智所觀，所以是不可說。

融三世間十身具足的法身佛，並非「理」佛，而是「事」佛，此事是事事無礙的「事」，而非理事二分之事。

（二）佛土論

（1）小乘教：凡聖同居的土，是釋迦化佛所住的地方，而不建立三界外的淨土。

（2）大乘始教：是自受用報身所居土，這是理想界的淨土，廣大無邊，七寶莊嚴，十地菩薩也見不到，只是唯佛與佛的境界，是無漏大圓鏡智所變現的世界，而法身佛的淨土是眞如。

（3）大乘終教：在三界之外建立「無勝莊嚴世界」，爲釋迦佛陀實報身的淨土。

（4）頓教：不說有形的國土，唯有無相離念的「法身土」。

（5）同教一乘：淨土即穢土，現實世界即是佛土，悟之即爲淨土，迷之即是穢土。

別教一乘：國土海圓融自在當不可說，然在因分可說方面看，世界海有三類如下：

1.蓮花藏世界海：具足主伴，通因陀羅等十佛世界。

2.十重世界海：至世界性，世界海乃至世界相，即人民王輪王

世界。十重世界是三千界外的世界，即娑婆三千世界是有限的國土，今稱三千界外即表示廣大無邊。

3.無量雜類世界：無量種種形世界。

指一一世界無量無邊，有種種形，無窮無盡。

以上，蓮花藏世界是本（中心），其他二世界是末（枝末）。但其「體」三類非不同，只是約粗細而論，所以雜類世界本身即是蓮花藏世界，十重世界即是蓮花藏世界，邊即無邊，無邊即邊。

若配三生，則雜類世界是見聞生所感見的國土；十重世界是解行生所感見的淨土；蓮花藏世界是證入得果所感見的妙剎。

三類土之體是一，從行布差別門看，十方世界，儼然存在；從圓融相即門看，十方世界無不是蓮花藏世界。悟法界真理，則生佛一如，即能體會蓮花藏世界的境界。

《佛性辨正》P228-229

律宗（230-239 問）

230.印度戒律分裂為哪五部？

阿育王時，優婆毱多門下，分裂為五部：
（1）薩婆多部：十誦律
（2）彌沙塞部：五分律
（3）迦葉遺部：解脫律
（4）摩訶僧祇部：摩訶僧祇律
（5）曇無德部：四分律

231.什麼是律，中國律宗如何形成及變遷？

一、律

律有三名：毗尼、尸羅、波羅提木叉。
（1）毗尼：毗尼翻為律，律者，法也，分也，筆也。
曰法者：判斷罪之輕重戒之持犯，依法定故。
曰分者：罪之輕重，戒之持犯以律分故。
曰筆者：審教理，檢罪狀，以筆定故。
（2）尸羅：尸羅翻為戒，戒者，警也，警策身口意三業。
（3）波羅提木叉：波羅提木叉翻為別解脫，有云別別，或云處處別別捨離身口七支過非故。

二、律宗的形成

律宗因研習和傳持戒律而得名，實際創始人為唐代道宣。又因依據五部中的「四分律」建宗，也稱四分律宗。又道宣住終南山，故有南山律宗或南山宗之稱。

釋迦牟尼逝世後，弟子第一次結集遺教時，由優婆離誦出律藏，名為「八十誦律」。至阿育王時相繼分裂為五部（見本書 230

問），我國只傳譯四部，至於迦葉遺部只傳來了戒本，而沒有傳廣律。後世叢林中傳授戒法，皆以「四分律」爲依據。

中國漢地翻譯戒律和實施受戒，始於三國魏嘉平年間，當時印僧曇柯迦羅東來洛陽，見中土僧人只落髮而未受戒，即釋出「僧祇戒心」作爲持戒的準則。又請梵僧建立羯摩法（有關授戒、說戒、懺悔的議事法）創行受戒，中國從此有了受戒僧人。不久安息僧人曇諦，於正元年間到達洛陽，譯出曇無德部的受戒作法。此後約經二百餘年，印度流傳的「十誦律」等四部廣律也相繼在中國譯出。其後解釋各律的論著也相續譯出。

律宗所依據的主要有四律、五論。四律中最爲流行的是四分律。

南北朝時代北方先流行「僧祇律」，後來又盛行「四分律」。

鳩摩羅什譯出「十誦律」後，在南地盛極一時。北魏孝文帝時，法聰在平城講說「四分律」。到了慧光撰述「四分律疏」，又刪定「羯摩戒本」，才奠定律學基礎。經由弟子道雲、洪理的研究和講學，四分律學乃倡盛於天下。道洪弟子智首，撰「五部區分鈔」、「四分律疏」，弘揚律學，影響很大。智首的弟子道宣，專研律學，潛心著作，著有「四分律比丘含注戒本」等，被稱爲五大部。在終南山創設戒壇，制定受戒儀式，從而正式形成宗派，稱南山宗。

唐代律宗形成南山宗（道宣開創）、相部宗（法礪開創）、東塔宗（懷素開創），世稱律宗三家。南山宗主張心法戒體論；相部宗主張非色非心戒體論；東塔宗主張色法體論。其後只有南山一系綿延不絕。

道宣弟子鑒眞東渡日本，開創日本律宗。

現代有弘一法師復興南山宗。

三、律宗的變遷

（1）南北朝到隋唐：律宗從南北朝佛教律學的弘傳，到唐代道宣創立。歷經智首到法礪創相部宗，懷素創東塔宗，及義淨翻譯一切有部律，共約八十來卷，是一位知名的律藏翻譯家。

（2）宋代

宋代律宗，稍有生氣。重要代表作人物有允堪及元照二人。

允堪著有「行事鈔會正記」、「戒疏發揮記」、「業疏正源記」、「行事鈔」等。元照著有「行事鈔資持記」、「羯摩疏濟緣記」、「戒疏行宗記」。元照被稱為「靈芝律師」，其對以後律宗的發展之影響，超過了允堪。

（3）明代

弘傳律宗的，略有其人，以寂光影響最大。但仍處於衰微狀況。

寂光自命為「大明律師」，著有「梵網直解」，乃中興律學之有力大師。

（4）清代

較有影響力者為讀體，被稱為「律宗中興」，著有「傳戒正範」、「一夢漫言」。弟子德基繼承之，但很快即衰微了。

（5）民國

弘一大師。著作有：「四分律比丘戒相表記」、「南山律在家備覽」、「弘一大師晚晴集」。

232.什麼是四律五論？四分律的大綱為何？

一、四律五論

四律：薩婆多部的十誦律（六十一卷）、曇無德部之四分律（六十卷）、窟內上座部之僧祇律（四十卷）、彌沙塞部之五分律

（三十卷）。

五論：依薩婆多部之毗尼母論及摩得勒伽論、解四分律之善見論、釋十誦律之薩婆多論、依正量部之明了論。

四律之中，流傳最為廣盛而獨成一宗的，只有四分律。所以律宗又稱為四分律宗。

二、四分律

佛滅後百年，曇無德尊者，於上座部律藏中，搜括博要契同已見者，聚集成文，隨說所止，即為一分，如是四度，一部方就，故稱四分律。

四分為：

第一分：為比丘戒本：明四波羅夷、十三僧殘、二不定、三十捨墮、九十單提、四捨舍尼、百種學法。

第二分：為比丘尼戒本，及受戒說戒二犍度。尼戒中：明八波羅夷、十七僧殘、三十捨墮、百七十八單提。

第三分：為安居、自恣、皮革、衣、藥、迦希羅衣、拘目炎彌、瞻波、呵責、人、覆藏、遮、破僧、滅諍、比丘尼，及法十六犍度。

第四分：房舍及雜二犍度、五百集法、七百集法、調部毗尼、毗尼增一。

233.律宗的判教為何？

一、判為化制二教，亦名化行二教。化教指佛家義理方面，是諸經論所詮，如釋尊所教化眾生發起智慧和獲得禪定的教法，經典有四部阿含經。

制教屬於佛門行持方面的律學典籍，是諸律所詮，如四分律、五分律、十誦律等。

二、化教有三教：性空教、相空教、唯識圓教

1.性空教：觀照宇宙萬物生滅無常，了不可執，叫性空教。此教法貫穿在小乘各派之中。

2.相空教：觀照諸法是空，直入諸法體性而得到眞空無相的悟解，叫相空教。此教法統攝一切大乘淺教如般若等。

3.唯識圓教：觀照諸法，沒有外塵，只有心識，亦即唯識無境，叫唯識圓教。此教法含攝一切大乘深教，如「華嚴經」、「楞伽經」、「大般涅槃經」。

三、制教有三宗：實法宗、假名宗、圓教宗

1.實法宗：以色法爲戒體，立一切法實有的說一切有部即屬此宗。

2.假名宗：以非色非心法爲戒體，立一切法唯有假名，經量部即屬此宗。

3.圓教宗：以心法種子爲戒體，立一切法唯識所現，唯識圓教即屬於此宗。律宗是屬於唯識圓教宗。

234.戒的種類有哪些？

一、戒之種類

（1）戒有二種，止持戒、作持戒

1.止持戒：止者制止，制止身口，不作諸惡。所言止持，如受戒已，止不作惡，即名爲持。持由止生，故名止持。

2.作持戒：作者造作，策勵三業，造作眾善，曰作，安居說戒懺悔禮拜是也。言作持者，謂動身口，戒意離非，順本有受，不犯前過，號之爲持，持由作生、故名作持。

四分律中，初二部戒本明僧尼戒，即止持門；後二部，明二十犍度，即作持門。南山律師之五大部，亦不出此二門。

（2）戒有通戒及別戒二種

1.通戒：三聚淨戒

a.攝律儀戒

b.攝善法戒

c.攝眾生戒

2.別戒：僧尼之具足戒。各有廣中略三重

a.僧戒：廣則無量，中則三千威儀八萬細行，略則二百五十戒。

b.尼戒：廣則無量，中則三千威儀八萬細行，略則三百四十八戒。

俱足戒指受戒心量其德廣大，等虛空。所發戒相，其體不測，遍法界，圓滿具足，故云俱足戒。

具足戒有僧八段及合八段為五篇（見 235 問）。及尼六段：一、八波羅夷，二、大七僧殘，三、三十捨墮，四、百七十八單墮，五、八提舍尼，六、百眾學。

唯有三百四十一戒，束為六段。

（3）戒有大小乘之分

小乘戒亦名聲聞戒，即五戒、八戒、十戒、具足戒。

大乘戒亦稱菩薩戒。

（4）戒有出家戒及在家戒

a.出家戒：具足戒、十戒、六法戒、八戒。

b.在家戒：有五戒。

（5）戒之分類表格

1.出家戒

a.具足戒：比丘、比丘尼戒的總稱。僧有二百五十戒，尼三百四十八戒。

僧戒束為五篇、八段、六聚、七聚（見本書 235 問）等；尼戒束為六段。

為比丘、比丘尼所奉行。

b.十戒：不殺生、不偷盜、不邪淫、不妄語、不飲酒、不著花鬘及不塗香油、不歌舞娼伎及往觀聽、不坐高廣大床、不食非時食、不持金錢財寶。

為沙彌、沙彌尼所奉行。

c.六法戒：染心相觸（染心與男身相觸）、盜人四錢、斷畜生命、小妄語、非時食、飲酒。

為式叉摩那（女）所奉行。

d.八戒：又叫八關齋戒、八齋戒，是針對無法穩定持戒的在家信徒所設立的一種戒法。只需受持一晝夜。

八戒：不殺生、不偷盜、不邪淫、不妄語、不飲酒、不塗飾打扮及觀聽歌舞、不坐臥高廣華麗的大床、不食非時食（即在規定時間進食，晚上不食）。

為優婆塞（男）、優婆夷（女）所奉行。

2.在家戒

五戒：針對在家男女信徒所受持的五條基本戒津：不殺生、不偷盜、不邪淫、不妄語、不飲酒。

為優婆塞（男）、優婆夷（女）所奉行。

前四為性戒，後一為遮戒。違反五戒的行為稱「五惡」。

（6）依受戒差別，佛弟子有七類（曰七眾）：比丘、比丘尼、式叉摩那、沙彌、沙彌尼、優婆塞、優婆夷

235.什麼是具足戒的八段五篇及六聚、七聚？

具足戒分八段五篇：

一、八段

第一：波羅夷：有斷頭（如斷人頭，不可復為比丘）、無餘、

不共住等義。

比丘戒：四種戒：一犯不淨行，曰淫。二不與，盜心取，曰盜。三故自手斷人民持刀與人；歎譽死快，勸死，曰殺。四自言我，得上人法，曰大妄語。

比丘尼戒：八種戒

第二：僧殘：如人為他所斫，殘有咽喉，故名為殘。即有殘之罪，由僧除滅。

比丘戒：十三種戒

比丘尼戒：十七種戒

第三：不定：未定實犯。舉處錄罪，罪唯疑似。

比丘戒：二種戒：屏處不定，露處不定。

比丘尼戒：無

第四：捨墮：捨有三捨：捨財捨罪捨心，具此三捨，故云盡捨。若不捨當墮地獄。

比丘戒：三十種戒

比丘尼戒：三十種戒

第五：單墮：無財物可捨，但乞懺悔。罪體同捨墮，故云墮也。

比丘戒：九十種戒

比丘尼戒：一百七十八種戒

第六：提舍尼：向彼悔。此罪應對眾發露懺悔也。

比丘戒：四種戒

比丘尼戒：八種戒

第七：眾學：此戒易犯，常須念學，故云學。其數眾多，故云眾。亦名應當學。

比丘戒：一百種戒

比丘尼戒：一百種戒

第八：滅諍：觀緣適變，用藥殄諍和眾之權方耳。

比丘戒：七種戒

比丘尼戒：七種戒

二、五篇：五篇是合八段爲五篇

一波羅夷

二僧殘

三波逸提，即墮。合前捨墮、單墮爲一。

四提舍尼

五突吉羅：即惡作，合不定、眾學、滅諍爲一。

三、六聚：爲攝自外輕重因果諸罪，別設六聚：波羅夷、僧殘、偷蘭遮、波逸提、提舍尼、突吉羅。偷蘭遮者，善見云：偷蘭名大，遮言障善道。

四、七聚：攝初二篇之因罪及五篇以外之諸果罪，又以突吉羅其過多故，且據身口兩分，從言上犯者謂之惡說，從身上犯者謂之惡作，以爲七聚。

236.什麼是大乘菩薩戒及瑜伽菩薩戒本？

一、大乘菩薩戒

（1）大乘菩薩戒爲發大心修大乘法之行者所受持，也有在家出家之別。

1.出家大乘菩薩僧所應受：依據梵網經菩薩心地品，有十重戒四十八輕戒。

2.在家菩薩戒優婆塞所應受：依據優婆塞戒經受戒品，有六重戒二十八輕戒。

（2）在理行者應先受具足戒或五戒，然後再受菩薩戒，方爲合式。由狹義的自度，進而實行廣義的自度度他的發心。

二、瑜伽菩薩戒本

大乘菩薩僧戒，除梵網經外，尚有瑜伽戒，名「菩薩戒本」。其中立四重戒四十輕戒，此根據瑜伽師地論菩薩地戒品而來。

由地持經中分出者，另名菩薩戒本經。

因梵網經屬性宗，故梵網戒又稱大乘性宗戒。瑜伽論屬相宗，故菩薩戒本又稱大乘相宗戒。此二種大乘戒律，皆盛行於中國，但未立宗派。

237.什麼是止持義？什麼是作持義？

一、止持義：有三義：戒科、通別二戒、通別二受

（1）戒科：有四科：戒法、戒體、戒行、戒相

請參閱《佛法三百問》294-2 問。

（2）通別二戒

1.通戒：即三聚淨戒。

2.別戒：僧及尼之具足戒。

見上 233 問之通別戒。

（3）通別二受

通受：總受三聚淨戒。其後七眾總受三聚淨戒，即通受也。

別受：唯受律儀一戒。以唯識圓教之意業所受五八十具等，即別受也。別受法必具三師七證，行羯摩作法。三師者，一戒師，正授戒者。二羯摩師，讀表白及羯摩文者，三教授師，教授威儀作法者。

七證者，七證師如法七僧為證。羯摩即辦事之意。

白四羯摩者：

初羯摩師起立，讀表白文，告白其事，求眾僧之協贊，是為一白。

次三唱三羯摩法，求眾生之量可，謂之三羯摩。此第三唱竟時，受者得無作戒體，合前之一白、後之三唱爲一白三羯摩，略稱白四羯摩。

二、作持義：梵語犍度，章篇或法聚之義

受法戒法，各別聚處，名爲犍度。又梵語犍度，此云法聚，即篇品之名。

二十犍度如下：

一，受戒犍度，說受戒之法，故名。

二，說戒犍度，說每月說戒懺悔之法，故名。

三，安居犍度，說每年自五月（舊律），六月（新律）。安居之法，故名。

四，自恣犍度，說夏安居竟日，使比丘隨意舉他所犯之罪而懺悔之之法，故名。

五，皮革犍度，就比丘著皮革說其法非法，故名。

六，衣犍度，說比丘三衣之法，故名。

七，藥犍度，說四藥之法，故名。

八，迦絺那衣犍度，說安居竟後，一月之間，自信者受迦絺那衣之事，故名。

九，拘睒彌犍度，說於拘睒彌國所發僧中之爭事，故名。

十，瞻波犍度，記於瞻波國所起之僧中爭事，故名。

十一，呵責犍度，說呵責惡比丘之法，故名。

十二，人犍度，說比丘犯罪而不覆藏時，對其人使懺悔而洗淨之之法，故名。

十三，覆藏犍度，說治比丘犯罪而覆藏之者之法，故名。

十四，遮犍度，說比丘說戒時「遮」不如法之比丘不聽入僧中之法，故名。

十五，破僧犍度，說破和合僧及種種事法因緣等之事，故名。

十六，滅諍犍度，說滅七種諍論之法，故名。

十七，比丘尼犍度，說比丘尼之別行，故名。

十八，法犍度，就比丘之坐作語默，說如法之威儀，故名。

十九，房舍犍度，說比丘所住房舍臥具之法，故名。

二十，雜犍度，說已上十九犍度外之種種雜法，故名。見四分律三十一乃至五十四。

238.南山律有哪三種懺法？

三種懺法：理懺、事懺、律懺。理事二懺通道含俗，若論律懺唯局道眾。

懺悔乃對人發露悔過，請人寬恕之意，佛家以懺悔爲消除罪業、清除心垢的重要方法。華嚴經普賢行願品以「懺悔業障」爲菩薩十大行願之一。

一、理懺：觀照罪性本空，與實相相應。觀普賢行法經：「若欲懺悔者，端坐念實相，眾罪如霜露，慧日能消除。」理懺通出家在家，爲利根者所修。

二、事懺：在眾僧或佛像前發露罪過，自責自咎，保證永不再犯。或以禮拜或誦持來修練身口意三業的懺法。事懺通一出家在家，爲鈍根者所修。

三、律懺：爲戒律所說的懺法，只限出家眾，是針對違反具體戒規所施行的懺法。目的在除災招福，進而促使僧伽久住，以及僧侶遵守戒律。懺悔時要確認所犯罪名和罪種，若同類則合併懺悔，若異類則分別懺悔，完全依照實際的罪行來懺悔。

239.此宗的行果為何？

一、依南山意，修大乘因，行大乘果。

南山律師對於菩薩經三阿僧祇劫，歷五十二位，判立四位，以統攝之，最後歸於究竟的諸法實相，具足法報化三身，親證佛果。

二、四位

1.願樂位：願樂信解，自利利他，此當十信、十住、十行、十迴向，為第一阿僧祇劫所修。

2.見位：為見道位，當初地。

3.修位：為修道位，當二地至七地。見位及修位為第二阿僧祇劫所修。

4.究竟位：漸進至於佛地，當八地到妙覺，為第三阿僧祇劫所修。

三、此宗為大乘圓教，其三學為戒、定、慧。三學圓融互攝，舉其一即攝餘二，此名圓融三學行相。

（1）戒

1.戒者三聚淨戒，其體為藏識中變作諸法之種子。

三聚淨戒為攝律儀戒（息諸殺緣）、攝善法戒（常行護命）、攝眾生戒（護前命故），三聚互攝，亦大乘圓融行，故一戒一行，一念有圓融之觀解，即備一切行。三祇非長，一念非短，長短無礙，眾生與佛果平等。

律儀戒有三：一別解脫戒，二定共戒，三道共戒。

別解脫戒中，有身語意三業所持戒。身語二戒有共不共，意業唯是不共。

聲聞與菩薩共通，曰共；唯限菩薩，曰不共。

a.菩薩以意業為本，通身語，期盡未來際之佛果，其法寬，兼共門，通不共門。

b.聲聞護身持語，期一世之證果，其域狹，限共門一分。

攝律儀戒，入三聚中，會歸大乘，悉是圓滿頓戒之大乘戒。

2.四分律，其義通大乘不共之意戒，而說相有小乘戒。

四分十誦等所說戒相，皆共門一分也。

（2）定：止心於諸法皆以識爲本之微妙行，定也。

（3）慧：觀察之，慧也。

淨土宗（240-253 問）

240.淨土宗的起源及變遷為何？

一、起源

　　此宗以稱念「阿彌陀佛」名號求生西方極樂世界為宗旨，故稱淨土宗，俗稱念佛法門。唐代善導弘傳淨土，提倡念佛，組織教義與行儀，正式形成淨土宗。

　　淨土宗的歷代祖師並無前後傳承法統，均為後人依據其弘揚淨土的貢獻推論而來，所謂蓮宗九祖為：慧遠、善導、承遠、法照、少康、延壽、省常、蓮池、省庵。

　　淨土思想淵源於印度，於中國東漢時傳入華夏，中土僧人先後譯出「無量清淨平等覺經」（西晉竺法護譯）、「般舟三昧經」（公元179年，支婁迦讖、竺佛朔共譯）、「大阿彌陀經」（三國時支謙譯出）、「無量壽經」（曹魏時康僧會譯）「觀無量壽經」（劉宋畺良耶舍譯）、「阿彌陀經」（鳩摩羅什譯）等，於是在中國就出現有關淨土的崇拜。初傳來中國的淨土思想，大致分為彌勒淨土和彌陀淨土兩種。彌勒淨土信仰由東晉道安首創，一時暢行於北魏，梁齊時仍有所聞，不久便告衰亡。玄奘、窺基都是彌勒淨土的信仰者。彌陀淨土信仰一般認為始於盧山慧遠之結成「白蓮社」開始，邀集一百二十三位僧俗在阿彌陀佛像前，發願往生西方淨土，被後世奉為該宗始祖。日本淨土宗創始人法然認為中國淨土宗有所謂的「淨土三流」（見下文 253 問），而實際上中國淨土宗並沒有流派。淨土宗的修行者是以念佛為內因，以阿彌陀佛的願力為外緣，內外相應，往生西方淨土，在思想上是以信願行為宗。

　　其後，曇鸞撰「往生論注」，立難行易行二道，主張易行道說、他力本願說、五念行說（禮拜、讚歎、作願、觀察、迴向）及彌陀淨土說，所以近代日本學者有人以曇鸞為中國淨土教的開山祖師。

　　曇鸞以後有道綽撰「安樂集」，宣揚淨土教義。道綽的弟子善

導在長安弘傳淨土，極力提倡稱名念佛，著有「觀經四帖疏」，組織了淨宗的教義及行儀，正式形成了宗派。

宋初以後，禪、律、天台、華嚴學者無不兼弘淨土，奉行阿彌陀佛的淨土思想。與此同時，禪宗與淨土宗的合流，更是增進中土佛教的特色。

二、變遷

（1）唐以前，淨土的修習方法，多以「觀想」為主；唐以後，則主要多是持名了。曇鸞（576-542）仍以觀想為。

（2）隋唐的淨土宗

淨土宗的奠基人：道綽與善導。

淨土宗的觀想念佛，到了道綽，改為提倡「持名念佛」，即光是口念「阿彌陀佛」的名字。

善導更極力提倡「稱名念佛」，被認為是淨土宗的實際創始人。

（3）宋代淨土

有省常、宗賾。

省常於寺內結「淨行社」，為淨土宗大師。

宗賾，仿照廬山舊制，建「蓮華勝會」，並頗為講究「孝道」。

國學進士王日休，著「龍舒淨土文」。

在宋代修淨土者還大有人在。其他各宗的人也都「歸心淨土」，如禪僧延壽；天台宗人元曉編纂「樂邦文類」「樂邦遺稿」；律師元照著「勸修淨業頌」，而歸心淨土。

（4）元末明初

弘揚淨土三經的有性澄、大佑、普智等。

性澄撰「阿彌陀經句解」。

大佑撰「阿彌陀經略解」。

普智撰「阿彌陀經集注」。

（5）明代淨土

自宋以後，淨土宗即已成爲佛教各派的共同信仰，到了明代，更是如此。

明初禪僧梵琦等人，兼倡淨土，影響很大。

妙葉著「寶王三味念佛直指序」。

天台僧人傳燈著「生無生論」。

明代傳播淨土影響最大的是明末蓮宗八祖雲棲殊宏，著「答淨土四十八問」、「淨土疑辯」及最重要的「彌陀疏鈔」。

另有袁宏道的「西方合論」，也是重要著作。

另智旭倡禪淨一致。撰「阿彌陀經要解」及「淨土十要」。

（6）清代淨土宗

清代淨土宗仍是佛教各派的「共宗」，因此以淨土名家也繁有其人。

最重要者爲蓮宗九祖實賢，撰「勸發菩提心文」。

另彭紹昇撰「無量壽經起信論」、「觀無量壽經約論」、「阿彌陀經約論」。

清末楊文會，廣究大小乘經論，而以淨土爲歸宿。撰「觀無量經略論」。

聖量（印光）法師，專力提倡淨土，門下匯編「印光法師文鈔」。

241. 淨土宗的重要經論有哪些？

一、三經一論與淨土五經

（1）三經一論

無量壽經

觀無量壽經

阿彌陀經

往生論

（2）淨土五經

1.大佛頂首楞嚴經·大勢至菩薩念佛圓通章

2.大方廣佛華嚴經·普賢行願品

二、疏注

（1）往生論注：曇鸞對世親「往生論」的注釋：

1.說明菩薩欲求阿毗跋致（即不退轉法）有難行、易行二道。

2.說明阿彌陀佛本願力的殊勝和修五念門以自利利他，可以速得成就阿耨多羅三藐三菩提。

3.以四十八願中的第十一、第十八、第二十二，三大本願為中心的他力本願，發揮了彌陀淨土寶典的蘊奧。

4.提出了二種迴向的見解：往相迴向及還相迴向。以自己的功德回施一切眾生，叫往相迴向。

生淨土後得到奢摩他和毗婆舍那（止觀），成就方便力後，回入生死稠林，弘揚佛法，叫做還相迴向。

（2）道綽：安樂集。為講「觀無量壽經」時的別記。本書有十二大門。

（3）善導：觀經四帖疏。

三、印光大師標應讀典籍

（1）無量壽經、十六觀經、智旭.阿彌陀經要解、慧遠.無量壽經疏、善導.觀無量壽佛經四帖疏、蓮池.阿彌陀經疏鈔、幽溪.阿彌陀經略解、華嚴經普賢行願品、智旭.淨土十要、法苑珠林、龍舒淨土文。

（2）宏明集、廣宏明集、金覃津文集、析疑論、護法論、三教平心論、續原教論、一乘決定疑論、安士全書、歷史統紀。

佛法三百問第二集(下冊)

（3）六經：法華、楞嚴、華嚴、涅槃、金剛、圓覺。

242.淨土宗的教判為何？

（一）難行、易行二道：淨土宗是易行道。出曇鸞大師。

（二）聖道、淨土二門：出道綽安樂集。聖道指於娑婆世界，斷惑證理，入聖得果。

依彌陀之大願業力，生彼極樂世界，入聖證果，名淨土門。

本宗屬淨土門。

（三）聲聞、菩薩二藏：出善導觀經疏。本宗以菩薩藏收。

（四）漸頓二教：本宗屬頓教攝。

243.往生的內因、淨業正因、及外緣是什麼？往生品位為何？

一、內因

（1）菩提心

1.菩提心的定義

a.菩提者，佛果之名；心者，眾生能求之心。

b.阿耨多羅三藐三菩提心

c.無上道心

d.願作佛心

2.菩提心的特性

此心廣大，遍周法界；此心究竟，等若虛空；此心長遠，盡未來際；此心普備，離二乘障。

若能一發此心，傾無始生死沉淪所有功德迴向菩提，皆能遠詣

佛果，無有失滅。

3.欲發心會無上菩提者，須離三種與菩提門相違法

a.一者依智慧門，不求自樂，遠離我心貪著自身。知進守退曰智，知空無我曰慧。

b.二者依慈悲門，拔一切眾生苦，遠離無安眾生心。拔苦曰慈，與樂曰悲。

c.三者依方便門，憐愍一切眾生心，遠離供養恭敬自身心。正直曰方，外己曰便。

4.得三種隨順菩提門法：三種清淨心

a.無染清淨心，以不為自身求諸樂故。

b.安清淨心，以拔一切眾生苦故。

c.樂清淨心，以令一切眾生得大菩提故，以攝取眾生生彼國土故。

（2）厭離心欣求心

1.厭離心：厭離穢土，八苦交煎，怨家會聚故。以彼土之樂，回觀娑婆之苦，厭離自深。

2.欣求心：欣求淨土，萬福莊嚴，壽命無盡故。以娑婆之苦，遙觀彼土之樂，以樂自切。

不厭不欣，則菩提心不起，三心（至誠心、深心、迴向發願心）亦不起故。

（3）至誠心深心迴向發願心

1.至誠心

一切眾生身口意業所修解行，必須內外相應，真實為求生彼佛淨土，不得內蓄名聞利養之心，外現賢善精進之相。

2.深心：深信之心

有「機」及「法」二種。初信機，決定深信自身現是煩惱具足之凡夫。自無始以來，漂溺五趣，循環不息，無有出離之緣。次信法，決定深信彼阿彌陀佛，成就四十八願，攝受一切眾生，專念

彼佛名號，下至一日七日，定得往生。

3.迴向發願心

以自無始以來及以今生自他所修一切世出世善根，悉皆迴向往生，願生彼佛國土。

（4）定散二善

1.定善

定即是息慮以凝心。指佛因「韋提致」請所說十三觀法。

請參閱本書 245 問：「觀無量壽經大綱爲何？」之十六觀文。

2.散善：指佛不待請自說之三福九品諸行

2.1 三福

a.世福：孝養父母，奉事師長，慈心不殺，修十善業。

b.戒福：受持三歸，具足眾戒，不犯威儀。

c.行福：發菩提心，深信因果，讀誦大乘，勸進行者。

2.2 九品

a.上上品：慈心不殺，具諸戒行，讀誦大乘方等經典，修行六念。

b.上中品：善解義趣，深信因果。

c.上下品：亦信因果，發無上道心。

d.中上品：受持五戒。

e.中中品：受持一日一夜戒。

f.中下品：孝養父母，行世仁慈。

g.下上品：稱阿彌陀佛一聲。

h.下中品：聞阿彌陀佛功德。

i.下下品：具足十念，稱南無阿彌陀佛。

（5）正助雜三行

1.正行

a.專依往生淨土經所修行業。

b.大經三輩中，俱言一向專念無量壽佛，念佛是正行。

c.若依觀經，則定善十三觀及下三品念佛是正行。

d.彌陀經一日七日念佛外，不說餘行，故此經所說皆是正行，無雜行。

e.五正行：

讀誦正行：一心專讀誦淨土三經：觀經、彌陀經、無量壽經。

觀察正行：一心專注思想觀察憶念極樂淨土依正二報。依報者二十九種莊嚴；正報者觀彌陀觀音勢至等。

禮拜正行：一心專禮極樂淨土阿彌陀佛。

稱名正行：一心專稱阿彌陀佛名號。

讚歎供養正行：一心專讚歎供養阿彌陀佛。

f.正業：「稱名正行」為順本願之正業。

助業：餘四種正行為助業。

2.助行：稱名為正業，餘四行為助業

3.雜行：

a.自餘一切諸善萬行。

b.餘出家發心造像起塔等諸善，皆是雜行。

c.序分三福諸行，及上六品諸行，皆是雜行。

d.五正行之雜行：

d1.讀誦：讀誦自餘般若法華諸經。

d2.觀察：觀察他十方淨土，又觀察真如法性者。

d3.禮拜：禮拜他佛菩薩世天等。

d4.稱名；稱念此外佛菩薩之名號。

d5.讚歎供養：讚歎供養自餘諸佛菩薩。

正行中，傍修助業，專修正業，稱佛名，期往生，是即念佛往生法門也。

（6）五念門

1.禮拜：向阿彌陀如來應正遍知，一心翹勤，恭敬禮拜。

2.讚歎：稱彼如來名，如彼如來光明智慧讚歎。

3.作願：常以清淨意業，發大誓願，願生安樂國土。

4.觀察：以智慧觀察，有三種：觀察彼佛國土莊嚴功德；觀察阿彌陀佛莊嚴功德；觀察彼諸菩薩莊嚴功德。

5.迴向：心常作願，以己功德，迴向一切眾生，共往生彼安樂國土，生彼土已，得奢摩他、毗婆舍那，方便力成就，迴入生死稠林，教化一切眾生，共向佛道。

前四念是入安樂淨土門，後一念（迴向）是出慈悲教化門。

約三業門，五正行之讀誦、稱名俱口業故，可合五念之讚歎門。五念之作願迴向同是意業故，可合五正行之觀察正行。

（7）念佛三昧

念佛有三種：稱名、觀想、實相。此處指稱名念佛，是一行三昧之一種。三是正，昧是受，三昧即正受。心中只存「阿彌陀佛」一念，覺想俱亡，萬念俱息，妄念既盡，真念獨存，此真念唯「阿彌陀佛」一念獨存，然後乃成一心不亂。

念佛三昧有二種：一根本三昧，二究竟三昧。

根本三昧即前所述，稱名念佛至一心不亂，即是根本三昧。既證根本三昧，復進修不已，直至見圓妙心，廓然開悟，明自本心，見自本性，乃謂究竟三昧。

（8）四修

1.恭敬修：恭敬禮拜彼阿彌陀佛及彼一切聖眾，畢命為期，誓不中止，即是長時修。

2.無餘修：專稱彼佛名，專念專想專禮專讚彼佛及一切聖眾，不雜餘業。畢命為期，誓不中止，即是長時修。

3.無間修：勇猛精進，無有間斷，名無間修。

4.長時修：自初發心開始，以畢命為期，名長時修。

二、淨業正因（亦名三福）

（1）據「觀無量壽佛經」有三種淨業正因，稱為三福：

見上散善之三福文。

（2）據「觀佛三味海經」有三種淨業正因，稱爲三法：

1.誦修多羅甚深經典。

2.淨持禁戒，威儀無犯。

3.繫念思維，心不散亂。

三、外緣

外緣有生因本願（第十八願）及具足三緣（第九觀）。

（1）生因本願：即第十八願：設我得佛。十方眾生至心信樂。欲生我國乃至十念。若不生者不取正覺。唯除五逆誹謗正法。

生因者，往生正因。即第十八願，名念佛往生願。即四十八願中，獨第十八願，唯取念佛，悉捨餘行。依此義，生因本願，唯限於念佛一行。

（2）具足三緣：即第九觀。三緣：明親緣、明近緣、明增上緣。

第九觀：眞身觀，又作佛觀、佛身觀、遍觀一切色身想。觀想無量壽佛之眞身；作此想即可見一切諸佛。

1.明親緣：眾生起行、彼此三業不相捨離，名親緣。三業是口常稱佛，佛即聞之；身常禮敬佛，佛即見之；心常念佛，佛即知之。

眾生憶念佛者，佛亦憶念眾生。

2.明近緣：眾生願見佛，佛即應念，現在其前，故名近緣。

3.明增上緣：眾生稱念，即除多劫罪，命欲終時，佛與聖眾自來迎接，諸邪業繫無能礙者，故名增上緣。

四、往生品位

（1）三輩

上輩有五因緣：

a.捨家離欲，而作沙門

b.發無上菩提心

c.一向專念無量壽佛

d.修諸功德

e.願生安樂國

（2）中輩有七因緣

a.發無上菩提心

b.一向專念無量壽佛

c.多少修善，奉持齋戒

d.起立塔像

e.飯食沙門

f.懸繒、然燈、教華、燒香。

g.以此迴向，願生安樂。

（3）下輩有三因緣

a.假使不能作諸功德，當發無上菩提心。

b.一向專意，乃至十念，念無量壽佛。

c.以至誠心，願生安樂。

（4）九品

請參閱本書 245 問三輩九品文

《佛法三百問》272 問

244.無量壽經大綱為何？

一、無量壽經大綱

敘說阿彌陀佛因位的願行和果上的功德，及攝受十方念佛眾生。

佛說無量壽經　曹魏天竺三藏康僧鎧譯。

另有其他譯本包括：無量壽如來會、佛說大乘無量壽莊嚴經、佛說無量清淨平等覺經、佛說阿彌陀三耶三佛薩樓佛檀過度人道經，及夏氏會集本。

菩薩在修行時期發願，包含成佛時所建淨土模樣，這類誓願便叫做「本願」。本願不是今世發願今世成就，而是生生世世長期修行才能成就的誓願。一般本願又可分為總願和別願兩種。總願是一切菩薩共同的本願，主要是四弘誓願：眾生無邊誓願度、煩惱無盡誓願斷、法門無量誓願學、佛道無上誓願成。為了實現四弘誓願，每位菩薩將會發展出具體而內容豐富的別願，將抽象的根本精神透過更完整的面貌展現。因此，一般談某位佛菩薩的本願時，通常都是指別願而言。

二、二十四願

阿彌陀佛之別願。無量壽經中稱之為四十八願，二者相較，雖略有出入，然主旨則屬一致。於後出阿彌陀佛偈中所舉：「惟念法比丘，乃從世饒王，發願踰諸佛，誓二十四章。」即此二十四願。另於大阿彌陀經卷上亦列舉有二十四願，即：（一）無三惡趣，（二）無有女人、女人往生、等一化生，（三）七寶為地、資具自然，（四）諸佛稱揚、聞名往生，（五）係念定生，（六）中輩往生，（七）來迎引接、住正定聚，（八）不更惡趣，（九）悉皆金色、無有好醜，（十）他心智通，（十一）常修梵行、無有三毒，（十二）慈心無害，（十三）供養諸佛、供具如意，（十四）飲食自然，（十五）三十二相，（十六）說一切智，（十七）神通特勝，（十八）說經特勝，（十九）壽命無量，（廿）菩薩無數、聲聞無數，（廿一）人天長壽，（廿二）宿命智通、天眼智通、天耳智通，（廿三）眷屬光明，（廿四）光明無量、觸光柔軟。

三、四十八願

（1）按慧遠的無量壽經義疏分為三大類：1.攝法身願：第十二、十三、十七願。2.攝淨土願：第三十一、三十二願。3.攝眾生願：其餘四十三願。日僧聖冏將慧遠的攝眾生願又分為攝凡夫願與攝聖人願。

（2）阿彌陀佛本願的內容與數目，不盡相同，古今流通的是「無量壽經」魏譯本中法藏比丘所發四十八願：1.國無惡道願、2.不更惡道願、3.身真金色願、4.形色相同願、5.宿命智通願、6.天眼普見願、7.天耳普聞願、8.他心悉知願、9.神足無礙願、10.不貪計身願、11.住定證滅願、12.光明無量願、13.壽命無量願、14.聲聞無數願、15.隨願修短願、16.不聞惡名願、17.諸佛稱歎願、18.十念必生願、19.臨終接引願、20.欲生果遂願、21.三十二相願、22.一生補處願、23.供養諸佛願、24.供具隨意願、25.演說妙智願、26.那羅延身願、27.一切嚴淨願、28.道樹高顯願、29.誦經得慧願、30.慧辯無限願、31.照見十方願、32.寶香妙嚴願、33.蒙光柔軟願、34.聞名得忍願、35.脫離女身願、36.常修梵行願、37.天人致敬願、38.衣服隨念願、39.樂如漏盡願、40.樹中現剎願、41.諸根無缺願、42.清淨解脫願、43.聞名得福願、44.修行具德願、45.普等三昧願、46.隨願聞法願、47.聞名不退願、48.得三法忍願。

四、四十八願原文

佛告阿難。爾時法藏比丘四十八願：

第一願：設我得佛。國有地獄餓鬼畜生者。不取正覺。

第二願：設我得佛。國中人天。壽終之後。復更三惡道者。不取正覺。

第三願：設我得佛。國中人天。不悉真金色者。不取正覺。

第四願：設我得佛。國中人天。形色不同有好醜者。不取正覺。

第五願：設我得佛。國中人天。不悉識宿命。下至知百千億那由他諸劫事者。不取正覺。

第六願：設我得佛。國中人天。不得天眼。下至見百千億那由他諸佛國者。不取正覺。

第七願：設我得佛。國中人天。不得天耳。下至聞百千億那由他諸佛所說。不悉受持者。不取正覺。

第八願：設我得佛。國中人天。不得見他心智。下至知百千億那由他諸佛國中眾生心念者。不取正覺。

第九願：設我得佛。國中人天。不得神足。於一念頃下至不能超過百千億那由他諸佛國者。不取正覺。

第十願：設我得佛。國中人天。若起想念貪計身者。不取正覺。

第十一願：設我得佛。國中人天。不住定聚。必至滅度者。不取正覺。

第十二願：設我得佛。光明有能限量。下至不照百千億那由他諸佛國者。不取正覺。

第十三願：設我得佛。壽命有能限量。下至百千億那由他劫者。不取正覺。

第十四願：設我得佛。國中聲聞有能計量。乃至三千大千世界眾生緣覺。於百千劫悉共計校知其數者。不取正覺。

第十五願：設我得佛。國中人天。壽命無能限量。除其本願脩短自在。若不爾者。不取正覺。

第十六願：設我得佛。國中人天。乃至聞有不善名者。不取正覺。

第十七願：設我得佛。十方世界無量諸佛。不悉諮嗟稱我名者。不取正覺。

第十八願：設我得佛。十方眾生至心信樂。欲生我國乃至十念。若不生者不取正覺。唯除五逆誹謗正法。

第十九願：設我得佛。十方眾生發菩提心修諸功德。至心發願欲生我國。臨壽終時。假令不與大眾圍遶現其人前者。不取正覺。

第二十願：設我得佛。十方眾生聞我名號係念我國殖諸德本。至心迴向欲生我國。不果遂者。不取正覺。

第二十一願：設我得佛。國中人天。不悉成滿三十二大人相者。不取正覺。

第二十二願：設我得佛。他方佛土諸菩薩眾來生我國。究竟必至一生補處。除其本願自在所化。為眾生故被弘誓鎧。積累德本度脫一切。遊諸佛國修菩薩行。供養十方諸佛如來。開化恒沙無量眾生。使立無上正真之道。超出常倫。諸地之行。現前修習普賢之德。若不爾者不取正覺。

第二十三願：設我得佛。國中菩薩。承佛神力供養諸佛。一食之頃不能遍至無量無數億那由他諸佛國者不取正覺。

第二十四願：設我得佛。國中菩薩。在諸佛前現其德本。諸所求欲供養之具。若不如意者。不取正覺。

第二十五願：設我得佛。國中菩薩不能演說一切智者。不取正覺。

第二十六願：設我得佛。國中菩薩不得金剛那羅延身者。不取正覺。

第二十七願：設我得佛。國中人天。一切萬物嚴淨光麗。形色殊特窮微極妙無能稱量。其諸眾生。乃至逮得天眼。有能明了辨其名數者。不取正覺。

第二十八願：設我得佛。國中菩薩。乃至少功德者。不能知見其道場樹無量光色高四百萬里者。不取正覺。

第二十九願：設我得佛。國中菩薩。若受讀經法諷誦持說。而不得辯才智慧者。不取正覺。

第三十願：設我得佛。國中菩薩。智慧辯才若可限量者。不取正覺。

第三十一願：設我得佛。國土清淨。皆悉照見十方一切無量無數不可思議諸佛世界。猶如明鏡睹其面像。若不爾者。不取正覺。

第三十二願：設我得佛。自地以上至于虛空。宮殿樓觀池流華樹。國土所有一切萬物。皆以無量雜寶百千種香而共合成。嚴飾奇妙超諸人天。其香普薰十方世界。菩薩聞者皆修佛行。若不爾者。不取正覺。

第三十三願：設我得佛。十方無量不可思議諸佛世界眾生之類。蒙我光明觸其體者。身心柔軟超過人天。若不爾者。不取正覺。

第三十四願：設我得佛。十方無量不可思議諸佛世界眾生之類。聞我名字。不得菩薩無生法忍諸深總持者。不取正覺。

第三十五願：設我得佛。十方無量不可思議諸佛世界。其有女人聞我名字。歡喜信樂發菩提心厭惡女身。壽終之後復爲女像者。不取正覺。

第三十六願：設我得佛。十方無量不可思議諸佛世界諸菩薩眾。聞我名字。壽終之後常修梵行至成佛道。若不爾者。不取正覺。

第三十七願：設我得佛。十方無量不可思議諸佛世界諸天人民。聞我名字。五體投地稽首作禮。歡喜信樂修菩薩行。諸天世人莫不致敬。若不爾者。不取正覺。

第三十八願：設我得佛。國中人天。欲得衣服隨念即至。如佛所讚應法妙服自然在身。若有裁縫染治浣濯者。不取正覺。

第三十九願：設我得佛。國中人天。所受快樂。不如漏盡比丘者。不取正覺。

第四十願：設我得佛。國中菩薩。隨意欲見十方無量嚴淨佛土。應時如願。於寶樹中皆悉照見。猶如明鏡睹其面像。若不爾者。不取正覺。

第四十一願：設我得佛。他方國土諸菩薩眾。聞我名字至于得

佛。諸根缺陋不具足者。不取正覺。

第四十二願：設我得佛。他方國土諸菩薩眾。聞我名字。皆悉逮得清淨解脫三昧。住是三昧一發意頃。供養無量不可思議諸佛世尊。而不失定意。若不爾者。不取正覺。

第四十三願：設我得佛。他方國土諸菩薩眾。聞我名字。壽終之後生尊貴家。若不爾者。不取正覺。

第四十四願：設我得佛。他方國土諸菩薩眾。聞我名字。歡喜踊躍。修菩薩行具足德本。若不爾者。不取正覺。

第四十五願：設我得佛。他方國土諸菩薩眾。聞我名字。皆悉逮得普等三昧。住是三昧至于成佛。常見無量不可思議一切如來。若不爾者。不取正覺。

第四十六願：設我得佛。國中菩薩。隨其志願所欲聞法自然得聞。若不爾者。不取正覺。

第四十七願：設我得佛。他方國土諸菩薩眾。聞我名字。不即得至不退轉者。不取正覺。

第四十八願：設我得佛。他方國土諸菩薩眾。聞我名字。不即得至第一第二第三法忍。於諸佛法不能即得不退轉者。不取正覺。

五、四十八願中之重要者

（1）第十一願：住定證滅願：「設我得佛，國中天人，不住定聚，必至滅度者，不取正覺。」本願是攝眾生願的核心願，傳遞阿彌陀佛悲智本懷，欲令十方眾生往生淨土必定成佛。凡夫修行有三層面的困難：脫離生死輪轉難、證入不退轉位難、直趨大涅槃難。阿彌陀佛以其宏大願力加持護念眾生順利渡過三關，令難行易行，難能得能。

（2）第十二願：光明無量願：「設我得佛，光明有限量，下至不照百千億那由他諸佛國者，不取正覺。」本願是阿彌陀佛攝法身願之一。阿彌陀佛為使自己慈悲願力遍及法界，在因地啟建光明無

量，勝於諸佛，甚至超越日月之明，凡阿彌陀佛光明所及，攝受眾生無量無邊。阿彌陀佛光明普照，對於念佛行人更是護念攝受。佛以光明成就我們的淨業，引發我們的心光，光光相攝，正是佛光德用。

（3）諸佛讚嘆願：「設我得佛，十方世界無量諸佛，不悉咨嗟稱我名者，不取正覺。」阿彌陀佛爲令眾生得聞淨土法門機緣無一遺漏，發此願使十方諸佛稱嘆阿彌陀佛極樂世界勸令往生，可見阿彌陀佛廣度眾生的用心良苦。

（4）第十八願：十念必生願。至心信樂，乃至十念。此即信願行之信。

第十八願：「設我得佛，十方眾生，至心信樂，欲生我國，乃至十念；若不生者，不取正覺。唯除五逆，誹謗正法。」

這是阿彌陀佛攝眾生願的核心，歷來淨宗祖師大德視此願爲本願之王，善導言：「一一願言，引第十八。」此願開示成就往生的條件，總令十方眾生只要信願，乃至十念念佛，即得彌陀願力攝受，成就往生淨土，這是阿彌陀佛無上悲智所流現的究竟方便。

（5）第十九願：至心發願，發菩提心，修諸功德。此即信願行之願。

第十九願：「設我得佛。十方眾生發菩提心修諸功德。至心發願欲生我國。臨壽終時。假令不與大眾圍遶現其人前者。不取正覺。」

（6）第二十願：臨終接引願。至心迴向，植眾德本。

第二十願：「設我得佛。十方眾生聞我名號係念我國殖諸德本。至心迴向欲生我國。不果遂者。不取正覺。」

凡夫臨終之際，多有顛倒，或起惡念邪見，所謂生死關頭，最難得力，阿彌陀佛愍念眾生臨終顛倒散亂之苦，特發臨終接引願，細緻入微，慈悲之極。

六、無量壽經講述三輩原文

（1）上輩

佛告阿難：「十方世界諸天人民，其有至心願生彼國，凡有三輩。其上輩者，捨家棄欲，而作沙門，發菩提心，一向專念無量壽佛，修諸功德，願生彼國。此等眾生，臨發菩提心，一向專念無量壽佛時，無量壽佛，與諸大眾，現其人前，即隨彼佛，往生其國，便於七寶華中，自然化生，住不退轉，智慧勇猛，神通自在。是故，阿難！其有眾生，欲於今世見無量壽佛，應發無上菩提之心，修行功德，願生彼國！」

1.1.上輩的條件

1.捨家棄欲，而作沙門。

2.發菩提心，一向專念無量壽佛。

3.修諸功德，願生彼國。

1.2.上輩的接引情形

1.無量壽佛，與諸大眾，現其人前。

2.即隨彼佛，往生其國，便於七寶華中，自然化生，

1.3.上輩往生後的功德

住不退轉，智慧勇猛，神通自在。

（2）中輩

佛語阿難：「其中輩者，十方世界諸天人民，其有至心，願生彼國，雖不能行作沙門，大修功德，當發無上菩提之心，一向專念無量壽佛，多少修善，奉持齋戒，起立塔像，飯食沙門，懸繒然燈，散華燒香，以此迴向，願生彼國。其人臨終，無量壽佛，化現其身，光明相好，具如真佛，與諸大眾，現其人前。即隨化佛往生其國，住不退轉，功德智慧，次如上輩者也。」

2.1.中輩的條件

1.十方世界諸天人民，其有至心，願生彼國。

2.雖不能行作沙門，大修功德，當發無上菩提之心，一向專念

無量壽佛。

3.奉持齋戒，起立塔像，飯食沙門，懸繒然燈，散華燒香，以此迴向，願生彼國。

2.2.中輩的接引情形

其人臨終，無量壽佛，化現其身，光明相好，具如眞佛，與諸大眾，現其人前。

2.3.中輩往生後的功德

即隨化佛往生其國，住不退轉，功德智慧，次如上輩者。

（3）下輩

佛語阿難：「其下輩者，十方世界，諸天人民，其有至心，欲生彼國，假使不能作諸功德，當發無上菩提之心，一向專意，乃至十念，念無量壽佛，願生其國。若聞深法，歡喜信樂，不生疑惑，乃至一念，念於彼佛，以至誠心，願生其國。此人臨終，夢見彼佛，亦得往生，功德智慧，次如中輩者也。」

3.1.下輩的條件

1.十方世界，諸天人民，其有至心，欲生彼國。

2.假使不能作諸功德，當發無上菩提之心，一向專意，乃至十念，念無量壽佛，願生其國。

3.若聞深法，歡喜信樂，不生疑惑，乃至一念，念於彼佛，以至誠心，願生其國。

3.2.下輩的接引情形

此人臨終，夢見彼佛，亦得往生。

3.3.下輩往生後的功德

功德智慧，次如中輩者也。

（4）「無量壽經」僅述及三輩之分類，尚未有三輩九品之分類，直至「觀無量壽經」才有三輩九品之分類。

245.觀無量壽經大綱為何？

一、觀無量壽經大綱
　　向人們顯示往生淨土的行業，示現西方極樂淨土，及告訴人們如何修行淨土法門，包括修三福、十六觀等為往生方法。

二、三福淨業
　　一者，孝養父母、奉事師長、慈心不殺、修十善業。二者、受持三皈，具足眾戒，不犯威儀。三者、發菩提心、深信因果、讀誦大乘、勸進行者。

三、十六觀
　　（3.1）十六觀內容
　　念佛行者由憶念彌陀之身與淨土，得以往生西方，總其觀行有十六種。即：
　　（一）日想觀，又作日觀、日想。正坐西向，諦觀於日，令心堅住，專想不移。見日欲沒，狀如懸鼓，既見日已，開目閉目皆令明瞭。
　　（二）水想觀，又作水觀、水想。初見西方一切皆是大水，再起冰想，見冰映徹，作琉璃想。
　　（三）地想觀，又作地觀、琉璃地觀、地想。觀想下有金剛七寶金幢擎琉璃地，地上以黃金繩雜廁間錯，一一寶各有五百色光等。
　　（四）寶樹觀，又作樹觀、樹想。觀極樂國土有七重行樹，七寶花葉無不具足，一一花葉作異寶色，又一一樹上有七重網。
　　（五）寶池觀，又作八功德水想、池觀。觀想極樂有八功德水，一一水中有六十億七寶蓮花，摩尼水流注其間演妙法。又有百寶色之鳥，常讚念佛、念法、念僧。

（六）寶樓觀，作此觀想即刻成就以上五種觀法，故又作總觀。亦作總觀想、總想觀。觀想其一一界上有五百億寶樓，其中無量諸天作伎樂。又有樂器，懸處虛空，不鼓自鳴。

（七）華座觀，又作華座想。觀佛及二菩薩所坐之華座。

（八）像觀，又作像想觀、佛菩薩像觀、像想。觀想一閻浮檀金色佛像坐彼花上，又觀音、勢至二菩薩像侍於其左右，各放金光。

（九）眞身觀，又作佛觀、佛身觀、遍觀一切色身想。觀想無量壽佛之眞身；作此想即可見一切諸佛。

（十）觀音觀，又作觀世音觀、觀觀世音菩薩眞實色身想。觀想彌陀脅士中之觀世音菩薩。

（十一）勢至觀，又作大勢至觀、觀大勢至色身想。觀想另一脅士大勢至菩薩。

（十二）普觀，又作自往生觀、普往生觀、普觀想。觀自生於極樂，於蓮花中結跏趺坐。蓮花開時，有五百色光來照身，乃至佛菩薩滿虛空。

（十三）雜想觀，又作雜觀、雜明佛菩薩觀、雜觀想。觀丈六佛像在池水上，或現大身滿虛空。即雜觀眞佛、化佛、大身、小身等。

（十四）上輩觀，又作上品生觀、上輩生想。往生淨土者依其因，而有上、中、下三輩，三輩複分上、中、下三品，總爲九品。上輩觀即觀上輩徒眾自發三心、修慈心不殺行等、臨終蒙聖眾迎接，及往生後得種種勝益之相。

（十五）中輩觀，又作中品生觀、中輩生想。即觀中輩徒眾受持五戒八戒、修孝養父母之行等，及感得聖眾迎接而往生等相。

（十六）下輩觀，又作下品生觀、下輩生想。即觀下輩徒眾雖造作惡業，然臨終遇善知識，而知稱念彌陀名號，因之得以往生，及蒙種種勝益之相。

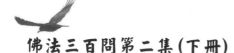

（3.2）十六觀總結

以上十六觀的內容，可加以歸納成三大部分：即初六觀（第一至第六）是觀想極樂世界的依報莊嚴，先漸想，後實觀；次七觀（第七至第十三）是觀想極樂世界的正報莊嚴，先像想，後眞身，且先主而後伴；末三觀（第十四至第十六）則是觀明三輩往生，先上輩、次中輩、後下輩。其所以立觀往生之由，乃爲增進觀行，或使位在中下者，進修勝觀，登於上品；或使前觀依正成就，已證八、九信者，進而能窮深事理，而登十信。

依知禮「妙宗鈔」稟承智者撰《疏》之旨，卻將十六觀統判歸於圓教之不思議妙觀。其於〈鈔序〉標云：

「觀者，總舉能觀，即十六觀也。無量壽佛者，舉所觀要，攝十五境也。……能觀皆是一心三觀，所觀皆是三諦一境……是故今觀若依若正，乃「法界心」觀「法界境」，生於法界依正色心，是則名爲唯依唯正、唯色唯心、唯觀唯境。故釋「觀」字，用一心三觀；釋「無量壽」，用一體三身。體、宗、力用，義並從圓，判教屬頓。

四、觀無量壽經講述九品原文

（1）上品上生

1.1.往生西方必須具備的條件

1.佛告阿難，及韋提希：「上品上生者，若有眾生願生彼國者，發三種心，即便往生。何等爲三？一者至誠心，二者深心，三者迴向發願心；具三心者，必生彼國。」

2.「復有三種眾生，當得往生。何等爲三？一者慈心不殺，具諸戒行；二者讀誦大乘，方等經典；三者修行六念。迴向發願，願生彼國；具此功德，一日乃至七日，即得往生。」

1.2.臨終迎接情形

1.「生彼國時，此人精進勇猛故，阿彌陀如來，與觀世音，大

勢至，無數化佛，百千比丘，聲聞大眾，無量諸天，七寶宮殿，觀世音菩薩，執金剛臺，與大勢至菩薩，至行者前，阿彌陀佛放大光明，照行者身，與菩薩授手迎接。觀世音，大勢至，與無數菩薩，讚歎行者，勸進其心。」

2.「行者見已，歡喜踊躍，自見其身，乘金剛臺，隨從佛後，如彈指頃，往生彼國。」

1.3.生彼國後之情形

1.「生彼國已，見佛色身，眾相具足；見諸菩薩，色相具足；光明寶林，演說妙法。聞已，即悟無生法忍。」

2.「經須臾間，歷事諸佛，遍十方界，於諸佛前，次第授記，還至本國，得無量百千陀羅尼門。」

「是名上品上生者。」

（2）上品中生

2.1.往生西方必須具備的條件

「上品中生者，不必受持讀誦方等經典。善解義趣，於第一義，心不驚動，深信因果，不謗大乘，以此功德迴向，願求生極樂。」

2.2.臨終迎接情形

「行此行者，命欲終時，阿彌陀佛，與觀世音，大勢至，無量大眾，眷屬圍遶，持紫金臺，至行者前，讚言：「法子！汝行大乘，解第一義，是故我今來迎接汝！」與千化佛，一時授手。」

2.3.生彼國後之情形

1.「行者自見坐紫金臺，合掌叉手，讚歎諸佛，如一念頃，即生彼國。七寶池中，此紫金臺，成大蓮華，經宿則開。」

2.「行者身作紫磨金色，足下亦有七寶蓮華，佛及菩薩，俱時放光，照行者身，目即開明，因前宿習，普聞眾聲，純說甚深第一義諦。即下金臺，禮佛合掌，讚歎世尊。」

3.「經於七日，應時即於阿耨多羅三藐三菩提，得不退轉。應

時即能飛行,遍至十方,歷事諸佛。於諸佛所修諸三昧,經一小劫,得無生忍,現前授記。」

「是名上品中生者。」

(3)上品下生

3.1.往生西方必須具備的條件

「上品下生者,亦信因果,不謗大乘,但發無上道心,以此功德迴向,願求生極樂國。」

3.2.臨終迎接情形

「行者命欲終時,阿彌陀佛,及觀世音、大勢至、與諸菩薩,持金蓮華,化作五百佛,來迎此人。五百化佛,一時授手,讚言:『法子!汝今清淨,發無上道心,我來迎汝!』」

3.3.生彼國後之情形

1.「見此事時,即自見身坐金蓮華,坐已華合,隨世尊後,即得往生七寶池中,一日一夜,蓮華乃開,七日之中,乃得見佛。雖見佛身,於眾相好,心不明了,於三七日後,乃了了見。」

2.「聞眾音聲,皆演妙法,遊歷十方,供養諸佛,於諸佛前,聞甚深法。經三小劫,得百法明門,住歡喜地。」

「是名上品下生者,是名上輩生想,名第十四觀。」

(4)中品上生

4.1.往生西方必須具備的條件

佛告阿難,及韋提希:「中品上生者,若有眾生,受持五戒,持八戒齋,修行諸戒,不造五逆,無眾過患,以此善根,迴向願求,生於西方極樂世界。」

4.2.臨終迎接情形

「臨命終時,阿彌陀佛,與諸比丘,眷屬圍遶,放金色光,至其人所,演說苦、空、無常、無我,讚歎出家,得離眾苦。」

4.3.生彼國後之情形

1.「行者見已,心大歡喜,自見己身,坐蓮華臺,長跪合掌,

為佛作禮，未舉頭頃，即得往生極樂世界。」

2.「蓮華尋開，當華敷時，聞眾音聲讚歎四諦，應時即得阿羅漢道。三明六通，具八解脫。」

「是名中品上生者。」

（5）中品中生

5.1.往生西方必須具備的條件

「中品中生者，若有眾生，若一日一夜，持八戒齊；若一日一夜，持沙彌戒；若一日一夜，持具足戒；威儀無缺，以此功德迴向願求生極樂國。」

5.2.臨終迎接情形

「戒香熏修。如此行者，命欲終時，見阿彌陀佛，與諸眷屬，放金色光，持七寶蓮華，至行者前，行者自聞空中有聲，讚言：『善男子！如汝善人，隨順三世諸佛教法，我來迎汝！』行者自見，坐蓮華上。蓮華即合，生於西方極樂世界。」

5.3.生彼國後之情形

「在寶池中，經於七日，蓮華乃敷。華既敷已，開目合掌，讚歎世尊，聞法歡喜，得須陀洹，無半劫已，成阿羅漢。」

「是名中品中生者。」

（6）中品下生

6.1.往生西方必須具備的條件

「中品下生者，若有善男子，善女人，孝養父母，行世仁慈，此人命欲終時，遇善知識，為其廣說阿彌陀佛，國土樂事，亦說法藏比丘，四十八願。」

6.2.臨終迎接情形

「聞此事已，尋即命終。譬如壯士，屈伸臂頃，即生西方極樂世界。」

6.3.生彼國後之情形

「經七日已，遇觀世音，及大勢至，聞法歡喜，得須陀洹，過

一小劫，成阿羅漢。」

「是名中品下生者。是名中輩生想，名第十五觀。」

（7）下品上生

7.1.往生西方必須具備的條件

佛告阿難及韋提希：「下品上生者，或有眾生作眾惡業，雖不誹謗方等經典，如此愚人，多造惡法，無有慚愧，命欲終時，遇善知識，爲說大乘十二部經首題名字，以聞如是諸經名故，除卻千劫極重惡業。智者復教合掌叉手，稱南無阿彌陀佛，稱佛名故，除五十億劫生死之罪。」

7.2.臨終迎接情形

「爾時彼佛，即遣化佛，化觀世音，化大勢至，至行者前，讚言：『善男子！以汝稱佛名故，諸罪消滅，我來迎汝！』」

7.3.生彼國後之情形

1.「作是語已，行者即見化佛光明，遍滿其室，見已歡喜，即便命終，乘寶蓮華，隨化佛後，生寶池中。經七七日，蓮華乃敷。」

2.「當華敷時，大悲觀世音菩薩，及大勢至菩薩，放大光明，住其人前，爲說甚深十二部經。聞已信解，發無上道心，經十小劫，具百法明門，得入初地。」

「是名下品上生者。」

（8）下品中生

8.1.往生西方必須具備的條件

1.佛告阿難，及韋提希：「下品中生者，或有眾生，毀犯五戒，八戒，及具足戒，如此愚人，偷僧祇物，盜現前僧物，不淨說法，無有慚愧。以諸惡業，而自莊嚴。如此罪人，以惡業故，應墮地獄，命欲終時，地獄眾火，一時俱至。」

2.「遇善知識，以大慈悲，即爲讚說阿彌陀佛，十力威德，廣讚彼佛，光明神力，亦讚戒定慧，解脫，解脫知見」

8.2.臨終迎接情形

「此人聞已，除八十億劫生死之罪，地獄猛火化爲清涼，風吹諸天華，華上皆有化佛菩薩，迎接人。」

8.3.生彼國後之情形

「如一念頃，即得往生七寶池中，蓮華之內，經於六劫，蓮華乃敷。觀世音，大勢至，以梵音聲，安慰彼人，爲說大乘甚深經典。聞此法已，應時即發無上道心。」

「是名下品中生者。」

（9）下品下生

9.1.往生西方必須具備的條件

1.佛告阿難，及韋提希：「下品下生者，或有眾生，作不善業，五逆十惡，具諸不善，如此愚人，以惡業故，應墮惡道，經歷多劫，受苦無窮。」

2.「如此愚人，臨命終時，遇善知識，種種安慰，爲說妙法，教令念佛，彼人苦逼，不遑念佛；善友告言：『汝若不能念彼佛者，應稱無量壽佛，如是至心，令聲不絕，具足十念，稱南無阿彌陀佛。』稱佛名故，所念念中，除八十億劫生死之罪。」

9.2.臨終迎接情形

「命終之時，見金蓮華，猶如日輪，住其人前，如一念頃，即得往生極樂世界。」

9.3.生彼國後之情形

「於蓮華中，滿十二大劫，蓮華方開，觀世音，大勢至，以大悲音聲，爲其廣說諸法實相，除滅罪法。聞已歡喜，應時即發菩提之心。」

「是名下品下生者。是名下輩生想，名第十六觀。」

五、三輩九品之比較

（5.1..）往生西方必須具備的條件

（1）下品下生

作不善業，五逆十惡，具諸不善。遇善知識，種種安慰，爲說妙法，教令念佛。

應稱無量壽佛，如是至心，令聲不絕，具足十念，稱南無阿彌陀佛。

（2）下品中生

毀犯五戒，八戒，及具足戒，如此愚人，偷僧祇物，盜現前僧物，不淨說法，無有慚愧。

（3）下品上生

作眾惡業，雖不誹謗方等經典，如此愚人，多造惡法，無有慚愧，命欲終時，遇善知識，爲說大乘十二部經首題名字。

（4）中品下生

孝養父母，行世仁慈，此人命欲終時，遇善知識，爲其廣說阿彌陀佛，國土樂事。

（5）中品中生

若一日一夜，持八戒齊；若一日一夜，持沙彌戒；若一日一夜，持具足戒；威儀無缺，以此功德迴向願求生極樂國。

（6）中品上生

受持五戒，持八戒齊，修行諸戒，不造五逆，無眾過患，以此善根，迴向願求，生於西方極樂世界。

（7）上品下生

亦信因果，不謗大乘，但發無上道心，以此功德迴向，願求生極樂國。

（8）上品中生

不必受持讀誦方等經典。善解義趣，於第一義，心不驚動，深信因果，不謗大乘，以此功德迴向，願求生極樂。

（9）上品上生

發三種心，即便往生。何等為三？一者至誠心，二者深心，三者迴向發願心；具三心者，必生彼國。

（5.2）往生彼國後之情形

（1）下品下生：住蓮花苞十二大劫，應時即發菩提之心。

蓮華方開，觀世音，大勢至，以大悲音聲，為其廣說諸法實相，除滅罪法。聞已歡喜，應時即發菩提之心。

（2）下品中生：住蓮花苞六劫，應時發無上道心。

觀世音，大勢至，以梵音聲，安慰彼人，為說大乘甚深經典。聞此法已，應時即發無上道心。

（3）下品上生：住蓮花苞七七天，經十小劫入初地。

當華敷時，大悲觀世音菩薩，及大勢至菩薩，放大光明，住其人前，為說甚深十二部經。經十小劫，具百法明門，得入初地。

（4）中品下生：經七日巳，過一小劫成阿羅漢。

經七日已，遇觀世音，及大勢至，聞法歡喜，得須陀洹，過一小劫，成阿羅漢。

（5）中品中生：七日花開，無半劫巳，成阿羅漢。

在寶池中，經於七日，蓮華乃敷。華既敷已，開目合掌，讚歎世尊，聞法歡喜，得須陀洹，無半劫已，成阿羅漢。

（6）中品上生：蓮花尋開，應時即得阿羅漢。

蓮華尋開，當華敷時，聞眾音聲讚歎四諦，應時即得阿羅漢道。三明六通，具八解脫。

（7）上品下生：一日一夜，蓮華乃開。經三小劫，住歡喜地。

即得往生七寶池中，一日一夜，蓮華乃開，七日之中，乃得見佛。雖見佛身，於眾相好，心不明了，於三七日後，乃了了見。

聞眾音聲，皆演妙法，遊歷十方，供養諸佛，於諸佛前，聞甚深法。經三小劫，得百法明門，住歡喜地。

（8）上品中生：經宿則開。經一小劫，得無生忍。

七寶池中，此紫金臺，成大蓮華，經宿則開。

行者身作紫磨金色，足下亦有七寶蓮華，佛及菩薩，俱時放光，照行者身，目即開明，因前宿習，普聞眾聲，純說甚深第一義諦。即下金臺，禮佛合掌，讚歡世尊。

經於七日，應時即於阿耨多羅三藐三菩提，得不退轉。應時即能飛行，遍至十方，歷事諸佛。

於諸佛所修諸三昧，經一小劫，得無生忍，現前授記。

（9）上品上生：即見佛色身。聞已即悟無生法忍。

生彼國已，見佛色身，眾相具足；見諸菩薩，色相具足；光明寶林，演說妙法。聞已，即悟無生法忍。

經須臾間，歷事諸佛，遍十方界，於諸佛前，次第授記，還至本國，得無量百千陀羅尼門。

六、智旭「淨土十要」

第一要：阿彌陀經要解

第二要：往生淨土懺願儀、往生淨土決疑行願二門

第三要：觀無量壽佛經初心三昧門、受持佛說阿彌陀經行願儀

第四要：淨土十疑論

第五要：念佛三昧寶王論上中下

第六要：淨土或問

第七要：西齋淨土詩卷上下

第八要：寶王三昧念佛直指卷上卷下

第九要：淨土生無生論、續淨土生無生論、淨土法語

第十要：西方合論、第一刹土門、第二緣起門、第三都類門、第四教相門、第五理諦門、第六稱性門、第七往生門、第八見網門、第九修持門、第十釋異門

246.阿彌陀經大綱為何？

一、此經在中土弘傳極盛，史載曾三次漢文譯出：第一次是姚秦鳩摩羅什在長安譯出；第二次是劉宋求那跋陀羅在荊州譯出，名「小無量壽經」今已失傳；第三次唐玄奘在長安譯出，名「稱讚淨土佛攝受經」。以羅什本最爲流行。

二、顯示淨土的正、依報莊嚴，極樂世界的美妙和執持阿彌陀佛名號的種種利益及方便，並讚歎阿彌陀佛不可思議之功德。

三、以下選擇重要經文解釋如下：

原文：「爾時佛告長老舍利弗。從是西方，過十萬億佛土，有世界名曰極樂。其土有佛，號阿彌陀，今現在說法。舍利弗。彼土何故名爲極樂。其國眾生，無有眾苦，但受諸樂，故名極樂。又舍利弗。極樂國土，七重欄楯，七重羅網，七重行樹，皆是四寶周匝圍繞，是故彼國名曰極樂。又舍利弗。極樂國土，有七寶池，八功德水，充滿其中。池底純以金沙布地。四邊階道，金銀琉璃玻璃合成。上有樓閣，亦以金銀琉璃車磲赤珠瑪瑙而嚴飾之。池中蓮花，大如車輪。青色青光，黃色黃光，赤色赤光，白色白光，微妙香潔。舍利弗。極樂國土，成就如是功德莊嚴。」

*解說：從此往西方，過十萬億佛土，有世界名叫極樂。

其土有佛，名叫阿彌陀，現正在說法。

舍利弗，彼土何以名爲極樂？因爲其國眾生，沒有眾苦，但受諸樂。故極樂世界是十萬億「佛土」之外的世界，是阿彌陀佛法身依其願力所化現的報身土，在其土說法的阿彌陀佛是報身佛。這佛土的最大特色是「無有眾苦，但受諸樂」故名「極樂世界」。往生極樂世界的地球眾生，到底是什麼「身」，經中未提及。

極樂世界有七寶池，八功德水。池底是純以金沙布地，四邊階道是金銀琉璃所合成。池上有樓閣，也是以金銀琉璃車磲赤珠瑪瑙等嚴飾構成。池中的蓮花，大如車輪。青色青光、黃色黃光、赤色

赤光、白色白光，微妙香潔。

原文：「又舍利弗。極樂國土，眾生生者，皆是阿鞞跋致。其中多有一生補處，其數甚多，非是算數所能知之，但可以無量無邊阿僧祇說。舍利弗。眾生聞者，應當發願，願生彼國。所以者何，得與如是諸上善人俱會一處。舍利弗。不可以少善根福德因緣得生彼國。舍利弗，若有善男子善女人，聞說阿彌陀佛，執持名號，若一日，若二日，若三日，若四日，若五日，若六日，若七日，一心不亂，其人臨命終時，阿彌陀佛與諸聖眾，現在其前。是人終時，心不顛倒，即得往生阿彌陀佛極樂國土。舍利弗。我見是利，故說此言。若有眾生，聞是說者，應當發願，生彼國土。」

*解說：極樂國土的眾生，都已是不退轉位（有位不退、行不退、念不退）。其中有很多已是一生補處（即最後身菩薩，是候補佛位的菩薩，如彌勒、觀自在菩薩），這樣的菩薩數目甚多，多到難以計數，只可以無量無邊阿僧祇來形容。

舍利弗，眾生聞者，應當發願，願生彼國。所以者何？因為可以與如上所說之諸上善人俱會一處。

舍利弗，若善根福德因緣很少而不足，則不得生彼國。

舍利弗，若有善男子善女人，聞說阿彌陀佛，能夠口念，執持其名號，如此若一日、若二日、若三日、若四日、若五日、若六日、若七日，只要持續稱念佛號，而心不散亂，其人臨命終時，阿彌陀佛會與諸聖眾出現在其面前。是人臨終時，若能心不顛倒（沒有常樂我淨四顛倒），即能往生阿彌陀佛極樂國土。

原文：「舍利弗。於汝意云何。何故名為一切諸佛所護念經。舍利弗。若有善男子善女人，聞是經受持者，及聞諸佛名者，是諸善男子善女人，皆為一切諸佛之所護念，皆得不退轉於阿耨多羅三藐三菩提。是故舍利弗。汝等皆當信受我語，及諸佛所說。」

*解說：舍利弗，此經何以名為一切諸佛所護念經？舍利弗，若有善男子善女人，聽聞此經又能受持者，又能聽聞諸佛名號者，那麼這些善男子善女人，皆為一切諸佛之所護念，皆會得到不退轉位，皆能達成阿耨多羅三藐三菩提（即正等正覺）。是故舍利弗，汝等皆當信受我語，及諸佛所說。

原文：「舍利弗。若有人已發願，今發願，當發願，欲生阿彌陀佛國者。是諸人等，皆得不退轉於阿耨多羅三藐三菩提。於彼國土，若已生，若今生，若當生。是故舍利弗。諸善男子善女人，若有信者，應當發願生彼國土。」

*解說：舍利弗，若有人過去已發願，現在發願，將來發願，欲往生阿彌陀佛國者，則這些人皆會得不退轉位，達成阿耨多羅三藐三菩提（正等正覺）。於彼國土，若已生、若今生、若當生。

是故舍利弗，諸善男子善女人，若有信者，應當發願生彼國土。

原文：「舍利弗。如我今者，稱讚諸佛不可思議功德。彼諸佛等，亦稱讚我不可思議功德。而作是言，釋迦牟尼佛能為甚難希有之事。能於娑婆國土五濁惡世，劫濁，見濁，煩惱濁，眾生濁，命濁中，得阿耨多羅三藐三菩提。為諸眾生，說是一切世間難信之法。」

*解說：舍利弗。如我今者，能稱讚諸佛不可思議功德，則彼諸佛等，也會稱讚我之不可思議功德。

而作是言，釋迦牟尼佛能為甚難希有之事。能於娑婆國土（即我們這個世界），是屬於五濁惡世。五濁是劫濁（整個世界災難不斷）、見濁（眾生持邪惡見解）、煩惱濁（眾生具有貪嗔癡煩惱）、眾生濁（眾生不持禁戒）、命濁（眾生壽命極短）等。

為使眾生能在五濁世間得證阿耨多羅三藐三菩提，所以為諸眾

生,說這種一切世間所難信持之法。

原文:「舍利弗。當知我於五濁惡世,行此難事,得阿耨多羅三藐三菩提。為一切世間,說此難信之法,是為甚難。

佛說此經已。舍利弗,及諸比丘,一切世間天人阿修羅等,聞佛所說,歡喜信受,作禮而去。佛說阿彌陀經。」

*解說:舍利弗,當知我於此五濁惡世,能行此難事,修得阿耨多羅三藐三菩提。

為一切世間眾生,說此難信之法,是為甚難。

佛說此經已,舍利弗及諸比丘,一切世間天人、阿修羅等,聽聞佛所說,皆歡喜信受,作禮而去。佛說阿彌陀經。

四、我國淨土法門主要為彌勒淨土及彌陀淨土兩種。彌勒淨土的信仰以東晉道安為最早,著有「淨土論」六卷,期生兜率彌勒淨土。

唐代玄奘與窺基,也以彌勒淨土為行持及依歸。但從此以後,由於修者少,弘揚者更少,漸形衰落。

而彌陀信仰則大為隆興,彌陀淨土遂成為諸佛淨土的代表。

247.淨土宗如何念佛?

一、助行念佛、正行念佛

助行念佛是為了去除自心中之迷妄,為修聖道之方便;正行念佛是為求往生西方淨土,為往生之必須條件。

(1)心相:有定心念佛及散心念佛

1.有定心念佛為觀想之念佛,必須付出自己充滿的心力。有事觀及理觀二種。

理觀者，觀想眞如法性之佛法身；

事觀者，觀想悲智圓滿之佛報身。

定心：有理觀、事觀

a.理觀：實相念佛-自力-助行

b.事觀：觀想念佛-自力-正行

2.散心念佛：用口稱念佛號，也要付出自己心力及仗賴佛力加被二力。所以有自力及他力。是屬於正行。

二、各種念佛法門

（1）實相念佛：諦觀諸法實相，此實相即佛法身

（2）觀想念佛：觀想佛的三十二相及功德

（3）觀像念佛：觀像佛的塑畫像

（4）稱名念佛：以口稱念佛的名號

1.記數念：在稱念「南無阿彌陀佛」的同時，用數念珠來記錄所念的計數。久而久之，心思自然集中，不致往外飛馳。

2.記十念：每念撥一念珠，只要專心一意，就不會產生妄想了。

3.隨息念：呼氣之時，盡一口氣，稱念佛號三、五聲，或六、七聲，一口氣念到底，一口氣念完以後，吸氣再念。

4.追頂念：口中微微出聲，念時字句甚急，一句一句，接頭續尾，一口氣連續下去，不容一絲空隙，可使沒有雜念妄想。

5.禮拜念：即邊念邊拜。禮拜起伏是身業清淨；口稱佛號是口業清淨；意中思佛是意業清淨。三業清淨自能收攝六根，心思不亂。

6.覺照念：在念佛同時，也觀照自性，覺悟自性眞我與佛性渾然一體，眼前一片光明，清淨無染，此法有助於心性修養。

7.出聲念：或高聲念。念時聲音洪亮，氣概壯闊，善能拓展心胸，排除雜念，去懈志，驅睡魔。

8.金剛念：念時聲音中庸，不高也不默，不緩也不急，口念耳聽，能夠攝心入靜，止息妄念。

9.默念：啓動嘴唇而不出聲，但是念者心中一字一字從頭到尾，清清楚楚地默念佛號。此法可以於坐臥、乘車等，可以隨時默念。

248.印光大師的淨土思想為何？

「印光大師文鈔菁華錄」，全書共十章，目錄如下：
一、讚淨土超勝
二、誠信願眞切
（一）示眞信切願
（二）勸袪疑生信
（三）勉具足信願
三、示修除方法
（一）示念佛方法
（二）勸兼念觀音
（三）明對治習氣
（四）論存心立品
（五）評修持各法
（六）勉行人努力
四、論生死事大
（一）警人命無常
（二）教專仗佛力
（三）示臨終切要
五、勉居心誠敬
六、勸注重因果

（一）明因果之理

（二）示戒殺之要

七、分禪淨界限

八、釋普通疑惑

理事、心性、悟證、宗教、持呪、出家、謗佛、戒律、中陰、四土、舍利、臂香、境界、神通、外道、勝緣。

九、諭在家善信

（一）示倫常大教

（二）勗居塵學道

十、標應讀典籍

249.什麼是生西瑞相？

偈語：「頂聖眼生天，人心餓鬼腹，畜生膝蓋離，地獄腳板出。」指人死後熱氣最後停留之處，在頭頂最慢冷卻者會生天。熱氣在人心會生鬼道；在膝蓋會生畜生道；在腳板會入地獄。

切不可以手探摸死者身體，因其第八識尚未離，會生煩惱而墮入三惡道。此時但念佛不斷，則彼會自得大利。

死者若生前淨業精進，念佛不間斷，臨終時自會瑞相，既有瑞相，必當生西。

瑞相如下：

（1）能預知時至，沐浴更衣，遍辭親友，至期安詳遷化

（2）如結跏趺坐，念佛而脫

（3）如並無病痛，捨報安詳

（4）從容不逼，作偈而逝

（5）天樂鳴空，異香滿室

（6）親見三聖容顏，極樂境界

（7）手足柔軟，容貌如生，並無便穢

（8）全身皆冷，頭頂獨暖

（9）念佛不斷，直至命終

250.臨終要務有哪些？

依念佛飭終團的規章「飭終津梁」內，言之頗詳，以下將其要點簡述於下：

一、陳設：室內供西方三聖像，或僅阿彌陀佛像亦可，紙繪木雕泥塑皆宜。一張几棹，上置香爐、燭台、引磬、磬、花瓶、果盤等。

二、叮囑家屬：勸旁人勿嬉笑，或高聲閒談。勿說世事，或病人關心事。家屬勿哭泣，勿出怨恨煩惱語，勿向病人問及家事後事，以挑起其世情。若係病故，死者氣息雖斷，第八識尚未離，此時當繼續念佛，所有啼哭、拭身、更衣、入殮、進棺等諸事，皆當待至全身冰冷時，才可行之，否則彼必生煩惱，入三惡道。

三、叮囑病者：助念人應勸病人勿作雜念，當放下萬緣，一心念佛。並以柔軟語安慰病人，為說西方極樂世界，莊嚴安樂，能得生彼，深可慶賀。病人如有未了事，牽掛心頭者，應盡能力所及，為之辦理妥善，令彼知見，以安其心。

四、救度中陰：人死後，中陰身（人死後至下生之間的第八識身）尚留戀在屍身附近，可以看見親屬為之洗滌穿衣哭泣等事，心中淒涼驚疑，沒了主張。此時生人仍可向之說法，勸彼捨除貪愛，一心念佛，求生淨土，或從旁高聲念佛號，使彼聞之，借此淨念，往生西方淨土，此即救度中陰之法。

251.臨終需有「念佛餞終團」或「蓮友助念團」嗎？

依據無量壽經之三品九輩說，從下品下生直至中品中生的人往生後，都需有助念才能生西，故佛學會蓮社等，為恐蓮友病重痛苦，或神智昏迷，或眷屬哭戀，妨礙到往生者之十念或正念，乃有「念佛餞終團」或「蓮友助念團」的組織。凡入團蓮友中，如屆病重，願受餞終者，可由學會蓮社之理事到病家察看後，認為有需助念者，乃安排蓮友們到病家分班念佛，助病人排除妄心，生起佛念，直至氣絕身冷為止。

252.有唯心淨土嗎？

觀無量壽經：「諸佛如來是法界身，入一切眾生心想中，是故眾生心念佛時，是心即是三十二相，八十種好，是心作佛，是心是佛。」唯心淨土即據此而發揮闡釋。

唐代淨宗僧人慧日也說：「一類男女道俗，於彼淨土而不生信，但以淨心，此間即是，西方淨土不在別處云。」

禪宗六祖慧能說：「迷人念佛求生於彼，悟人自淨其心，所以佛言：隨其心淨即佛土淨。……凡愚不了自性，不識身中淨土，願東願西，悟人在處一般，……使君心地但無不善，西方去此不遙。若懷不善之心，念佛往生難到。」

淨土宗不主張唯心淨土。

作者認為唯心淨土所指的淨土是法身土，是屬於佛土，在佛的佛眼中，依正不二，心即是佛身即是佛土。但淨土宗的淨土是阿彌陀佛法身依願力，由法身體起用的報身土，此報身土自有別於法身土。

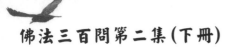

253.淨土三流派是什麼？

（一）自力派：以廬山慧遠為代表，主張往生西方極樂世界，必須依靠以自己在世時所修得的「念佛三昧」的力量，即依在稱念「阿彌陀佛」當中所鍛練出來的禪定力，才能往生西方極樂世界。

（二）他力派：道綽（隋）、善導（唐）。純以稱名念佛，及佛第十八願的願力而往生西方極樂世界。曇鸞尚有觀想念佛。

（三）禪淨雙修派：唐、慈愍慧日；宋、永明延壽；宋靈芝元照、明雲棲袾宏（蓮池大師）。提倡「禪淨雙修」。可以說是自力派與他力派的調和說。

以上三個流派，以他力派最為流行。

念佛有稱名、觀想及實相等三種念佛。

以上自力派屬於觀想及實相念佛，他力派才是稱名念佛。曇鸞尚存觀想念佛。

中國眞言宗（254-266 問）

254.真言宗的宗名及源流、演變為何？

一、宗名

　　密宗以弘傳大日如來眞言密法為宗，並以修習三密加持而獲得成就，故名密宗。以大日經、金剛頂經，蘇悉地經，為根本經典，更加瑜祇經、略出念誦經，合稱五部祕經。論典有菩提心論及釋摩訶衍論。

二、源流

　　西晉永嘉年中，印度人帛尸梨密多羅來中國，譯「大灌頂神咒經」行之，是為雜部密教流傳中國之始。其後東晉則有佛陀跋陀羅，三秦有鳩摩羅什，元魏有菩提流之，陳有闍那耶舍，隋有闍那崛多，唐有阿地瞿多等，皆來中國，譯傳密經，然其傳承系統不明瞭，多屬於「雜密」。

　　唐開元四年善無畏來中國，遂開兩部灌頂之曼荼羅，傳予一行，是為兩部密宗傳來中國之始。金剛智於開元八年偕弟子不空同來，傳弘密教，蔚興一時，時人稱為開元三大士。

三、演變

　　不空傳惠果，其正嫡也。唐末亂離，經疏銷毀，持明軌則，流為市井歌唄。至宋代，雖有法賢、施護、法天等，譯出密部經論，但亦未能光大而久遠。然有鳳翔阿闍黎及五台圓通法師等，尚稱一時龍象。至元代，挾喇嘛教，及元代以八思巴為帝師的「帝師制度」下，此宗遂盛極一時。

　　至明太祖，特申禁令，不准傳授密教。

　　清代眞言一宗，亦傳布僅止於喇嘛，且信奉不出宮禁。兩部大法，遂久莫能舉其名矣。由日僧空海，於唐代來華，從慧果傳受兩部大法，歸國傳承，至今不墜。

255.顯教與密教有何不同？

密教有印度的梵密（包括雜密），中國眞言宗，日本的東密及藏密。此處之密教以中國眞言宗為主。顯教則以北傳佛教為主。

一、教主不同
密教：教主是摩訶毗盧遮那，是本地之法身
顯教：教主是釋迦如來，是垂跡的變化身

二、所依經典不同
密教：主要是大日經及金剛頂經
顯教：大小乘經論

三、所歸依不同
密教：四歸依（佛、法、僧、本尊）及五歸依（佛、法、僧、本尊、上師）
顯教：三歸依（佛、法、僧）

四、判教不同
密教：一道二教、四乘四心判教。見下文 258 問
顯教：中國八大宗各有判教

五、教義不同
（1）諸法緣起不同
密教：六大緣起，見下文 260 問
顯教：業惑緣起、性空緣起、眞如緣起、法界緣起
（2）六大四曼三密
密教：六大是體，四曼是相，三密是用

顯教：依起信論：體大是一切法眞如平等不增減；相大是如來藏具足無量性功德；用大是能生一切世間出世善因果

（3）智與佛身

密教：五智四身，見下文 260 問

顯教：中國各宗有各自的智論及佛身看法

六、斷惑不同

（1）密教：注重功德斷

顯教：注重過患斷

（2）密教：三妄執（人法執之粗、細、極細）、四妄執（前三妄執，再加微細妄執）

七、修行方法不同

（1）菩提心不同

眞言宗有勝義菩提心、行願菩提心、三摩地菩提心，見下文 259 問。

（2）三密加持

眞言宗重身、口、意三密加持，見下文 260 問。

（3）曼荼羅：是密宗所特有。是印度語，義爲輪圓具足或壇。修法時須築壇，並安置佛像，後來改畫成圖案，亦名曼荼羅。其中佛菩薩諸天等，相即相入，表一即一切，一切即一之圓滿境界，見下文 260 問。

（4）觀法不同：密宗之觀法，見下文 266 問。

（5）灌頂：密宗所特有，見下文 264 問。

顯宗在菩薩十住位之第十住即是灌頂位。

（6）拳法：密宗所特有，見下文 264 問。

（7）護摩：密宗有特有，見下文 264 問。

八、證果時間不同

（1）即身成佛：見下文 261 問。

（2）往生三品淨土：見下文 265 問。

256.什麼是金胎兩部？及三部五部？

一、金胎兩部

（一）金剛藏：六大中之識大，是心法、大智、佛

金剛界九會：

第一會：大日如來以五相現成等正覺。當四曼中「大曼」。

第二會：以印契及器仗等標幟，示或身會諸尊之內證本誓，故名三昧耶會，當四曼中之「三昧耶曼」。

第三會：當四曼中之「法曼」。此會諸尊皆住三股金剛杵中，又名羯摩會。

第四會：當四曼中之「羯摩曼」。諸尊各以寶冠華鬘等供養大日如來，故名供養會。

第五會：合前四曼於一會，示四曼不離，故名四印會，又是大日五智故，名五智會。

第六會：大日如來住智拳一印，故名一印會，四曼中之法三曼也。

第七會：以金剛薩埵為中臺，轉欲解愛慢四煩惱，示深密之理趣，故名理趣會。當四曼中之「法曼」。

第八會：大日如來為折伏剛強難伏的眾生，更從金剛薩埵，現降三世明王忿怒身，故名降三世羯摩會，當四曼中之「大曼」。

第九會：前會諸尊，住降三世本誓之三昧耶，持大悲弓箭降伏魔王，故名降三世三昧耶會，當四曼中之「三曼」。

（二）胎藏：六大中之前五大（地水火風空），是色法、大悲、眾生

胎藏界十三大院：

1.第一中臺八葉院：大日如來住中臺。文殊觀音彌勒普賢四菩薩住八葉。八葉蓮花表眾生八瓣肉團心，示阿字本不生，顯一切眾生悉有佛性之理趣。

2.第二上方遍知院：表諸佛遍知之德與諸佛能生之德。

3.第三院北方觀音院：表如來大悲下化之德。

4.第四南方金剛手院：表大智上求之德。

5.第五下方持明院：表折伏攝受二德。

6.第六上方釋迦院：表方便攝化之德，智悲二德，變現爲釋迦如來，濟度眾生。

7.第七南方除蓋障院：表由金剛之智門，除眾生之蓋障。

8.第八北方地藏院：表由觀音之悲門，救九界之迷情。

9.第九下方虛空藏院：表悲智合一，包藏萬德，能從眾生願授一切寶，兼智德，而以福德爲本。

10.第十上方文殊院：表大日之智慧，能斷一切戲論，兼福德而以智德爲本。

11.第十一下方蘇悉地院：表自他二利成就之德。

12.第十二外金剛院：表隨類應化之德與凡聖不二之理。

13.第十三外金剛院：表同上。

二、三部：蓮華部、金剛部、佛部

（1）蓮華部：眾生身中本有之淨菩提心清淨理，雖在六道生死泥中流轉，而不染不垢，如蓮花出乎菸泥而不染。故名蓮華部，當大悲。

（2）金剛部：眾生自心本有堅固之智慧，雖在生死泥中，經無數劫，而不朽不壞如金剛，能破煩惱，故名金剛部，當大智。

（3）佛部：此理此智，凡位未顯，入果位，理智具足，覺道圓滿，故名佛部，當大定。

三、五部：蓮華部、金剛部、佛部、寶部、羯摩部

（1）寶部：佛自利圓滿中具無邊功德，故名寶部。

（2）羯摩部：爲眾生成辦一切事業，故名羯摩部。

257.大日經及金剛頂經的大綱爲何？

一、大日經

爲胎藏界之根本大經。有三本：法爾常恆本、流廣本、流略本。

此經一部七卷三十六品，以開示一切眾生本有淨菩提心所具無盡莊嚴藏，即本有本覺之曼荼羅爲主旨。

三十六品中，前三十一品者，本經。後五品，爲善無畏所作「大毗盧遮那經供養次第法」，爲其供養法也。

前三十一品中，第一入眞言門住心品者，討論教相。第二入曼荼羅眞言品已下，爲事相也。

以下擇第一品「入眞言門住心品」原經文討論之：

住心品係統一經之大意，其中因行果三句，所謂菩提心爲因，大悲爲根，方便爲究竟者，乃此經之大宗。

原文：「爾時執金剛祕密主。於彼眾會中坐白佛言。世尊云何如來應供正遍知。得一切智智。彼得一切智智。爲無量眾生。廣演分布。隨種種趣種種性欲。種種方便道。宣說一切智智。或聲聞乘道。或緣覺乘道。或大乘道。或五通智道。或願生天。或生人中及龍夜叉乾闥婆。乃至說生摩睺羅伽法。

　　各各同彼言音。住種種威儀。而此一切智智道一味。」
　　*解說：一切智智是離一切分別，也離「無分別」。世尊爲各種道之眾生廣演此一切智智。
　　眞言宗的心性就是「本具的自性清淨菩提心」及「一切智智」。

　　原文：「所謂如來解脫味。
　　世尊譬如虛空界，
　　離一切分別。無分別無無分別。如是一切智智離一切分別。無『分別』無『無分別』。
　　世尊譬如大地，
　　一切眾生依。如是一切智智。天人阿脩羅依。
　　世尊譬如火界，
　　燒一切薪無厭足。如是一切智智。燒一切無智薪。無厭足。
　　世尊譬如風界，
　　除一切塵。如是一切智智。除去一切諸煩惱塵。
　　世尊喻如水界，
　　一切眾生依之歡樂。如是一切智智。爲諸天世人利樂。」
　　*解說：
　　1.「一切智智」像虛空：離一切分別，無「分別」，也無「無分別」。
　　2.「一切智智」像大地：爲一切眾生及天人阿脩羅依。
　　3.「一切智智」像火界：可以燒一切無智薪而無厭足。
　　4.「一切智智」像風界：可以除一切塵及一切諸煩惱塵。
　　5.「一切智智」像水界：爲一切眾生及諸天世人歡樂之所依。

　　原文：「世尊如是智慧。以何爲因。云何爲根。云何究竟。
　　佛言菩提心爲因。悲爲根本。方便爲究竟。」

　　*解說：菩提心指覺悟成佛的內在本具因性；也指追求菩提真理的外在自信心。悲為根本指大悲萬行，為修行的基本條件及過程。方便為究竟，指修行的方法及目的，方便及三密方便。

　　原文：「祕密主云何菩提。謂如實知自心。祕密主是阿耨多羅三藐三菩提。乃至彼法。少分無有可得。何以故。虛空相是菩提無知解者。亦無開曉。何以故。菩提無相故。祕密主諸法無相。謂虛空相。」

　　*解說：菩提是如實知自心，如虛空無相；菩提因無相，是無知解者，亦無開曉。

　　原文：「云何世尊說　　此心菩提生
　　復以云何相　　知發菩提心
　　願識心心勝　　自然智生說
　　大勤勇幾何　　次第心續生
　　心諸相與時　　願佛廣開演
　　功德聚亦然　　及彼行修行
　　心心有殊異　　惟大牟尼說。」

　　*解說：

　　（1）初句云：云何世尊說，此心菩提生者，即是菩提心生也。

　　（2）第二句云：復以云何相，知發菩提心者，相謂性成於內必有相彰於外，如般若中廣明阿毗跋致相貌，今此中亦問菩提心生時有何相貌也。

　　（3）第三句云：大勤勇幾何，次第心續生者，大勤勇即是佛之異名。

　　（4）第四第五句云：心諸相與時，願佛廣開演者，問此諸心差別之相，及相續勝進，凡經幾時，而得究竟淨菩提心也。

（5）第六句云：功德聚亦然者，言是心微妙功德，亦願世尊廣開演之。

（6）第七句云：及彼行修行者，次問當以何行，云何修行而能獲得無上悉地。

（7）第八句第九句云：心心有殊異，唯大牟尼說者，謂眾生異熟識心瑜伽行者殊異之心，亦願世尊分別廣說。

原文：「祕密主，愚童凡夫類猶如羝羊。或時有一法想生，所謂持齋，彼思惟此少分，發起歡喜，數數修習。

祕密主，是初種子善業發生。復以此爲因，於六齋日，施與父母男女親戚，是第二牙種。

復以此施，授與非親識者，是第三疱種。復以此施，與器量高德者，是第四葉種。

復以此施，歡喜授與伎樂人等及獻尊宿，是第五敷華。

復以此施，發親愛心而供養之，是第六成果。

復次祕密主，彼護戒生天，是第七受用種子。

彼聞如是，心懷慶悅，殷重恭敬，隨順修行。祕密主，是名愚童異生，生死流轉無畏依，第八嬰童心。」

*解說：以上即是八心，明心續生之相也。見本書 264 問。

原文：「佛告金剛手祕密主言。祕密主諦聽心相。謂貪心。無貪心。瞋心。慈心。癡心。智心。決定心。疑心。暗心。明心。積聚心。鬥心。諍心。無諍心。天心。阿修羅心。龍心。人心。女心。自在心。商人心。農夫心。河心。陂池心。井心。守護心。慳心。狗心。狸心。迦樓羅心。鼠心。歌詠心。舞心。擊鼓心。室宅心。師子心。鵂鶹心。烏心。羅剎心。刺心。窟心。風心。水心。火心。泥心。顯色心。板心。迷心。毒藥心。羂索心。械心。雲心。田心。鹽心。剃刀心。須彌等心。海等心。穴等心。受生心。

祕密主。彼云何貪心，謂隨順染法。
云何無貪心，謂隨順無染法。
云何瞋心，謂隨順怒法。
云何慈心，謂隨順修行慈法。
云何癡心，謂隨順修不觀法。
云何智心，謂順修殊勝增上法。
云何決定心，謂尊教命如說奉行。
云何疑心，謂常收持不定等事。
云何闇心，謂於無疑慮法生疑慮解。
云何明心，謂於不疑慮法無疑慮修行。
云何積聚心，謂無量爲一爲性。
云何鬥心，謂互相是非爲性。
云何諍心，謂於自己而生是非。
云何無諍心，謂是非俱捨。
云何天心，謂心思隨念成就。
云何阿修羅心，謂樂處生死。
云何龍心，謂思念廣大資財。
云何人心，謂思念利他。
云何女心，謂隨順欲法。
云何自在心，謂思惟欲我一切如意。
云何商人心，謂順修初收聚後分析法。
云何農夫心，謂隨順初廣聞而後求法。
云何河心，謂順修依因二邊法。
云何陂池心，謂隨順渴無厭足法。
云何井心，謂如是思惟深復甚深。
云何守護心，謂唯此心實餘心不實。
云何慳心，謂隨順爲己不與他法。
云何狸心，謂順修徐進法。

云何狗心,謂得少分以爲喜足。
云何迦樓羅心,謂隨順朋黨羽翼法。
云何鼠心,謂思惟斷諸繫縛。
云何舞心,謂修行如是法,我當上昇種種神變。
云何擊鼓心,謂修順是法,我當擊法鼓。
云何室宅心,謂順修自護身法。
云何師子心,謂修行一切無怯弱法。
云何鵂鶹心,謂常暗夜思念。
云何烏心,謂一切處驚怖思念。
云何羅刹心,謂於善中發起不善。
云何刺心,謂一切處發起惡作爲性。
云何窟心,謂順修爲入窟法。
云何風心,謂遍一切處發起爲性。
云何水心,謂順修洗濯一切不善法。
云何火心,謂熾盛炎熱性。
云何顯色心,謂類彼爲性。
云何板心,謂順修隨量法,捨棄餘善故。
云何迷心,謂所執異所思異。
云何毒藥心,謂順修無生分法。
云何羂索心,謂一切處住於我縛爲性。
云何械心,謂二足止住爲性。
云何雲心,謂常作降雨思念。
云何田心,謂常如是修事自身。
云何鹽心,謂所思念彼復增加思念。
云何剃刀心,謂唯如是依止剃除法。
云何彌盧等心,謂常思惟心高舉爲性。
云何海等心,謂常如是受用自身而住。
云何穴等心,謂先決定彼後復變改爲性。

云何受生心，謂諸有修習行業彼生，心如是同性。祕密主一二三四五再數。凡百六十心。」

*解說：以上是一百六十心之解說，原文已詳細解釋。

原文：「菩薩有幾種得無畏處。如是說已，摩訶毘盧遮那世尊，告金剛手言，諦聽極善思念。

祕密主彼愚童凡夫，修諸善業害不善業，當得善無畏。

若如實知我，當得身無畏。

若於取蘊所集我身，捨自色像觀，當得無我無畏。

若害蘊住法攀緣，當得法無畏。

若害法住無緣，當得法無我無畏。

若復一切蘊界處，能執所執，我壽命等。及法無緣空，自性無性。此空智生，當得一切法自性平等無畏。」

*解說：以上「六無畏」，見本書 262 問。

原文：「祕密主若眞言門修菩薩行諸菩薩。深修觀察十緣生句。當於眞言行通達作證。云何爲十。謂如幻。陽焰。夢。影。乾闥婆城。響。水月。浮泡。虛空華。旋火輪。

祕密主彼眞言門修菩薩行諸菩薩。當如是觀察。

云何爲幻，謂如咒術藥力能造所造種種色像，惑自眼故。見希有事，展轉相生往來十方，然彼非去非不去。何以故，本性淨故，如是眞言幻。持誦成就能生一切。復次祕密主，陽焰性空。

彼依世人妄想，成立有所談議，如是眞言想唯是假名。

復次祕密主，如夢中所見。晝日牟呼栗多，刹那歲時等住。種種異類受諸苦樂，覺已都無所見。如是夢眞言行應知亦爾。復次祕密主，以影喻解了眞言能發悉地。如面緣於鏡而現面像，彼眞言悉地，當如是知。

復次祕密主，以乾闥婆城譬，解了成就悉地宮。

復次祕密主，以響喻解了真言聲，如緣聲有響，彼真言者當如是解。

復次祕密主，如因月出故。照於淨水而現月影像，如是真言水月喻，彼持明者當如是說。

復次祕密主，如天降雨生泡。彼真言悉地種種變化，當知亦爾。

復次祕密主，如空中，無眾生無壽命，彼作者不可得，以心迷亂故，而生如是種種妄見。

復次祕密主，譬如火爐。若人執持在手，而以旋轉空中，有輪像生。」

*解說：以上十譬喻，見本書 266 問。

二、金剛頂經

金剛界之根本大經。全稱為：「金剛頂一切如來真實攝大乘現證大教王經」。

「金剛」表一切如來法身如金剛一樣堅固不壞，無有生滅，無始無終。

「頂」是此經在一切大乘法中最為尊上，好像人的頭頂。

「一切如來」有三意：一指大日如來；二指大日、不動、寶生、阿彌陀佛、不空成就五如來；三指十方三世一切諸佛。

「真實」指如來已證得如實理、如實知，遠離一切虛假。

「攝大乘」指此經所說顯密教義，函攝一切大乘教法。

「現證」指立刻證得佛菩提。

「大教王經」指此經廣說金剛界佛部（以大日如來為部主）、金剛部（以不動如來為部主）、寶部（以寶生如來為部主）、蓮華部（以阿彌陀如來為部主）、羯摩部（以不空成就如來為部主）五部和身口意三密，以及大圓鏡智、平等性智、妙觀察智、成所作智、法界體性智五智成佛等意，理事具足，窮盡了諸佛的本意，因此稱

爲大敎王經。

有四本：法爾常恆本、塔內安置本、流廣本、略本。

此經譯本有三本：金剛智譯「略出經」、不空譯「金剛頂一切如來眞實攝大乘現證大敎王經」、施護譯「佛說一切如來眞實攝大乘現證大敎王經」。

不空譯本又有二本，一本正說金剛界曼荼羅之本經，常云金剛頂經，即指此本。有一二卷，四品，說修習供養之儀軌。

在所有節譯本當中，以不空所譯三卷本的「金剛頂一切如來眞實攝大乘現證大敎王經」最爲著名。通常說的「金剛頂經」也是指不空譯本，此譯本是十八會中初會初品「金剛界品」的全譯。

此經以開示依三密加持，修生顯得離垢清淨菩提心智曼荼羅爲主旨。一經三卷中，初序文，次正宗文。

正宗文有六說：

1.一說：說有六曼荼羅，即金剛界大曼荼羅。又說毗盧遮那佛受用身，以五相現成等正覺。

2.二說：毗盧遮那成佛後，以金剛三摩地現發生三十七智。爲弟子授四種眼，說四種法。

3.三說：一切如來以一百八名讚禮婆伽梵大持金剛。同時說微細金剛定，修四靜慮法，四無量心，及三解脫門。

4.四說：說一切如來廣大供養羯摩曼荼羅也具有三十七尊，各持標幟供養而住。再說入曼荼羅法，相互說受十六大供養法。

5.五說：說四印曼荼羅法，弟子受四種速成就法。

6.六說：說一印曼荼羅，也說入曼荼羅儀軌，給弟子授共行法，修習集本尊三摩地。

除上初會外，尚有十七會。十七會中，幾乎每會都說曼荼羅儀軌，而第二會、第十六會等則以說實相義理爲主。

金剛頂經主要是講修行儀軌，注重實踐。並以四智印（大智印、三昧耶印、法智印、羯摩智印）統攝一切法要；廣說五部（金

剛界佛部、金剛部、寶部、蓮華部、羯摩部）；又說四攝菩薩（金剛鉤、金剛索、金剛鎖、金剛鈴）；四種法身（自性身、受用身、變化身、等流身）；四種地（勝解行地、普賢地、訣普賢地、普眼照地）；四種念誦（音聲念誦、金剛念誦、三摩地念誦、眞實念誦）；五種求願法（息災法、增益法、調伏法、鉤召法、敬愛法）等，在實踐上還吸收了印度教性力崇拜和大樂思想，也有可能接受了中國道教的部分儀禮內容。

258.真言宗的判教為何？

一、橫的判教：一道二教、四乘四心

一道：分顯、密二教。

一道又分四乘：聲聞乘、緣覺乘、菩薩乘、祕密乘。

四心：出世間心（小乘）、無緣乘心（大乘法相宗）、極無自性心（大乘空宗）、如實知自心（祕密乘）。

二、豎的判教：十住心

1.異生羝羊住心：「三惡道」之住心。「異生」即劣性凡夫。凡夫不知善惡因果，愚痴無智，但念婬食，如下劣畜生羝羊，但念水草淫慾，餘無所知。

2.愚童持齋住心：「人乘」之住心。愚昧凡夫，未了實諦因果，然一時起持齋節食微少善法，但能見賢思齊，初信因果，漸明罪福，善業漸進。如儒家五倫思想及佛教中五戒等，攝於此中。

3.嬰童無畏住心：「天乘」之住心。「嬰童」喻凡夫善心仍然脆弱。凡夫厭離下界之苦，修天乘十善法及四禪靜慮，冀生天道，以達暫時之安樂無憂爲滿足。

4.唯蘊無我住心：「聲聞」之住心。小乘人能觀四諦理，以五蘊法爲實有，明無人我可得。

5.拔業因種住心：「緣覺」之住心。緣覺行者，能觀十二因緣法，能除諸煩惱業及無明種子。

6.他緣大乘住心：「法相」之住心。「他緣」即「無緣大悲心」：大乘菩薩徹悟三界唯心道理，於外境無所貪緣，名爲「無緣」。乘此無緣、無住之心而度眾，從「依他起性」而證「圓成實性」，故云「他緣大乘」。

7.覺心不生住心：「三論」之住心。大乘菩薩覺悟心性不生不滅，無迷無覺，本來空寂，與諸法實相相應。

8.一道無爲住心：「天台」之住心。大乘菩薩證知自心本自無爲，本自清淨，契合眞如實相，覺知「三諦圓融」歸「一道」、「三乘」歸「一實乘」之理。

9.極無自性住心：「華嚴」之住心。大乘菩薩了知眞如緣起萬法的一心法界，從「一道無爲」寂滅相生起積極進展之心，所以又叫「事事無礙」的「圓融絕對一心論」，也是眞言密教之入門。

10.祕密莊嚴住心：「密教」之住心。如來所證境界，甚深微細莊嚴，十地等覺菩薩亦不能知，唯佛佛相知，故說祕密。此十住心中，前九住心爲顯，後一住心爲密，稱爲九顯一密。

259.如何發菩提心？

一、菩提心者，萬行之根本，成佛之正因

菩提心有二種：一者能求菩提心，二所求菩提心。

（1）能求菩提心：發起廣大之心，誓願斷除一切眾惡，誓願修習最上法門，誓願度脫諸眾生界一切有情，誓求速證無上菩提諸佛勝果。

（2）所求菩提心：所謂無盡莊嚴金剛界身，即是諸佛清淨法身，亦是眾生染淨心。

二、菩提心有三種

（1）行願菩提心

1.願者：念一切有情皆含如來藏性，皆堪安住無上菩提，願以佛乘而令得度。

2.行者：為此修行五大願。

（2）勝義菩提心

修一切法無自性觀，證得無上菩提之利他妙行也。

1.觀門：觀凡夫外道二乘十地菩薩等四類，次第捨劣取勝，終安住於普賢大菩提心。此觀門之勝義。

2.教門：又觀諸法，覺悟其無自性，止息一切妄惑，從真起用，萬德斯具，此教門之勝義。

（3）三摩地菩提心

1.等持：行者入信解地，修三密相應之五部祕觀，等持諸佛自行化他之萬德，故名等持。

2.等念：遍入有情界，平等攝受而護念之，故名等念。

3.等至：無所不至，故名等至。

260.真言宗的主要義理有哪些：六大四曼三密、及五智五佛？

一、六大四曼三密

（1）六大

以「地、水、火、風、空、識」之前六事物，為一切法之能造緣起之根本。十法界之一切諸法，皆是此法爾而有之六大，隨法爾之緣而流現者也，故六大之外無諸法，諸法即六大也。六大為一切法之實體，而周遍於法界，故云「體大」。六大即本地法身摩訶毗盧遮那如來也，且是法性之六大也，相互涉入，而圓融無礙，故云

六大無礙常瑜伽，蓋不假理之平等，而事事無礙也矣。前五大名色，第六大名心，而實際五大即五智輪，又以無礙故，言色則無不色也，言心則無不心也，而又不必亡泯六大差別之相也。六大即一切法之實際也，故離於造作而法爾常然，常住不變也。六大有二種：法爾六大及隨緣六大。隨緣六大攝於所造四曼相之中；法爾六大則萬有能生之元則也，此位唯堅、濕、煖、動、無礙、了知之法性六德而已，其餘形色諸法，悉所造四曼之所攝也。

六大字義、法性、業用如下：

地：本不生、堅、持

水：離言說、濕、攝

火：無垢染、煖、熟

風：離因緣、動、長

空：等虛空、無礙、不障

識：了別、了知、決斷

（2）四曼

1.大曼荼羅：無量無邊的法性身，互相聯繫排列，即名大曼荼羅。屬金剛堅固身的境界。

2.三味耶曼荼羅：表諸尊誓願，此無量無邊的器相（刀劍鈴杵），各爲標幟而排列之，即名三味耶曼荼羅，屬福德莊嚴身境界。

3.法曼荼羅：諸尊的種子眞言，所集合處，即名法曼荼羅，屬受用智慧身境界。

4.羯摩曼荼羅：諸佛菩薩，隨機度生，現種種形，作種種業，表種種威儀，若加羅列，即名羯摩曼荼羅，屬千萬億化身境界。

請參閱《佛法三百問》299 問

（3）三密

3.1.三密相應、三密加持、三密用大。

1.身密：若手結印，身眼臂足等姿勢輔之，即與羯摩曼荼羅符

號相應，而成如來的身密。

2.口密：口念眞言陀羅尼，即與法曼荼羅符號相應，而成如來的口密。

3.意密：心觀本尊法相，即與三味耶曼荼羅符號相應，而成如來的意密。

行者藉三密加持的作用，便可即身成佛。

3.2.有相三密、無相三密

1.有相三密：手結印契，是身密。口誦眞言，是語密。心入本尊三摩地，是意密。

2.無相三密：所謂舉手動足，皆成密印，無相之身密。開口發聲，悉是眞言，無相之語密也。起心動念，咸成妙觀，無相之意密也。

此二種三密，不二而二，有相即無相，一念一明一印，當體即各各週遍，一多無礙，即有相三密，當體無相絕待。

無相即有相者，無相三密，當處約德，有相三密之義成，是曰無相即有相之三密。

請參閱《佛法三百問》300-1 問

二、五智及五佛

（1）法界體性智（大日如來）：第九識在因位爲八識之總體，八識者，第九識之別作用也。至果位轉而爲世間、出世間等之一切法體性智，故名法界體性智。配中央大日如來也。

法界體性智爲四智四佛之總體，合則成一法界，開則爲大圓鏡智等四智。

（2）大圓鏡智（阿閦佛）：第八阿賴耶識，在於因位，含藏染淨種子，以生一切法之現行，至於果位，轉而成照一切法而現其影像之智。

（3）平等性智（寶生佛）：因位之第七末那識，與「我癡、我

見、我慢、我疑」四煩惱相應，而任運執「我他彼此」之差別，及至果位，轉而爲緣一切法平等性即眞如實相之智。

（4）妙觀察智（阿彌陀佛）：第六意識，在於因位，緣「有爲無爲」之一切法而觀察之，故至果位，轉而成妙觀察智。

（5）成所作智（不空成就佛）：前五識在於因位，緣取現量五塵之境界而成所作，故至果位，轉而成化他事業之智，故曰成所作智。

（6）五佛：大日如來、阿閦佛、寶生佛、阿彌陀佛、不空成就佛。

261.真言宗的的主要義理有哪些：即身成佛及五相成身觀？

一、即身成佛

以父母所生肉身，一生即身成佛。有三種：理具、加持、顯得。理具即天台之「理即佛」。

加持成佛通於地前、地上因行之間；顯得成佛，於十地之位，分分開顯心內曼荼羅理具成佛之功德也。若所見圓極，全開顯心內本有理具之曼荼羅，則是第十一地佛果之位。

二、五相成身觀

必須透過五相次第（五相成身觀）而得成就，亦稱「五轉成身」、「五法成身」、「五相成身」。

成就佛身的五個階段：

（一）通達菩提心

（二）修菩提心

（三）成金剛心

（四）證金剛身
（五）佛身圓滿
見下文 266 問。

262.真言宗的主要義理有哪些：六種無畏、五類法身、阿字本不生？

一、六種無畏

（1）善無畏：世間善人，持五戒十善，其心安樂，離惡道怖，名爲善無畏。

（2）身無畏：二乘行者，不淨觀等成就，於身的扼縛，得以解脫，無復罣礙，離諸恐怖，名爲身無畏。

（3）無我無畏：二乘行者，入見道位，觀一切法無我，我執既消，怖畏即除，名無我無畏。

（4）法無畏：二乘行者，入無學位證偏眞之理，於五蘊和合身，覺其爲空，無所怖畏，名法無畏。

（5）法無我無畏：大乘菩薩，證法空眞如，了萬法唯心，於諸法略無我見，而心得自在，名法無我無畏。

（6）平等無畏：亦名一切法自性平等無畏。佛知一切法平等，證入法性，於本末能所，了不可得，名平等無畏。

二、五類法身

（1）自性法身：諸佛的眞身，法性理智，自然具足，三世常恆，流出三密之法，以教菩薩，有理法身、智法身之別。

（2）受用法身：有二種：自受用身（自受法樂之身）、他受用身（爲十地菩薩所現之身，與智相應）。

（3）變化法身：佛爲地前菩薩及二乘凡夫所現的丈六應身，

說內證法，爲變化所作，法爾而有。

（4）等流法身：此身爲九界平等流出，故名等流，乃至爲六道眾生示現同類的身形，隨機化度，名等流法身。

（5）法界身：如來法身，具六大體性，周遍法界，名法界身。

三、阿字本不生

凡物之爲元初根本者，必爲不生之法，凡能生諸法之因，即非元初根本。阿字譯爲「無」，又云眞空，爲眾音之母，一切字的種子，故即是般若實相的理體，無生無滅。阿字門，一切法寂靜。

請參閱《佛法三百問》300-2 問

263.真言宗的心性思想是什麼？

眞言宗的心性是指本來具有的清淨菩提心，就是眾生自心，就是一切智智。「一切智智」是指能夠如實了知諸法實相的靈妙自心。

一行大師將「阿」與菩提心聯繫起來，阿字即是「一切諸法本不生」，一切生必從阿字生，阿字是般若實相的理體，宇宙萬物的本體，將「阿」字視爲菩提心的直接形象。

大日經疏、卷二：「覺此心本不生，即是漸入阿字門」

大日經疏、卷一：「眾生自心，即是一切智智，如實了知，名爲一切智者。是故此教諸菩薩，眞語爲門，自心發菩提；即心具萬行，見心正等覺，證心大涅槃，發起心方便，嚴淨心佛國」

同上、卷一：「自性清淨心金剛寶藏，無有缺減，一切眾生等共有之」

自性清淨心是一切眾生等共有之，即是眾生悉有佛性之意，自

性清淨心即是佛性。

　　同上、卷六:「一切有心者,悉有佛性」

　　由上可見眞言宗的心性即是自性清淨菩提心,即是佛性。

264. 真言宗的修法有哪些?此宗行果及哪三種成佛?

一、真言宗的修法

　　護摩法、四種法、十八道法

　　(一)護摩法

　　(1)外護摩:梵語護摩,譯爲焚燒,燒除不淨之作法也。擇地作壇,中央備爐,設種種供物及他器具。召請本尊等眾,安置於壇上,於爐中燃火,順次投供物乳木等於火中供養之,曰外護摩。有三種:

　　1.本尊:爲供養故置之,隨所宗之門而置之,或火中可有是曼荼羅位也。

　　2.眞言:爐置火處也,此即眞言也,火中有也。

　　3.印:即是阿闍黎坐處,自身即是印也。

　　本尊是意業,眞言是口業,師身之印是身業。

　　(2)內護摩:以行者自身,本尊火天,壇上爐火,俱六大所成,住本不生際。觀此三平等不二,住心佛眾生三無差別觀。以觀智火,燒無明煩惱身,是曰內護摩。

　　(二)四種法、五種法

　　(1)四種法

　　1.息災法:從月一日初夜時起首,至月八日一期滿。於本尊前,塗拭圓壇。觀本尊作白色,所獻花果飲食並自身衣服皆作白色,塗香用白檀,燒香用沉水,點酥燈,行者面向北,吉祥而坐,以慈悲眼,分明稱誦,不緩不急,與慈心相應。

2.增益法：從月九日日出時起首，至月十五日一期滿。於本尊前，塗拭方壇。觀本尊作黃色，所獻花果飲食並自身衣服皆作黃色，塗香用白檀加少鬱金，燒白檀香，燃油麻油燈，行者面向東，結蓮華座，跏趺而坐，以金剛眼，金剛語言稱誦，與喜悅心心相應。

3.敬愛法：從月二十四日後夜時起首，至月盡日一期滿。於本尊前，塗蓮華形壇。觀本尊作赤色，身著緋衣，所獻花果飲食並自身衣服皆作赤色，塗香用鬱金，燒香以丁香蘇合香蜜和燒之，燃諸果油燈，行者面向西，結賢坐，以明目而攝伏之，稱誦緊捷，與喜怒心相應。

4.調伏法：從月十六日午時或中夜時起首，至月二十三日一期滿。於本尊前，塗三角壇。觀本尊作青色或黑色，身著青黑衣，獻青色花臭花不香花及曼荼羅華等，飲食用石榴汁染作黑色，或作青色，塗香用柏木，閼伽用牛尿，以黑色華及芥子柏木塗香，各取少分分置閼伽中，燒安息香，燃芥子油，行者面向南，丁字立，或蹲踞，以瞋恨眼作色忿怒，分明誦之，與忿怒心相應。

（2）五種法：加鉤召（攝召）

鉤召：用半月形雜色壇，所向方隨行者意樂，又起首用一切時。

（三）十八道

以十八契印建立之修法，即前供養也。道者，曼荼羅義。十八者，合金剛界九會胎藏界九尊之數。若合攝則成一大曼荼羅，若開列則成十八各大曼荼羅，故曰十八道。

1.淨三業：口誦淨三業眞言。

2.佛部三味耶：先以諸香塗手，然後結於佛部三味耶陀羅尼印。

3.蓮花部三味耶：結蓮花部三味耶印，誦蓮花部三味耶眞言，警覺觀自在菩薩及蓮花部聖眾，皆來加護行者，獲得意業清淨，三

味現前。

4.金剛部三味耶：結金剛部三味耶印，誦金剛部三味耶眞言，警覺金剛藏菩薩及金剛部聖眾，皆來加護行者，獲得意業清淨，三味現前。

5.被甲護身：結被甲護身三味耶印，以此印印身五處，各誦護身眞言一遍，即成被金剛堅固甲冑，一切諸魔不敢障難。

6.地結：結地界金剛橛印，誦地界眞言一遍，加持地界，下至金輪際，成金剛不壞之界，大力諸魔不能搖動，地中所有諸穢惡物，悉皆清淨。

7.四方結：結方隅金剛牆印，誦眞言及觀行力故，成金剛光焰方隅牆界。諸魔惡人，虎狼獅子，不能附近。

8.道場觀：想於壇中八葉大蓮華上，有獅子座，有道場各種莊嚴景觀。

9.大虛空藏：結大虛空藏菩薩印，誦大虛空藏眞言，所想供養具，皆成眞實，一切聖眾，皆得受用。

10.送車輅：結寶車輅印，誦送車輅眞言，想成七寶莊嚴車輅，金剛駕御，乘空而去，至於本尊世界。

11.請車輅：結請車輅印，誦請車輅眞言，想本尊及諸聖眾，來至道場，住虛空中。

12.迎請：結迎請聖眾印，誦眞言，本尊降至於道場，受行者供養。

13.部主結界：結當部明王印，誦當部明王眞言，辟除一切諸魔，即成堅固大界。

14.虛空網：結上方金剛網印，誦網界眞言，即於上方覆以金剛堅固之網，乃至他化諸天，不能障難。

15.火院：結金剛火院界印，誦火院眞言，想從印流出火焰，便有火院圍繞，即成堅固清淨火界。

16.闕伽：結獻闕伽香水眞言印，誦闕伽眞言，想浴聖眾雙

足。

17.華座：結獻蓮華座印，誦華座眞言，想從印流出無量金剛蓮花，一切聖眾，皆各得此金剛蓮華座。

18.供養：結普供養印，誦普供養眞言，想各香雲海，皆成清淨廣多供養，普供養而住。

（四）五種三昧道

五種三昧耶，攝盡密教諸根機矣。

（1）第一之三昧道：於壇外遙見曼荼羅，禮拜散華而行供養者也。即今之大曼荼羅供是也。

（2）第二之三昧道：引入曼荼羅中，使投華得佛，灌頂而授某尊之印明者也，現今之結緣灌頂是也。

（3）第三之三昧道：阿闍黎爲弟子特建曼荼羅，引入灌頂投華，又授所得尊之印明，而教以行法，即今之受明灌頂也。

（4）第四之三昧道：阿闍黎以其弟子於曼荼羅所有有法門一一通解，知具緣壇所須之方便，許可其阿闍黎職位，即今之傳法灌頂也。

（5）第五之三昧道：師資共爲見諦以上之人之所作也，非凡夫之所能堪也，即前所說之以心灌頂是也。

（五）行法

（1）發菩提心：見上 255 問。

（2）投華：受灌頂時，阿闍黎以華授行者，令投於諸尊列坐之大曼荼羅上，隨華墮在何尊之處，即以彼尊爲行者之因緣佛守本尊，是曰投華得佛。

（3）灌頂

1.金剛界五部

a.事業灌頂（具支灌頂、傳法灌頂）

b.祕印灌頂（手印灌頂、許可灌頂）

c.心授灌頂（以心灌頂、祕密灌頂、心想灌頂、瑜祇灌頂）

d.光明灌頂

e.甘露灌頂

2.胎藏界三部

a.事業灌頂

有三種：

a1.結緣灌頂

a2.學法灌頂（受明灌頂）

a3.傳法灌頂

b.祕印灌頂

c.心授灌頂

（4）印契：梵語目帝羅，此云印契，即以左右十指作種種印相，以標示法界之性德。以此印標示法界之體，即名法界幢也。若能如法結之，則行者之身密與本尊之身密一致。手印相者，謂誓教法，承此誓教法印，一切凡聖及諸天龍惡魔鬼神，皆不能違越。印己印他，皆成本體三味耶之身。諸護法明王等，為此親近，俱相助成，悉地速得成就。

（5）眞言：諸佛菩薩乃至明王天等之本誓本願，又稱咒，眞言能發神通，除災患，與世間咒禁法相似，故曰咒。即是眞語如語不妄不異之音。又稱「明」，眞言能破眾生煩惱闇障，義翻為明。又說：若心口出者，名眞言；從一切身分任運生者，名之為明。又佛放光明，光中所說，故名為明。

其體有三種：大咒（根本咒）、中咒（心咒）、小咒（心中心咒）。

義有三種：種子、名號、本誓。

印契單稱印，眞言稱明，合云印明。此二如鳥兩翼，車兩輪。

（6）觀想：見下 266 問。

（7）供養

1.六種供養：閼伽（香水或功德水）、塗香、華鬘、燒香、飲

食、燈明。

此六種供養即六波羅蜜之行。

閼伽者，檀波羅蜜；塗香者，戒波羅蜜；華鬘者，忍辱波羅蜜；燒香者，精進波羅蜜；飲食者，禪波羅蜜；燈明者，般若波羅蜜。

2.供養有事供養及理供養。壇上布六種供養物，以三密加持而修供養，曰事供養；又壇上無供養物，端身正坐，但觀菩提心而行供養者，曰理供養。

事理之供養：依三密加持力，自印契而出現塗香菩薩、華鬘菩薩等，往返十法界，或救濟六道眾生，或倍增四聖之法樂，而行廣大之佛事，曰「事理之供養」。

顯教重理供養，而密教重事理之供養。

3.六種供養之益：閼伽脫餓鬼饑渴之苦，塗香脫地獄炎熱之苦，華鬘脫修羅鬥諍之苦，燒香脫人界不如意之苦，飲食脫天界退沒之苦，燈明脫畜生愚癡之苦。

（8）四種拳

1.蓮花拳（胎拳）：大指豎於外。

2.金剛拳：大指在掌中爲拳。

3.外縛拳：叉合二手作拳，十指頭出外。

4.內縛拳：十指相叉，頭入於掌內。

二、此宗行果

（一）三句、八心、三劫、十地、十六大菩薩生

（1）三句

大日經住心品：「菩提心爲因，大悲爲根本，方便爲究竟」

（2）八心

1.種子心：以自己本有菩提心內薰之力，外由善法名言熏習之力，忽然生持齊（一日不食）節食（不飽食）之念而行之，緣務減

少，感其安穩而屢修之。

2.芽種心：以持齋節食故，財物有餘，於六齋日（每月初八、十四、十五、二十三、二十九、三十）施與父母親等，爲「芽種心」，善法增長，如種之生芽。

3.皰種心：更施諸非親識者，如葉雖未生，而芽莖滋盛矣。

4.葉種心：除施親疏外，更對德行高勝者又特親近供養，則慧性漸開，莖生葉矣。

5.敷華心：更以歡喜心施與能利眾的人，及爲世師範之尊宿，如華之開。

6.成果心：以歡喜施奉尊宿故，得聞人道，益以親愛之心而行供養，此心爲人道之至極，故喻草木之果。

7.受用種子心：更持十善戒而期於生天，此心爲受用第六的成果心而重起之心。

8.嬰童心：復於善知識聞有大天者，能虔誠供養，則所願皆滿，歸依之心起，而修彼天之因行，以冀得大天之果，以其隨順彼天，如嬰兒之隨母也。故云嬰童心。

（3）三劫：三「阿僧祇劫」

於心、爲初劫，法二執之上，分爲粗、細、極細三重。以一重之粗妄執爲初劫，一重之細妄執爲第二劫，一重之極細妄執爲第三劫。

眞言行者，依於三密之加持力，一生度此三妄執者，以父母所生之身，而即身成佛，故不經上述時分之三劫也。

初、二劫「寄齊」於常途之顯教，故顯教爲「所寄齊」，而眞言行者爲「能寄齊」。

初劫「寄齊」於小乘教見道以上。

第二劫以上爲大乘，有「他緣乘、覺心乘」之二心。他緣乘者，今之法相宗也。覺心乘者，今之三論宗。

第三劫，大日經就於「能寄齊」之眞言行者說之，有「空性

心、極無自性心」之二心。空性心者，此謂入阿字門，即以心實相之智，證心實相之理。即觀阿字本不生，而爲自心之實相。極無自性心者，則齊寄於現行之華嚴宗也。以上之二心能超越「極細妄執心」。

（4）十地：歡喜地、離垢地、發光地、焰慧地、難勝地、現前地、遠行地、不動地、善慧地、法雲地

有二種十地：本有無垢十地、修生顯得十地。

修生顯得十地者，眞言行者斷三妄執，而後依密之妙行，而修顯自心本有之十地功德也。

此修生顯得十地又有二種：有惑、無惑。

無惑之十地者，以粗細極細三妄執攝一切惑品，而十地已無惑可斷，故云「無惑之十地」。眞言行者三妄執已斷盡，登初地雖自證圓極，而未修化他之業，故十地尙屬於因位。

有惑之十地，於三妄執外又立微細妄執，並分微細妄執爲十種。於地前斷三妄，於十地分斷十微細妄執，於佛果之金剛心，證法體而得菩提。證理與斷惑爲同時。

（5）十六大菩薩生

大日經宗於地前建三劫之次，地上立十地之偕。金剛頂宗則以「直修、直入、直證、直滿」爲旨，故地重遊前不建位次，地上立十六大菩薩，以爲行者進趨之行而示其階差。十六大菩薩者如下：

1.東方發心門.四菩薩：金剛薩埵、金剛王、金剛愛、金剛喜。

2.南方修行門.四菩薩：金剛寶、金剛光、金剛幢、金剛笑。

3.西方菩提門.四菩薩：金剛法、金剛利、金剛因、金剛語。

4.北方涅槃門.四菩薩：金剛業、金剛護、金剛牙、金剛拳。

行者住此十六菩薩之三摩地，修滿因行證入之四轉，證第五之方便究竟果矣。

此十六菩薩位與十地之配合，有二傳：

其一：

初地：薩、王、愛、喜四菩薩。二地：寶菩薩。三地：光菩薩。四地：幢菩薩。五地：笑菩薩。六地：法、利二菩薩。七地：因、語二菩薩。八地：業、護二菩薩。九地：牙菩薩。十地：拳菩薩。

其二：

初地：同上。二地：同上。三地：同上。四地：幢菩薩之珠光。五地：幢菩薩之高出之幢。六地：笑菩薩。七地：也是笑菩薩。八地：法利二菩薩。九地：因、語二菩薩。十地：業、護、牙、拳四菩薩。

（二）三種成佛

（1）理具成佛：諸佛理智，於凡夫身上中，圓滿具足，與大日如來相同，是名理具成佛。

（2）加持成佛：眾生既具本覺功德，復習三密加持之行，使父母所生身，與佛無異，是名加持成佛。

（3）顯得成佛：依三密修行，證入無上悉地，而顯法性之萬德，是名顯得成佛。

此三種成佛有本有及修生二門，理具成佛屬本有門；加持成佛及顯得成佛屬於修生門。

本有門為真諦所攝，發心即到，不歷階位；修生門為俗諦所攝，須假立行位，依次證得。

265.什麼是三品淨土？

一、上品密嚴佛國：大日如來所居淨土。為法佛自證之佛土。行者成就上品悉地時，往生如是普門密嚴佛土。

二、中品十方淨嚴：淨嚴者清淨嚴飾莊嚴；十方者，此淨土存

東西南北四維上下方位廣狹等方域分齊，受用身之佛土也。西方極樂兜率內院屬之。成就中品悉地時，往生如是一門十方淨土。

三、下品諸天修羅宮：諸天者，欲色無色界等天宮。修羅宮者，修羅宮夜叉宮緊那羅宮等。此期長壽利生之國土，變化等流身之國土。如釋迦佛昇忉利天說法，入海龍王宮說法，在楞伽山頂羅婆那夜叉王宮說法，皆其例也。行者成就下品悉地時，往生如是明王天等諸天修羅宮。

然依眞言之實義，雖上品悉地即身成佛，中品悉地隔生成佛，下品悉地期住壽長遠相，然此三品悉地，畢竟無淺深之別，三品當相，十界平等，一門即普門，故三品俱即身成佛。

266.真言宗的觀法有哪些？

一、入我我入觀

觀本尊入我，我入本尊，本尊與我，無二平等，故名入我我入觀。

二、字輪觀

觀意密與本尊無二一體之觀法也。先觀自心爲圓明之月輪，於心月輪上，布「阿縛羅賀佉」五字，順逆自在觀之，故名字輪觀。

冥想阿字諸法本不生，縛字自性言說不可得，羅字塵垢不可得，賀字因業不可待，佉字虛空不可得。如此順逆觀之，住阿字本不生理，入言亡慮絕之境。

三、三密觀

以「吽」字安置身口意三密，觀五股金剛加持，故名三密觀。

蓮花合掌，先想掌中有月輪，月輪上有八葉蓮花，華上有吽

字，變成五股金剛杵，除滅身口意三業罪障，顯得三部諸尊。

四、五相成身觀

五相者：通達菩提心、修菩提心、成金剛心、證金剛身、佛身圓滿。其法先修調心觀，次性空觀（所謂十緣生句觀）。次正入通達菩提心。

（1）通達菩提心：觀察而通達身中本有性德之菩提心是也。

（2）修菩提心：前之在纏本有菩提心以修而顯也。

（3）成金剛心：觀阿字成五鈷，或蓮華刀劍等，成本尊三味耶身，以自心即成金剛蓮花故，故曰成金剛心。

（4）證金剛身：觀行者之自身，即成本尊之三味耶身。

（5）佛身圓滿：觀三味耶身，變成相好具足之本尊羯摩身。

五、五字嚴身觀

以「阿、縛、羅、賀、佉」五字莊嚴行者之身，五字布行者身五處（臍輪、心位、眉間、頭頂），莊嚴其身，而修顯本有法身之觀法。

六、阿字觀

易行易修速疾頓悟之妙法。

阿字觀的對境有三：蓮花、月輪、阿字。前二是三味耶形，後一是種子。此中阿字，正所觀本尊，蓮花即八葉蓮花，月輪如秋夜之明月。阿字是金色梵文阿字，作正方形。晝夜旦暮觀之，至閉目開目常住現前，更漸次增大直至遍虛空法界的阿字蓮月，最後觀自身內之「千栗多心」為八葉白蓮，觀「質多心」為圓滿淨月輪，令其上炳現阿字素光色，從其觀行之增進，遂入心境不二能所亡泯之境，己心己身與阿字本尊融合，自身即阿字，阿字觀阿字，阿字入阿字，阿字說阿字，盡虛空法界成遍滿之阿字，是名阿字瑜伽之悉

地，能掃除一切業煩惱株杌，度生死輪迴之苦海，即父母所生之凡身，成大日法身之大覺。

七、十緣生句觀

十喻觀：真言行者離著之助觀。寄十喻觀「諸法從緣生，空無自性」，故名十緣生句觀。十緣生句如下：

1.幻：幻師所作種種色像。

2.陽焰：熱空塵等因緣結合，曠野中現水相。

3.夢：夢中所見種種境界。

4.影：鏡中影像也。

5.乾闥婆城：蜃氣映日光，於大海上現宮殿之相。

6.響：深山峽谷中，以聲轉所生回響聲。

7.水月：水中所現影像。

8.浮泡：水上所現泡沫。

9.虛空華：由目病見空中有花。

10.旋火輪：持火燼於空中旋轉，生輪像也。

萬行方便，無不藉此十緣生句，淨除心垢。此十緣生句觀，可破一切情執達「本不生」心地之妙觀也。

東密（267-270 問）

267.東密是什麼？

日僧空海，即弘法大師，於唐來華，從慧果阿闍黎，傳受金胎兩部大法，歸國弘通之。因以東大寺爲根本道場，弘揚惠果所傳的瑜伽密教，所以史稱「東密」，傳承至今，日本眞言密乘，即東密，賴以不墜。

日本圓仁是日本天台宗第三代座主，著「金剛頂大教王經疏」，入唐求法，於唐宣宗大中六年（西元八四七年）攜帶大量佛教經典回日本，弘傳密教和天台教義，史稱「台密」。

268.梵密、真言宗、東密、藏密有何不同？

（1）梵密：法身大日如來，與自性所成眷屬，於祕密金剛法界心殿，自受法樂故，常恆不斷，說自所證聖智境界。上首金剛薩埵，秉其教言，結集爲大日經金剛頂經等，藏於南天竺鐵塔，待人傳弘。其後釋迦佛滅後七百年時，龍猛菩薩開鐵塔，親禮金剛薩埵，受金胎兩部大法，傳予弟子龍智。龍智傳弟子善無畏、金剛智二人。而印度密宗之雜部，則傳承不詳。因此梵密除金胎二部外尚有雜部。同時也有三部、五部之說。

（2）中國眞言宗：唐善無畏來華之前的密宗同印度密宗，含雜部、兩部、三部、五部。

唐善無畏之後的密宗則純爲兩部密宗。

（3）東密：見上 267 問。

故東密與唐密同爲金胎兩部密宗之傳承。

但缺藏密的無上瑜伽。東密特別注重三密加持及字輪觀想，而且儀軌更複雜。東密尊重龍樹，偏於下三部；藏密尊重蓮華生大士，注重無上瑜伽。

（4）藏密：為印度佛教末期值密宗興盛時傳入西藏。見本書藏密 272 問。藏密最大的特色是主張心氣不二，除字輪觀想外，修行注重脈氣明點。

請參閱《佛法三百問》296 問

269.什麼是九會曼荼羅？

九會曼荼羅密法：九字切法和九會曼荼羅結合。此法不須上師灌頂，可強健身體及激發特異功能。

念力開發的九個階段：

1.降三世三昧耶會-「臨」的手印。臨，表示臨事不動容，保持不動不惑的意志，表現堅強的體魄。

2..降三世羯摩會-「兵」的手印。兵，表示延壽和返童的生命力。

3.理趣會-「鬥」的手印。鬥，勇猛果敢，遭遇困難反湧出鬥志的表現。

4.一印會-「者」的手印。者，表現自由支配自己軀體和別人軀體的力量。

5.四印會-「皆」的手印。皆，表現知人心，操運人心的能力。

6.供養會-「陣」的手印。陣，表示集富庶與敬愛於一身的能力。

7.微細會-「列」的手印。列，表示救濟他人的心。

8.三昧耶會-「在」的手印。在，表示更能自由自在地運用超能力。

9.根本成身會-「前」的手印。前，表示佛境，即超人的境界。

以上九會曼荼羅密法及求聞持聰明法，都是日本密宗念力派「桐山靖雄」所提出。他認為顯宗缺乏修行法。

　　顯宗在修行的方法上確實比密宗少很多,但密宗的很多修行方法會有「著相」的危險性。

　　顯宗注重心的修,凡夫的心是假心,而佛性真心是這假心的體,真心的體無形無相,只是一種功能體。因此我們無法直接去抓取這真心,只能用「戒定慧」去修正這個表現在外的假心即可,讓假心脫去它的虛妄外殼,而顯現其真心的內在真實體。但這種修行方法的確是曠日費時,所以天台、華嚴、禪宗等很多大師都會歸「西方淨土」的修法,才有基本的保障。

　　密宗要企圖達到「即身成佛」或「即生成佛」,是相當困難的,雖然提出了很多方法,但這些方法的效用是令人懷疑的。

　　禪宗只提出眾生現實之心可以頓悟見性,但也未提出確實有效的方法。三論宗、華嚴宗建立了很完善的佛法理論,但在修行方法上的確薄弱;天台宗雖提出止觀之方法,但仍理論大於實用。唯識建構了唯識無塵的重要概念,但如何達到唯識也缺乏具體有效的修行方法。

　　作者以為須以「戒定慧」或「聞思修」長期修正這個「假心」。而且必須在這汙濁的人世間邊染邊修。出家證了「空」,也必須再回到塵世一邊度眾生,一邊繼續修行「假有」。佛教的十二因緣是三世一起看的,所以修行的時間也不必一定界限在這一生這一世。持續的修正這個假心,不問時間長短快慢,也不用刻意追求成佛,因為一追求就永遠不能成佛了。

270. 東密的主要修法為何 ?

　　(1) 入我我入觀:見上文 266 問。

　　(2) 梵文阿字月輪觀

阿字表示孕育人類的大地,同時象徵大日如來。也是胎藏界大

日如來的種子。

　　須先繪製掛圖一幅，上繪一直徑約 40 公分的月輪，其中有八葉蓮花座，座上書寫金色的梵字阿。行者觀想自己與阿、蓮、月融為一體，觀想宇宙本身成為阿字，一切現象也包含在阿字中，自己的呼吸也與宇宙的呼吸相同，融為一體，而進入定境。

　　（3）五相成身觀：見上文 266 問。

　　（4）五字嚴身觀：見上文 266 問。

　　東密所用的梵文五字是阿、尾、羅、吽、貝；或阿、縛、羅、訶、區。與中國真言宗之五字（阿縛羅賀佉）相同。

　　將地水火風空五大元素配于身上五個地方：腰下、臍輪、心上、眉間、頭頂。上面五字稱為五方五佛之種子，形狀是方、圓、三角、半月、圓形，顏色是黃白赤黑青。通過如此觀想，使自己和宇宙、人和佛產生一體感。

　　（5）求聞持聰明法：此法出自善無畏翻譯的「虛空藏菩薩能滿諸願最勝心陀羅尼求聞持法」。

　　用五相成身觀的廣金剛和歛金剛觀想法，觀想虛空藏菩薩在我心中的月輪上逐漸擴大或縮小，擴大至與宇宙同大小，進而遍布整個法界，又逐漸縮小到行者大小，而融為一體。而且每日念誦真言一萬遍，一百日念完一百萬遍，念時要將聲音的振動傳到臍輪部位的下方三指處，使其產生共鳴，然後將喉輪的振動透過生殖輪，與心輪聯結的眉間輪和頂輪而傳達入腦部，以刺激大腦邊緣的深層意識。

　　（6）九會曼荼羅密法：見上文 269 問。

藏密（271-300 問）

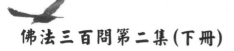

佛法三百問第二集（下冊）

271.解脫道之法性祕密及方便道的緣起祕密是什麼？

一、解脫道之法性有如下祕密特性

（1）法性充實，不可言說之祕密：法性離言絕慮，不可言說。

（2）法性圓滿，不可偏執之祕密：法性爲絕對中道，離二邊之偏執。

（3）法性無喻，不可比擬之祕密：法性一即多，多即一，不可比擬。

（4）法性無情說法之祕密：無情也有法性，可以展現法性之妙用。

（5）法性平常無奇之祕密：法性即平常心，無有造作。

（6）法性自在，隨拈一法即是法身之祕密：法性可以隨體顯現，諸法自在妙用。

（7）法性無爲，不用修學之祕密：法性爲無爲法，無修無整。

二、方便道的緣起祕密

方便道的緣起是由法性體（體）所展現的外相事物（相）及外在作用（用）。方便道的形成是經由緣起，但這緣起也是由法性之「性起」啓動而展現緣起之方便諸法。

（1）佛果位智德經驗之緣起祕密：佛果位智德經驗之緣起法包括十八不共法，十力、四無畏等，是由後得智如平等性智、妙觀察智、成所作智及根本智之法界體性智及大圓鏡智，由體起用所緣起而形成之智德作用力。

（2）佛就果位經驗而建立即身成佛之緣起祕密：果位之即身成佛是經由因位之修本尊之身語意業、觀想、持咒，故有五相成身及本尊生起、圓滿次第等一切緣起法。

（3）七大瑜伽果位緣起祕密：果位是由七大（地水火風空識見）以一體所緣起。由於七大無別，所以色心不二，心氣不二，色空不二。

（4）依於形相之緣起祕密：利用身口意三密加持，如身之結印、禮拜、供養、法器、動作等；口之念誦眞言；意之觀想佛像、壇城等，依於形相而緣起諸法。

（5）依平常緣起現奇特感應：依緣起法組織其同類相成，同聲相應，同氣相投，同味相合，都有各種藥丸、甘露、氣功、咒力、紅白菩提，各種因緣，各種妙用。

（6）空靈無我引發神通之緣起祕密：由空靈引發神通功德，故芥子納須彌，帝網重重。由無我性空之根本定，反映射出無盡光輝。

（7）法身無爲之緣起祕密：各種緣起，能顯法性空性之光明，如醉時、交合時、得灌時、調習時、入中脈時、悶絕時、臨終時、睡眠時、呵欠、噴嚏時等。惟只在刹那之間出法性空性光明，所以眾生不自知。故佛在其大悲中，開出密法方便，利用睡眠無夢時，修習法身光明，及利用氣功、明點，生起四喜、四空，以合其緣起祕密。

272.藏密的源流爲何？有多少派別及各派的根本見是什麼？

一、一般分派
（一）源流
（1）初期藏王與佛教源流

藏族的源流，源自當初的原始土族，其後陸續有外族的遷入混合。西元四四〇年左右，鮮卑禿髮氏樊尼之入藏，成爲西藏贊普王

朝的第一位藏王，同時將佛教由中原移至藏地，由於歷代藏王對佛教信仰之虔誠，才有後期赤松德贊藏王之成功，故在藏族、藏王及西藏佛教源流上，初期藏王扮演著重要角色。

（2）西藏佛教的創立與變遷

梵尼約於西元四四〇年率眾往西藏建國，成為西藏的第一位藏王，史稱「尼赤贊普」。當時入藏時，西藏文化低落，未有文字，崇拜鬼神及相信巫師，對天特別敬畏，此種原始宗教被稱為「奔教」（或稱笨教、黑教），注重血祭、詛咒、消災、祈福等。

（3）西藏佛教的前弘時期

3.1.西藏王朝的變遷，共分為五時期

1.贊普王朝：西方元四四〇年至八四〇年。

在「三代法王」（棄宗弄贊、赤松德贊、可黎可足）期內，是佛教盛行的二百年，構成寧瑪派的前弘時期。

2.王朝分裂時期：八四〇年至一二六〇年。此中前二百年為佛教衰竭時期，後二百年為新派成立時期，包括迦當派、薩迦派、噶舉派的創立。

3.薩迦王朝：一二六〇年至一三五四年。薩迦派先與元朝政治結合，形成薩迦王朝，掌政約一百年。此時期噶舉派不斷與之爭權，後來薩迦王朝被噶舉派的帕摩主巴王朝所取代。

4.噶舉帕主及迦斯王朝：一三五四年至一六四二年。

噶舉派帕摩主巴王朝內部紛爭迭起，最後轉為迦斯王朝。噶舉派掌權近三百年中，有近百年之平治。

5.甘丹王朝：一六四二年起。

最後上承迦當派的格魯派與蒙古及清朝政治結合，乃形成甘丹王朝，從此達賴喇嘛的世系，掌有全藏政教的權力，歷全清而不衰。

而四大派（寧瑪、薩迦、噶舉、格魯）的傳承，則如巨河，長流不息，時至今日。

前弘時期是指西元八四二年以前的西藏佛教。

自西元四四○年至六四○年內，西藏約有十代贊普，此時期，因尚未有文字，又因奔教之阻礙，這些藏王都只維持著佛教之信仰，尚未將之推及社會大眾。

西元六四○年至八四○年左右，西藏共有十代贊普。

3.2.前弘期的傳承

1.中觀自續派的傳承

印度佛教中的「中觀宗「傳承有四個時期：

a.第一時期西元一五○-二五○年：龍樹之弘揚至清辯（西元500-570）止。此時期，中觀內部思想未有大岐異。

b.第二時期西元六八○-七五○年：清辯及智藏。不承認自證分，承認外境以自相有。稱為「經部行中觀自續派」。

c.第三時期西元七○○-七九○年：寂護起至蓮花戒。不許外境而許自證分，採真相唯識。被稱為「真相瑜伽行中觀自續派」。

d.第四時期西元七八○年以後：師子賢及佛智足。主張假相唯識。被稱為「假相瑜伽行中觀自續派」。

以上自第一代龍樹、第二代提婆……至第十九代智藏（西元680）、至第二十代寂護（西元 700）、第二十一代蓮華戒及師子賢（西元730），均將印度佛教中的「因明」及「中觀思想」正式傳入西藏。

2.大圓滿的傳承

淵源於印度極喜金剛（西元 600）。

極喜金剛下傳文殊友，再傳給漢僧吉祥獅（西元 660），西元690 年頃傳給蓮華生及無垢友，此二位大師於西元 750 年及 773 年頃入藏弘大圓滿法。屬出世頓禪，後成為寧瑪派的主要修法。

3.禪宗旁支的傳承

弘忍傳神秀為旁支，再傳降魔、義福、小福等，再傳摩訶衍。摩訶衍至西藏傳授禪法。後與蓮華戒辯論禪法，辯後被遣回漢地，

此系統之禪法乃衰敗。

（4）西藏佛教的後弘時期

西元八四二年左右，前弘期佛教受藏達磨臣下之破壞而衰微，經二百年後，藏人開始迎請印度佛學大師入藏弘法，或親赴印度、迦濕彌羅等地學法，並譯出大量之顯密經典，西藏佛教因而重興，被稱為後弘時期。有七個主要傳承系統之傳入：阿底峽、卓彌釋迦移喜、瑪爾巴、瓊波年赾、當巴桑結、達瓦拱巴、鄔堅巴等七系統。此外，前弘時期的寧瑪派大圓滿系統，在後弘期亦由龍欽巴之弘揚而再興起。這些系統在藏地流傳發展下，形成許多著名派別。

總歸後弘期的主要派別有：寧瑪派、迦當派、薩迦派、噶舉派（香巴及達波）、希解派（含覺宇派）、覺朗派、格魯派（含迦當派）。

上述派別可歸納為三大思想派別：1 覺朗派之思想，2 格魯派（含迦當派）之思想，3 餘派（寧瑪、薩迦、噶舉、希解、覺宇）之共通思想。

1.覺朗派之思想：他空派，即世俗諦為自空，本來實無、故離常邊；勝義諦非自空，本來實有，故離斷邊。

認為如來藏與勝義諦、圓成實性為同一意義，均為真實存在。於 1600 年後，漸形衰微。

2.格魯派（含迦當派）之思想：諸法於世俗名言有，故離斷邊；諸法不以自相有，故離常邊。

3.餘派之思想

a.寧瑪、薩迦、噶舉等派之中觀見解：離有無是非等一切邊，即是中觀。

b.如來藏指明空雙運之俱生智；指遠離二取戲論之明覺，然而非真實存在。

西藏佛教後弘時期內，從西元 1040-1240 年左右有迦當派、薩迦派、噶舉派之興起。並於 1240 年左右，薩迦派與噶舉派開始傳

入蒙古王室。1340 年起，寧瑪派開始復興。1440 年起，覺朗派及上承迦當派的格魯派興起。

（二）派別：（1）寧瑪派（紅教）（2）噶舉派（白教）（3）格魯派（黃教）（4）薩迦派（花教）

（三）各派根本見

（1）寧瑪派：大圓滿法。

大圓滿-本淨見、本覺智光、大中觀、三句義。

（2）噶舉派：大手印法。

大手印-俱生智、空明不二、空樂不二、無念。

（3）格魯派：大威德金剛法。

黃派-應成中觀派思想。

（4）薩迦派：大圓勝慧（道果）。

道果-輪涅不二思想。

（5）覺朗派-他空見。勝義諦眞實，其他世俗諦皆空無自相。

二、法尊的派別分類

（1）噶舉派

1.達薄噶舉：傳自瑪巴，由噶舉巴繼承。

2.響巴噶舉：傳自瓊波。

（2）薩嘉派：薩嘉是寺名，意爲白土，主要教授爲道果教授，以修歡喜金剛二次第道及其支分爲主。

（3）寧瑪派：前弘期所傳密教。將一切佛法判爲九乘。又有「體性本淨」、「自性任運」、「大悲週遍」三種術語。並有三種傳承：遠者經典傳承、近者埋藏傳承、甚深淨境傳承。

1.經典傳承：有幻變經、集經、大圓滿教授。

2.近者埋藏傳承：傳說蓮花生，因見時機未熟，將修共不共的教授，埋藏於崖石中或其他地方，並發願使它和有緣的人值遇，這叫做藏法。開藏的主要人物，以仰日光和姑茹法自在最爲出名。

3.甚深淨境傳承：修行者得到相當證德時，在定中、夢中或醒
覺時，能感得諸佛菩薩或師長等現身說法。

（4）迦當派

迦指佛語；當指言教。迦當即是將佛所說的一切語言（經律藏
三藏教義），都能攝在阿底峽所傳的教授三士道次第中。

迦當派由阿底峽首創，由種敦巴開闢，傳種敦巴、大瑜伽師、
阿蘭若師三弟子，由朗霞及賈盂瓦等繼續發展起來。

迦當派有二派：教典派和教授派，或加上教誡（有五念及十六
明點修法）三派。

黃教的宗喀巴大師，從虛空幢及法依賢二位大師學習迦當派的
道次第教授，而造「菩提道次第」廣略二論。

黃派也稱為「新迦當派」。

273.藏密與顯教有何不同？

一、顯教是教喻的宗教，密教是實踐的宗教。密宗具有一套迅
速獲得智慧和神通的以三密技術為基礎的實修方法，從結印、持
咒、觀想引伸到入三摩地的禪定，顯發智慧和神通，達到即身成佛
的境界，這就是密乘的特殊技巧的實修方法。

二、顯教修空與密教修空不同

1.顯教修空：依戒、定、慧通常進程，可謂因乘修空；依八
不、四句，如理推究之，故為期甚久，為力甚多，而為效甚微。

2.密乘修空：有灌頂及果位方便，故稱果乘。由上師以成就果
位之功德，施以果位之灌頂，傳予證空性之經驗、證量及方便，使
弟子迅即得見體而趨大印。

密教於緣起的事印修行上，包括各種手印、咒語、方法、觀想
等，效果尤快於顯教。而且修密者必先修顯。

三、其他不同

1.顯宗有三歸依（佛法僧）；密宗有四歸依（加本尊）、五歸依（再加上師）及七歸依（五歸依加空行、護法）。

2.大乘重經，密乘重續。

3.大乘四依，尤其依法不依人，密乘完全依止上師。

4.密乘依上師灌頂，大乘依善知識助修。

5.東密修三密加持及下三密（事部、行部、瑜伽部）；藏密修氣、脈、明點，及無上密。

6.密宗即身成佛，顯宗有頓悟、漸悟。漸悟者有三阿僧祇成佛。

四、東密與藏密之最大不同在於前者修法沒有氣脈明點，及前者沒有無上瑜伽法。

請參閱《佛法三百問第二集（上冊）》31 問

274.小乘、大乘、密宗、禪宗有何不同？

一、修空見地不同

1.小乘根據人無我見

2.大乘根據無生見、唯識見、中觀見、眞常見

3.禪宗不立任何見

4.大手印根據俱生智見或法身見

5.大圓滿根據本淨見、大圓滿見

二、修空方法不同

1.小乘：修人無我空，重在分析

2.大乘：修法無我空，六波羅密及四攝，成就所需時間甚長

3.大手印：有教授，有傳承，有灌頂，亦有次第，分四階段以

修習之,與雙身法配合,可使身體發光

　　4.大圓滿:不立四瑜伽,修徹卻、脫噶,重在本來清淨見。修脫噶可使身體化為虹光

　　5.禪宗:重在機用透徹,連本來清淨見亦不用之,棒喝之下,令人立地成佛

三、修行次第不同

　　1.顯宗的一乘、二乘、三乘

　　2.寧瑪派的九乘次第

　　3.黃派的三士道次第

275.什麼是岡波巴論成佛之因及緣與四教法?

一、岡波巴論成佛之因及緣

　　(1)成佛之因:如來藏。

　　問:眾生為何具有「佛的因素」呢?

　　答:有三緣故:

　　法身空性遍滿一切眾生故、法性真如無差別相故、一切眾生皆悉具足佛種性故。

　　(2)成佛之緣:善知識,即指明師,或有成就的上師,或具德上師。

　　1.善知識有四種類:屬於普通眾生一類的善知識、屬於地上菩薩一類的善知識、屬於化身佛一類的善知識、屬於報身佛一類的善知識。

　　2.善知識的定義:具足斷、證二種圓滿的勝士。

　　斷:完全斷除煩惱及所知二障。

　　證:完全圓滿了二種智慧。

3.善知識的功德：具足菩薩八地以上的十力功德自在。

於壽得自在、於心得自在、於資財得自在、於業得自在、於生處得自在、於所欲得自在、於願得自在、於神通得自在、於智慧得自在、於法得自在。

4.善知識的條件

a.八種條件：多聞大乘經典、持守菩薩戒律、具足修行證悟、悲心濟眾、無有畏懼、忍耐謙和、心離悔戒、善於言辭。

b.四種條件：多聞離諸疑、能持諸善法、二門說真如（二門是煩惱染污門及清淨寂滅門）、是為菩提相。

c.二種條件：深通大乘教、持守菩薩戒律。

5.依止善知識的方法：恭敬、供養、愛敬、聞思修及努力。

6.依止善知識的利益：

a.不墮惡道、不為惡友所誘、於大乘法得不退轉、速疾超離異生位（凡夫位）。

b.速得阿耨多羅三藐三菩提。

二、四教法

（1）轉心向法

包含四種思維：人身難得、生死無常、因果不壞、六道眾生輪迴過患。

（2）令法成道

著重十萬遍不共四加行的修持。

1.歸依和大禮拜

2.持誦金剛薩埵百字明

3.獻曼達

4.上師相應

（3）以道除惑

1.根：我們的佛性。眾生佛性與佛的佛性無二無別。

2.道：佛爲眾生解惑。眾生的佛性被蒙蔽，身口意被無明蒙蔽，故爲眾生。

道即是生起次第、持咒與圓滿次第。我們爲淨除身的障礙，必須觀想清淨的本尊；爲淨除口的障礙，必須持誦各種本尊咒語；淨除意的障礙，必須修持止觀，使心安住於三摩地。

a.生起次第是觀想自己爲本尊，佛慢生起，即是三味耶身。召請佛本尊的智慧身，來融入我們的自身之中，此是生起次第。

b.圓滿次第是智慧身化光之後安住於三摩地，然後功德迴向，此時所領受的是一種淨光，一種光明淨朗的本尊的世界。

（4）轉惑成智

轉惑成智才能成果。

此法有很多不同的名稱，如大手印、大圓滿、大中觀、止觀等。

我們的心是空覺不二，有空性也有覺性，而且心像虛空一樣，沒有始終。

276.藏密的主要義理有哪些：五毒、五智、五佛、五方、五輪、五金剛？

五佛；五部空行；五智；五大金剛；五輪；五方；五毒；五色；五大

（1）不動佛：金剛部空行：大圓鏡智：喜金剛：頂輪：東方：白：水。

（2）阿彌陀佛：蓮花部空行：妙觀察智、大幻化金剛、喉輪、西、貪、紅、火。

（3）毗盧遮那佛：佛部空行：法界體性智：勝樂金剛：心：輪：中：痴：藍：空。

（4）寶生佛：寶生部空行：平等性智：密集金剛：臍輪：南：慢：黃：地。

（5）不空成就佛：事業部空行：成所作智：大威德金剛：密輪：北：疑：綠：風。

277.藏密的主要義理：五種菩提心是什麼？

五種菩提心：

（一）願菩提心：發大宏願，忘我利他，發心利他，發慈悲喜捨四無量心，志取大菩提。

（二）行菩提心：發菩提心作利他之行，廣修六度萬行及修四攝，以利益眾生。

（三）勝義菩提心：發菩提心依般若空性原理，破除身見，證人無我、法無我空慧，與從中觀正見得證者相同。

（四）三摩地菩提心：上述三種菩提心為顯教與密教共通，此三摩地菩提心則為密宗瑜伽部所獨有，即修五相成身觀，使抽象的菩提心成為具體的證量。

（五）滾打（貢達）菩提心：貢達為譯音，意為明點，為五大、五智的精華。此菩提心為藏密無上瑜伽部所獨有。行者發菩提心修人體紅白明點，使中脈頂輪的白明點與臍輪的紅明點會合於中脈的心輪中，成就心氣無二的大樂智慧身。

278.什麼是脈、氣、明點？

一、脈：中脈、左脈、右脈

（1）中脈：一切靈脈之根本。在人體中央，粗如箭桿，下起

會陰（海底輪）閉口，上達梵門開口。兩端皆平頭，具有直、透明、紅、空四種特徵

（2）左右脈：中脈兩旁，有左右脈，夾持中脈。左脈白色，右脈紅色，如瘦羊腸，大小爲中脈的四分之一。兩脈下端，在臍下四橫指處，與中脈匯合。依「大樂光明」，在生殖器尖端與中脈再接合。三脈平列筆直。兩脈上端，經兩耳際後，出至兩鼻孔。

二、輪

頂輪：大樂輪、32 脈、白色、向下彎、三角形。

喉輪：受用輪、16 脈、紅色、向上彎、環形。

心輪：萬象輪、8 脈、紅色、向下彎、環形。

臍輪：變化輪、64 脈、紅色、向上彎、三角形。

密輪：育樂輪、臍下四橫指處、32 脈、紅色、向下彎、三角形。

以上四輪，加上密輪，稱爲五輪。

以上四輪，加上眉間輪及密杵輪，稱爲六輪。眉間輪位於二眉之間，有脈瓣六。密杵輪位於生殖器尖端，有脈瓣七。

前述五輪，加上風輪、火輪、寶輪，稱爲八輪。風輪位於眉間，性相同眉間輪。火輪位於喉輪與心輪之中央，有三脈瓣。寶輪位於寶珠頭（密杵尖端）之中間，有八脈瓣。

三、氣

（1）根本氣

1.命氣：白色、不動佛、水、心、支持及維持生命、從二鼻孔柔和下降。有三類：粗、細、最細氣。最細氣又叫不壞氣。命氣位於心輪中央的液胞內。

2.下行氣：黃、寶生佛、地、下兩門（肛門及性器）、持放糞、尿、精、血等，從二鼻孔水平沉重前行。

3.上行氣：紅、阿彌陀佛、火、喉、話說和吞嚥、從右鼻孔粗暴上行。

4.平住氣：綠、不空成就佛、風、臍、引燃拙火，消化食物及飲料，從左鼻孔的邊緣移動到左及右。

5.遍行氣：藍、毗盧遮那佛、空、身體上下二部分，主要是360 個關節、使身體能走動、運動、抬放。只有死亡時，才流經鼻孔。

（2）支分氣

由心輪中央的命氣所分支發出。

1.行氣：紅色、使眼識能見光。代表火。

2.循行氣：藍色、使耳識能聞聲。代表空。

3.正行氣：黃色、使鼻識能嗅味。代表地。

4.最行氣：白色、使舌識能嘗味。代表水。

5.決行氣：綠色、使身識能知觸。代表風。

（3）業劫氣與智慧氣

1.業劫氣：指一切病氣、濁氣、煩惱氣等不正之氣。

2.智慧氣：即清淨光明開發智慧之氣。修氣的目的在於使業劫氣變成智慧氣。較常見的方法是將身體觀空及修習九節佛風、金剛頌、寶瓶氣等氣功，將氣引人中脈。

（4）心氣無二

心氣無二是從本以來就是如此，是先天的，與生俱來的，是和合為一。心是智慧心，氣是智慧氣，二者本屬無二。但是，若虛妄煩惱的心或粗濁之氣相循，則心氣不能契合。心氣互相依存，心定則氣自定，反之，氣定則心亦自定。調氣即是調心，調心亦可調氣。氣要流經中脈，才能成為智慧氣，氣是智慧氣，心自然是智慧心。無上密之基本目標即是在達到心氣自在，心自在者即見明體，即大手印成就。

四、明點

（1）離戲明點：離開遊戲性和不切實際言論與分別的根本性明點。它為最細風心之體，是人體最為細微的精華，乃自心的俱生智，其本體空，其自性明，其相不滅，以此三者，為法、報、化三身本體。只有在最深沉的定境才能看到。

（2）錯亂明點

1.不壞明點：又叫持命明點。是不壞的，在人時與命氣同時離身。依時輪金剛修法系統，在下列四種情況所引起的作用：深沉睡眠、生起夢境，醒覺，特殊時機

a.紅菩提：即拙火，來自母親，位於臍輪。

b.白菩提：來自父親，位於頂輪。

2.咒明點：指修念誦觀想，附見種子字等。

3.風明點：指修念誦觀想及修氣，所見咒鬘旋轉等。

（3）物明點：有形質的水液，分淨、濁二種。

（4）陳健民的分類

1.物質明點：粗身明點

2.咒明點：細身明點

3.風明點：細身明點

4.智慧明點：最細身明點，是光明與命氣所產生的最細風心的根本，普通人沒有，相當於上述的離戲明點，乃是成就佛身的明點。

279.什麼是生起次第、圓滿次第？

一、生起次第

觀想在虛空中生起本尊及壇城，且一心專注於此境界。屬於第一灌頂，佛慢生起、堅固、明顯。

二、圓滿次第

主要修大樂與光明，即修習拙火與明點及修氣，此氣是智慧氣。屬於第二祕密灌頂及第三智慧灌頂。

280. 什麼是灌頂、四灌種子及自授灌頂？

一、灌頂

（1）灌頂的意義

密宗將各級灌頂視爲是依著次第來開發弟子本來具足的佛性（如來藏）的一種儀式，視爲引導凡夫走向成佛之路的橋樑，灌頂可使弟子猛發菩提心，佛性顯露，善根生長，罪業清淨的功德。灌頂儀式一般由上師主持，上師通過灌頂調練弟子使成法器。無上瑜伽有四級灌頂，即寶瓶灌頂、祕密灌頂、智慧灌頂、勝義灌頂，優於東密及唐密所屬下三部瑜伽部只有一級灌頂。

（2）灌頂的種類

2.1. 事續部：花鬘灌頂、水灌頂、寶冠灌頂。

2.2. 行續部：上三種外，加上杵灌頂、鈴灌頂、名詞灌頂。

2.3. 瑜伽續：同行續部亦有六種灌頂。但可另作一種不退轉灌頂，即金剛阿闍黎灌頂。

2.4. 無上瑜伽續

1. 寶瓶灌頂：前述六種灌頂，攝爲寶瓶灌頂。主要目的在於調伏弟子的瞋性、傲慢性、貪性、疑性、痴性等五毒，破除執著，開發佛性，升起佛慢，與生起次第修法相適應。

2. 祕密灌頂：爲了開發弟子的脈、氣、明點，與圓滿次第及氣功修法相適應。

3. 智慧灌頂：爲了修持空樂不二雙運法，不僅與圓滿次第修法相應，如白教會修持噶舉六成就法。

4.勝義灌頂（名詞灌頂、授記灌頂）：為消除弟子剩下的微細障礙，證得大手印之空樂智慧身或大圓滿的虹光身。

此外也有阿闍黎灌頂，是傳無上瑜伽密，與下三部密不同。

（3）灌頂的條件與證量：請參閱陳建民「密宗灌頂論」P41-53

（3）-1.灌頂的條件

1.弟子條件

2.上師條件

3.明印條件

4.四種灌頂條件

（3）-2.灌頂證量

1.能灌證量

2.得灌證量

3.別別證量

二、四灌種子

此種子非如唯識宗所言之第八阿賴耶識之種子，而是指「種因」：

1.第一瓶灌的種子：身住本尊。

2.第二密灌的種子：語住密咒。

3.第三智慧灌的種子：點住大樂。

4.第四名詞灌的種子：身住法身。

三、自授灌頂

又稱無相灌頂或本尊灌頂。

行者可觀想自己心中的種子字放出一道形狀如勾的黑色亮光。將諸佛和佛母引人，並觀想成赫魯噶雙身形像，用代表五如來的五種容器，內盛五甘露，為你灌頂。此時你所屬佛部的主尊會顯現在

你身中。每天早、午、晚都修習自授灌頂，而且離座後，於平常行、住、坐、臥都要保持本尊觀想。

貢噶活佛指出：「觀五方佛心光，射入融入我心間白色阿字上，即得到大光明灌頂」。如寧古瑪祖師未經上師有相灌頂，而是得金剛大持灌頂，而成就虹身。

281.什麼是羯摩法、四壇城、八大悉地、八威儀？

一、羯摩法

（1）摩利支天除瞌睡法：此法可克服坐禪瞌睡。

（2）羅漢清淨法：可消除世間煩惱。

（3）火頭金剛解穢氣法：能解受穢邪之氣侵犯的中邪。

（4）降三世延壽法：此法可以延壽。

請參閱邱陵著「藏密修法精粹」P209-218

二、四壇城

四壇城有：大壇城（身）、陀羅尼壇城（語）、法壇城（意）、事業壇城（事業）。即四種曼陀羅。有四品修法，分別有略修、中修、廣修，行者可任修一種。

1.略修之法：每品修三種三摩地，每三摩地唯修一壇城，是謂「一印壇城」。如其次第，「金剛界品」修大壇城、「降三世品」修陀羅尼壇城、「遍調伏品」修法壇城、「義成就品」修事業壇城。即四品共十二種三摩地。

2.中修之法：每品修三種三摩地，每三摩地遍修四壇城，是謂「四印壇城」。即四品共四十八種三摩地。

3.廣修之法：每品修三種三摩地時，每三摩地各修四壇城，而每壇城又有三種三摩地。如是，即一品有三十六種三摩地，四品則

共有一百四十四種三摩地。

四壇城雖分配身、語、意、事業，然每一壇城中實亦都具四者。

三、八大悉地

為下三續部之世間事業成就之法。

（1）一者劍：依法修劍，成就之後，持此劍臨陣，可不為敵者所敗。

（2）二者眼：依法修眼藥，成就之後，用以塗眼，能見天人、龍族等，由是可將其調伏，作為自己的護法。

（3）三者足：依法修藥，成就之後，用以塗足，則能疾行千里而不倦。

（4）四者隱形：依法而修，成就之後，結印持咒即能不為人所見。

（5）五者長生藥：依法而修，成就之後，服之可以長生，此藥又能用以點金。

（6）六者空行：依法而修，成就之後，憑意念即可凌空飛行。

（7）七者丸：依法而修，成就之後，能縮人、象、馬、牛、犬、驢、駝、水牛、狼等成丸，又可持咒令之復原。

（8）八者伏藏：發現伏藏，如是即可得古代診寶。

四、八威儀

八威儀即是「七支坐」的七支，加上另一支「唇齒自在合」，共為八支。自在合指既放鬆而唇齒緊閉，完全不用絲毫力。若不閉，冷空氣入口，會影響「舌抵上顎」這一支，同時也影響呼吸不能細慢長。如果用力閉嘴，則不能放鬆，影響意支，不能集中觀念觀想拙火。

282.什麼是四共加行？

四共加行：

（1）人身難得

生為人身的十種順緣，其中五種來自自身，五種來自外在。

1.自身五種順緣：身為人身、生在中國（有佛法傳揚的地方）、五官完整具足、正業人道、具足信心歸依佛法僧。

2.外在五種順緣：值佛出世、佛轉法輪、正法存在、上師住世、上師願慈悲教授。

（2）生死無常

人身是無常的，死亡無可避免。生命的無常使你對將死於何時何地都不能確定，疾病或橫死可奪吾人生命，消逝的歲月永遠不會再回來，死期如影隨行，時間到了，就非走不可。不僅人命無常，世間一切事物都是無常的，萬物都在變化，都處於「成、住、壞、滅」中。因此，行者必須培養無常心，並變成一驅策力，因認知來日無多，非加緊修習佛法不行；而能了解修持佛法的迫切性，並激發努力精進之心。

（3）業力因果

業，指人們的一切善惡思想行為，好的思想行為（為人民服務和利益眾生）叫做善業（或白業）；壞的思想行為（與善相反）叫做惡業（或黑業）。業力就是業的力量，善業有生善果的力量，惡業有生惡果的力量。

佛教十分重視因果規律，認為有因必有果，因果業報絲毫不爽。

一旦我們多行善業，廣積功德，使能增長修持佛法的功力，二者也有互相促進的因果關係。莫以善小而不為，莫以惡小而為之。我們還必須隨時檢討自己的思想行為，認真地懺悔惡行，並決心不再重犯。

（4）輪迴是苦

輪迴意為眾生從無始以來，即輾轉流浪生死於三界六道之中，從這個意義上說，眾生都是在輪迴受苦，雖有幸生為人身，然快樂是短暫的，仍免不了受生老病死之苦，受因果業報之苦。

苦有三種：苦苦、行苦、壞苦。苦苦是純然的痛苦；行苦是遷變之苦；壞苦是萬物變壞之苦。因此吾人必須脫離三苦，脫離六道輪迴之苦。

（5）陳健民上師另加二種補充，即二無我慧止觀法門，及十玄門觀。

283.什麼是四種、五種、六種不共加行？

一、四種不共加行

（1）四歸依及發菩提心

（1.1）歸依上師及三寶（佛、法、僧）即是四歸依。

七歸依：歸依佛、法、僧、上師、本尊、護法、空行。

觀想皈依境如下：

a.蓮花生大士的「頭頂」：坐著觀世音菩薩，再上面坐長壽佛（阿彌陀佛），被所有傳承上師聖眾所圍繞。

b.蓮師所坐的如意樹中央枝幹前面分枝上，坐著金剛薩埵，與佛母雙運，被壇城本尊眷屬所圍繞。

c.蓮師右邊分枝是釋迦牟尼佛，被三世十方諸佛所圍繞。

d.蓮師背後分枝是珍貴的佛法法本經典。

e.蓮師左邊分枝：包括八大菩薩等許多菩薩的尊貴僧團。

觀想由蓮花生大士身上放出光芒，照射到隨侍聖眾身上，他們融化成一個光團並縮入蓮師身形內。然後蓮師以較前更亮的無量熾熱光芒融入光中，並化入行者自己的心中。如此，行者時間又了以

後，遠離二元概念，休息於空性、光明、大樂境界中。使行者了悟「心的本然空即是法身」；而其展現光明和智慧即是報身；其化現遍布之大悲即是化身。如此行者將了悟到皈依的三寶對象，即是行者自己。並將功德迴向眾生。

行者在日常活動中也應依止於皈依境。如睡覺時，觀想皈依境在頭上而充滿信心入睡；走路時，觀想皈依境在右肩上，而你正虔誠地右繞著它。

（1.2）發菩提心

為趨入金剛乘，取即身成佛道而發大菩提心。此菩提心有五種，尤以滾打菩提心，為無上金剛菩提心，不同於顯教的菩提心。

（2）大禮拜

為專誠皈依，自伏慢心而行大禮拜。

禮大而成就亦大，若頂膝手五體投地，則能平等開發無上妙慧，令福慧增長，以此禮敬上師、三寶，則慈悲加持力，使行者與眾生皆得解脫。

大禮拜法是表示學者的虔誠與虛心，可以破我執，而且是一種健身運動，所以被認為是有克己、苦身、柔體之效。

行者先正身端立，觀前面諸佛壇城如塵沙數，重重無盡，而我與眾生亦重重無盡。於是發極誠懇恭敬心，仰求諸尊加持。先分舉兩手，高出於頂，以表成就無上佛頂之意。隨即合併十指，是合十地五道而為一。初合掌位於頂上，則我之身業清淨，能獲得成就化身佛之種子；次合掌於喉間，則我之語業清淨，能獲得成就報身佛之種子。然後俯身分開兩手，以手著地，向前直推出擊，表示推開六道直趣菩提之意。此時五體均已至地，又再合掌於頂，然後起身立正。如前再做，循環無已。當作禮時，隨禮隨誦「禮佛咒」：「嗡，納摩曼祖洗爾也、納嘛蘇洗爾也、納摩烏打嘛洗爾也、娑哈」。最後迴向。

（3）獻曼達

為易於圓滿積集福慧二種資糧。

1.曼達即曼荼羅，意為壇城，即供養壇城。被稱為廣大供養，透過觀想方法，供養皈依的對象，如三寶及三根本（本尊、上師、空行），護法及合四方天空下之鬚彌山、日、月、四大部洲、七珍八寶等物，重重無盡，勝妙特殊，清淨莊嚴的妙供。

有七供、二十七供及三十七供三者之別。

二十七供為七供之外，再加八小洲、輪王七寶及寶瓶、寶山等。若修三十七供，則更加香、花、燈、歌舞女等。初學只修七供已足。

2.外內密供養

外供養：首先觀想前面虛空中有皈依境，即佛菩薩壇城中佛、法、僧、上師、本尊、空行、護法等皈依對象。觀想皈依境放射出無量的光輝，它是積聚功德的福田。觀想此皈依境為宇宙曼達，有無法想像的天人財富，有如佛的淨土，將它供養給佛菩薩、三寶和三根本。行者隨著吟誦「曼達供養偈文」：「嗡、阿、吽、古魯、德瓦、達吉你、薩巴里瓦拉、拉那、曼達拉布架、美噶、阿、吽。」。此偈意為「嗡阿吽，我以如雲的豐厚供品，供養三寶和三根本，請接受供品，賜予加持」目標是念誦十萬遍。

內供養：以心理上的創造和投射，觀想供養行者自身的聚合物、五大元素（地水火風空）、感觀基礎（即色受想行識五蘊）、感覺器官（即眼耳鼻舌身五識）及心意，給三寶與三根本。

密供養：行者修持已得證悟，即已生起覺悟之心，此時已無能所與對待，毫無供給、受供者、供養行為，進入了空性。

行者須將以上外內密三種供曼達法合一，行者觀想如淨土的供養外境融入皈依對象中，所有的功德福田化入巨大光明中，並且融入一切眾生，無二無別，最後再融入行者自身。

（4）金剛薩埵百字明

本法的主旨在於懺悔與除障。

不同於顯教懺法，如「梁皇懺」、「水懺」、「三十五佛懺」等。顯教懺法不含密宗果法。

觀想金剛薩埵與其明妃-白色的金剛托巴雙運。觀想金剛薩埵心中的吽字開始流出具有一切智慧、慈悲、大力的甘露，並由他們的雙運處、各腳趾及全身所有毛孔流出，進入行者頭頂上的梵穴而統注全身，完全洗淨行者身內外一切障礙、不潔及所有負面的東西都從行者的毛孔和開口處流出，包括行者所有的疾病以膿血的形相；所有的惡行、障礙以蟲、蝎和蛇的形象；所有的心理障礙以黑色的煙和液體的形相，由行者的尿道、肛門流出。此時行者觀想自己的身體得到空性和光明，就像是一個純淨無染的水晶球。

百字明咒如下：

「嗡，班雜、薩埵、薩瑪雅，瑪努、巴拉雅，班雜、薩埵，爹挪巴、底叉、擠左、美巴哇，蘇多秀由、美巴哇，蘇波秀由、美巴哇，阿努拉多、美巴哇，沙耳瓦、悉地，美巴亞差、沙耳瓦、卡爾底、蘇渣美，吉擔、師利亞、古汝吽，哈哈哈哈，火、班嘎問、沙耳瓦、達地嘎達、班雜、麻美、慕差、班雜、麻美、慕差、班雜、巴瓦、麻哈、沙麻亞、薩埵阿」

金剛薩埵心咒：嗡班雜薩埵吽。

當行者開始出定，應認為一切外在顯相都是淨土；一切眾生都是本尊；一切言聲都是咒音；一切念頭都是智慧，行者的心如鏡，已藉本修法而拭淨。

（5）上師相應法

為速得加持早日成就而修上師相應法。

以上師為重，求得上師加持的修法。上師有歷代的祖師、根本上師、自心上師。如大手印，歷代的祖師有諦洛巴、那洛巴、瑪爾巴、密勒日巴、甘波巴、噶瑪巴……。

　　根本上師即是人間上師，自心光明就是自心上師，我心即我師，自己認真修持，自己去求證，不可由上師代證。

　　行者必須依止一位具德的真正夠資格的上師，即根本上師或精神老師，深切地虔信他，接受他的教授，並祈禱和得到他的加持。

　　本法有三部分：祈請法、持咒與領受灌頂法、行動中的實修法。

　　1.修祈請法：祈請根本上師蓮華生大士的身形出現，觀想成透明、生動而非常清晰的極微細部分。行者將自己的根本上師當成一切至高無上的壇城，是佛法僧三寶的外在示現，其內在示現即上師、本尊、空行三根本，而祕密示現即法、報、化三身。

　　2.修內修法：持咒與領受灌頂法。

　　行者經祈請之後，觀想蓮華生大士的前額、喉嚨、心間三處出現彩虹、光環、種子字及其屬性所組成的光明，並融入行者自身，藉此而得到所有灌頂，加持和成就。並儘量持蓮花生大士心咒：「嗡、阿、吽、班雜、古魯、貝瑪、悉地、吽」

　　行者觀想：

　　a.蓮師「前額」有「嗡」字，放出如水晶般閃耀的「白光」，融入行者的前額，清淨了行者的「身業」，使行者領受了「瓶灌頂」，被授權修「生起次第」。

　　b.蓮師「喉嚨」中有「阿」字，放出如紅寶石般閃耀的光芒，融入行者的喉間，清淨了行者的「語業」，使行者領受了「祕密灌頂」，被授權修「脈氣明點」。

　　c.蓮師「心中」有「吽」字，放出天藍色的光芒，融入行者的心間，清淨了行者的「意業」，使行者領受了「智慧灌頂」，被授權修雙運之道。

　　d.蓮師「臍間」有「舍」字，並融入行者的臍中，淨化了額、喉、心前三門的合集的障礙，獲得了四灌頂（勝義灌頂），被授權修大圓滿法。

3.修祕密修法：行者下座後，於平時行、住、坐、臥不忘上師。如當行走時，觀想上師坐在自己的右肩上；當行者坐下時，，觀想上師在自己的頭頂上；當行者吃東西時，觀想上師在自己喉中，並供養最好的食物給他；當行者晚上休息時，觀想上師在自己心中，坐在一朵四瓣蓮花上，放光充滿宇宙，完全照亮行者的身體內部，如此去睡，持續修持。

（6）本尊相應法

本尊法即行者選定一位與你有緣的佛尊作為本體佛，觀想自身變成本體佛的修法。行者之身口意三密，成為本尊的身口意三密，並與本尊相應。

首先有「散花得佛」的方法尋找本體佛。

若有曼荼羅，行者用布巾包住眼睛，手拿花朵，心中虔誠念禱，將花拋向曼荼羅，花所落下的佛尊位就是你的本尊。

若無曼荼羅，則使用「干支得佛」法：依照行者之生年干支、或生月干支、或生日干支去決定自身的本尊。

行者也可以根據自己的意願及心性選擇本尊。

也可由上師根據徒弟的特性、習性、素質和了解，為徒弟選擇本尊。

有的紅教派規定男弟子一律以蓮華生大士為本尊。女弟子一律以綠度母為本尊。

比較著名者有，蓮華生大士本尊法，綠度母本尊法，四臂觀音本尊法，普賢王如來本尊法、地藏王本尊法、準提佛母本尊法、藥師琉璃光王佛本尊法等。

本尊法就是先選定自己的本尊，觀想本尊，結本尊的手印，念本尊的咒語，本尊入我，我入本尊，我與本尊三密相應，得到本尊的加被。此即「變身的原理」，也是即身成佛的原理。

可以有四觀想：對生（正對面的空中）、頂生（在頭頂上）、肩生（在右肩生）、自生（本身化成光點從頂門直入心中月輪蓮花座

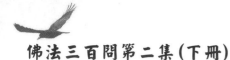

上）。

觀想本尊漸變大，完全與自己合一，此時你就是本尊，本尊就是你，二者合而爲一。須念本尊咒 108 遍。

（7）積集古薩里資糧法（施身法）

古薩里意爲乞丐，此法即施身法。

爲易於破除我見、身見，調伏四魔，而修古沙里施身法。

（8）除上七種較近加行外，陳健民另加二種較近加行：剎那頓現之佛慢；及無生心氣無二之試修。

「無生心氣無二」不同於「大樂心氣無二」，前者修金剛誦，屬解脫道；後者修寶瓶氣，屬方便道。

1.陳健民上師將修大手印四瑜伽之加行分爲「疏遠加行」（即本書 282 問之四共加行），及「較近加行」（即本書 283 問之六不共加行），及「貼近加行」。

2.貼近加行

分兩種：簡單者及詳明者。

A.簡單者：依具成就上師而行之者。

1.出離一切俗事

2.承事上師令其歡喜

3.對上師病行有高度勝解

B.詳明者：

1.上師指示：分表、遮二方面。

1.1.表

a.從表之正面指示大手印明體：明相、無念、心離能所、氣離出入。

b.從表之側面指示大手印的心理條件：

c.從表之多面指示大手印內含：

c1.三相九要：三相者，平等、疏展、弛緩。九要者，平等者三：寬鬆爲身要、息不急爲語要、不依不執爲意要。疏展者三：身

自然住、無可動、無可取。弛緩者三：無立破、無功力、六識任運。

c2.三住：無所計執之平等住、無有立破之自然住，不加功用之弛緩住。

c3.五喻：境相寬坦如虛空、正念週遍如大地，心住不動如山王、自證明了如燈燭、淨識無分別如水晶。

c4.三喻：寬敞無可取如無雲晴空、無分別不散動如浪靜大海、明了安住如無風燈燭。

c5.初中後三住：初離功用，身心弛緩住；中應無疑慮平等住；後隨一切境，皆決斷無生任運住。

1.2.遮

從遮的反面指示大手印「岐途」：

a.從明體反面指示四過：自心明體遠過、自心明體易過、自心明體賢善無比過、自心明體極微妙過。

b.剛波巴「大印講義」四種失真：所知失真、修道失真、對治失真、印證失真。

c.「了義海」去五邪念：去境邪念者、去時邪念者、去體性邪念者、去自性邪念者、去慧邪念者。

d.「了義海」四失：失所知體、失於印契、失於對治、失於正道。

e.「了義海」十三歧途：

e1.樂明無念三者中，樂受重者，當以慧觀察，消融於明體中，方不入歧途。

e2.於樂覺受而生貪著，必墮欲界

e3.於明覺受而生執著，必墮色界

e4.於無念生執著，必墮無色界四空定處

e5.於虛空相生執著，必墮空無邊處

e6.但解諸法唯識，必墮識無邊處

e7.以為任何皆無有，必墮空無邊處

e8.以為非想非非想，必墮非想非非想處

e9.離大悲方便著於偏空則入小乘

e10.於施不行三輪體空則墮有漏

e11.無觀偏止，墮於世間道

e12.無止則觀不圓，墮乾慧狂妄

e13.病苦煩惱猛利而不肯安忍渡過則遭中斷魔

f.「了義海」三種作敵：空起作敵（于善惡因果，認為一切皆空，不知俗諦宛然）、悲起作敵（微得定境，即對有情生起悲心，願捨禪定而先度人）、業起作敵（以為五明皆當學習，以利正業，遂捨修大印而先務雜業）。

g.岡波巴「大印講義」修除八過：唯以住心為主，六識之境滅而不現。對境相明、不明全不覺了，唯無念而住，此墮入無記。又前念分別已滅，後念未生之中，驀然而住，無觀分之攝持。又唯樂明無念而修，無觀分可攝持。又以心所現境，以不離無實之執而為修者，是執無實。又有于無念中，一切境不破不立，仍落捨行。又有唯有內心明了不執，無分別而修者，仍屬偏執此無分別。又以專注正念正知，令內心空明為修者，于廣大願力不能任運寬放，偏於太舉。

1.3.上師指示之總結

1.反面指示對於得法身見，大有裨益，反面屬見。側面與多面指示，則于修行時應有之態度及心境，頗有好處屬修行。而如何在證量果位上得個入處，則正面指示為萬不可少，正面屬果。

而必須齊正面所指四條件，以得見明體，才能進入大手印四瑜伽之正行。

2.得法身見

得法身見與認識明體是兩件事。得法身見屬於思慧之最高點，亦即踏入修慧之橋樑。認識明體，由假名安立而曰認識明體，實則

明體離于能所，故屬修慧之開端。

陳健民上師指出得法身見，即見法身相。但此法身相屬於思慧所展現。

284.什麼是藏密四種基本氣功？

一、九節佛風

（1）又名「九接佛風」，被譽爲消業大法，因爲吸入白光在體內清潔不淨之業，將一切穢氣呼出體外，實是利用呼吸以承佛光，滌洗業障。這樣「納白吐黑」，行之久久，自身自然化爲清淨。

此功又是「入靜心法」，行者聚氣凝神做完此功，心神就會專注一處，破除雜念妄想，易於入靜、入空性，安住於三摩地。

（2）修法

觀想自身通體透明，身中有三脈如山狀，以左手無名指按住左鼻孔，而以右鼻孔吸氣，觀諸佛菩薩加持的白色光明由右鼻孔入，隨以右無名指按住右鼻孔，觀此光氣循右脈下降至臍下貫入左脈，循此上昇至左鼻孔，凡身中一切業障、病魔、無明、煩惱，皆化爲黑氣從左鼻孔而出。再如前左吸右呼，右吸左呼交替做三次。再左吸右呼、右吸左呼亦做三次；再以兩鼻孔同時吸入白光，氣自左右脈入，至臍下共入中脈，上升至頂無路可出，乃折回臍下仍然分回二，由左右脈上升，自兩鼻孔放出黑氣。如此亦做三次。

此功重在出氣、進氣，氣入體內只稍住，進出氣細、慢、長，一次功氣貫左右脈各九次，貫中脈三次，則知重點在打開三脈，並引氣入中脈。

二、金剛誦

（1）金剛誦的義理與實修法

金剛誦就是誦嗡、阿、吽三個藏文字，配合空性眞如氣功呼吸，與下三部密宗意義大不相同，其意義不出：嗡字變多、阿字還淨、吽字發用。

小乘調息，不出數、隨、觀想；大乘加上止、觀、還淨；密乘則除還淨外，別配空、樂、菩提心等。

陳健民上師認爲嗡、阿、吽三字，有三種動態，即入、住、出；有三性，即形、音、義。念誦時返歸眞如空性，順其自然，不加造作，行者離過去、未來、現在三心而成誦。這樣「入」時，自有嗡聲，不用口鼻唇舌；住時自有「阿」義，本不生理，不用尋伺思想；出時自有「吽」音，不用張牙露齒，這與聲字實相之理相同。三金剛字，其形出於脈，其音發於氣，其義蘊於心。脈爲本尊智慧之身，氣爲佛化智慧之氣，義爲佛理智慧之義。脈表緣起，乃出化身，緣起性空也；氣無形跡，堪受空樂，空樂報身也；心本不生，乃契法身，不生勝義也。

故嗡爲化身，阿爲法身，吽爲報身。於是氣功、念誦、眞如、觀想，四者融合無二。

（2）金剛誦的生圓次第

金剛誦有起分和正分，起分即生起次第，正分即圓滿次第。

1.起分

「諾那金剛上師口授金剛誦起分」是近世流傳的著名法本之一，主要是觀修阿達爾瑪佛（普賢王如來）及金剛薩埵。其相如水中月，空中虹，心放五色光，遍滿十方，反復念誦嗡、阿、吽，屬本尊法。

另敦珠上師之「大幻化網導引法」及珀瑪迦爾波祖師之「大手印瑜伽法要「均載有金剛誦起分，又名金剛數息法，爲顯教六妙法門即數、隨、止、觀、還、淨在密乘之應用。

2.正分

「大幻化網導引法」一書收入十種金剛誦修法，其中，根本氣金剛誦分為：依上鼻氣、下鼻氣、上下氣和合、上下氣步趨、遍行氣金剛誦等五種。支氣分金剛誦分為：行氣、循行氣、正行氣、最行氣、決行氣金剛誦等五種。

這十種金剛誦的觀修，念誦嗡、阿、吽三字，完全按照上述的自然、純熟、空性的原理與方法進行，將氣功、念誦、觀想、真如四者融合為一，不能有絲毫的造作。

（3）金剛誦的循行路線和作用

古洗里上師之「大威德證分」列出了金剛誦的運行路線：在根本氣有上行氣、下行氣及遍行氣的路線，但缺命氣及平住氣的路線，因為命氣常住心輪內，若動則瘋狂或死亡。平住氣原住在臍輪，其路線與下述第二法相同。

（3.1）根本氣的運行路線：

1.通過頂、喉、心、金剛誦由鼻孔出入。

2.通過頂、喉、心、臍，由鼻孔出入。

3.通過下門，由杵（生殖器尖端）出入。

4.上氣由鼻孔入，下氣由杵入；上氣由鼻出，下氣由杵出。

5.上氣由鼻入，同時下氣由杵出；下氣未出盡時，上氣到心間住。復次，上氣從鼻出，同時下氣由杵入；此上氣未出盡時，下氣已昇到心間。

6.如上以心間之住，改為臍之住，其餘上、下皆相同。

7.依遍行氣而修金剛誦，一切毛孔皆通於中脈心間，出入由孔，住則在心。

（3.2）五支分金剛頌的運行路線：

1.循目行 2.循耳行 3.循鼻行 4.循舌行 5.循毛孔行。

循毛孔行者，外達身外，內達皮內各層而不及於心輪，故與遍行氣的路線不同。

以上 1-5 亦如此，不達於中脈所貫各輪。

「大幻化網導引法」的十種金剛頌正分路線大同小異。

修持根本氣金剛誦，其功德不僅能打開諸輪脈結，而且可引氣入中脈，開發中脈，加上住氣鍛練，可使人延年益壽。

修持支分氣金剛誦，其功德不但能攝氣入中脈，而且能開發五官特異功能。

三、中住氣

中住氣法，偏重持氣於臍下，即將氣呼出時，不可全部放出，留微少氣於臍下。

如平日行住坐臥將氣少許存於臍下，此氣不斷，觀照明晰，極易生定，故能獲殊勝成就。

蓮師說，修中住氣成功，則身心清淨，昏沉、掉舉、散亂都會消除，舊病痊癒，延年益壽。

將下腹在臍平面微鼓出，就是將氣少許存於臍下的訣竅。

陳健民上師特中住氣法放在金剛頌之後修持；但「大幻化網導引法」則將中住氣法置於寶瓶氣之後。

四、寶瓶氣

（1）寶瓶氣修法為將上氣下壓，下氣上提，有如函蓋相扣，氣藏其中，如寶瓶一樣，故稱寶瓶氣。

（2）寶瓶氣有心間寶瓶氣、臍間寶瓶氣及全身遍滿寶瓶氣。因命氣在心輪，修心輪寶瓶氣怕擾亂命氣，所以以臍間寶瓶氣為好。

（3）寶瓶氣有柔和及猛烈二種：

1.柔和寶瓶氣：修法分吸、滿、消、散四法。即竭力長緩吸氣，一次盈滿，然後將上下氣俱合於臍下，將氣貯滿臍下，如入寶瓶，持之久住，直至氣不能忍時，觀想氣充中脈，以至於心輪，或

氣先滿中脈，後滿四輪，復遍全身，業氣變爲智氣。柔和寶瓶氣的特點是氣充全身，盡量持氣。

2.猛烈寶瓶氣：消氣時行衝頂射法，即由鼻孔向上提縮，使氣充滿頂輪，乃至眉鬚，根根毛孔內皆有智氣充實。同時吸氣時，兩手握拳置胯間，竭吸提氣，鼻孔行息幾至停滅，氣出時竭力噴出，其法均取剛猛，但對初學者究屬不宜，利少障多，易出毛病。修猛烈寶瓶氣凡有頭痛、牙痛、眼紅、鼻血、咯血者，當立即停止。

（4）寶瓶氣可與多種密法合修，如時輪系統，將九節佛風作爲寶瓶氣的準備法，而後以寶瓶氣爲正法連貫起來成爲一法。

格桑大師的拙火八次第，即將寶瓶氣修法揉合其中。

先修金剛頌而後修寶瓶氣，主要是能更嚴密地與空性配合。

修寶瓶氣不但可治病健身，而且能長壽。

285.藏密如何修定？

一、九次第定

1.初住：心初步穩定，但很快又散亂，而且浮現比以前更多。

2.續住：能將散亂的心拉回來，持續暫住。

3.回住：心已經可以專注在目標上一段時間，但偶爾還是會走失。

4.近住：已經專注在目標上不會走失。

5.伏住：因持續專注，會落入細昏沉中。

6.寂住：開始有細微的掉舉。

7.最寂住：仍會有最細微的昏沉或掉舉。

8.專住：已經完全沒有昏沉或掉舉了，心可以專注在一處。

9.等住：很自然而然就持續專注了，不必作意或費力即能持續專。

二、三摩地

三摩地又稱三昧、三昧地，是梵文的譯音，入定之意，即從入靜之門進入定境。

雜念減少，思想變成了一，一切內外的複雜因子減至最低，甚至沒有了，這種恬淡虛無的最深境界，叫做入定。是一種個體意識與宇宙本體融合為一，亦即天人合一的境界。在這種境界中，可以見到圓明的自性（實相、真如），只有清淨和光明，難以言詮形容，不可說的一種境界，屬於超覺的意識形態，不同於清醒、睡眠或做夢的意識形態。

入定是深入智慧，深入光明，深入本尊，深入宇宙意識的境界。

入三摩地並非一次就可以成就，有的要歷經一年、數年、數十年，甚至一輩子。有的人很快，有的人很慢，有的人一輩子連一次入定也沒有。

三、法界大定

陳健民口訣：

十方廣大無邊，三世流通不盡。

於此無邊不盡上，自住、續住。

有妄想，回住。

無妄想，近住、伏住。

寂住，如有昏沉，立即提醒。

無昏沉，最寂住、專住、等住。

如是等住、自生、自願、自然。

解說：

法界大定的口訣修法

是整體中央四方上下，到處都是無雲晴空，不但心中沒有我執，連身體也沒有了。不受時間、空間的限制，我即是法界，即是

空性，也沒有一多，主他之分了。而且這大定是法界在定，而非自己在定，即法界自住，因已與法界融合，所以續住，有妄想也是起自法界，所以馬上空掉回住。

法界大定已從續住、回住，進入近住，即住在本有的法界了，而非修得的法界。而且由淺入深而伏住此本有法界。但伏住久了，可能生昏沉，必須由法界立即自行提醒。

提醒後會有非常細微的掉舉，此時即是最寂住。再一步進入專住，完全無昏沉掉舉的專住了。再進一步即是等住，完全與本有法界合一，本有法界的特性即是自生、自顯、自然。也即證得大圓滿了。

四、深定覺受

這是非常難以形容的。有人感到此身若雲，輕輕地飄浮於天際；有人感到如輕煙，飄飄然地騰空；有人感到不知身在何處；有人感覺自身化為光明，完全隱沒；有人感到非常地喜悅與快樂。總之，是一種綿綿密密，心息合一，若有若無，虛無飄渺，充滿了清淨和光明的境界。如金剛經所說：「無我相、人相、眾生相、壽者相」。有時入定幾個小時，卻似剛過了幾分鐘。

五、大日如來禪定

大日如來禪定就是指毗盧七支坐，因為毗盧遮那佛即是五方佛的中央禪定佛，就是大日如來，是密宗的主尊，象徵著大光明遍照。

七支如下：跏趺坐、手結法界定印、目定一處、曲頸壓喉、脊直肩張、舌抵上顎、語寂、心寂。

六、一緣禪定

一般人修禪定，最大的毛病就是心不能靜，雜念不休。所以用

毗盧七支坐法調好呼吸，就要修習一緣禪定法，使精神統一於一緣，心不外馳，才能入定。

一緣禪定法可用如三種方法：

1.觀佛像法：佛像是最莊嚴的清淨相，不管是雕像或畫像，金身燦爛，相貌慈悲，光輪充滿其身，若一心觀佛像之莊嚴，則一緣於佛像，久而久之，很快得到一緣清淨。

2.觀月輪法：佛像的頭頂，常放月輪之光，象徵無明障礙逐漸消除，而在月輪上，通常寫了梵文吽字，即表示自性與佛性，月輪之光即由吽字所產生。觀此月輪之光照向自己從頂穴而入，自己也充滿了清淨之光，如此觀想，很快便可得到一緣清淨。

3.觀種子法：種子即豆形、有光彩的舍利子。西藏人認為此物是得證及真性自顯的證明。觀想種子的光耀奪目，發出清淨之光，進入行者心中，如此久久，也可得一緣清淨。

除上之外，專注於一點的方法很多，如鼻尖、眉間。只要練至精神統一，便是成功。此法修到最後，便顯出了光明本性，而外棄諸緣之時，也就一念不起了，六根不受六塵污染，從此無我相、人相、眾生相、壽者相，當一切相皆無時，則已接近大定矣。修一緣禪定法，由於定於一中，氣脈流轉如電，就有一種顫動的現象，這就是靈力之流，可練身治病。

七、大手印止觀雙運

止就是定，觀就是慧。止觀的方法就是止息妄念來達到觀諸法空或諸法中的智慧。有三個層次：

1.立斷想念。在一念初起時，馬上將念頭立刻斷掉。即是「止」。但不可太緊。

2.任想念橫流，不去阻止。若念起念落無法斷盡，則任想念橫流，不再去阻止。即是自然。但不可太鬆。

3.心住想念之旁，如看流水一般。要在想念之流的旁邊，靜觀

其流過而無動於衷，此時心已能離念而自主。即是觀。此境界是止觀雙運，緊鬆雙運，定慧雙運。

八、大手印定

1.大手印為噶舉派的基本大法，分為實住大手印、空樂大手印、光明大手印。

a.實住大手印：即大手印四瑜伽：專一、離戲、一味、無修。

b.空樂大手印：即修脈氣明點，有六成就法：靈熱法、幻觀法、夢觀法、淨光法、中陰法、破瓦法。最後修成幻身，即大樂智慧身。

c.光明大手印：即恒河大手印，乃頓悟法門，無修之修，一剎那悟道。

2.諦六巴「六不法」：不想像、不思慮、不分別、不「執著」禪定、不回憶、不動念。

3.岡波巴

a.三喻：寬敞無可取如無雲晴空、無分別不散動如浪靜大海、明了安住如無風燈燭。

b.五喻：境相寬坦如虛空、正念周遍如大地、心住不動如山王、自證明了如燈燭、淨識無分別如水晶。

4.大手印定境譬如為虛空，譬如為光明，譬如為一切化為一元，唯見一大實相。

5.一切妄念本身都無自性，幻而不實，假有實無。在禪定中對妄念不隨不止，無取無捨，任運寬坦，妄念就會自取自滅。

6.「大手印瑜伽法要」的「切念法」（切斷想念）及「縱念法」（放任想念）就是基於上述的除妄念法。

a.切念法：努力抑制繼起之念，延長禪定時間，行者最後始知想念接踵而來，永無止境。認識想念是敵人，即所謂「初能止」，得到精神上安止第一步。剖析想念並能立即捕捉其發生者，是認知

想念之流的知覺。

b.縱念法：行者漠不關心，不管不理，既非隨它去，亦不阻止它，一如牧童放牛羊於野，行者繼續禪定，是所謂「中能止」，心如平靜流水。

白教祖師說：「心不整治則自明，水不擾動則自清。」

7.恆河大手印法：不修不整不散亂。

有如下三句：

行者初得覺受如瀑流。

中如恆河暢流而閑緩，

後如平水子母光明會。

8.「椎擊三要訣勝法解」對妄念以無取無捨之心，不加執著，即不縱之使熾，亦不強加制止，讓其任運自然，自起自滅。

此一法門有三種境界：

起滅之境：妄念生時，初認識妄念之相，其相隨滅。

三要者：見：知自心相，認知法身自性。定：決定信之，融妄念爲法身妙用，熟識法身。

行：堅固定之。於念滅上堅固而定，念無連續，法身之見不忘。

九、大圓滿定

指大圓滿心髓正行的徹卻（立斷）定。

徹卻旨在保持前行所得禪定覺受，一心不亂，不遏制妄念，不觀心覓心，而寬坦任運，保持自性明體，空性如虛空，又如無雲晴空，明空如鏡。

根桑上師：「上根利智無修無證，如如而住，自見自勝，自然而成者，名徹卻。」

286.如何引氣入中脈及得見明體？

一、氣入中脈

（1）氣入中脈的重要性

1.氣入中脈才能淨化身心，便於專注和入定。

2.氣入中脈可以平息五毒，不再受妄念和執著的干擾，有助於對空性的直接體悟。普通人除了死亡及睡眠外，氣都不會入中脈，氣在左右脈就會引生五毒。氣入中脈即由業劫氣轉變成智慧氣。

3.氣入中脈可以生起俱生大樂，便於修空。氣入、住、融於中脈，才能生起拙火（紅明點），使白明點融化下滴，生起四喜四空，生起俱生大樂，利用俱生大樂修空，達到空樂不二，是最方便的成佛法門。

4.氣入中脈可使周身的業劫氣轉變成智慧氣，使五毒解脫，智氣充滿全身，全身毛孔皆有智氣光明流布。

5.中脈有10個入口：兩眉之間、生殖器尖端、頂輪中央、喉輪中央、心輪中央、臍輪中央、密輪中央、位於發接近生殖器尖端的中央、氣輪（額輪中心）、火輪（位於喉心二輪之間脈輪中央。

（2）觀出三脈五輪

三脈五輪見本書 278 問。

（3）氣入中脈修法入

見本書 285 問。

二、得見明體

（1）什麼是明體

1.明體就真如妙心、自性清淨心、涅槃妙心、佛性、法身、如來藏心、實相、法界、法性、圓成實性。

2.貢噶、大圓滿最勝心中心引導略要：「法性圓成、真如勝義、如來藏、自性界清淨、離邊、雙融、越心、唯一明點、法性、

智慧、空性、寂靜、祕密、明照自在、本覺智、本來清淨，雖有如是多名，皆爲明體。

陳健民上師認爲雖然明體以「無雲晴空」爲喻，但尚有其他條件亦當同時現起。

（2）明體的條件

1.明相：得見明體時，如戴水晶眼鏡，見山河大地一切事物，非常清淨潔白。而且觸處皆明，隨時皆明，若漸厚嚴，則能見眞實的無雲晴空。於此定中。上下四方中央皆充滿此明體，而不見有行者之身。

2.無念：行者必須趁此無念時，定力湛然，慧眼灼然，心地坦然時，其明體方易顯現。若功力已達一味瑜伽，方可在妄念上顯現明體，在五毒上顯現明體。

3.心離能所：得見明體時，已無能執明體之心，也無所執明體之境，此時之心乃證量之心，雖明明白白，但並無能執持之心；此時之境雖清清淨淨，然並無所執持的明體，行者感覺舒服、恬淡、坦蕩、寬鬆等。

4.氣離出入：此時之氣已近乎停滅，既不出，因無妄念；亦不入，因無執著；亦不住，因爲無我。必知此方是明體之自生自顯。

在嬰兒時、醉後、悶絕、大驚、睡眠、呵欠、噴嚏、死時等情況下，明體亦有偶然顯現機會，只是時間短，行者無法把握及身見攝除，因此亦無利益。

以上明體四相，不一定要做到四相具足，陳健民上師認爲，以得見明相的外輪廓，即可進入正行四瑜伽之專一瑜伽了。陳上師主張必須見明體後才能開始入修四瑜伽，認爲專一瑜伽相當於菩薩初地。

（3）得見明體之修法

1.椎擊三要訣：口訣爲「心注眼，眼注空」

a.得見知體：經上師指示及自己所得「法身見」或「俱生智

見」，在此勝解上了知如是之明體，非止非觀，坦然自在。

b.明體自住：既了解明體坦然自在，務令明體自生自住，不加本心之造作與修整。即不擒不縱離妄念，而由明體任運。

c.攝顯起用：在尋常日用之間，任何所顯應了知皆為明體自顯，不加斷治，攝歸明體。行住坐臥時修之，對任何日常事務，皆視為明體自顯，攝歸明體，明體自會顯現及日漸堅固而發生妙用。

2.三虛空相應法

外虛空（無雲晴空）、內虛空（七支支坐，觀心澄空，眼根凝視於虛空空寂，即眼根的觀空）、密虛空（心地的明空）

3.曠野陳屍法

本法為夜瑜伽中的大印修法。仰臥，足下置高枕，手握金剛拳（即以拇指抵無明指末節，而以餘指握固之），置身二側，枕頭不宜太高太低，頭與胸大致相平，身如死屍，陳於曠野，心離分別而契於明體，如無雲晴空。心寬坦如痴睡在床，不存勤勇修習之想。本法以大痴之睡眠而契合於大手印之光明。

4.吐氣離心法

本法為諾那上師所傳。跏趺坐，吐長氣一口，心隨此長氣而出，於是心氣二者，俱離於自身，匯入法性，即住此法性，便得成就。

5.猝然頓住法

依所得法身見之正念，頓然坐，猝然而住。不觀是大手印，也不疑非大手印，但住此頓然圓滿輕快之明淨中。一起散亂心即觀其體性，而攝歸於此大印之明淨體，不可隨也不可抑其散亂，切知此散亂心出於明體，亦復回入於明體，如鳥歸巢，原無他處。如散亂心無法攝歸明淨，則暫時下座，等內心法身見極強烈有力時，再猝然坐下，頓住明體。

以上五法可單獨修，也可混合修。

如初上座吐長氣，即吐氣離心印，猝然而住則為猝然頓住印，

心注眼，眼注空則爲椎擊三要及三虛空相應法，下座時，若有昏沉相，則用曠野陳屍法，仰臥床上修。

287-1.如何修拙火（靈熱法）？

一、修拙火（靈熱法）

拙火即位於生法宮（臍下四指處，爲左右脈交接處進入中脈的入口）的紅明點。

（一）格桑大師拙火八次第（脈氣）

1.清除業劫氣

2.將身體觀空

3.觀出脈

4.使脈道通暢的觀法

5.觀出種子字

6.引燃拙火

7.拙火熾盛

8.滴燃作用（拙火上炎與明點下滴）

（二）噶舉派靈熱成就

噶舉派六成就法爲噶舉派二十四代祖師珀瑪迦爾波喇嘛所著，由不丹諾蒲喇嘛公開，錫金達瓦桑杜格西喇嘛英文譯傳，美國伊文思溫慈博士編錄於「西藏的瑜伽和祕密教義」一書中。

（1）前言及加行

前言：

1.皈敬光榮的白教歷代祖師。

2.此大法是「開演奇妙法門」，使自性光明得以自動顯現。須調呼吸、練心智，具足根基，乃能出生。此法門有二部：一爲歷代上師之傳承；一爲上師所傳之密宗法門。

3.第一種祈禱於歷代上師。

4.第二種又分為二：一為傳授法本之開示，一為口傳，已成就之上師能於定中接受傳授。

5.今所開演者，即口傳法門。

6.口傳法門又分為前導與正修。

7.前導此中不述。

8.正修共有六種成就法門：1、靈熱成就；2、幻觀成就；3、夢觀成就；4、淨光成就；5、中陰成就；6、轉識成就。修煉時並非須全修，可任擇一兩種，唯靈熱成就法中的三三九風箱式為必修。

9.靈熱成就分三部修習：加行，根本，實驗。

加行：

10.加行又分為五段：觀外修身空、觀內修身空、觀身擁護輪、靈息修習、靈力加持。

a.觀外修身空

11.觀外粗身空

12.先祈禱歷代金剛上師。

13.次觀自身變成金剛瑜伽母，紅色，放射如紅寶石一樣的光明；一頭二臂三眼，右手舉著雪亮的金剛彎刀，在空中揮舞，高過頭頂，表切斷一切幻想妄念；左手在胸前持天靈蓋，內貯紅血，以示滿足無量安樂；戴五骷髏冠；掛有 50 個滴血人頭的項圈，具足 6 種莊嚴的 5 種（只有身塗屍灰一種除外）（六莊嚴指六種莊嚴品，即身塗屍灰、骷髏冠、人頭項圈、臂釧及腕釧、踝釧和護業心鏡用人筋系於胸部，總表六波羅蜜。）；左臂挾一長杖，表陽體本尊勝樂金剛的聖體；金剛瑜伽母裸體，曼妙如 16 歲少女，作舞蹈姿勢，右小腿向左上卷，足心上仰，左足直立踏壓在平臥之人屍的胸部上，以示了生死之意；智火光焰，通身圍繞。

14.繼續觀想自身外表，如同上述瑜伽母，但內體如一紅色通明透亮的空囊，乃至指尖趾尖也是中空，正如極薄紅絹所鼓脹的帳篷，或吹氣鼓脹的氣球。

15.起初觀想其與自身體量相等，然後漸次增大，如屋如山，最後大至充滿整個宇宙而無餘，如是專一心念於此觀若干時。

16.次則觀想其體漸次縮小，竟小如芝麻，再細小至一極小芝麻的一點點，但雖小卻身色肢分內外一切仍了了分明，如是專一心念住於此觀若干時。

b.觀內細身空

17.即觀靈力脈道爲空。

18.先觀自身變成金剛瑜伽母，體如常人之大，在體內中心線處，有靈力中脈，下起會陰，上抵梵穴（頂門）。中脈紅如渥丹之色，明如酥油之燈，直如芭蕉之幹，空如紙卷之筒（稱「中脈四相」）。脈管如箭杆粗細。

19.觀想中脈漸大，如棒如柱如屋如山，乃至充滿整個宇宙。

20.同時觀想自體亦漸增大，大至無外，舉體全空。唯此中脈遍及全身，連手指腳趾尖也充滿貫達。

21.繼而觀想它們漸漸縮小，變成金剛瑜伽母的自身小如幾十分之一的芝麻，靈力脈道小至較一根毫毛的百分之一還細，但仍爲中空。

22.如教中有言：觀靈力脈道，細至不能描，細至不能見，細至不能住。

c.觀身擁護輪

23.練習觀身擁護輪，復分爲：入座、調息、觀想。

24.正身，即落坐安身之法--毗盧七法。

25.調息，先（三次）呼盡體中陳息，然後徐徐吸入新息，壓下膈膜（壓抑上體氣息，短暫上引下體氣息，守持二者剛剛會合），將息封閉於密處（腹部），如水壺不漏。盡力維。

26.作意觀想。出息時觀想無數無量的五色光芒，由一一毛孔向外放射，充滿空中；入息時觀想無數無量的五色光芒，由一一毛孔吸入自身，充滿體中。

27.一呼一吸爲 1 次，觀 7 次。

28.繼則觀想五色光芒變成五色的字「>」（音吽）（五色吽字表五佛的五智體）。由一一毛孔，隨息出入自體，此作 7 遍。

29.複次，觀此無數無量五色吽字，一一變成五色忿怒金剛，各各一面兩手，右手高舉金剛杵在頭頂飛舞；左手當胸作降伏手印。兩足右卷左伸而立，現極忿怒可畏之相。然其體量較芝麻還小。

30.呼息時觀忿怒金剛，由全身各毛孔，向外放射，充滿空中。

31.吸息時觀忿怒金剛，由全身各毛孔，進入體內，充滿全身。

32.此亦各作 7 遍。以上三種觀想，各作七遍，共二十一遍。

33.最後觀想全身一一毛孔，各有無數無量五色小體金剛，面朝外，立於毛孔（此狀如軍隊駐守護衛門戶），成就金剛甲冑，即行者成就身擁護輪。

d.靈息修習

34.即觀靈力脈道。

35.在中脈兩側，觀有二平行脈道，自左右兩鼻孔進入，上行入腦，繞頂及後腦，分循中脈兩側，下行均抵近會陰，以與中脈會合。

36.觀想此左右二脈是中空，左脈中有 16 母音藏文字母。

37.右邊有 34 子音藏文字母。

38.觀各字筆劃，細如藕絲，紅色，在一垂直線上疊成一串，連續隨息出入，但出由鼻孔，入由會陰。

39.如是一心專注，觀此左右兩旁藏文珠串，迴圈交替，隨息出入於體（用左右二鼻孔交替呼吸）。

40.此種修習，猶如先通溝渠，而後水流無礙，這是以眞言字母加持左右靈脈道的要妙修習。

e.靈力加持

41.即祈求上師靈力加持。

42.觀想中脈中部（心輪）有自己的傳法上師跏趺坐；而於頭頂上，坐有此六成就法的歷代宗傳上師，在一垂直線上。

43.最上端爲金剛總持，最下端爲行者的傳法上師，順序是逆溯而上，均爲跏趺坐。

44.於是至誠恭敬，誦以下祈禱加持頌：

45.祈求諸上師，賜予大加持，使彼四種力（身口意及自性瑜伽力合爲四種力），悉在我心中。

祈求諸上師，賜予大加持，一切能見者，顯現大壇城。

祈求諸上師，賜予大加持，神妙靈息力，入我中脈道。

祈求諸上師，賜予大加持，神妙靈熱力，得以熾燃生。

祈求諸上師，賜予大加持，不淨幻化身，得以速轉變。

祈求諸上師，賜予大加持，清淨幻化身，得以顯現前。

祈求諸上師，賜予大加持，夢幻諸顛倒，得以速消滅。

祈求諸上師，賜予大加持，認知清淨光，不外我心現。

祈求諸上師，賜予大加持，清淨佛刹土，由轉識而入。

祈求詣上師，賜予大加持，正覺菩提道，此一身成就。

祈求諸上師，賜予大加持，無餘涅槃道，使我速證得。

46.祈禱完畢，觀歷代上師，一一融化，入於傳法根本上師一人之身。而根本上師又融入無漏極樂的精髓，攝入充滿自己身中，與己合體無二。

（2）根本

47.根本修習分三：靈熱之產生、靈熱之經驗、靈熱之超勝。

a.靈熱之產生

48.靈熱之產生，又分四：入座安身、輕調風息、重調風息、靈熱觀想。

a1.入座安身

甲、入座安身

49.端身如佛坐，即跏趺坐；脊樑豎直，伸放膈膜，令其寬鬆；低首前俯，下巴壓喉結；舌抵上齶；雙手位於臍下，手心向上，置於大腿上，兩拇指相觸（手結定印）；視線取一適可角度（覷鼻尖或前方天空），即注視之，不得高低左右變更（定眼神），如此必制伏思潮；令心識唯與呼吸相應（心息相依）。上述坐式為七支坐法。也可用瑜伽坐式，法以左足跟彎入靠近會陰，而以右足加左足上，右足跟也彎向內，兩手定印與跏趺坐同；瑜伽坐即菩薩坐。

50.入座安身再說明如次：修煉者還須準備一個「禪定帶圈」，約頭周長的 4 倍長，用來上套於頸，下兜膝彎，這樣在入定後不致於傾斜前僕。又須備一「禪定墊」，一尺七八寸見方，厚約 4 指，內裝柔物。「禪定帶圈」是噶舉派專用之物，而「禪定墊」是入坐必需之物，否則不能久坐。

乙、輕調風息

51.調風息又稱「佛風」。

52.輕調風息又分三三九風箱式和呼吸四種合法。

三三九風箱式者，第一個三次先用右鼻孔吸，左鼻孔呼，吸時頭由右轉向左：第二個三次先用左鼻吸，右鼻孔呼，頭須隨之由左向右轉；第三個三次頭不動，兩鼻孔同用。此三三呼吸；共作三遍，即九三二十七呼吸。

53.第一遍的九息，極輕細，幾乎自己都聽不到聲音；第二遍的九息，自己略可聞聲；第三遍的九息，不但可聞呼吸之聲，且吸時須扭動身體，從而得名「扭息」。

（三三九風箱式近似寧瑪派「九節佛風」（只做 9 次），但有兩處不同：一是甯瑪派做時有無名指按鼻孔之法，即用右鼻孔時，以左手無名指按左鼻孔；用左鼻孔時，以右手無名指按右鼻孔；鼻孔不用時，用無名指按住，用時才放開。二是寧瑪派做「九節佛風」時要用種種觀想。）

54.呼吸四種合法，即後二遍九息的合併，行引息、滿息、均息、射息四法，其訣如下：

曲頸向前彎；令如鐵鉤式。鼓張腹腔部，令如瓦水壺。將息系拴緊，令如彎弓弦。射息而噴出，令如放箭式。

55.又有訣雲：

引息、滿息與均息，及以射息爲四法。

不明四法合作者，無益有損險當知。

56.上述四句，解釋如後。

57.具體操作方法是：觀想在自己身前約一尺遠（十六指處）的地方，有靈息輪圈，用兩鼻孔徐徐引入新鮮空氣，謂之引息（密教認爲空中有靈息）。

58.引息必須極力吸滿，到達肺的最下端。（壓抑所納之氣，稍稍上引下體氣息（稍提會陰），二者會合，）把氣封於密處，儘量持久，這叫滿息。

59.快要不能守持時，左右脈平衡吸入短息，以求密處（腹部）充分膨脹，這叫著均息。

60.直到忍無可忍時，氣從鼻孔泄出，先緩後急，最後噴出，稱爲射息。

丙、重調風息

61.重調風息分爲五部分：用力作風箱式之（後）二（遍）三

九息，以防息之回彈，一也。用力引滿吸息，使能充分達到各靈力脈道，二也。腹部（密處）極盡擴張，使能充分納入風息，這樣靈息入體多，靈熱就容易產生，三也。用力保持風息，充分滿足，使各靈力脈道能充分攝入風息中的靈息，四也。放息時，亦用力進得，使體內、外的靈息震盪加劇，這樣（內外息）混合交融，使引攝力更大，五也。

丁、靈熱觀想

62.靈熱觀想又分為三層：外靈熱、內靈熱和祕密靈熱。

63.外靈熱者，觀想如次：

64.刹那變成金剛瑜伽母，專注觀彼幻變身。意思是專注觀想，刹那變成金剛瑜伽母，其大小與行者相同。

65.內靈熱者，觀想如次：專注觀想脈道四輪，猶如車輪或傘蓋。

66.修煉者觀金剛瑜伽母中空之體，如同皮膜透明光亮，中脈及其它靈力脈道也是中空。空表實相真空；瑜伽母紅色，表大安樂；透明光亮表靈力能消除無明重障；瑜伽母身直，表生命本源的樹幹（中脈為一切靈脈之根本，在會陰處有生命本源、識種初植的海底輪，中脈即由此發生，五官百骸小出之長養而成。因此中脈為人身心靈命樹的總幹。瑜伽行者，由此修習，得解脫之果）。行者觀想具有直、透明、紅、空四種特性的中脈，上達梵穴、下達臍下四指之處。中脈兩端皆平頭，靠近中脈兩旁，有左右脈道，如瘦小羊腸，上行繞腦頂，由前腦下折，通入兩鼻孔，下端與中脈會合以前各挽一圈，如藏文的字形若「G.」字（音：恰）的下半截一樣。

67.三脈會於腦頂，即梵穴，亦千葉蓮篷台，有 32 支脈道，以中脈為軸，向下俯張，稱頂輪。於喉際有喉輪，有 16 支脈道，以中脈為軸向上仰張。于心際有心輪，有 8 支脈道，以中脈為軸向下俯張。於臍處有臍輪，有 64 支脈，以中脈為軸向上仰張。凡諸輪處之小支脈，觀其如傘蓋之骨，或如車輪之輻，依中央之中脈，為

柄爲軸，及其傍脈相聯貫而叢集。

68.行者須如是觀想，了了分明。

69.祕密靈熱。有訣云：阿字半體（e.的右半邊，形如分句線，）爲觀點，發生靈熱祕密法。

70.操作法是：於臍下四指，中脈與左右脈會合處，觀想半阿字，細如毫毛，高僅半指，色棕紅，飄動，有發熱感，發出如風吹動繩索的蹦蹦聲（藏文觀想，半指高即八分之三寸高，直立，筆劃細而明亮。以下藏文觀想皆如此）。

71.于頂輪千葉蓮台之中脈內，觀想「d.」字（音杭），白色，如欲滴降甘露之狀。

72.於是引入風息，攝入靈息於左右脈道中。

73.此靈息下行膨脹，由中脈底端鼓入，上觸細如毫毛的半短阿字體，充滿外部，且轉爲鮮明的紅色。

74.「充滿」及「均息」之觀想，集中心神。

75.當呼息出時，雖實際由鼻孔出息，然同時須觀想中脈中有藍色「靈力流」與息俱出。

76.又再吸氣住息時，觀想有紅色半阿字體，發生火焰，半指長，上端尖銳，熾然光明。

77.觀想此火焰具有中脈的特性，即直、明、紅、空。且此火焰如紡椎一樣急急轉動。

78.又每一吸息入體後，此火焰即上升半指，經十息後，即升至臍輪。

79.又經十息，由臍輪中脈分出之各脈道，皆充滿靈熱。

80.了又經十息，此靈熱下行，充滿身體下部，即足趾尖端亦皆貫到。

81.從此處，又經十息，火焰上升，充滿全身，到達心輪。

82.又經十息，火焰上升，到達喉輪。

83.又經十息，到達頂輪千葉蓮台。

84.如是入定。

85.遂有如訣云：「漸得神牛降聖乳」的妙境。神牛（藏文朗喀巴）乃藏文杭字的密稱。半阿字表陰，杭字表陽，聖陽合于聖陰，如降聖乳。

86.又經十息，頂輪中脈中的杭字，為靈熱所溶化，變成菩提「月液」，滴降而下；充滿滋潤輪各脈道。

87.又經十息，月液充滿周潤喉輪。

88.又經十息，月液充滿，周潤心輪。

89.又經十息，月液充滿臍輪。

90.又經十息，月液充滿，周潤全身，即手指足趾也貫到尖端。

91.此靈熱乳露妙法，總共須作 108 息。

92.初修習者，一畫夜間，如是須作六次。

93.嗣後因延長呼吸時間，修習減為每日 4 次，但其住息所占多少時間，也應漸次加長。

94.每天除飲食睡眠外，餘時須不斷作如是禪定。

95.該法為調攝身心靈力的主要功夫，亦名靈熱發生的主功；為瑜伽者最重要的修習。

b.靈熱之經驗

96.靈熱的經驗有普通和特殊兩種。

97.甲、普通的靈熱經驗，如偈所說：
由持靈力於靈穴（靈穴指前所說脈輪），初則熱法得發生。
次則經驗于安樂，
後則心得自在境。
如是妄念自休止，
煙霧幻城陽焰等。
乃如破曉發曙光，
無雲晴空次第現。

98.解釋上偈含意如次。

99.因觀想延緩出息，靈力保持於靈穴，使靈力與心識不散亂者，是爲「持法」。

100.依於持法，呼吸時間加長，次數減少，爲「動持」。

101.減少生息的時間，爲「時持」。

102.減少出息之力者，爲「力持」。

103.明瞭息之色用者，爲「色持」。

104.明瞭入息之五大的體德用者，爲「大持」。

105.修習者能照上述多法保持靈力，則靈力的波流自然平定穩固。

106.心與靈力各得本來平等境者，則靈熱力自然源源發生。

107.當靈熱初熾時，所有各靈脈穴一時開張，由靈力載運菩提「月液」，滴入種子於其中。

108.此時常有如媾精的微痛感發生。

109.這時生死六道的境相，有現前者。是爲靈熱經驗的初期，或稱初轉種經驗期，或稱痛經驗期，或叫煖經驗期。

110.經過這一體驗，靈脈穴會一度萎縮，但不久就開張，因爲靈力載運滴入的菩提月液量增多，滿灌其中，使之成熟，不久當生起有漏的無數極安樂境界。這是靈熱經驗的第二期，或稱極樂生起經驗期。

111.此後不久，修煉者心爲內安樂之所澄定，於是觀外界一切現象，無不安樂，這是極樂的正經驗期。

112.於是妄想的波流，自然寂靜，而心得其本來的自在境地，即正安止，或三摩地之境，這是靈熱經驗的第三期，或叫做無分別境。

113.然此安心境界，並非一無覺受的境界，其時常常出現如煙霧，如幻城，如陽焰，如曙光，如燈光，如黎明，如晴空，乃至無數莫可備述的種種境界，示現于行者面前。

114.當此菩提「月液」三轉期內，所見的一切景相或瑞兆，行者不可漠然視之，但也不能在沒有現見時去極力追求這些境相，應當按正常方式修煉靈熱。

115.當行者修到某種程度時，靈熱便生起效能，疾病衰老及其他生理上的缺損自然免除，且能在短時間內，證得有漏的五通（天眼通、天耳通、他心通、神境通和宿命通）和無數的勝果。

116.乙、特殊的靈熱經驗

發生于三脈會合之處，由此處注入靈力。

117.此時會發生五種現象、八種特性。

118.解釋如次

119.因為普通靈熱練習時，靈力由於自力法進入中脈。

120.自力即瑜伽行者的自力，亦即通過瑜伽法把外靈力與內靈力結合成管狀的綜合靈力，所以能生起諸妙用。

121.靈力由海底輪進入中脈，貫通靈脈中樞的四輪，成為靈熱的智體。此智體能滲透一切靈脈，解開各靈輪。

122.因靈穴解開，於是會有特勝的五種現象一一現前，這就是：

123.如火爆發之光，如月光，如日光，如土星之光，如閃電之光。它們的色彩有所不同：

124.火爆發的光為黃色，月光白色，日光紅色，土星之光藍色，閃電之光是淡紅色。

125.這種種光焰組成圓虹光圈，圍繞著修煉者的身體。

126.此外，修習者必有證得如下八種可見的特性（神通）：

127.由於地大的特性，修習者能得到「無愛子」（梵名那羅衍那）的神力；

128.由於水大的特性，修煉者柔軟光滑，入火不焚；

129.由於火大的特性，行者有融解消散一切物質之能，而入水不溺；

130.由於風大的特性，行者當得足捷身輕、落地如棉的特能；

131.由於空大的特性，行者能夠飛行自在，高山流水皆不能阻擋；

132.由於月的特性，行者全身透明而無影；

133.由於日的特性，行者色身（肉體）都已淨化，全身轉爲圓虹光，而不能被他人所發現。

134.由於已獲得上述的瑜伽成就，則身體內的 9 竅關閉（頭上 7 竅加前後二陰，合爲 9 竅），口腔（語）的四竅門也關閉（喉、舌、唇、齶），不受外界刺激，而心的 2 竅門（意志和記憶）則開放。於是，於內則證得無上安樂境。

135.於外則見聞覺知一切時空的經驗，無一不是三摩地的連續之流。這就是所謂的勝安止境，也就是完全安止境，亦即瑜伽行者已達到身口（語）意三業的最勝調伏境。這是因爲此時已經左右脈道日月兩種靈力調整的土星靈力已生起妙用，貫滿中脈，引發靈熱燃燒而產生的勝果境界，所以爲修煉者一一圓滿證驗。

c.靈熱的超勝

136.如教說：

無生妙心「俱生者」，無漏三摩地勝住。

137.解釋如次：

138.靈力分兩種，一是五蘊的靈力，表佛性的陽極，顯于左靈脈，

139.一是五大的靈力，表佛性的陰極，顯於右靈脈。

140.當以上兩種靈力，循左右兩靈脈道降入而會合轉入中樞靈脈道時，即證得俱生的淨智靈力，此即無上覺智的靈明本體（或說：即心的原始狀態，與空不可離），具有無盡的無漏大安樂。

141.又於臍輪中，有業的靈力，能令業因與業果平衡。於心輪中，有業的靈力，能使業果成熟。喉輪中，有業的靈力，能令業行增盛。頂輪中，有業的靈力，能使一切業的因、行、果盡歸寂靜

（此處的業指善淨業）。

142.又當菩提心月液下降，令靈熱上溯，（此兩句爲張妙定譯本所有，而胡之眞譯本僅爲一句「支當菩提月液上升」。一升一降，兩說相反，不知誰是？）貫通四輪時，使各種業的靈力等，一時間依次活躍，直至到中脈頂輪，就發生極度震動；

143.菩提心月液，愈益增盛，所以聖者才會在頭頂有肉髻隆起的現象。

144.肉髻的出現是由於靈熱力增盛的菩提心月液充滿；此時，行者即已證得大手印俱生淨智的大安樂，獲得大金剛法界的體性矣。

145.與此體證同時，由極下端生死根源密處（會陰）發生白色甘露液，盈溢至頂，灌漑全身。如是即於頂輪，又變成紅年甘露液，傾降而下，周潤全身，直達手指足趾之尖端而無餘。

靈熱成就的根本修習，到此才達到至極超勝的境界。

（3）實驗

146.實驗分爲兩個階段：①獲證熱益修習法；②獲證極樂修習法。

147.獲證熱益。此又分爲 3 個部分：甲、練身，乙、風息，丙、觀想。

148.甲、練身。練身的姿勢是，兩小腿交叉而坐，右小腿在外，兩足跟墊置兩大腿之下；兩膝壓在兩趾上；又於膝內彎隙中，插入兩手，以兜攀抓住大腿。如手臂過長，可交叉之，即左手抓右腿，右手抓左腿；如不過長，不必交叉。坐穩後，扭動胸腹，先由右而左，次由左而右，各作三遍。繼而用力震動腹部，攪動內部，再用力抖動全身，如烈馬振毛。隨即依於兩膝著地，及兩手抓住膝彎大腿的姿勢，將全身用力上提，盡所能地離開地面，越高越好。然後又用力向下猛然拋跌，而頓坐於禪座上（此法愈能上提離地，愈能猛力拋跌頓坐者，則愈有效）。

149.以上動作各作三遍後,再加上一個極其用力的高舉拋坐,如此算一課。總共作三課。

150.乙、風息。調風息者,用力將吸息逼入肺部最下端,氣封於密,忍至無可再忍,然後噴出。

151.丙、觀想

152.觀想自身爲內體空明的金剛瑜伽母,體內左中右三大靈脈、四輪、及臍下四指處等(如上述者)一一專念觀想,務必達到了分明。

153.次又觀想兩掌心及兩足底,各有一個太陽,並使這四太陽,兩兩對合。

154.再觀想臍下命門處,也有一個太陽,正在三脈會合的地方。

155.然後進行以下修習:以手足心相對相搓,觀想有熱極的火爆生。

156.此火產生後,又觸發命門處日輪之火。

157.日輪之火也爆生,延燒到半阿字。

158.又發爆生之火,延及全身,無處不熾,

159.然後有靈熱之火,勃然怒生。這樣,當呼息時,觀想此靈熱之火,噴出充滿整個空間。

160.作此觀想時,須伴隨作上述的舉身離地及猛力拋跌而坐的動作三七 21 遍。作此修習法時,除手足相搓外,其餘時候要保持原坐姿。

161.如是觀想練習,7 天以後,行者只穿單衣就可抵禦嚴寒的天氣。

b.獲證極樂

162.此法又分爲三部分:甲、觀想金剛瑜伽母,乙、月液的融降,丙、祕密的體功。

163.甲、觀想金剛瑜伽母。此觀想法的功能就是使表陽極的菩

提心月液能夠融解頂輪的杭字而流降。

164.乙、菩提月液的融降。在進行此法前，行者須先修習靈熱六體功法、呼吸四種合法及種種發生靈熱觀想等。（六體功法見下文，其他諸法均見於上述根本修習法中。）以上各法修習成熟後，乃可行此。

165.此時行者觀想自身變作藍色的「大集輪」（梵名「桑巴羅洽格羅」，藏名「柯爾羅董巴」。它代表心的男性，而金剛瑜伽母代表心的女性）。藍色者，表如一大晴空的眞實不變，無上大自在空。無德不集，故名大集。金剛通體空明，如藍色極薄絹所張的帳篷，通明透亮，中有三脈四輪、半阿字及杭字等，一一如前文所述。

166.靈力觸動半阿字，發生火焰，上升至頂輪中，溶化杭字，滴降月液，落於半阿字上。

167.又當杭字融化，即猛然一聲爆炸，其火焰急速下降，火焰增熾，至於臍輪。

167.此時杭字，更加溶化，月液下降，使彼火焰更加熾盛，複上升延燒心輪，再至喉輪，最後至頂輪。

169.最後杭字，全部融化，降落喉輪，此時即有「大喜樂」生起（此爲四喜的初喜，二喜爲超喜樂，三喜爲奇喜樂，均屬有漏的世間成就。第四喜爲俱生喜樂，方爲無漏的出世間成就）。

170.同時，這時就有刹那萬變的種種境相現前（這種種境相，就像快溺死又被救起來的人一樣，悲喜交集，自述有：沉沒遭溺時感受到的種種境相。瑜伽行者修行到本段「大喜樂」生時，自己本身過去遭受的種種悲懼喜樂及平等對待的境相，全在這時出現，但是，須了悟一切物質現象和精神現象都是空幻不實的，及了悟色空不二的無二眞空性）。

171.行者就能得到安住於一切法平等的眞空境。

172.隨後，杭字融化的菩提月液滴降而下，達于心輪時，就有

「超喜樂」產生，有成熟業的知覺，證於無邊際的空境。

173.月液再下降，到達臍輪時，有「奇喜樂」生起，即獲證於通體靈脈，一時振奮，豁然而得入住于大自在的空境。

174.最後菩提月液降至海底輪中，就獲證俱生喜樂。

175.這時連極微細分的時間法性，亦皆了達，而得入住於無二空境。

176.唯一清淨光明，任何世間法都不足以擾動此妙明眞空的心境。

177.以上是依於菩提月液，溶化流降入於四靈脈輪，而依次序獲證「大」、「超」、「奇」及「俱」四喜樂的微妙實驗修習。

b3.祕密之體功

178.那若巴祖師祕傳根本體功法，分六事、二十事及五十事，行者當修習。「六事體功法」請參閱丘陵著「藏密六成就法詮釋」92-94頁。

287-2.如何修幻觀成就法？

二、幻觀成就法

1.幻觀成就法分爲三部分：（1）認證不清淨的幻色身爲「嘛雅」（藏音 Maya，義爲幻變），（2）認證清淨的幻色身亦爲「嘛雅」，（3）認證一切法皆爲「嘛雅」。

（1）認證不清淨的幻色身爲嘛雅

2.認證不清淨的幻色身爲幻變者，如偈說：依於業成熟，幻色身得生。

3.修煉此法。需在面前適宜的地方，放置一面大鏡子，自照其身，並細細觀察。觀想此鏡子中的幻我有種種榮耀、地位、高官厚

祿，並享有種種榮譽，並加諂媚等事，全部加於其身，心生喜樂，且形於顏面。繼而又反之，想有某種心愛之物被人剝奪，或無緣無故受到誣陷、譏毀、聲譽受損等，心生不喜樂，且形於顏面。

4.觀想時，設想鏡中幻我與己身之間，有種種喜樂及不喜樂的事情，加於其身。這種觀察法，為使行者能自我窺盼他的幻色身所依靠的我和我執。因為鏡中觀己，即同他人觀我，我觀他人，觀對方一遇順心遂意的事情，加於身、生於心，形於顏面，喜樂的情感一下子就表現在面部了。這正像世間愚人和猢猻的行為。行者如是深刻修作此觀，結果自能明瞭於我所執的弊端，瞭解一切傲慢自高的愚癡，實是修學聖道的障礙。

5.接著觀此鏡中幻相，與我的幻身，原為一體，無二無別。並以 16 種比喻法（指喻為如幻城、如水中月、如幻術、如夢中物、如鏡中相等），自忖自思，再觀之。這樣精勤修習此觀的結果，即能認證此身原為幻化之身，所謂「嘛雅」，並非實在者。

（2）認證清淨幻色身亦為嘛雅

6.此認證包括兩部分，①為觀想所成的清淨幻色身，②為圓滿現出的清淨幻色身。

7.觀想所成的清淨幻色身，如偈云：

應如鏡中所現者，金剛薩埵妙肖像。

感應道交攝受際，於無垢鏡面上現。

8.以塑鑄或繪畫的金剛薩埵，或其他種種本尊的肖像，放於適當的位置，令其受照射，而反映于面前的白幕中。

9.專注視覺及心念以觀想聖像，入定于白幕，久即能見其像，活潑如生。

10.在白幕與己身之中間，懸空宛然而住。

11.上述觀法成熟後，繼則觀想自己之身，與此聖像，一一相同，無二無別。此之功候成熟後，繼複舉任何他人之身能見者，等同聖像，無二無別。

12.又成熟後，觀一切能見者，等同本尊，無二無別。此之功候成熟後，則所有一切世間的各種物體示現，行者觀之，無非本尊的遊戲神通所變觀。

13.這就是成就本尊的實相的如如觀，或叫如幻觀，也名為轉變一切現見成父佛或母佛觀。

14.圓滿現出的清淨幻色身。此法（一似寧瑪派之大圓滿妥噶頓超之修法）如教說：

是為一切智根本，

能證入考涅槃近。

15.如前所說，修習毗盧遮那佛七式之坐儀，能了知一切身心靈命的真實妙諦。

16.要想證得圓滿出現的清淨幻色身，須做到：勿追念過去，勿預念未來，勿寄念現在，唯以一心不亂，專注觀於當前無盡的天空。

17.於是心念之力，得隨靈力安住中脈，而一切雜亂心想，得寂靜境。

18.在此境中，會出現如靈熱成就所出現的五種現象和煙霧。

19.修習得好的行者，還可以在無雲晴空中，顯現出至極圓滿相好光明的佛相，如水映現清淨月輪。

20.或如鏡中顯現勝相，為佛的應化身，三十二相、八十隨形好，了了分明。

21.如果是佛的無上報身，行者看不見，但可聽到其聲音。

22.至提婆菩薩（指龍樹弟子聖天）有偈說：

諸相如夢如幻變，

諸佛徒等皆能言。

不學感應道交者，

夢幻實相不得見。

（3）認證一切現象皆爲幻變

23.認證一切法皆爲嘛雅。此法如教說：

三界一切動靜法，

認證無二無異體。

24.修行者如能達到控制三摩地的心境，加上對眞空實相的認證，則觀察所有一切現象，如生死涅槃等，初似二邊對待，究其實際，當體元空，所以當兩邊無執著時，融爲一道眞空，無二無異。凡所有表面上的眞理，終不外正三摩地所勘破的幻法而已。

25.集中心神於上述禪定，保持絕對的安止境，方可進而圓證究竟眞際的淨光明境。

288.如何修夢觀成就法及淨光成就法？

一、夢觀成就法

1.夢觀成就法分爲：（1）明悉夢境，（2）轉變夢境，（3）認證夢境爲幻變，（4）禪定於夢境的實相。

（1）明悉夢境

2.明悉夢境。此有 3 種方法：①依心願力，②依風息力，③依觀想力。

3.依心願力的修習，也叫做「初步的夢境明悉法」，使日間及夜間的意識，以心願力保持相續不斷。

4.就是說，在一切情況下，修煉者堅持這一觀念：白天的一切就是夜間的夢境。並且堅具心願，必定能夠明悉夢境眞相。

5.且于夜間入睡時，誠懇請求上師，使自己能明悉夢境，並堅具心願，明悉夢境無遺，入定於此，心能明悉。

6.如偈所說：

一切皆由因得果，完全依靠心願力。

依風息力

7.依風息力的修習方法是：行者右側臥，如獅子臥。右手大拇指和無名指，抵壓喉部顫動脈管，用左手遮鼻孔，合口貯津液。如果此時睡著了，所夢鏡相，如同醒時一一經歷分明，而無散失。這樣修習感到熟練境地時，記憶相續而不斷，所有夢中、醒中的一切幻法觀相，歷歷明悉，而沒有遺漏。

8.依觀想力。此又分為三：觀想自身、獲得觀想效益、防止夢境散失。

9.甲、觀想自身，觀想自身變成金剛瑜伽母，於靈脈喉輪中，有紅色「阿」字，放射光明，這是金剛報身的真體。（藏密認為，喉輪喉管間，有穴管狀，長 3 寸餘，當靈力靜止其中之時，熟睡無夢，若於其中動盪之時，則夢境產生。）

10.心神集中于「阿」字光明，照射法界，於是能認知世間的一切現象，如鏡中諸影、夢中境相，皆幻而不真，並不實存。

乙、獲得觀想效益

11.就是說夜間睡眠時，如上作觀，明悉夢境。晨醒，作寶瓶氣呼吸 7 次，懇請金剛上師 11 次，請求明悉夢境。將心神集中在雙眉之間的白色明點，明點大小如豆，光亮而不刺眼。

12.如果是血液過多的人，觀想此明點為紅色；如果屬於神經過敏的人，明點為綠色。

13.如依上述方法而仍然未能明悉夢境的，除在夜間入睡時禪定於明點外，於早晨醒起時，作寶瓶氣呼吸 21 遍，並懇求金剛上師 21 遍，再觀想海底輪有黑色明點。這樣，所有夢境，將明悉無遺。

14.防止夢境的散失。夢境散失有 4 種情況：A.醒時散失，B.疲勞過度，C.身心痛苦，D.沉寂消極。

15.人在睡夢中，正要明悉其夢境，忽然醒來，於是夢境散失。

16.對治方法是：多吃營養食物和加強身體運動，使睡夢能安穩深沉。

17.行者如果疲勞過度，則會出現夢多繁雜，且多重複。

18.對治方法是：經常禪定於夢境，堅定明悉夢境的心願，更配以寶瓶氣呼吸，並觀想眉間之明點，二者混合施行。

19.因身心痛苦，常出現夢多但醒後什麼也記不起的情況。

20.對治方法是避免一切穢惡不潔刺激的環境和事由，重新接受三摩地大灌頂，並且加上海底輪觀明點。

21.因沉寂消極，一般睡中無夢境。

22.對治方法是，在修寶瓶氣的呼吸時，同時觀想海底輪有明點；並且按照儀軌，供養護法空行如「毗羅」（意「勇父」）及「空行女」等。

（2）轉變夢境

23.轉變夢境指不爲夢中境相所左右，比如在夢中見到火光，應自思，這是夢中火，有何懼哉？堅定自信，反而用足踏在火上。凡在夢中見到類似的境相，均用足踏。

24.修煉此法成熟後，轉移心願，深信自己能見到諸佛刹土。

25.在睡覺時，觀想一紅色明點在喉輪內，同時堅誠祈願，就會見到想望見的佛刹，那裡無比莊嚴，如教所示，於心念中一一分明。

26.能如是專一其心念的觀修者，定當見到佛刹淨勝境界，如兜率內院、西方極樂世界、東方金剛喜知世界（即妙喜世界）等勝境。

27.這是轉變夢境的實驗法門。

（3）認證夢境爲幻變

28.此法如偈所說：
云何認識夢幻境，
當先遣除恐怖想。

夢火轉水以對治，
夢微物者轉成大。
夢見大物變成小，
如是了達形式幻。
一變成多多變一，
一多等幻亦皆了。
依此精勤不斷修，
直至究竟了於幻。

29.宇宙本來就是幻，一切爲眞如（自性、實相）所示現；夢境也是幻，一切爲八識所示現。（密宗於是有修夢成佛的說法。）對於一切水火、大小、一多等幻象，發展自心靈力，能依靠自己的意志力，改變幻夢中的境界。進一步，明瞭幻夢之境原爲隨心所變現，等同海市蜃樓。又進一步，明瞭醒時一切見聞覺知都是生死夢幻，沒有一種是實存的，也是幻變而已。最後一步，就得到大認證，宇宙間的一切，如莊嚴如佛刹，卑劣如地獄，大至日月星辰，山河大地，小而有情無情，物質與非物質，都是眞如示現的一切幻象，與八識示現的夢境一樣。修習者如果能深入禪定，離言絕思，三密相應，則宇宙森羅萬象，隱一念而不動，無不消歸眞如，世界幻象，遂與自心交相融化，無跡可尋，其中寂靜光明，不可言說。一不相應，妄心妄境生起分別心，有關世界的種種境相又複出現。因此，世界或融爲一體或呈現分別的現象，都完全操自我心，一言以蔽之，世界者，就是我心的表現啊。

此時方能印證根本正智，而產生塵刹相入、滴海交融、無二無別的涅槃大樂境界。一時舉地當前，彼無所不具、無盡無餘，一切智智的眞實體性，妙明淨心的究竟眞相就是這樣的。

修習者到這個境界，可以自我觀察，我擁有的身體，無異於夢中的幻色，其他人、其他生命的身也是如此。再觀察世間一切現象，都是本尊的神畫幻變。如是自得認證一切，都是「嘛雅」（幻

變）。

（4）禪定於夢境的實相

30.禪定於夢境的實相，就是禪定於實相的本質。

31.當夢中出現本尊（或聖相），集中心神，妄念不動，絕對安心，本尊形象保持於心，處於無想情況中；久之，此聖淨本尊自與無相之心和融無間，合爲一體，這時，眞實清淨光明發生。這種淨光的本質是眞空，即非眞非空。

32.修煉到這時屬於成熟階段，則可以在醒時，在夢中，認知世界一切現象，都是幻而不眞，爲淨光所產生，此爲幻變的眞相。乃至認知世界一切幻象，皆爲眞如（本體）所示現。

二、淨光成就法

淨光成就又叫「光明成就」。

1.淨光有 3 種：（1）根本淨光；（2）道淨光；（3）果淨光。

（1）根本淨光

2.根本淨光，正如教中偈頌所說：

最極上妙教，厥爲淨光法。

根本道及果，是三應善學。

意思是說，最高妙的法門是淨光法。要認知淨光，應該修學根本淨光、道淨光和果淨光。淨光不可思議，無處不在，照耀一切的心，在一切有情的心中生長。

3.所謂心之眞體，諸法實相，不二不異的眞空，超越一切現象。行者修煉到並受用于無上清淨大安樂境時，就獲證到超越一切思想者--這就是根本淨光。

（2）道淨光

4.道淨光的修學有三：日中道行，融合淨光；夜間道行，融合淨光；中陰現前，融合淨光。

5.修習日中道行，融合淨光，有五個原則（五要妙教授），亦

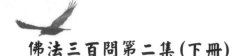

作為測驗標準，考察行者是否在菩提道中，實施了清淨三智，究竟達到何種程度？五個原則是：實相之認識；淨光之程度；清淨三智（淨光三喻）；修持進度；修行的果境。密乘瑜伽上師在接受弟子時，常作測驗，測驗的標準，就是了解弟子對於淨光之喻的功候，達到什麼程度？對於真如認識的切實功夫，造境如何？

淨光三喻是：

A.子淨光，由勤習諦洛巴的「六不法」而有證得者。

B.母淨光，即根本淨光，此于前念方滅、後念未生之間而證得者。

C.和合淨光，是前二者已經證得並和合為一的正智淨光明境。

6.修習密法的首要是什麼？皈依上師，修習與上師相應的瑜伽為首要。

7.修習淨光法的總相是什麼？恰如母體出生嬰兒。

8.修習淨光法的境界是怎樣的？有三種境界：光、燃、持。

詳細解釋是這樣的：行者修習淨光法應當首先求證母淨光或根本淨光。在此基礎上，子淨光方能出生，所以有母體生嬰的比喻。

證得母淨光，稱做「光」，由此母淨光顯發照耀，稱做「燃」，由於燃照的德能能夠長住靈明之境，叫做「持」。

9.母淨光的證得，必發生在前念已滅、後念未生的時候。

10.子淨光的發生，必須修習諦洛巴的「六不法」，其偈說：

不想像　不思慮　不分別

不禪定　不回憶　不動念

（不禪定的意思是指行者不思考從事禪定這件事。不思考禪定，才能入定。）

11.禪定到這種程度，生子淨光。空與幻象，原本為一。

12.此源出於無垢染本元真心之清淨光明；先已發生的是母淨光。

13.認證母淨光與子淨光融合為一，即融合了道淨光的本質，

合爲一元。

14.修習夜中道行融合淨光，如偈說：

觀自心輪中，有四葉蓮花。

四葉及蕊台，齊皆舒展放。

中央有「吽」字，周有阿、努、打、羅四字。

1.5 又有偈說：

于五蘊大及諸界，集中兩時能知力。（兩時爲醒、夢時）

成就空性入睡眠，

因風息力得夢定。

16.人甫入睡，即得酣睡，此種境界，譬如海面平靜，風浪不興，然其間，亦有光、燃、持三種境界。所謂「光」者，不是光，而是空明大樂現前的境界。所謂「燃」是說此樂境持續和明悟。所謂「持」，是指此種境相，依次顯發而不失。這與前面的同名三境界不同。

17.淨光的認證，必在醒境方終、睡境初至的中間獲得。

18.顯發淨光妙用者。須把禪定法門融合於睡眠境中。

19.融合淨光與禪定，先須懇求上師加持，期望能夠認證淨光，然後堅定心願，即得認證。

20.睡時右側臥，即「獅子臥」。

21.觀想自身變成本尊，在自心內有一朵四葉蓮花及中心蕊台，中央有「吽」字，前花瓣上面有一「阿」字，右花瓣上有「努」字，後花瓣上有「打」字，左花瓣上有「日阿」字。

22.于睡態朦朧時，觀一切見聞覺知融入自身。

23.於是自身舉體，融入四葉蓮花中。

24.繼于睡意漸濃時，再觀一切覺知，融入前面「阿」字內，再入右面「努」字，再入後面內「打」字，再入左邊「日阿」字，再進入中央「吽」字，繼複觀吽字之最下端母音「ﻌ」，融入「ꡘ」；次則，「ꡘ」融入上端的「ꡍ」；再次融入圓圈「ꡅ」；圓圈

後亦融化，入沒於其最尖頂如火焰尖處。最後、極微細的焰尖，亦完全熔化，入於大自然真空。

25.如是觀空後，而入睡境者，即能成就安然而入「睡眠淨光定」境。這種修習法稱「回顧（返觀）」禪定法。

26.如果僅觀五真言全輪組，也可入定，此叫「全輪融空觀」。

27.如上觀修者，可於醒境睡境中間之時際，證得根本母淨光，即為「光」境。

28.由此得到安穩的睡境，即為「燃」境。

29.深入睡眠定者，即為「持」境。

30.深睡時所現的淨光，就是母淨光。

31.一時專注，心無他念，但依法修得者，即為子淨光。

32.這樣既得母淨光，又得子淨光，終至如同舊識重逢，一見即行認證，即母子淨光融合無間的境界。

33.中陰成就融合淨光，詳見後面「中陰成就法」。

（3）果淨光

34.修習果淨光，如偈說：

尊聖淨幻體，淨光具圓明。

由淨光出現，如魚乍躍水。

金剛總持體，由眠警覺生。

此皆表融合，母子兩淨光。

若此最勝果，由於勤修習。

修習之根本，上師與傳承。

35.如此法證入果地者，即已登第十二地金剛大樂地，此地果法，如下偈說：

幻色無色合，明覺現於前。

了達纏幻苦，及解脫真樂。

淨光與其心，成熟與神通。

此瑜伽明行，無上八成就。

36.達到這種境地，已是金剛總持，已達完滿的佛境，無餘道可修。

37.如下偈所云：

圓具一切金剛力，身語意及諸妙果。

動靜顯變俱無礙，莊嚴福德一切成。

如是無上八最勝，即是瑜伽圓滿果。

果淨光，即修持淨光功德圓滿也。

289.如何修中有（中陰）法、破瓦（轉識）法及長壽佛法？

一、中陰成就法

1.中陰成就，分三種證入；（1）證入淨光境之法身；（2）證入中陰境之報身；（3）證入中陰境之化身（或轉世）。

（1）證入淨光境的法身

2.首先于中陰境內，證入淨光境之清淨法身。如偈說：

光消滅及色消滅，

想消滅及識消滅。

識消滅已又識生，

此際淨光即開始。

母光子光當合一，

有其已教與未教。

融其已教入未教，

此名成就得證果。

3.人死亡之時，緊接于中陰境之前。

4.中陰境臨前時，如秋日無雲之晴空。

5.其間也有光、燃、持三種界分。

6.淨光之認證，必須在世間知覺方息、死後知覺未生這一中間時際。於此道中，顯發淨光妙用者，要善巧運用教授的祕法，使道行與真心融合一，這是最重要的。

方死時之境界

藏密對瀕死過程及死後歷程有清晰的認識和明白的敘述。其敘述和認識對人類認識生死有極大的價值。

7.藏密認為，人有眼、耳、鼻、舌、身、意五識；方死之時，內返退失，凡一切幻色知覺的，皆內返散降退滅。此謂「光消滅」（此光指世間光）。

8.此時即覺地大降于水大，內體消失其繫著性。

9.次則水大降於火大，有口鼻乾苦之象。

10.次則火大降於風大，有體溫消失之症。

11.次則風大降於識大（或空大）。

這時，死者如有惡業（生前、前生作惡），即遭受痛苦；死者如有善業（生前、前生作善），就有諸佛菩薩、護法空行陸續前來迎接於最後的一息。

12.最後一息停止，則此色身內返退失。

13.最後一息剛停止不久之時，體中靈力猶存，即氣息已停但其識神尚未出離內體之際，這時會生起認知的各覺知。此時即是方死時，光明現前之「光」境。

14.其覺於外者，有似月亮的燃境，即為「燃」境，33 種瞋心消滅。

15.之後不久轉入「持」境，40 種貪欲消滅。其覺於外者，如月蝕日時，日中所現的黑月光影；覺於內者，如油燈外蒙半透明的罩發出的朦朧光，此為方死時的「持」境。

16.由「持」境再轉入淨光明境，7 種無明（癡分別心）消失，此時幻識皆已消滅。其覺於外者，如黎明破曉之光；覺於內者，如秋日無雲之晴空，此為方死時的「淨光」境。

17.上述中陰前行境，與死之諸境，銜接而生，修習有成者，可現此境，或稱爲「起海」中陰，認爲此是死後中陰諸境發軔之期。

上述境界，或許是藏密修習者方死的境界。藏密認爲，密乘行者，修持有成，最高者即生成佛，已無生死。其次的也能臨終成佛，因行者修本尊已成，臨終時本尊來度，觀我即本尊，本尊即我，二無分別，則我與本尊，合而爲一。又修阿彌陀佛往生大法者，臨終時，阿彌陀佛前來接引。以上情形均不現中陰境。

但對於那些常人又是怎樣的情況呢？藏密認爲，死者生前有善業而不修佛法者，升天而已，所謂「異香滿室」、「仙樂空迎」爲升天之兆；如有惡業，即墮地獄。所作大善大惡之人，死時亦不現中陰境。普通之人，生前不作大惡，不爲大善，臨終中陰境出現，已死的父母至親常前來迎接。但修行人不可隨去，否則必墮入鬼道。

臨終要訣

18.臨終要訣如後：

19.臨終時，應舍割世緣，放棄世間一切所有，忘卻喜愛仇恨。

20.在上述死滅退降進行時，安止其心，不起想念，則歷經各退失境界，自然安靜，這樣子淨光出現了。

21.於是繼續得母淨光的出現。這時母淨光出現在子淨光之後，其含義有如生「子」以後，其「母」方成立之喻。

22.而一念靈明朗照，明白這兩淨光的體性，應使母子淨光融合爲一，有如舊交重逢。

23.安住于此淨光明境，隨樂久暫，善巧使用「三步反觀」瑜伽，能運靈識，由頂門梵穴而出，直證佛果，即使修持稍遜者，也可成就第十地菩薩持金剛之位。「三步反觀」瑜伽修習極不容易。

其法如下：人在捨命以前之頃，有白如月、紅如日、及黑昏之三種光現前。瑜伽者，就採取相反次第，觀想黑昏、紅日及白月，

並回溯觀想死。後三境，一為母淨光，二為幻識的消亡，三為色身的消亡。在反溯觀想時，還應警覺自問：我今在何處？我究竟是什麼？我的經歷如何？然後修「破瓦」轉識法，則其識神自然能由頂門出去，就能成就佛地。

（2）證入中陰境之報身

24.中陰成就第二等為證入報身，如偈說：

顯然以生出，具幻色之身。

感官皆具有，且行動無礙。

業不可思議，變化幻現力。

25.證入中陰的報身，由於沒能認證淨光，就會出現這種情況：

有 7 種無明生起，在大空境中，有業果光現前。

這種業果光甚劣於果淨光，以其未得覺悟，自障其淨光，如同雲遮，因此稱為業果光，這是「持」境。

26.次則由於 40 種貪欲，相繼生起，於是有「燃」境出現，在最極空境中經驗。

27.次則 33 種瞋心，相繼生起，於是「光」境現前，而經驗於自性空境。

28.由於未得覺悟，妄自奮起輪迴道的靈力，造成識神由9竅之一出離肉體，而成為中陰身。

中陰身，又稱「意生身」，是意識所生，有感官意識，它的形狀和顏色依其所應投之道而不同（道即六道輪迴的道）。換言之投生之道有異，中陰身也有異。（這種說法，其他佛教經典中尚未發現。）但中陰身運行自由，毫無障礙，是未轉世的狀態。它來往於一大千世界，隨其意願，想到何處，就到何處，不可思議。在中陰境中，如彼此所投的道相同的話，他們之間還可以見面。如同屬應生天道的中陰身，則彼此相見于天，餘道類似。

29.在中陰境中的中陰身，以鼻吸氣為食。中陰境中，沒有晝

夜、不見日月，似明似暗，如像破曉或黃昏時分。死後 3 天半就處於這種境地，其間處於昏迷狀態。經過這段時間便醒覺過來，明白自己已死，便極悲哀苦惱，也明白了中陰的真相。然而一般情況下往往是在昏迷中已受生於六道之中，當然不會產生前述醒覺，也不會認證中陰境及取受中陰身。但一經認證中陰境界，馬上就會有種種的猛利倒妄生於心中。在此之時，所謂正是其時。當此之時，最重要者是要牢記已學過的有關中陰的訓導，以糾正這些錯誤倒妄。

30.對於捨報命終的人，要使他能了知已死及認知中陰的靈識，持續而不斷，如偈所說：

命終入中陰，方將受有身。

應證彼如幻，聖悲智合體。

圓滿證悟者，即得淨報身。

31.一經認知已死成中陰身，立即觀想自身成本尊；修持回顧禪定及五真言觀空等法（見淨光成就，置身於淨光境中）。於是更修「三步返觀」瑜伽，結果得金剛大持尊悲空不二之聖淨境相現前，而成就圓滿的報身佛地。

（3）證入中陰境之化身

32.證入中陰境的化身，就是轉世。

33.如果在中陰第二期（藏名「踵倚」中陰），未能證得法身、報身的人，就會聽到 4 種恐怖的聲音：①由於地大的生命力，發出如山倒的巨聲；②由於水大的生命力，發出如海嘯的巨聲；③由於火大的生命力，發出如林焚的巨聲；④由於風大的生命力，發出如千雷齊鳴的巨聲。

不堪忍受這些恐怖之聲而逃，就產生輪回。在逃奔時，又忽然面臨 3 處最極險惡可怖的絕壁：一為白色，一是紅色，一是黑色。深不見底，墮下任一處絕壁，即入輪回。墮入白色絕壁的，生入天道；墮紅色絕壁的，生入餓鬼；墮黑色絕壁的，生入地獄。都是輪回生死，終苦無樂。非瑜伽行者所宜往投。

34.又出現 5 條光亮的徑道，已善學中陰成就的應當明白，誤入其中之一的即被導入茫茫生死輪迴中：白色光徑，導入天道。如煙如霧，導入地獄。黃色光徑，導入人道。紅色光徑，導入餓鬼。綠色光徑，導入阿修羅。

35.還有其他種種現象，或如強烈發光的巨球體；間雜於無數無量的噴射火花中；或如身後有可怕的狂風暴雨，相逼追逐而來；或出現極忿怒男女怪身，前來威逼攫捉；或陰司照業鏡審判，酷刑可怖，被關進畏怖的地獄，囚入鐵圍。這些怖畏無窮之境使中陰身各奔「前程（轉世）」：

36.狂奔於樹穴或地洞中，即生餓鬼道或畜生道。

37.如果墮入一湖，水面有天鵝遊行者，即生東勝神洲。

38.如果墮入一湖，岸畔有牛正在吃草，即生西牛賀洲。

39.如墮入一湖，岸畔有馬正在吃草，即生北俱盧洲。

40.如見大廈中有父母正行房事，即生南贍部洲。

41.如見天宮輝煌壯麗而入其中，即生天道。

42.由於業力積習，令人迷妄顛倒，至此境界，仍極盛強，熾然急欲求生。因此這時期稱「食香者求生期」。

43.選擇胎門的瑜伽法

轉世擇胎，有切要法，如偈說：

貪著與厭惡，

諸欲悉排除。

堅住善淨念，

離一切妄想。

一心唯專注，

選擇善胎門。

及修習轉識，

生「喜知」等土。

44.行者應當知道一切恐怖驚奇的聲音形色，都是幻妄，則不

堪投入的胎門，自能閉息。凡是回憶生前已學的自性眞空之理，及上師本尊，則不堪投入的胎門，亦自閉息。

45.觀想自己即將往生之處，必爲尊貴富有的人間積善之家，有緣來世再修，則如此之生，隨念即得，這就是勝化身。

46.瑜伽行者生前精勤修持，臨終即使未能證見淨光，亦能離開人間，不退菩薩之位，往生十方淨土，如西方極樂世界，金剛薩埵「喜知」世界（即東方妙喜世界）。種種淨樂佛土，亦能隨願往生。

二、破瓦（轉識）法

轉識成就法

1.轉識成就，一譯「遷識」、「神識遷移法」，藏名「破瓦」或「頗哇」。有三等成就之分：上等者，轉識成法身；中等者，轉識成報身；下等者，轉識成勝化身。

2.最上者于初期中陰，認知淨光，成就法身。

3.中等者于中期中陰，證入智悲合體，成就報身。

4.下等者只取勝善轉生身。

5.上述三種成就是就身言，而修法非有 3 種，唯有 1 種。

6.根本上師瑜伽轉識法

依于金剛上師修持「破瓦」轉識法，有偈說：

先作寶瓶氣，

風息三七遍。

用意提識神，

經脊椎上行。

於三七靈輪，

一一輪提升。

上升複下降，

相應誦賓言。

7.此所誦眞言，有全半兩聲。

誦眞言之聲，

呼出高且響。

導能知識神，

趣入淨樂界。

臨終時一至，

轉識頓成就。

8.此法分常修和臨用兩部分。

A.常修

9.先發願心，誓成佛道。次則觀想自身成金剛瑜伽母，通體空明。於脊椎處，有中脈，上大下小，下抵會陰，封口，而上端開孔如天窗。如天窗孔外，上面坐有金剛持，其體亦空，體之中心也有智慧中脈；此中脈與自己的中脈，連通爲一根管道；自心與本尊之心相通。

10.次則觀想上師金剛總持心中有吽字，藍色光明，細如毫毛。自己心中也有同樣的字，即爲自己的識神。然後修寶瓶氣 21 遍。

11.觀上師心中 字下端母音符「　」（吽字最下面的字形），伸長如鉤，垂下於自已心中，將自心中吽字，向上提長。於是高呼「嘿」，觀想吽字沖上梵門。再呼「降」（略似「迦」），想自心吽字，循中脈下降心輪。這樣觀想吽字，一升一降，共 21 次。一定要訓練純熟。

B.臨用（臨終所用）

12.臨終時，將自己心中吽字往上提，沖入上師心中的「吽」字，合而爲一。於是自身舉體投合上師本尊，識神隨之往生淨土，而住入非可言喻的聖境。

三、長壽佛法

加修長壽佛法，目的在於開頂成功後不致命促而得長壽。

請參閱邱陵著「藏密六成就法詮釋」P341-344

290.什麼是白教大手印？

　　大手印亦修「自然智」，但並非先直接修菩提心，而是對外境先加印持，然後才修心性自然智。大手印比大圓滿之心部多了一個「印持外境」的次第。

　　噶舉派的大手印又不同於瑜伽續部之四印（大印、三昧耶印、法印、業印）。

一、實住大手印：四瑜伽

　　（1）得見明體

　　請參閱上文 286 問。陳健民認為得見明體後，才能進修四瑜伽之專一。

　　（2）專一

　　在試修成功所得見的明體上，專心一致，使此明體自生、自顯、自安住、自延長。所謂專一就是將無明系統中的一切妄念、昏沉、散亂、掉舉等，就地匯歸於專一的明體中，與明體會合為一。可繼續利用加行中的五印修法，因五印修法具有使明體自生、自住的功用。要經常保住所得的「法身見」，最好能閉關專修。

　　專一瑜伽有初中後三相，陳建民上師重訂如下：

　　1.初相：將一切妄想、散亂、昏沉、掉舉，交錯而至，如水瀑流。此時當它們匯入明體大海，故宜分別攝除以入明體，不加抑制或改變。

　　2.近住相：明體自生自住的時間較多，無明系統所屬的法漸次減少，如細流緩注，流於平地。此時但令明體自住力加強相續，對此細流，不以其減細而喜，亦不以其略有而慮，因為不管細略都是

明體顯現。

3.後住相:如水波不興,大海平靜,即明體澄清一如,則入專一之境,此中「能住」亦明體而非我,「所住」亦明體而非境,故曰瑜伽。

陳健民提出修行方法如下:

行者在座前須具足法身見,即是椎擊三要第一要「得見知體」;以猝然頓住印坐下,即是椎擊第二要「明體自住」;然後繼續進行到「無念」條件,此時外氣停滯,而復進步到內氣亦停滅,即「氣離出入」,再繼續進行到「心離能所」,既無專心獨守明體之「能心」,亦無直照不動明體之「所境」,于是四相具足,明體自然安住。

若在曠野,則用「三空融合印」,使明體與外虛空可以融合。也可行「曠野陳屍印」,使覺身輕安無昏沉,此為下品專一。串習久後,下座也能明體自住,此為中品專一。睡時夢時,明體皆能自住,此為上品專一。

4.專一瑜伽之實修:即前貼近加行依見試修五種大印:椎擊三要印、融合三空印、吐氣離心印、曠野陳屍印、猝然頓住印。

(3)離戲

行者先證得明體堅住的專一,覺得明體十分凝聚膠著,遂生對明體的微妙執著,因此須修離戲瑜伽以破此執著,離戲即離開並破除對明體的種種執著。破除對明體的執著須講究時機。陳健民上師認為破之太早及太遲均不可,太早恐明體的基本之體如平等、週遍、寬坦、無邊等觀念尚未建立;又明體本身基本之明如白色、如彼虛空尚未顯現,一閃之光,尚未及見。若破之太遲,則漸成牢不可破之執著,其體不能靈活起用,其明亦不能現起彩光十色之虹霞,而致報、化二身之威儀不能現起。

陳健民上師提出了二種實修方法:

a.「呸」字破明法

當執著凝聚，被光明籠罩，不能透脫時，行者可以猛呼一聲「呸」字以破之，則覺明相更加明，而執著不復存在。

b.虛位離體法

當明體堅固，凝聚甚深時，行者會感到一種無可捨離的精神幻想之體，因此可作此虛位本體之觀，觀其爲虛妄之體而去除之，則可將明體上寄生的微細我執，輕易解脫，而寬鬆、輕安、平等、舒適之感較前更增。

（4）一味

1.一味瑜伽指以一味明體的力量，滲透於善惡各種法中，使發生妙用。一味之一即是明體，從這明體可以發揮多種不同味的妙用。此一明體可以滲透到各種濃厚、粗重、聲色、煩惱、恐怖、惡毒等事物中，生起微妙的平等不分別的作用。

2.一味之實修

2.1.五原則

岡波巴祖師於「大印講義」中提出了五項原則，利用一切煩惱、惡毒等負面機緣及境遇，來修持一味瑜伽：

1.全不起世間之心，行同受傷之鹿，不敢見人。

2.隨遇何境，都無畏懼，行如獅子。

3.不著一切，行同虛空之風。

4.心不依一切，行如虛空。

5.無立破取捨，行同瘋狂。

2.2.方法

大印講義」根據以上五原則，提出了實修方法，就是：

1.持分別爲道、2.持煩惱爲道、3.持鬼神爲道、4.持苦難爲道、5.持病痛爲道、6.持死亡爲道。

若遇上述境界，不破不立，不隨不轉，不生畏怖，於此煩惱心，不加改造，明了寬緩而住，將煩惱安住在明體及空性中，一切

變化之境，皆是明體的妙用，皆是明體所顯現。

作者以為，諸法是以明體為依止因，而有緣才依緣起而生（佛則直接由明體現起），所以煩惱妄念來時，第一先了知有煩惱了，第二不可隨煩惱，第三將煩惱的緣空掉，即空即假，第四不去刻意止煩惱，第五站在旁邊看煩惱。經過這五步驟，煩惱會自消，因為沒有了緣，煩惱會回歸明體。

2.3.三種自解脫：自解脫指不隨不止，讓煩惱回歸法性，自行解脫。

1.六識自解脫：指六塵：色聲香味觸法在六識上起取捨貪瞋，可觀其體性為自性空，無斷無住，讓它回歸明體，在明空體性俱生智上解脫。

2.五門自解脫：五門指眼耳鼻舌身。

3.五毒自解脫：五毒指貪瞋痴慢疑。

2.4.五種勝行

1.普賢行：於一切善事不起執著，任何人天善事執著，如雪落熱石，無法存在。

2.密行：於寒林、或獨木、或深岩等處，具事業手印而行之。

3.明禁行：裸體，六種嚴飾如兮魯噶，偕瑜伽母具同等嚴飾與功德，經行聚落。

4.聚行：往大市鎮、商場，或賤業家，作歌舞等，若遇稱譏侮辱，踢打算等事，則如林火熾燒，作一味相伴。

5.勝御方行：服毒亦轉甘露，則為勝御食；有漏氣滅，則為勝御氣；輪寂一切悉無所偏，則為勝御方。無有取捨，不離一味。

座上修一味瑜伽，若證得下品，即有光明神變；證得中品，隨時皆有神通變化；證得上品，則於夢中亦能現起神通功德。

（5）無修

無修雖云無修，並非全無可修。專一瑜伽立體，而以離戲瑜伽破之；一味瑜伽立用，而以無修瑜伽破之。一味瑜伽既有可破之

處，說明無修瑜伽仍有功夫可修。

一味瑜伽仍有如幻的細微的修垢，有俱生的細微我執及無明業劫氣，所以仍需破之。無修瑜伽乃「無手行拳」，功夫最細微最深沉。只有經過這樣的無修之修，才能得證下中上三品涅槃之果。

據說，臨終時，下品一切皆成智光，惟餘爪髮；中品則全體化為光明，不餘爪髮；上品則身成虹光，不現死相。

二、空樂大手印

（1）簡介

近似六成就法，其內容包括：引氣入中脈、拙火定、四喜四空、現起八種空色、九行證三身、奢摩他（息心）、幻身、光明與圓融等，主要修脈、氣、明點，及六成就法的修持，但亦包括氣法和心法，發生大樂，自證當體即空。行者進修空樂大手印，必須先修拙火定，以拙火定為基礎，引氣入、住、融於中脈。使紅明點（紅菩提）與白明點（白菩提）相融合，拙火上炎，白明點滴降，才能產生四喜四空及八種光明觀境。拙火定年輕人較方便修，老年人修成不易，若有成，可出現火光三昧功能，而且可以更方便修習其他大法。

空樂大手印的入定境界可以達到奢摩他（息心）境界，比九次第定還高。以無我、光明和俱生大樂，與空性融合而產生直接的空性體悟生成真正的光明濁幻身從真正的光明中出來生起了淨幻身從而得到圓融和證悟。

（2）引氣入中脈

請參閱上文 285 問。

（3）拙火定

請參閱本書 287-1 問。

（4）現起空色：空色指空性中生起的勝光，在明體輪廓之上產生的空色往往由點而線，而面而體，顏色有五種。當氣融於中脈

會有八種空色產生如金剛鏈。

（5）幻身

請參閱本書 287-2 問。

（6）空樂大手印生起次第簡修法

主要是觀想「赫魯噶」（佛父佛母雙身像）本尊的生起。

（7）空樂大手印圓滿次第有五支：

1.身遠離（本尊法）

2.語遠離（拙火定）

3.心遠離（四空）

4.幻身

5.光明

6.圓融：幻身與光明圓融不二。

（8）六成就法

請參閱本書 287-289 問。

三、恆河大手印（光明大手印）

（1）恆河大手印

1.總說

屬於頓悟法門，為無修之修，乃是「不修、不整、不散亂」，在空明不二的剎那間定住，立得解脫和證悟。與大圓滿徹卻和禪宗近似，上師具有無上的加持力，非上上根器者不能學。但為較上根器者開的方便法門是修持切念和縱念等法。

2.恆河大手印原文

-原文：「大手印法雖無表　然於上師具苦行

具忍具慧那洛巴　具種修心如是行」

*解說：

大手印法其實是不可言說（無表）。但若勉強說，有根道果三種。根本大手即一切眾生之常住真心，與佛無別，此是超乎思量言

說，非凡夫之分別妄心所能了知。

　　所謂道大手印者，恭敬信順於上師，而得聞於法，由聞而如理思維，得決定正見，又如理修行之，即是道大手印。依止上師的最勝口訣「不修不整不散亂」及上師的加持。那洛巴依止諦洛巴，已得具苦行及具忍具慧，故得上師之加持成為白教第三代祖師。

　　-原文：「譬如虛空無所依　　大手印亦無依境
　　住於任運境界中　　定從繫縛證解脫
　　譬如以眼觀察虛空無所見
　　如是以自心觀本淨妙明心
　　一切邪妄分別消除證覺地
　　譬如空中雲霧散　　本無住者及去者」
　　*解說：大手印如虛空，而虛空是空空如也，一無所依。必須先離繫解縛，離開妄念、無始無明及業障煩惱的繫縛，離一切戲論及修整，將此生滅心頓然放下，自性即「自」現前，此心及妄念同時解脫，然後任運容坦而安住於明體之中。

　　以眼觀察虛空是無所見，空無一物，如同明體是心離能所、氣離出入的無念而光明的境界（明相）。

　　如是以自心（假心）去觀照本淨妙明心（真心，本來即法爾而有，本來即清淨無染，具有性妙功能，本來即法爾光明之母光明）。

　　若能將一切邪妄及分別消除之，即能證本覺智光之佛地。

　　譬如空中雲霧散　　虛空本身，一片空無，本來就沒有雲霧「住」著，雲霧也是自性空，自己會自動消「去」，所以說本無住者及去者，此處強調無修無整。虛空指自性，雲霧指無明煩惱業障妄念。

-原文:「分別識浪生於心　觀心本淨浪自滅
譬如空離一切色　黑白等色不能染
妙明心亦離諸色　善惡白黑不能染」

*解說:分別的妄念及妄識使平靜的心海上(自性)起波浪,這波浪也是起自靜海,即由本淨的自性心海所起,波浪本身也是水,也就是說波浪本身也是無自性,它只是被風吹的緣起而生,所以只要觀心本淨,波浪自會消滅。

而自性本空,如虛空,虛空是空無一物,離一切色的。故黑白等色,只是占據虛空,而不能污染虛空。黑白指善惡業或正邪念。

-原文:「譬如晴明日光照　千劫黑暗頓開朗,本淨妙心放光明,多劫輪廻業障消」

*解說:本淨妙心就是本覺智光,它可以放出光芒,照亮黑暗。本覺智光就像晴明日光,可以照亮千劫黑暗。這千劫黑暗就像多劫輪廻的業障,可以在本覺智光的自性光明(即母淨光)的照耀之下,使其呈現法性光明(即子淨光),母子淨光打成一片,即證悟成佛矣。

-原文:「虛空言說強安立　虛空究竟離言詮
覺心雖亦強言釋　究竟成就實離言
要知心性本同空　無餘攝盡一切法」

*解說:前文大手印如虛空不可表,如今只是勉強安立言說,因為虛空是空無一物,是不可描述,究竟離言詮的。

覺悟的真心也如虛空一樣,不可言詮,雖然亦勉強言釋,但究竟成就的成佛境界,實離以言宣。

證悟的心性本來即如同虛空,雖然空無一物,但虛空卻可容納萬物,由本覺智心可以生起一切法及攝盡一切法,可以說沒有一法非真所攝。故知世界者,我心之表現耳。

-原文：「身離諸作要閒住　語離塵聲空谷音
意離思量比對法　如竹中空持此身
心合超絕言思空　安住任運無取捨
無著心契大手印　恒修決證正菩提」
*解說：此示三門（身語意）之修法也。

身要離諸作，即身要離世間非利益諸作，即他種出世法，亦當離去。身要閒住，即身要保持安閒寬坦，令身安住。

語修者，無利樂之世間語應禁之，乃至咒語，亦宜休止，安靜如谷。谷音的迴音也應安靜之。

意修者，則離一切戲論思量比對之心想外，即觀想警覺，亦宜休止。

使身體中空如同竹子一樣。

心若能契合大手印，則能超越言語及思慮，安住在本覺智光中，可以任運逍遙，無取無取，使無著心契合大手印，恒修決證正菩提。

-原文：「密咒典及波羅蜜　種種經律與法藏
各各論義宗派等　皆非光明大手印」
*解說：光明大手印又稱恆河大手印，不同於空樂大手印須修氣脈明點及唐密、東密的三密加持，及大乘的六波羅蜜，本手印強調不修不整無散亂，常住真心是自生、自顯，妄念來即不隨不止，它起自真心也會回歸真心，只要在旁邊看著它，它會如水波自滅。

-原文：「由生分別障明印　反失所守三昧耶
永離分別不著意　自生自滅如水波
若順無住無緣諦　即守破闇三昧耶
若離分別無所住　一切法藏無餘見
若依此義脫輪廻　並能燒除諸罪障

此是教內大明燈　不修此義愚夫輩
彼常漂溺生死流　未出穢苦之愚夫
應哀憫彼令依師　得師加持而解脫」
*解說：由於生分別會障礙明印，而致失守真正的三昧耶大
定。

因此要永離分別，對萬法不分別又不執著，則妄念會自生自
滅，猶如水波。

若順從無住，無緣的真諦，即能守住能夠破暗的三昧耶定。

若能離分別，一切無所執住，則一切法藏皆能顯示正見，即本
淨見、本覺智光，而無其他的不正見了。

若能依此教義，即能脫離輪迴，並能燒除諸罪障。

此大手印是教內大明燈，不修此義是愚夫之輩。這些愚夫常漂
溺生死苦海之湍流，乃未能跳脫穢苦之愚夫也。

因此，應該哀憫這些愚夫，教令他們歸依具德的上師，能夠得
到上師的加持而得解脫。

-原文：「若離執計是見王，若無散亂是修王，若無作求是行
王，若無所作即證果。越所緣境心體現，無所住道即佛道，無所修
境即菩提」

*解說：以上為修行之要訣，即瑜伽之道有四要門：見、修、
行、果。

若能對一切法包括世間、出世間法，離開執著及計取，則是見
中之王。

若修法時無散亂心是修中之王。

若所行必安住於真心，無著無求，是行中之王。

若對生死涅槃皆能無希求，無所住即是證果。

若對所緣境時而能了悟所緣境是由心體所顯現；若能對一切法
無所住即是佛道；無所修境，修而無修，即是菩提。

　　-原文：「嗟乎　於世間法善了知，無常法如夢如幻，夢幻實義本無有，知則當厭離於彼，捨諸貪瞋輪迴法，依於山則洞穴居，恆住無作任運境，得大手印亦無得」

　　*解說：嗟乎　於世間法善了知，世間法都是緣起法，都是無自性，所以世間法都是無常法，無常必如夢如幻，夢幻的實義本無有，都是假有法。

　　既知世間法都是無常的假法，則必當想要厭離它們，欲捨棄世間的貪瞋輪迴法，依於山洞穴居，恆住於無作任運的境界，此乃得大手印也，而大手印即是無所得。

　　-原文：「譬彼大樹枝分可萬千，齊根倒斷萬千枝分萎，斷心意根生死枝分亦全枯。譬彼千劫所集暗，得大明炬暗立遣，如是自心剎那光，多劫無明障頓除」

　　*解說：譬如大樹枝可以再分支成萬千支，若主根倒斷，則其萬千分枝必枯萎。同理，若能斷心意根，則所遂生的生死枝分亦將全部枯死。

　　譬如千劫所集成的黑暗，只要得到大明炬照耀，則黑暗立刻遣除。如是，自心本有的本淨明體，只要照耀一下，多劫的無明障即能頓除。

　　-原文：「噫嘻　有心之法不得離心義，有為之法不得無為趣，

　　欲達眞實離心無為勝義趣，任運持心安住本明體，分別垢水自當返澄清。

　　障修諸顯亦各自寂隱

　　無取捨心光發而解脫」

　　*解說：噫嘻　只強調心法者不能了達離心法的妙義。

　　有為之法不能了達無為的義趣。

　　欲了達眞實離心而無為的勝義趣，惟有任運持心，安住在本明

體上，則分別的垢水自當會轉爲澄清，而且會障礙修法的諸種顯現，亦會各自自行消隱（即自生自滅）。

若能顯發「無取捨心光」，即本覺智光，本住明體，就能解脫。

-原文：「了本無生無始習垢淨
亡諸執計安住無生境
凡所顯現即是自心法」
*解說：若能了達「本無生」即本淨自性，就能使無始以來的習氣污垢轉爲清淨。

若能面對所境能不執著計取，而能安住在「無生境」（境因無自性，所以稱無生境，即假有境），則所顯現的境都是由本覺淨心所現，都是即空即假境。

-原文：「超脫邊執得殊勝見王
超深廣量得殊勝修王
離斷邊品得殊勝行王
能無所住得最殊勝果」
*解說：以上見、修、行、果可與前文之見、修、行、果對照說明。

超脫邊執是超越二邊之執，即中道之意，與前文之「離執計」更進一步說所執爲二邊之邊執。故殊勝見王即是中道見。

前文殊勝修王是無散亂心，此處更進一步指出必須「超深廣量」，才能提昇深廣心量爲無散亂心。故徹底「止」才能得殊勝修王。

前文「無作求」之意，此處更實際明之，無作求即是「離斷邊品」，無作求非是無作無求之斷滅意，此處再強調無作無求是指無執無計，而非斷滅無爲。故「離斷邊品」才能得殊勝行王。

-原文：「行者初得覺受如瀑流

中如恆河暢流而閑緩

後如平水子母光明會」

*解說：行者剛開開始修心時，反而會覺受心念紛飛，妄念如瀑流。也就是在「內住」、「續住」的楷段。

修心一段時間後，忘妄念的瀑流已漸平息變緩，稍能入定，此時內心已如恆河閑緩而順暢地流了。此階段如同「近住」、「伏住」

再持續修行後，順暢的流水也變成平靜無波的水了，此時妄念已完全平息，也沒有昏沉及掉舉了，此階段如同「寂住」、「最寂住」、「專住」。其後，即會出現子母光明會，本有的母淨光與由外修顯的子淨光會合，此時即是「等持」，成佛階段了。

本大手印法的最勝口訣「不修不整不散亂」，其身語意三門也要符合此最高口訣。身要離諸作要閒住，語要離塵聲空谷音，二者即不修不整之意。此完全不同於一般密宗的重視三密加持。

意要離思量比對法，即諦洛巴的六不（不想像、不思慮、不分別、不禪定、不回憶、不動念），亦即是「不散亂」。

恆河大手印的不修不整，很像禪宗的不立文字及修行次第，二者都屬頓悟法門。

-原文：「劣慧異生未堪善安住，可於明點氣脈諸要門，以多支分方便攝持心，調令任運安住於明體」

*解說：上說的「不修不整不散亂」的恆河大手印，屬頓悟法門，僅適合於利根利器者。

至於劣慧的一般眾生，因未能「善安住明體」，可能不適用。

此劣慧眾生可以改修「空樂大手印」，即修明點氣脈，追求智慧空樂身的法門。

另以多方面的方便法門去攝持心，以便能調心，令心能任運安住於明體，如「實住大手印」，即四瑜伽法門，以追求得見並安住

明體。

　　-原文：「若依業印增現空樂明

　　須知加持雙運之福智

　　導自頂輪緩降不可洩

　　漸提令遍全身一切輪

　　絕離貪故空樂明方顯」

　　*解說：以下即說明「空樂大手印」。

　　業印是指修「得見明體」的五印修法；或指修「懺罪積資」，集福淨障，其中以修金剛薩埵法及上師相應法二者合修，最為有功。

　　修空樂大手印最主要是修氣脈明點，以顯現現空性、大樂、光明。

　　修此法，須修生圓雙運之福智雙修法，修氣入中脈，產生拙火及紅白明點，紅明點似短阿字，自臍輪上升，而以拙火燃融頂輪「罕字」的白明點而下滴，與紅明點會合產生四喜。

　　並提令遍全身一切輪，絕離貪愛，而使空樂明顯現。

　　-原文：「長命黑髮相飽如滿月，光彩煥發力大如獅子，願共速得安住勝成故，此大手印極心要口訣，且堪能種眾生恆受持」

　　*解說：若修得此恆河大手印，可以長命，而且黑髮相飽滿，相好明亮如滿月，光彩煥發，力大如獅子。

　　願共速得此大手印安住此本住淨光、本覺淨光成大光明身。

　　此大手印極心要口訣「不修不整不散亂」，能即身成佛，有根機的眾生恆能受持。

　　（2）椎擊三要訣

1.原文

　　-原文：「敬禮無比大悲主，具恩根本上師前。

見宗廣大無有量（本法門之初祖無垢光尊者，別號廣大無量），定即智悲之光明（本法門之二祖名智悲光），行即如來之苗芽（本法門之三祖名無畏佛芽）。

如是受持修行故，

即身必能證妙覺，

否亦心安阿拉拉。」

*解說：此法門的見、定、行：

1.見是廣大無有量。本法門之初祖無垢光尊者，別號是廣大無量。

廣大無量是指一眞法界，離戲絕論之法爾如來藏心，在無垠廣大界中。無量顯現染淨諸法，皆亦圓滿具足法爾之平等性義。

2.定即智悲之光明，本法門之二祖名智悲光。

智是般若智慧之光，悲是般若智慧之光所顯空性，沒有自他之別，不離大悲之心，以智與悲，等持雙運，住於一處，方爲正定。

3.行即如來之苗芽，本法門之三祖名無畏佛芽。

如上之見宗及正定，契合諸佛出生之苗芽，即是菩提薩埵行趣，一切利他之六度萬行也。阿拉拉爲贊美意。

-原文：「見宗廣大無邊量，椎擊三要訣扼盡。

最初令心坦然住，不擒不縱離妄念，離境要閑頓時住，陡然斥心呼一『呸』！

猛利續呼『也馬火』！」

*解說：當妄念生起，遮蓋自心本相，故先當使粗念澄清。

故最初，應令心坦然安住於自心智慧光明俱生智中，來面對妄妄念初起。對於妄念不擒不縱，不隨不止，認知妄念生起而不隨之起舞，也不刻意息止，就在旁看著妄念回歸明體而能遠離妄念。

離妄境須頓然安住，方可現出赤裸了徹自性本元體。當是之時，急促猛利屬聲呼一聲「呸」字，然後猛利續呼呸字，即能讓人

驚嘆地頓斷妄想之流，息滅粗妄心所。也馬火為驚嘆詞。

-原文：「一切皆無唯驚愕，愕然洞達了無礙，明徹通達無言說。法身自性當認之，直指本相第一要。」
*解說：「一切皆無唯驚愕，由上急呼呸字能無礙地愕然洞達自性本元體，此自性本元體明徹通達之後，其境界無法言說，此自性本元體即是「法身自性」。
直指本相第一要是認證法身自性。

-原文：「復次起住皆適可，瞋恚貪欲及苦樂。恒常及暫一切時，舊識法身認知之。」
*解說：如上法身自性之生起及住著，皆以自然任運為適可。要於一切時，八識所覺受的集諦如瞋恚及貪欲，及苦諦之苦樂等感受，都要以八識去觀照這些感受均起自法身自性，也要回歸法身自性。

-原文：「今昔光明子母會，住於無說自性境。所現樂明數數除，猛施方便般若字。」
*解說：母光明即法身智慧光明之體光明。子光明即行道之道光明，能認知集諦之瞋貪及苦諦之苦樂均為自性空，都是自性光明之顯現。若能會合此體與道二種光明，使之任運無別，即是光明子母會。
光明子母會後，會出現明與樂，而這明與樂也是自性空，可以方便般若字消除之。即力念「呸」字即能破壞貪者。
方便般若字如下：方便字是梵字「音扎」及般若字是梵字「音帕」，二字相合即為「呸」字。

-原文：「出定入定無差別，上座下座亦無別，恒久住於無別境。然於未得堅固間，須勤捨離喧鬧修。

保任唯一法身用，

決定信此無他勝。

一決定中堅決定，

是爲第二關要者。」

*解說：若已安住於法身自性，則不管出定入定或上座下座都無差別。可以恒久住於無法身自性的無別境中。

然住法身自性尚未得堅固時，仍須捨離喧鬧勤修持。

第二關要是，須保住法身而能起用；須決定相信「此無他勝」；同時堅定守固此決定信。

-原文：「是時貪瞋及喜憂，妄念忽而無盡者。舊識境中無連續，知是解脫之法身，比如水中之圖畫，自起自滅續不斷。」

*解說：貪瞋、喜憂及妄念，都是由自性法身體經緣起而生，凡緣起者均無自性，因此這些緣起而生的貪瞋、喜憂及妄念都是由自性功能體藉緣起而顯現，都是假有虛妄，每一妄念都是忽然而生，隨滅即隨生，永無盡止。這些妄念都是八識所呈現的境。但若能知這些妄念也是起自法身自性，則這些呈現的八識境是無自性，是不會連續的，如同解脫之法身，就像水中之圖畫，因本身無自性，自生同時自滅，如此自起自滅連續不斷。

-原文：「所現明空赤露食，所起法身妙用王。隨妄本淨阿拉拉，顯相與串習相同。解法殊勝最妙要，無此解修皆謬道。具解無修法身境，解道堅定第三要。」

*解說：所現明空是赤露的法身自性所顯用，好像是食物可以食用。

萬法都是法身所顯現的妙用。所有妄念都是本淨的法身性體所

497

顯用，都是自性元空也。若能長久串習行持，則妄念自起調治，動靜無分，能得無壞住，無明可轉爲光明，色相可轉爲空柑，能得到最佳的定境。

解法殊勝最妙要，若無此解修皆屬謬道。而且若能具解「無修法身境」，如此的「勝解妙道」能夠堅定則是第三要。

-原文：「具三要之見宗者，融合悲智之定者。萬法即眞如，眞如即萬法。

隨契佛子一切行，三世如來雖聚議，較此無有他勝法。」

*解說：若能具備見、定、行三要，見是知「法身自性即是自心相」。定是能信「法身自性之智悲可以融合」的決定信。

眞如即萬法，指眞如本體能夠由大悲心的「悲」生起萬法。

萬法即眞如，指生起的萬法因自性空，因爲這空慧的「智」，生起的萬法即若眞如的假有。

所以「定」即是能融合智悲。

「行」是佛子一切行可以隨時契合法身自性。

所以即使聚集三世如來一起議論，也沒有較此更殊勝的其他法了。

-原文：「自性妙用法身庫，智慧藏中寶庫藏，不同他石諸精英。勝喜金剛遺囑教，三種傳承之心印。付與心子記持之，是誠深義與心腹，具誠心語義扼要，義要不可輕棄之，愼勿漏失此方便。」

*解說：法身自性可以起妙用，法身自性智慧如同寶庫藏，可以發起無量妙用。這寶庫藏是不同於他石諸精英。

此法門是勝喜金剛的遺囑教，乃有三種傳承之心印，三種傳承是：遍智法王祖師、無畏州祖師、大善解功德主上師。

如是口訣，乃庫藏之精英，心之明點，於不行持的人，示之可

惜。然如彼能行持要義，且能即身成就的人，若不示之，又殊大悲，故此口訣，總應如保生命而護持之。

2.附「貢噶上師椎擊三要訣撮要」口示。三要者：

（一）見：知自心相。依妄念緣念之起而觀察自心本相，認知法身自性。

（二）定：決定信之。融妄念為法身妙用，熟識法身。

（三）行：堅固定之。於念滅上堅固而定，念無連續，法身之見不忘。

心注眼，眼注空，為一切要中要（須參仰兌修法）。

291.什麼是紅教大圓滿？

一、大圓滿的根道果及三句義

（1）根道果：以「如來藏」為根或「本智」為根；以「大圓滿」為道、或以見、修、行為道；以證法報化三身為果。

（2）三句義：性體是本體空寂（本性清淨）；相是自性任運（自相元成）；用是大悲周遍。

二、大圓滿分部

西元三世紀，妙吉祥友尊者將大圓滿分為心部、界部、口訣部。

口訣部又分為三部：隨機部、口耳部、心髓部。

心髓部又分為二部：仰兌與領諦（寧體）。

以領諦為最高次第。但每一部皆可成就。

無論何部，修習前行大致相同，即修「六加行」，之後修脈氣明點也大致相同。至於「且卻」及「妥噶」則屬修持之法，不是部居。

三、修大圓滿有三不動、三自在、三虛空

（1）三不動：修大圓滿有三不動：一者身不動、二者眼不動、三者脈不動。

（2）三自在：修大圓滿之三不動後，能得證量，即得三自在，然後可修習四瑜伽。三自在為生自在、入佛剎土自在、心氣無二自在。

a.生自在：此時能作神通遊戲，故言自在；或謂生機自在。

b.入佛剎土自在：已能將心識入佛土，如無著論師之入色究竟天。

c.心氣無二自在：心與氣皆能調伏其動靜。

（3）三虛空：是大圓滿修習的名相。三指外境、內境、密境。

a.外境所現為法界清淨光明，如無雲晴空。

b.內境所現：白柔脈光與遠通水光自然出現，任遠通水光與外境光明接觸，不作任何觀修。光不生時，亦任之自然。

c.密境所現：唯法爾光明生起，不作觀修，亦不整治，內心唯不散亂，但求適意、安定、明顯、寬坦而住。

如是內外密三境光明，均法爾而生，行者於法爾光明中「三不動」，則自能與三虛空相應，由是即能法爾而子母光四月相會。

四、大圓滿十六地

依「廣大明覺自現續」所說如下：

1.極喜地：於體證勝義諦時生喜悅，得初地成就。

2.離垢地：了悟證悟乃根本覺之自覺。

3.發光地：於道上能對證悟得覺受。

4.燄慧地：由觀光明而得覺受。

5.難勝地：因法爾清淨諸煩惱，及由觀本始智所得證量覺受而現證本始智者。

6.現前地：能見光蘊。

7.遠行地：因圓滿一切覺受而遠離諸煩惱。

8.不動地：住遠離煩惱的境界而不動。

9.善慧地：圓滿一切功德。

10.法雲地：行者將自識攝於所觀之本始智中，令所觀自然生起，隨見諸相皆如虛空之雲。

11.普光地：行者於斷一切虛妄顯現之際，生起諸總集之所觀境。

12.淨蓮地：無任何執受，即對所觀諸總集亦不執，不爲內外諸法污染者。

13.咒鬘大集地：自行者心中本始智所生之金剛鏈，化爲虛空光明五總集者。

14.大樂地：住於所觀之本始智。

15.金剛持地：於法爾境界得決定成就。

16.無上智地：於本淨境界法爾生起智，

顯教只有十地，此處之前十地與顯教之十地意涵也不盡相同。

密續多出的六地，多了「諸總集之所觀境」及「所觀本始智」及「法爾境界、本淨境界」等之描述。

五、大圓滿心髓修法

（1）前行：以修身、修語、修心爲特點。

1.修身：採取金剛坐姿或立姿，修氣脈明點，習寶瓶氣、金剛誦、拙火定，旨在打通身內脈結，使氣得以入中脈。

2.修語：口念藏文吽字並配合觀想，旨在打通喉輪脈結，引起心寂。

3.修心：有三門：觀心之生處，觀心之住處，觀心之去處，于此三門推敲尋究，從來而明心見性。

　　（2）正行：主修「徹卻」（立斷），屬於修定；及「脫噶」（頓超），屬於修光。有了定力，才能看光，得見宇宙間的各種明點。

　　1.徹卻

　　根桑上師：「上根利智無修無證，如如而住，自見自勝，自然而成者，名徹卻」

　　貢噶上師：「徹卻即修無修、無整、無散亂、明朗朗、赤裸裸之大手印定」

　　所以徹卻被稱為「無修之修」，是禪定中在當體明空不二的剎那定住，若第二剎那起了執著就是妄念，便無用了。這種明空不二的剎那境界，是一種超越了過去、現在、未來三時的，明朗朗、赤裸裸的「自性呈現」的境界，行者在這境界中，立得頓法的開悟而解脫。

　　2.脫噶

　　脫噶修光，是以徹卻的定力，凝視虛空明點，有觀看日光、月光、燈光、及黑關等法，而以日光導引法為最重要。因徹卻法只能通達智光，不能將內外境界化為五智慧光明，而脫噶修到最高層次，能令行者顯發本具的智慧與光明，即身化為智慧虹體。

　　根桑上師說：「上根利智具大精進，得見自心之後，勤修猛進，隨修隨現自性三身空五蘊而成光明之身者，名脫噶」

　　貢噶上師說：「脫噶即如何認識由本性虛空法界上顯現之智慧光明修法」即脫噶修光，主要是顯現出本覺智光，最後又將本覺智光收歸體內而得圓滿成就。本覺智光依肉團心光、循白柔脈光，經遠通水光，于界清淨光中，顯現明點空光，此光即五智光明體，如五色虹光。看見明點空光後，繼續修持，就會出現如波狀馬尾串珠的金剛鏈和佛像。此一過程分四個階段顯現，即現見法性顯現、覺受增長顯現、明體進詣顯現、窮盡法界顯現。行者在這四個階段中，可以看到各種明點、金剛鏈、佛像、壇城等，最後外顯的一切，盡收於內心，內證圓滿之境。但所有這些顯現也都屬於幻象。

歷史上有許多修習大圓滿心髓的成就者，最後化為虹光，只剩下指甲和頭髮。或是形骸縮小到堅硬如鐵。

六、大圓滿無畏州修法

（1）立斷

1.定義：依於本淨空，以證悟離戲論之赤裸覺性，並將一切諸相融於法性空中。

2.四量瑜伽修法

a.見量，安住須彌為見量：見地如須彌山安住，乃能如實而了知離戲論赤裸覺性。

b.修量，安住如海為修量：行者六識不向外攀緣，心識不動，如大海不為波濤所動。

c.行量，安住所顯為行量：安住一切所顯境，行者身語意三門任運自然，體會諸法無自性而自顯現的密意。

d.果量，安住明體為果量：於內光明生起時，外顯煙霧、陽燄、虹光等相，行者安住於此境界，即住五氣於法界，是為果量。

（2）脫噶

1.定義：依於顯現，將粗色清淨為光明之法爾成就，及將諸法融於一切顯現之法性中。

1.三種坐：法身獅子坐、報身象臥坐、化身仙人坐。

2.四顯現

a.現見法性顯現

b.覺受增長顯現

c.明體進詣顯現

d.窮盡法性顯現

以上三種坐及四顯現請參閱下文「大圓滿心髓引導釋要」頓超之「晝瑜伽」文。

3.六種光明：修頓超可依次生起六種光明：肉團心光、白柔脈

光、遠通水光、界清淨光、本覺智光。

4.金剛鏈:是修習大圓滿的空中明點光相。當修習至見六種光明以後,起初於黑暗的背景中可見如金線、銀線的光,彎曲不直,即是金剛鏈。

從金剛鏈又能生起種種光,修習既久,也可於白晝見金剛鏈,更進而見到佛像。

七、大圓滿心髓引導釋要

(一)前行

(1)特別隱密的口授前行

1.修氣

a.學習氣色

b.學習氣形

c.學習氣數

d.學習氣的去來

e.學習寶瓶氣

2.修明點

a.觀想三脈而修拙火

b.拙火熾燃降注明點

c.三輪本尊父母融成明點

d.五輪本尊父母融成明點

(2)大圓滿經典義理前行

1.外前行

a.修身

b.修語

c.修心

2.內前行

3.密前行

a.住本然

b.入本原

以上前行請參閱邱陵大師著「藏密大圓滿法選集」P84-107

（二）正行

（1）立斷（徹卻）

1.三前行-使未通達者通達

a.尋斷分別

觀察身、語、意三者，何者能到處漂流遊蕩？何者能隱蔽又能顯露？何者能趨向於過去、現在、未來？那一個為主要？如是且問且觀，應知心為主要。

b.尋心的界限

觀察此心由於能作一切，所以叫做「我執」，即固執我身為一實體，然則身語意是一還是三呢？若為一，則知若沒有此心，身亦應無。如身為有形的物質所生，則心與語亦應如此。語有音聲，則身與心亦應有音聲。若非一而是三，則身與語應離心而有言語行動。如上作種種觀察，便能知一與多，是與非，一切由心所顯現，並無實質。

c.觀察心的生、住、去

觀察能執我之心，最初由何而生？現在住於何處？以後去向何處去？如此觀察，則知心的生、住、去均無自性，其體性離開認識，明空朗朗，非言詮可以表達。此處觀察，與前說並未重復，蓋去境觀而無實體，此由心觀而抉擇體性。觀察能尋之心與所尋之心，為二或為一？此心形狀，為圓形或為方形？此心顏色，為紅或為白？若以此心為空，則觀能思想者又如何而有？

又觀察住時之心，於動中有否？當其動時，心住其中否？再觀察此二者是一還是二？由於善為觀察，於一剎那間，能知任何能尋所尋並無分別。遙遠觀照，這種無分別的體性，無相明心，就會頓然顯露。

2.指示正行：a.三重守護。b.如何堅固所得。

a.三種守護：住、動、住動俱無。

a1.住

住為心的莊嚴。寶炬續云：安住三種自性上，嘎打（本來清淨）義理即現前。

像須彌山一樣安住，乃是形容身不動，金剛跏趺坐。像海一樣安住是形容目惟注視前面一二尺處，毫不動搖。安住明體，是說入定於自然狀態。如是安住，則心的隱顯、善惡、取捨等戲論，隨即清寂，而能住於明空俱生智慧本來的自性上。

「札坦舉根本續」云：「於嘎打體性智上，僅名言無明亦無，超越一與二數量，法性任運無分上，唯依假名而說智」

「自顯續」云：超出常斷之二邊，四邊垢穢自寂靜。

就在這個時候，修觀覺受的樂、明、無念發生。像心體赤露，明而不滅，赫赫朗朗，是為明相。在此明上，境與心之所修能修都沒有了，是為無念。同時自然地住於本來實際，名為樂。

此後觀想通達如前，境與心所領納的次第剎那顯現，已經沒有了任運，完全由於自心而顯現。

由於觀想通達而顯現的樂、明、無念，本來就無境界，名為明；因為能明、所明都無分別，所以名無念；而明空不二所得的快樂，名為樂。

a2.動

認識散亂為心所顯現的，叫做動。其實，散亂即是動。

「莊嚴摩尼寶續」云：無滅之力隨顯現，即彼顯現自解脫，如說解脫無言銓，但未解脫亦無有」

譬如海波由海而顯，沒有離開海水。心所起的妄念，沒有超過本來自然清淨界，所以隨著生起的分別，並沒有前後去來，能於自顯之中而自消滅，此即是解脫。由於分別為自然之顯現，則能超越出取捨、隱顯的境界，不須對治，猶如盤結的蛇，自能解脫。

蓮華生大士云：雲與煙霧及蒸氣，離生亦從虛空體，仍然歸化於虛空」

分別生起，不視爲過失，也不跟隨它而去，就會不散亂而安住。對所生一切妄念，應知爲心之所顯，不應遮斷，隨其任運，則能於妄念初生時得到解脫。

a3.住動俱無

如海波顯現的，是住而又顯現的所有境界。動而離開執著相，等於沒有執著。

雖然從外面顯現種種境界，但並不能使心動搖。從內亦可顯現種種境界，若離開執著，則像梵母所生子，梵母清淨，其子亦清淨。於是六識雖然領受種種外境，但不必揀擇、遮蓋和整治，仍像嬰兒之識一樣。即使領受和分辨了所顯境界，亦像鹽入水，自能消化寂靜。這樣，對於上述顯現的境界，心若證得無執著，就能通達內外空性。

「佩帶解脫心要續」云：觀內外本空解脫。

以上心住，則定本然。動則爲智慧所顯，在無執著的範圍內，種種境界的顯現，並不超越自然，不必斷除，不必對治，自能解脫。

總之，解脫亦不多種，自顯現自解脫，稱爲無執解脫；如降雷霆，爲頓然解脫；顯現與解脫同時，稱爲顯空解脫。

b.如何堅固所得

b1.護持無散亂之念

以上僅僅通達認識本來面目，若未修習堅固，尚未究竟。初修者切須護持無散亂之念。譬如劣馬在未馴伏時，騎士須不懶散；而馴伏之後，若騎士散亂則有墮馬之患。所以，應以護持無散亂之念爲要。

「口授藏續」云：雖識本面，無圓滿修習，如戰場嬰，被分別仇擄。

b2.保持任運而修

經云：若於修持任運而無修，法界之上修不可得故。

這是說，保持任運而修，應在身語意內寬坦不散亂之時而安住，不須猛厲執持，但亦不可放浪鬆馳，成為凡夫俗子。

若要增長修業，則除用三虛空相應瑜伽外，當於無雲無風的晴朗虛空時，身具七支坐法，內觀自心澄空，專注脈道路、諸輪，心注於眼的遠通水光，眼根凝視於虛空，心亦定於虛空，不散亂，凝神朗然，澄湛鎮定，寬坦而住。

最初修持時間不宜長，修習後漸次增長。在下座時，不可猝然而起，保持任運的覺受，緩緩而起。在未失座上所得的明體及無散亂、無執著時，行住坐臥、衣食、言語及無論作何感想事，應保持不散亂的正念，

3.增長三解脫習力：五毒、五門、六識三自解脫。

a.五毒自解脫

五毒指貪瞋癡慢疑等妄念。當它們顯現時，持續觀想明空體性，寬鬆安住，則能於本來明空性體俱生智上解脫。因為一切顯現都來自本覺智慧不必斷除，不斷即斷，只不住於自性本體上自能解脫，沒有其他辦法可以對治、摧毀或解脫。

五毒所以能自行解脫，因為它們在根本上是不存在的。行者只要認識它們本來就是智慧，它們並沒有自性，不必去執著它們，就會將毒藥轉成醍醐。

b.五門自解脫

五門指眼耳鼻舌身所引起的執著，也是只有觀想明空的體性，寬鬆而住，才能得到解脫，是為法身本來清淨大解脫。

c.六識自解脫

六識指色聲香味觸法的感受所引起取捨貪瞋之念，也是惟以觀想明空的體性，寬鬆而住，也就能在本空大離根本上解脫。

「雲海論」云：三毒五門六識諸境界，隨顯本來解脫住本元，

無斷無住法性上解脫，無緣大王無執自顯現。

這是說，因無數的煩惱所起的妄念、分別等，由於知道一切都是無生自解脫，則拋開分別、執著，便能解脫。由於知道妄念可於一剎那不生，自能解脫，則知一切妄念都是無生，自能解脫。妄念之體性，因自能解脫，故名為無畏自解脫。因為妄念的體即是本淨自性，只須「不斷」斷，即自解脫。

（2）頓超（脫噶）

1.夜瑜伽

a.加行

設一黑房，約兩手平伸見方，在外圍牆側開一門，關閉時使不通日光，房上應開通氣之洞。備褥墊為坐臥之用。

行者在黑房中禪定，先觀想自己心中蓮花座上現火熾的紅色「些」字，放出光芒，光芒返回，自己變成馬頭明王，身紅色，忿怒帶喜，周身裝飾莊嚴，右手舉雪亮彎刀，左手在胸前持頭顱殼（顱器），心間日輪上現出「些」字，外面有咒鬘圍繞，安住於旋繞熾燃的智慧火焰旋繞之中。接著念咒語：

「嗡些啤嗎打之打班渣佐達哈也嘰哇玉魯玉魯吽呸」一百零八遍。

這時，從自己心種子字「些」及咒輪，放出熾燃的智慧火焰，驅除一切障礙。火焰返回，變成金剛帳幕等，想諸魔障不能壞，如是觀想密處守護輪（臍下四橫指處）。

此後觀修身內外一切皆空，在虛空中顯現白色蓮花，花胚為綠黃色，上現出月輪座，剎那觀成金剛薩埵趺坐其上，在空中顯現猶如水月，或如鏡影，其身晶瑩，右手持水晶金剛杵當胸前，左手持銀鈴置於胯上，相好圓滿，身上有莊嚴裝飾。

從自己頂上觀想根本上師，乃至普賢等諸上師，行上師相應法。盡力修持後，觀想諸祖師一一收入於根本上師。觀想根本上師為自己行四灌頂後，再觀根本上師與自己融為一體，無二無別。

b.正行

身具威儀，兩足應交叉，右足前，左足後，脊椎挺直，兩肘置於膝上，大姆指、食指、中指相合按壓上眼皮或緩緩捏雙眼邊，則光的白、黃、紅、綠等色明點，閃現爲白灰色，或純正白色，有格的網紋，或孔雀毛似的翠色，就會顯現出來。這時，可不再使用手指壓捏，保持心不散亂，用心觀之。若心有散亂，復如前再修。

按上法修持，惟觀諸色體空，歸於法性，則所顯光，逐漸增強增多，乃至廣大無比，全都是法性所顯，沒有邊際。法性就是諸法的本性，也就是實相、眞如、自性的別名。法性顯現種種明點以後，就顯現四步境界，即：現見法性顯現、覺受增長顯現、明體進詣顯現、窮盡法性顯現。

2.畫瑜伽

畫瑜伽乃修持六種光明以見智慧的顯現。這六種光是：肉團心光、白柔脈光、遠通水光、界清淨光、本覺智光。

a.三門要儀

a1.身要儀

「札坦舉續」云：「身者如三身坐式，長時修持不逾越」

這是說，身體三種坐姿與三種觀式，切不可逾越。

a1-1.法身獅子坐法：如狗蹲坐，兩足底相合，二膝外張，兩手金剛拳置於兩足之內地上，上半身如獅子伸昂，喉稍伸直，眼仰視不動，惟注視鼻端虛空。

a1-2.報身象臥坐法：伸身體伏於墊上，兩膝相合，二肘置地上，兩掌托腮，手指豎直，脊椎端直，目斜視虛空。

a1-3.化身仙人坐法：於座上二足踝骨相觸，蹲踞而坐，兩手置於腰際交抱，或抱兩膝，脊椎端直，凝眸下視於虛空，或兩手托腮。

a2.語要儀

最初短時間禁止言語，以後漸漸加長禁止言語時間，暫時停止

修法念誦，不與他人談話，僅以姿勢表示意思，最後將一切念誦斷除，猶如啞巴。

a3.心要儀

心應緣於法性界，即以眼及無散亂的心，觀看外界虛空空寂，於是內清淨法界光顯現明空。

b.智慧自顯之道

b1.能顯的根要

根要，即運用眼根觀看的要領。智慧住在心中，猶如瓶中點燈，光明燦爛遍布身體諸脈，這是顯現光明的根據，也是光與明點的本源。心與眼有脈相聯，像白絲線，亦像水晶管，通過二眼根而顯發智慧之光。行者以上述三種姿勢，注視太陽之下三、五尺處。

「涅槃後續」云：「根要上下斜而觀」

這就是兩眼根觀白日光的要領。

b2.顯現處的境要

境要，即使境界顯現的要領。

「涅槃後續」云：「根要離於諸障礙，虛空離礙境當現」

這是說，行者處於虛空空寂之境，就離開了境界顯現的障礙，通過眼根遠通水光，就能遠見虛空，在清淨寂靜的高處修持，則光明自當顯現。

b3.顯現明體的氣要

氣要，就是運用氣的要領。

「涅槃續」云：「氣明和緩智當成」

這是說行者唇齒不觸及，氣不由鼻孔出，而由口緩緩吐出，吸入時則保持「忍住」一些氣在外，即出氣長而吸氣短。

「涅槃續」又云：「明要繫於金剛鏈」

這是說，外虛空界寂靜如鏡，則內界清淨光就以光明的金剛鏈的影像特別顯現出來，行者就應毫不動搖地注視之。

c.四步境界

c1.現見法性顯現

行者初出眉間的內界清淨光，先現青色光，然後增長如虹霓，或如孔雀毛的翠色，其中顯現明點空光，具足圓光微細明點，復見明體金剛鏈，如極細金線，彎曲不直。依此種境界而觀，若能執持不動，則最初顯現如星的明點，白閃閃，具足五色不光，每三個明點相會合其間，是由眼根以內能量所見，稱爲現見法性顯現。

此爲第一步境界，主要在初見明體金剛鏈。

c2.覺受增長顯現

行者於第一步境界，觀法界明體，暫顯暫隱，經精進修持，則法界明體脫離眉際，具五色光，縱橫顯現，如半纓珞、蓮花、格網、日、月、城舍等，乃至光滿一切刹土而顯現。

接著明點漸增大如豌豆、鏡、碗、盾等，明體金剛鏈如流星，或如疾飛禽鳥，奔馳的野獸，或如旋飛採蜜之蜜蜂及徐徐而行的家畜。如上增長漸漸明顯堅固，同時於明點之內，顯現半身或全身的金剛薩埵等佛像，乃至安住無動搖，這是覺受增長顯現。

此爲第二步境界，主要在於觀看金剛鏈及其他明點的覺受增長，並見到佛像顯現。

c3.明體進詣顯現

顯現出的光明與明點，其中顯出毗盧遮那佛五方佛等集團佛像及其刹土，遍滿虛空。

以上面前所顯光明，雖然不與行者本身相聯，但行者所得到的覺受，是這些光明與明點不再轉動，不必修整，並無變遷。

行者自心歸於光明，遣除迷亂，斷除一切習氣。

c4.窮盡法性顯現

明體顯現，已於前三步境界中顯現已盡，到達這第四步，外面一切顯現，都能收歸自心。此時，可以說，外，所顯增長覺受盡；內，幻化身之法盡；密，六識分別盡。也就是功德圓滿，即身成佛

了。

（三）修持課程和口訣

（1）修持課程

1.一般來說，天未明即起床，修四加行，主要爲上師相應法，因爲只有上師加持力才能修徹卻。修上師相應法後，可修拙火，再修徹卻，如此可得寬坦任運而定。日出後修脫噶，下午亦修脫噶。

2.修脫噶時，最初用化身仙人坐式，注視太陽下二三尺處，目不動搖地看清淨界光在顯現虹霓之光中，現明點空光如盾，其內顯現金剛玲、金剛鏈。

3.時間稍長後，繼續以法身獅子坐式向上觀，以報身象臥式橫視，以化身仙人坐式向下視，則見清淨界光內，法性所顯具足五色光，且見光所顯圓動明點及明點所顯幌動的金剛鏈。若未見法性明點，則須以兩眼相等觀察爲要。見到以後，應引而斜視之。觀察的軌則是：於上如獅子縱視，平直如兔斜視，即如放箭直射而觀，然後稍降於下，如象而觀。

4.晚上，用法身獅子坐式，觀想肚臍內有四瓣紅蓮花，其上現「阿」字若火熾燃。當暖氣漸漸上升觸及頭頂上「杭」字，即降注白菩提，猶如加了油一樣，於是火力增長，白菩提降到肚臍，即觀想火猛烈燃燒，燒除一切習氣病氣，若覺極大安樂，則住於安樂之中，修空樂不二定。

5.臨睡前，法身獅子坐式，觀想心中有一白色「阿」字，頭頂梵穴中亦現一白色「阿」字。由心至梵穴有一串「阿」字，光明照澈。觀想梵穴中「阿」字依次漸收其他阿字至心中「阿」字，化成光明。於是行者如獅子而臥。這是修睡光明之法。

6.次日醒時，念哈哈三聲，法身獅子坐，吐濁氣三口，觀想心中白色「阿」字分出另一阿字，心中仍有一阿字在，分出的阿字沖頭頂，離頭頂約五尺高。稍入定後，即修上師相應法等。

以上爲日夜恆常修持的功課。日夜修持明空，爲一切修持的最

勝者。

「明體續」云：

「明空離一心修持，是爲一切勝修持」

（2）心要口訣

1.噶馬寧體大圓滿攝頌

2.仰的三虛空相應口訣

3.噶馬第三代祖師讓蔣多吉口訣

4.身眼心三不動口訣

以上口訣請參閱邱陵大師著「藏密大圓滿法選集」P130-135。

292.什麼是花教道果？

第一、道果三現分莊嚴論

恭秋・倫竹著

雅旺・桑播譯

一、前行介紹

讚頌、序

第一篇

（1）第一章　信心

（2）第二章　皈依

二、正行教授

（3）第三章輪迴過患的教授一

1.苦苦

a.地獄苦

b.餓鬼苦

c.畜生苦

（4）第四章輪迴過患的教授二

2.壞苦

a.無常變易苦

b.人道無常苦

c.天道和阿修羅道無常苦

（5）第五章輪迴過患的教授三

3.行苦

a.行爲造作永無終止的痛苦

b.慾望不得滿足的痛苦

c.生生死死永無終止的痛苦

（6）第六章暇滿人身的教授一

獲得暇滿人身的困難

（7）第七章暇滿人身的教授二

珍貴人身的廣大利益

（8）第八章暇滿人身的教授三

暇滿人身難得易失：無常觀

a.思惟無常具有不可思議的利益

b.禪修無常

（9）第九章善惡因緣果報的教授一

生起捨棄惡業之心

（10）第十章善惡因緣果報的教授二

生起修持善業之心

（11）第十一章善惡因緣果報的教授三

將無記業轉變爲善業

三、實修覺受見的教授

大乘共道之禪修

（12）慈心

（13）悲心

（14）菩提心

1.願菩提心

2.行菩提心

（15）勝義菩提心：止觀雙運

（16）金剛乘之不共禪修

四、清淨見的教授

（17）如來證悟身口意莊嚴法輪

1.證悟身

2.證悟語

3.證悟意

第二、「道果教義」導入正道三續分莊嚴論：

本書由哦千貢卻倫珠著，貢噶學珠仁波切譯。

壹、本書的大綱

一、云何道位之修行方法

（一）灌頂之前行-發菩提心

（二）正式灌頂

二、如何引導有情，有三：

（一）為了斷除戲論見，阿賴耶識因相續修習輪涅不二之正見：有前行、正行

1.前行有：獻曼達、修金剛薩埵法（清淨罪障）、上師相應法（領受加持）。

2.正行有：灌頂、修習二次第、以何基體作修習、所修正見之體性是輪涅不二、如何修習法。

3.如何修習法有：(1)總說俱生三法、(2)總義廣釋實踐（明空不二）三要、(3)以三續分作翔實解說。

（1）總說俱生三法：有因俱生三法、道俱生三法、果俱生三法。

1.1.因俱生三法

1.不錯亂三自性之行相

2.錯亂三自性之行相

1.2.道位之俱生三法：加行、正行、後行。

1.加行三法

a.修菩提心

b.修上師安住於頭頂

c.修本尊安住於頭頂

2.正行三法

a.決定明相

b.廣求空性

c.雙運超越

1.3.後行

1.迴向善功德而祈願

2.悲愍於不理解此義理之有情

3.具正念不斷地修習

（2）總義廣釋實踐（明空不二）三要

1.境相緣於心

2.心緣於幻相證成心所顯現之諸相為幻相

3.幻相本無自性-體認諸法不生不滅中證成無自性。

（3）以三續分作翔實解說

1.賴耶因相續

2.身（壇城）道位相續

3.大手印果位相續

（二）為生起道位，身善巧、心相續與四灌相繫屬之道位

（1）總說二次第之理論

（2）別說實踐之次第：瓶灌、密灌、智慧灌、第四灌。

（2.1.）四灌之生起次第及圓滿次第

（1）瓶灌：1.實踐瓶灌道續之生起次第。2.觀修道位而生之空性見具有三體性。3.輪涅不二之果性。4.臨終前遷識。5.中陰時本尊與自心融合一體。6.自性俱成化身果位。

（1）-1.瓶灌道續之生起次第：1.生起次第。2.生起次第之能憶持心。

1.外之生起次第：a.趣入次第、b.安住次第（學習本尊慢、學習本尊相）、c.清晰次第（憶持清淨相、念誦、攝集壇城）。

a.趣入次第

皈依發心修習金剛薩埵後如四支現證法或六支修法

b.安住次第

-學習本尊慢：思惟我是喜金剛本尊之色身，與法身無二之自性，屢次再三地實修佛慢。

-學習本尊相：修習我之身，若幻相之法，似若夢境相，激勵修習後，能見現量身。

c.清晰次第

-憶持清淨相：行者自身與外界現相，皆是本尊之壇城化現，如是思惟激勵修法。

-念誦：念誦法本如理修觀。

-攝集壇城：所有事物皆修觀成壇城化現。木瓦愚癡等極喜，轉變成佛性；盡如儀軌而念誦，毒亦將變成甘露。

2.內之生起次第：身壇城、密續經典之詮釋、實踐究竟之方法

2.1.身壇城

a.身壇城之甚深殊勝

-成就壇城之基體甚深殊勝：其基體自身本具有謂身、脈、幻、自性等四身。

-斷除戲論甚深殊勝：依於內金剛身之作用，而產生外界之一切戲論。

-本尊相之甚深殊勝：觀修身壇城清淨所斷之普通現相及嚴妙

相之耽著。

b.灌頂之甚深殊勝

觀修身壇城清淨所斷之普通現相與嚴妙相之耽著。

b1.趣入灌頂之甚深殊勝：本尊相之次第是道位瓶灌；密咒之次第是道位之密灌；智慧之次第是道位第三灌；究竟真實義之次第是道位第四灌。

b2.正行灌頂之甚深殊勝：身壇城之灌頂，包括外壇城灌頂之外壇諸尊及內壇諸尊之加持。

實修之甚深殊勝：觀想身壇城明相，依於實踐四灌四座修法，遮除所斷（即所知障之八種缺失），而且產生對治大樂之三智，而成佛故。

2.2.從密續所詮說之理趣：略。

2.3.實踐究竟之理趣

1.傳授喜金剛道位時灌頂

a.從上師領受

b.自己之領受

2.身壇城心專持之方法

a.趣入之次第：藏密喜金剛六支修法分別為：生起道場大日如來支、灌頂不動支、受用甘露無量如來支、歌詠讚頌寶生如來支、廣興供養不空成就支和貪念隨成金剛薩埵支。

結合上支儀軌，心專持內在身壇城，迎請傳承之皈依境，而修內外密供養，而後依皈依境化光融入頂輪之因緣，祈求身壇城之諸尊而領受灌頂。

b.安住明相之次第：有廣泛觀修、中等觀修、簡略觀修三種。

c.引立之次第：如是觀修之最後，由身內而產生之體性見（即下述的三種空性見），持續之維護，究竟結合內外壇城如生起次第。

瓶灌之（1）-2、（1）-3、（1）-4、（1）-5、（1）-6 參閱「導入

正道三續分莊嚴論」P148-164。

（2）密灌：有六支：1.自加持之次第。2.禪修道位而生宗見自生智慧。3.清純宗見，究竟圓滿。4.臨終之死光。5.中陰身自生智慧。6.自性俱成果位圓滿報身。

1.自加持之次第-道

1.1.前行：積二資糧，懺悔罪業之瑜伽

a.積資糧懺罪業之瑜伽

修積資糧獻曼達之瑜伽；及懺悔罪業修誦百字明二種。

b.上座修法禪定支二種

三清淨（身、口、意）、三要義、三種次第

1.2.正行：有三：1.心氣瑜伽。2.觀想拙火。3.口訣必須要義有二：修習拙火所獲功能，袪除拙火之障礙。

1.2.1.心氣瑜伽：氣脈之瑜伽及契入界。

心之馬是氣，若持住氣則易掌握心，若持住心要則雖生輪迴心亦如理，即不為分別境所奪。首先契入氣脈，修習氣脈而安住心。

包括七種：氣脈、金剛念誦之外呼氣三種教義、內吸氣充滿之二種教義、寶瓶氣。

1.2.1.1.氣脈之瑜伽：

1.實修氣脈之法：金剛念誦

吸氣「嗡」體性，自相續習氣，清淨而安住；安住「阿」體性，此是本尊性，緩慢之守護，將安住無實；呼氣「吽」體性，皆遍萬有法，清淨成甘露。

2.外呼氣三支教義

a.實踐方法：以中食指相疊而塞住右鼻而吸氣，心完全專注於左鼻向外呼氣，均不觀照內吸之氣。可袪除過失、上身之痛苦及心不安，全身充滿快樂，引生無分別之禪定。

b.外呼氣之孳生力量：如是修習三天，專注前方虛空，從手肘長度，到一弓長度，到整個世界大。可袪除頭疾、眼疾、飲食不樂

等，能生最究竟之明相。

c.從口呼氣具有呬聲：心專注「呬聲」（同夕聲），吐氣從齒間排出，具有呬聲，盡力向外逼壓。可袪除吐血、熱病等，使身體行動輕快，身體具潤澤。

3 內吸氣充滿之二種教義

a.掩住右鼻由左鼻吸氣充滿：思惟由穀道吸提氣，中食指掩住右鼻，由左鼻緩慢吸氣至圓滿，最後觀想生法宮內有白色光之輪廓，其中有阿字紅光。生法宮漸次擴大，如虛空之廣闊，心意專注融入生法宮內之虛空。

b.從口吸氣無聲而充滿：思惟由穀道（肛門）吸提氣，用中食指掩住右鼻，由左鼻緩慢吸氣至圓滿，盡力守護寶瓶氣，使生法宮（臍下四指處）之阿字紅光生起，而使臍輪的拙火生起。

1.2.1.2.契入界-甘露心要修寶瓶氣、氣脈與甘露二者契入根本種子字，依於種子字引導道，詮說世間之禪定道皆究竟。

由上修習寶瓶氣，並守住寶瓶氣。一天內能多次修習，氣自安住而寂靜，即使具有身體之幻輪，亦當趨入禪定。可以產生空樂之禪定，無根本智、後得智之分別。所有世間、出世間之悉地，皆可成就。

1.2.2.觀想拙火

1.不依脈輪：a.培育燈火。b.梵行杵。c.氣脈瑜伽。d.鑽木輪。e.明點瑜伽

a.培育燈火：

心要觀丹田（劑下四指）處有雙指寬「अ」字紅黑色倒立。觀想臍輪有一「阿」字粉紅色正立著，爾後燈火與「阿」字兩尖相抵。下口肛門作三次上提，第三次上提稍引伸，觸動密處紅色之火，赤熱燃灼相。丹田處「अ」字火焰持燃，引射臍輪阿字，故從阿字降微細甘露不斷，思惟燈火之燈蕊如灌入酥油似的「अ」字之火復燃，下口氣息依次輸入，如是守護寶瓶氣燃灼舒暢狀，心專注

於此。

如是實踐法,可歸納爲八種心要:1.修治道:以觀想道位爲禪定之因,精勤修習。2.禪修時引生中道之無分別智。3.修治暖相增衍。4.沒有修座之次數規定:三座或四座。5.每座無限定數量修習。6.隨意觀照所持境。7.培育「界」酌量修習即可。8.食物、行爲之調整。

b.梵行杵:

身體雙盤坐,雙手掩蓋雙膝,臍輪風弓爲青色,密處火之箭爲紅色,箭引弓上弦,於臍輪至頭頂之中脈間。觀想頂輪「杭」字白色倒立。

依下口氣脈之勢力,弓反轉咕鹿鹿向上提昇,思惟箭尖到達臍脈,而後引伸至上半身仰起,挽弓充滿後,思惟箭尖契入中脈下口,上半身之震動激勵,火箭離弦。紅色火箭於中脈內,冉冉上升貫穿而擊中頭頂「罕」字,從「罕」字不斷流出甘露淡黃色,或如珍珠串練白瞠瞠似,彼火盡底到達臍輪,身心舒暢樂融融。

c.氣脈瑜伽:

-右脈,洛瑪,如火,太陽之紅色,粗細如中等麥管。從密輪之右側至臍輪,從臍輪到心輪,從心輪到喉輪,從喉輪到頂輪。

-左脈,將瑪,如水月白色,粗細如中等麥管。從頂輪左側至喉輪、心輪、臍輪至密輪。

-中脈,如蓮花蕊絲,細微如馬尾毛,如芭蕉幹正直無彎曲,如茜草花紅色,如吸入麻油之油燈,明晰、清澈、明光等俱四法。順應氣脈進、出、安住三種。

d.鑽木輪:

如前述修習三脈,中脈下端體性是火,外相血紅明點,如黃豆大小,明晰觀想。

氣脈的重點是守護寶瓶氣,左右二脈俱震動竭盡後,擠壓入中脈,如鑽動狀圓圓地上昇,觀想中脈下端之血紅明點貫穿而行。

e.明點瑜伽：

e1.心輪結合日月輪修法：

身雙盤坐，心專注於心胸中間，下方月輪，上方日輪，二輪大如指甲，小如半個黃豆，上下輪重疊，其中明點紅白色，大如黃豆，小如芥子。觀想具足三法：明亮、自性柔和、體性空樂。

心稍專注，觀想從明點發出「星」之乙聲，致使上方之日輪，穿孔洞僅如馬尾許，下氣提吸，上氣無聲地栓住，思惟日輪之洞光下移，融入明點。而後，從明點生一極微細之光線，纏繞日月輪六圈半。光線依次圍繞後融入明點，如上修習。日月輪代表方便、智慧；明點表阿賴耶識，六圈表六識，半圈表末那識。如上契入心要，產生究竟之禪定明相，迅速顯現神通，如無分別智亦同。

e2.臍輪猛烈拙火：

身雙盤坐，心觀想臍輪白色明點，如山綠豆許，自性柔和，體性空樂雙運等三法性。

氣脈重點：下氣安於不動，上氣從口部無聲充滿，思惟融入明點後，心專注明點。

e3.密輪之大樂明點：

身隨行坐姿，心專注於方便脈之睪丸內，或智慧脈之妙頂，明點紅如紅蓮花，具有明晰、柔和、空樂雙運等三法性，大小如山綠豆許。

氣脈重點：下氣再三地提吸融入明點，上氣悠遊自在，身體稍加激勵修練，思惟睪丸破裂出現大樂。守護寶瓶氣腹部左右鼓動。不可突然鬆馳，使明點漏失。

e4.眉間白毫種子字：

身雙盤坐，心專注眉間白色「杭」字；小舌根有「ॐ」（孫）字白色，二字皆頭朝下。心輪所依青色「吽」字，思惟此三字皆與中脈結成一體。

氣脈重點：適應雙鼻氣息，氣外行之時，從小舌之後而吐，思

惟擊中眉間「杭」字而使之灼熱；氣吸入時，從「杭」字不斷降甘露，出入息二種結合心意，融入充滿於小舌根之「孫」字後，甘露連續地融入心輪。「吽」字，思惟盈滿且心識專注之。

2.依脈輪之修習法

a.依一脈輪修習銳利：

身隨行坐姿，心專注下氣-肛門。以業風氣脈引滿弓，明觀丹田密處智慧火三角宮自性安住，臍部-幻化輪六十四脈之中央，脈結三角宮內詮釋所謂金剛無我母，「阿姆字」極為微細，內圍有八瓣表八支子音，最先阿、噶、雜、札、大、巴、雅、夏等八字紅色右繞。外圍有六十四瓣，明觀遠離文字之設立。

氣脈之重點：下氣作提吸氣加行三次，最後一次之引伸，燃起丹田之火，其火引燃臍輪「阿」字，「阿」字具足火紅色，體性炎熱，自性柔和等三法，首先觀大小如一指寬，漸次二、三指寬，爾後四指寬許，心專注迅速猛利燃灼。依次修習寶瓶氣，應體認任何境相皆明相。易於產生體驗謂銳利。

b.依二脈輪修習迅速：

b1.如上臍輪修習，再加上心胸法輪八瓣，其中有「吽」字青色如水銀，「吽」字倒立相，接近圓圈，而八脈遠離文字相。思惟心輪「吽」字與臍輪「阿」字二者，於中融微細交融。下氣提昇加行後，燃灼丹田之火，繼而擊中臍輪之「阿」字，從阿字現極微細之火，猶如閃電契入中脈，觸動心輪「吽」字故，一股微細之白菩提從「吽」字流出，又融入臍輪「阿」字。燃燒「阿」字融入白紅相間，心識專注之。

暖氣拙火之現相有五種，與五相觀察五種共十種。

b2.從右脈五大形成因：入風五相：地入風身體內外皆如煙。水入風如陽焰。火入風如螢火微光明點。風入風即如燈焰。空入風即無雲晴空。

b3.從左脈五大形成因：入風之五相：空入風即異常黑暗。風

入風覺如虹。火入風覺如閃電。水入風覺如月光。地入風覺如日光。

以上諸相觀想氣脈與拙火而現前。

c.依四脈輪修習堅固：

實修方法：下氣提起之作用，穀道之風顫動，引燃丹田之火，擊中臍輪之「阿」字，「阿」字鮮紅地燃焰火焰極細如電光，契入右畔洛瑪，上升至心輪無執著遍佈諸脈文字界相隨退消失。復依

洛瑪上升至喉輪，遍佈諸脈文字界相繼而消失。復依洛瑪上升至頂輪，觸動「憾」字故，從「憾」字流出白菩提-明點，從左畔將瑪降下，達喉輪復蘇且增益諸文字；復又從將瑪降下，達心輪亦復蘇潤澤諸文字；繼而又從將瑪降下，達於臍輪融入「阿」字，「阿」字欣悅極具燃焰故。此時中脈稍啓開，火焰極細微如電光般契入中脈，明點從中脈上昇，達於心輪「吽」字，喉輪「阿」字，字相隨而消失，繼而上升觸動頂輪「憾」字，從「憾」字相續流出甘露，仍然從中脈降下，心專注此火依次追擊於喉輪時，促而暢悅融樂，又依次降下襲擊心輪，亦暢悅融樂。繼又降下襲擊臍輪，融入唯四指寬之圓球，心意專注暢悅融樂，若猛利燃焰則往上逼進。心極專注依次修鍊寶瓶氣。

3.依教義之要義較迅速修習

a.淺紅火焰：

修鍊要法十八種手印（氣功）。身體隨行坐姿，觀自身體內空虛，體內無其他支分，唯一淺紅火焰突現，遍滿全身，意識專注於火焰。氣脈要點：下氣稍提，上氣適量壓住。如是持護次數十二，與心意不持守次數者，可增至無定數。每座不斷修習氣脈二十四次，是道位修習。

b.火燃焰：

思惟二腳底有「𮑡」字紅黑色，諸腳趾稍加著力，故於足底-自性安住之風飄動，「𮑡」字火燃灼，由二足踝之內上昇，直達主

要之上腿，再契入丹田。火焰銳利，猶如針。謂神速如風鼓動燈火，謂猛利如忿怒之火焰。謂暴烈若觸碰極爲炎熱之火，觀想具足火之四法性。每座十二次，或增至不定數。

c.忿怒明點：

如前之觀想根本修習後，火焰之明點白色量唯如黃豆許，思惟於其上約四指距有一明點紅色大小相同，確定守護氣脈，上明點觸會下明點，二明點再三地交會之際，忿怒之火焰充滿全身，而心意專注著。

d.觀想火輪焰：

前所述之火焰，正直狀，其中紅白二明點重疊如命樹，修觀其中具有火輪含四股旋繞著，或是八股，於每股上各有阿里長短母音二字，字頭朝內：一、八股之外端是字體。二、股之中間是火輪。三、股之內側是命樹，每股具有三種觀法，如是火輪不觸及身體，左旋右繞皆可，思惟體內充滿紅色火焰飛舞著，火輪下方皆守護住氣脈。

e.猛烈火焰：

於火輪體性中，具足：1紅黑色火。2炎熱體性。3本質柔和等三法，思惟猛烈紅火焰導入頂輪之間燃爍著。

f.大火燃焰：

思惟此大火焰從頂輪返轉，充滿全身內外而燃爍狀。

g.遍火燃焰：

此火漸次擴大，所觀見一切現象界，皆具拙火之三法而燃爍著，後行皆如前述之無分別智之修習等。

1.2.3.口訣要義

a.修習拙火所獲的功能

b.袪除拙火之障礙

（3）智慧灌：有六種：1.道位外壇城是方便輪之修習。2.慧灌修習道位而俱生之宗義。3.空樂悉地之廣略。4.臨終時金剛薩埵菢

臨。5.中陰身之俱生樂。6.法身任運自然果位。

（3）-1.道位外壇城是方便輪之修習。

1.前行

a.教導之前行

b.修法之前行

2.正行：a.廣義道。b.簡易道

2.a.廣義道

a1.清淨明妃：

分實體手印與智慧手印二種，此處指智慧手印。自心欲念現前，最先俾使明妃（初聞內典，漸次二乘唯識、中觀等教義），令具足別解脫戒及菩薩戒。與接受四灌頂，心意於對境不退失。

a2.身語等同：

行者與手印二者，剎那間變成喜金剛與無我母，等同本尊身。

自身生起本尊身慢，修道位是「化身」之攝受。

a3.加持等同：

密杵與蓮宮交會之加持。佛父於蓮宮觀想空性中之一「阿」字，變成紅色八葉蓮花，花蕊上有「阿」字相莊嚴之加持。佛母於密杵觀想空性中一「吽」字，變成藍色五股金剛杵，杵臍有「吽」字莊嚴著，竅穴中有「呸」字字頭向上，「嗡」字如珍珠似之串鍊圍繞，中股尖首以「索」字爲最勝寶之加持。密杵蓮宮以咒語之加持，日月壇城中咒句之排列，此依增勝爲「報身」之攝受。

a4.欲樂等同：

我願依斯印母，爲欲生起現證四喜，獲得圓滿菩提，明妃亦願與密杵相同，思惟欲樂齊等法身，增勝依爲「法身」之攝受。

a5.任持心要

a5.1.流降明點：

將清淨明妃注視，聽其欲樂聲、嗅彼龍香，唇嘗密味，依次抱觸身處，使欲火熾盛，令降明點，作樂禪觀。但須翻目護持，亦須

謹慎密行，隨此修行所生覺受。

所謂翻目護持，即雙拳交握於心際，拳收四肢，眼睛睜大上仰，穀道（肛門）放鬆，心凝視虛空。

所謂謹慎密行，即非實體樂禪。

a5.2.守護明點：有四剎那：

a.第一剎那：初喜智。對眾相差別的五境，因為流降明點增盛、任持而後轉運，剎那對境有微少樂覺受。

b.第二剎那：勝樂智。以三身修道之悉地憶念三覺受之方式，雖對前五境所作微略，然剎那大樂勝前故。

c.第三剎那：離喜喜智。實體結合，二脈相合，貪欲火熾盛故明點流降，修具無分別勝樂，如前翻目護持，亦謹慎密行，守護明點不退，於第三剎那雖熾樂然而離欲故，即離喜喜智。

d.第四剎那：俱生喜智。具三覺受之禪定故，能作到四種結合，即密杵與蓮宮結合、二脈相合、二氣相合、二明點相合，於第四剎那中，遠離前三喜之妄念，產生遠離認識性大樂之禪定，為俱生喜智。

a5.3.旋轉明點：金剛杵臍中的「吽」字引伸「呸」字上昇。思惟「呸」字返轉鈎提「吽」字往上提昇。

a5.4.明點遍滿：即第四剎那中，離自性俱生喜。

a5.5.明點不損而守護：年少女子所撚線若染紅色或紅花，染色其線作七結，夜初持咒八千遍，誦畢旋繞繫腰圍，以此方便修習人，真精永固能護持。

2.b.簡易道

1.加行：主宰下行氣脈

2.正行：流降明點與同時守護

3.後行：斷除明點漏失

（4）第四灌：有六種：1.金剛波浪道。2.修習道位而生宗義。3.廣大空樂之悉地。4.臨終由大手印道遷識。5.中陰身最勝空樂

智。6.目性身一任運自然果位。

（4）-1.金剛波浪道

金剛即解脫道身口意之空性；波浪即能除所除妄念消失之安樂，無波浪得樂，無心氣自性。

4.1.a.前行：即上師相應祈請文。

4.1.b.正行：

1.激勵下氣脈是身之波浪

雙鼻等六種氣脈之加行為前行，守護氣脈精勤激勵地修習，所謂「寶瓶氣」，飲食起居自然妙善，而且明點持續不漏失故，此時亦有八種功能。

八種功能：牢精（地氣入於中脈）、潤澤（水氣入於中脈）、煖盛（火氣入於中脈）、輕安（風氣入於中脈）、隱身（空氣入於中脈）、光潔（白精增盛，故身有光明）、不見（赤血增盛，故人、非人等不能見）、無礙（穿山透壁，無有罣礙，自在遊戲）。

2.語引導是語息怒之波浪

身體雙盤坐，雙手金剛拳交握於心際，頭眼專注前方，語之引導，最先寂靜聲，稱「宜」音聲微小唱吟，再次變成大聲，爾後大聲稱「吽」音呻吟，後時變成粗狀發聲，故修習喉部之氣後，變成音聲宏亮。是獲得主宰下行氣脈。

3.禪定是心之波浪

a.清淨方便續：

三解脫：空性、無相、無願，即三果位。右脈解脫為第一果，即空性。左脈解脫即第二果，無相。中脈解脫是第三果，無願

b.清淨智慧續：

堅固三波浪道，攝集三脈之權勢，獲得了三氣脈之自在，現證了悟三解脫門，應知可如前述而如理應用。

c.三相續各自清淨

第四灌之（4）-2、（4）-3、（4）-4、（4）-5、（4）-6 參閱「導

入正道三續分莊嚴論」P230-237。

貳、四灌各六種教義之整理

（一）四灌於觀修道位所生宗見及四喜

（1）瓶灌：觀修道位而生之空性見具有三體性，即三種空性見。

a.契入身脈之要處而生宗見

b.從外境而生宗見

c.自體性產生無分別之宗見：觀修法有三

c1.觀修根本智體性之法

-譬如心胸之意金剛不動尊之第三眼，既已明識，則體驗了知第三眼具明相故。

-第三眼之現相，遮除盡所有其他分別，安住於無分別之中，謂心意遠離遍計執之法性。

-自性空的禪定，斷除貪著之道及貪著禪味。

c2.觀修後得智體性之法

c3.若不生究竟體性之令生方法

（2）密灌：禪修道位而生宗見自生智慧

a.自生煩惱

b.自生妄見

c.自生錯亂

d.自生明相且無分別之禪定

（3）智慧灌：慧灌修習道位而俱生之宗義：產生四喜，有四種：

a.依外身次第四喜

b.依身住漸次四喜

c.依所斷之四喜

d.依自體四喜

（4）第四灌：修習道位而生宗義，依極清淨眞實義之四喜。
有三種：

a.氣脈契入要處而生四喜

b.於身、口、意三者而生四喜

c.自之體性生起空樂。依次爲利益身體之功德、利益心之功
德、利益身心之功德。

（二）四灌所依之宗見

（1）瓶灌：輪涅不二之宗義

（2）密灌：清純宗見，究竟圓滿

（3）智慧灌：空樂悉地之廣略

依世間道之義，修習俱生智，如理證悟空樂是達到十一地、十
二地之出世間法。

（4）第四灌：廣大空樂之悉地

如是依世間道之義，修習極清淨眞實義，於十二地半一切輪涅
諸法，皆攝於唯一空樂智慧之境界中，證悟唯一味，取捨、得失皆
無分別。

（三）四灌之臨終及遷識

（1）瓶灌：臨終前遷識

a.歡察死相

-外在死相

-內在死相

-幻化死相

b.贖命法

-外相贖命法

-內在之贖命法：共法、不共法

c.無法贖命而作遷識法

-臨終死相現前

-修臨終死光法

-臨終時以音聲遷識

（2）密灌：臨終之死光

（3）智慧灌：臨終時金剛薩埵蒞臨

（4）第四灌：臨終由大手印道遷識

a.修鍊

b.禪習

-聲音禪習法

-文字禪習法：外文字及內文字。

c.結合道位

（四）四灌之中陰身

（1）瓶灌：中陰時本尊與自心融合一體

中陰身儀軌有二：

a.前行

b.正行

（2）密灌：中陰身自生智慧-明相無分別

a.二加行

b.正行

（3）智慧灌：中陰身之俱生樂

a.前行

b.正行

（4）第四灌：中陰身最勝空樂智

a.前行

b.正行

（五）四灌所成四身果位

（1）瓶灌：異熟果自性俱成「化身」果位

當獲遍智四身果。

（2）密灌：自性俱成果位圓滿「報身」

自加持之次第甚深義，此無上自證識之智慧，自之體驗清淨道

涅槃，是生起自生智最勝法。

（3）智慧灌：「法身」任運自然果位

密空雙運引生大喜樂，如空俱生無二之智慧，千萬空行現證此速道，遍空是空之金剛悉地。

（4）第四灌：「自性身」任運自然果位

依止金剛蓮蕊之聚會，猶如金剛堅牢三解脫，於現證金剛身之妙法，是究竟的金剛波浪道。

如何引導有情之（三）

（三）果位現證五身之法

（1）加行

（2）正行

（3）後行

1.由四正量、四耳傳而產生決定識

2.了知禪定且建立道次第

a.安立道總相之次第

b.安立特殊世間道之次第

3.成就轉法輪相

三、究竟果詮說佛地

（一）自利較大

（二）利他較大

（三）自他二利均等

參、本書各論之目錄

一、云何道位之修行方法

（一）灌頂之前行-發菩提心

（二）正式灌頂

二、如何引導有情

（一）為了斷除戲論見，阿賴耶識因相續修習輪涅不二之正見

（1）前行

1.獻曼達

2.清淨罪障，修金剛薩埵法

3.領受加持-上師相應法

（2）正行

1.灌頂後必須修持之原因

2.首先修習二次第之目的

3.以何基體作修習

4.所修正見之體性是輪涅不二

5.如何修習法

5.1.總說俱生三法之方法

1.因俱生三法

2.道位之俱生三法

1.加行三法

a.修菩提心

b.修上師安住於頭頂

c.修本尊安住於頭頂

2.正行三法

a.決定明相

b.廣求空性

c.雙運超越

5.2.總義廣釋實踐（明空不二）三要

1.境相緣於心

a.思惟喻義

b.融合喻義

c.安住彼境-無差別境中

2.心緣於幻相證成心所顯現之諸相為幻相

a.思惟喻義

b.融合喻義

c.空性之禪定

3.幻相本無自性-體認諸法不生不滅中證成無自性

a.成立緣起論

b.成立遠離戲論

5.3.以三續分作翔實解說

1.賴耶因相續

2.身（壇城）道位相續：能成熟之善巧-實踐之道有三：

a.能成熟之灌頂輪涅不二

b.能引導解脫之道位輪涅不二

c.依欲解脫而生經驗位輪涅不二

3.大手印果位相續

（二）爲生起道位，身善巧、心相續與四灌相繫屬之道位

（1）總說二次第之理論

1.生起斷除凡夫之分別見

2.清淨體性-圓滿次第

（2）別說實踐之次第

清淨耽著美妙本尊之分別

2.1.瓶灌

1.瓶灌道續之生起次第

a.生起次第

b.生起次第之能憶持心

b1.外之生起次第

b2.內之生起次第

2.觀修道位而生之空性見具有三體性

3.輪涅不二之宗義

4.臨終前遷識

5.中陰時本尊與自心融合一體

6.自性俱成化身果位

2.2.密灌

1.自加持之次第-道

有前行，正行有三：心氣瑜伽、觀想拙火、口訣要義（修習拙火所獲的功能及袪除拙火之障礙）

觀想拙火之修習：不依脈輪（有五種：培育燈火之實修法、依脈輪修習（依一脈、依二脈、依四脈）、依教義修習

2.禪修道位而生宗見自生智慧

3.清純宗見，究竟圓滿

4.臨終之死光

5.中陰身自生智慧-明相無分別

6.自性俱成果位圓滿報身

2.3.相屬智慧灌

1.道位外壇城是方便輪之修習

2.慧灌修習道位而俱生之宗義

3.空樂悉地之廣略

4.臨終時金剛薩埵蒞臨

5.中陰身之俱生樂

6.法身任運自然果位

2.4.相屬第四灌之教義

1.金剛波浪道

2.修習道位而生宗義，依極清淨真實義之四喜，有三種：

a.氣脈契入要處而生四喜

b.於身口意三者而生四喜

c.自之體性生起空樂

3.廣大空樂之悉地

4.臨終由大手印道遷識

5.中陰身最勝空樂智

6.自性身-任運自然果位

（三）果位現證五身之法

（1）加行

（2）正行

（3）後行

1.由四正量、四耳傳而產生決定識

2.了知禪定且建立道次第

a.安立道總相之次第

b.安立特殊世間道之次第

3.成就轉法輪相

三、究竟果詮說佛地

（一）自利較大

（二）利他較大

（三）自他二

293.什麼是黃教密宗道次第？

密宗道次第廣論：

宗喀巴祖師著

法尊法師譯

全書共二十二卷、十四品。

一、卷第一：總明入聖教次第不同諸門一

二、卷第二：總明入聖教次第不同諸門二

三、卷第三：事部道次第品第二之一

四、卷第四：事部道次第品第二之二

五、卷第五：行部道次第品第三、第四之一

六、卷第六：瑜伽部部道次第品第四之二、了知道要承事爲先

修地法品第五之一

　　七、卷第七：了知道要承事爲先修地法品第五之二

　　八、卷第八：明預備儀軌次第品第六之一

　　九、卷第九：明預備儀軌次第品第六之二

　　十、卷第十：明預備儀軌次第品第六之三、繪修供養曼陀羅儀
軌次第品第七之一

　　十一、卷第十一：繪修供養曼陀羅儀軌次第品第七之二

　　十二、卷第十二：自入壇受灌頂次令弟子入壇次第品第八

　　十三、卷第十三：明瓶灌頂儀軌次第品第九、明上三灌頂後依
及結行儀軌品第十之一

　　十四、卷第十四：明上三灌頂後依及結行儀軌品第十之二

　　十五、卷第十五：明上三灌頂後依及結行儀軌品第十之三、明
須二種次第雙運修大菩提品第十一之一

　　十六、卷第十六：明須二種次第雙運修大菩提品第十一之二

　　十七、卷第十七：明生起次第品第十二之一：

（1）二次第之修學

（2）學生起次第

1.1.總立生起次第

1.生起次第之對治

a1.明所斷事顯破彼理

a2.明修顯事及安住規

b1.修幾現觀

b2.修顯了法

b3.修安住法

c1.於初二位修微細點

c2.於初三位修微細點

2.生起次第之差別

a.明四支與四種瑜伽之總頌

b.明六支與三三摩地之總頌

十八、卷第十八：明生起次第品第十二之二：

3.爾時云何修空性

3.1.別釋現觀次第

a.修時之瑜伽

b.瑜伽加行

c1.成順緣集積資糧

c2.除違緣修守護輪

3.2.瑜伽正行及其支分

a.生所依宮殿

b.生能依諸尊

c1.正失天法

c2.依止五相生起法

d.化後歌勸生起法

e.以所淨事配能淨道

f.攝諸要義

十九、卷第十九：明生起次第品第十二之三：

1.圓滿之支分

2.召入智尊證供讚

3.嘗甘露味修念誦法

4.結行

5.養身修食法

6.修天供養法

7.中間之瑜伽

8.安立彼瑜伽爲廣大之理

二十、卷第二十：圓滿次第總建立品第十三之一

（1）學圓滿次第

1.父續圓滿次第之建立

凡能具足進趣圓滿次第，須有堅固生起次第。

2.龍猛派圓滿次第

六支瑜伽：

身遠離、金剛誦（語遠離）、緣自心（心遠離）、加持幻身（世俗諦）、實際光明（證菩提、勝義諦）、無二智（即二諦雙運等持）。

3.明二諦別之圓滿次第

加持幻身爲世俗諦，實際光明即證菩提，爲勝義諦。

二諦別修雙運三種圓滿次第。

a.智身雙運：身現自加持之清淨虹身，心成勝義眞實一味之智，同時和合智身。心從明增得三相，身由五色光息所成。也即雙運心身。

b.須別修幻身及光明。幻身是三空後所成，一切空，現起幻網身。幻身乃三空後，唯由逆起三心與風，唯從風心自身，現爲金剛薩埵之身，此身非骨肉等粗體，而是明了顯現清淨無礙如水月或虹色。

c.生起次第以幻等喻勝解一切諸法皆如幻事，然不了知自加持義，彼非幻身，以幻身者，要由究竟第一次第及身遠離，於語遠離風得自在，修心遠離生三空智後方得生。

d.雙運之前，須入四空之後，微細二相畢竟淨之光明。

幻身必須收入光明，因幻身上有幻執垢，要由光明修治，故須收彼幻身入於光明。

故光明前須修三空及幻身，俱爲光明幻身雙運而修。

4.明三遠離之圓滿次第

三遠離指身遠離、語遠離、心遠離。

修成如是幻身，須先生起心遠離三空智。

心遠離智之內緣爲修調柔脈與空點之殊勝方便。依龍猛派以修風調柔最爲切要，未說餘猛利（火）與空點等所緣次第，而唯說風

瑜伽，但心遠離前，要有語遠離。

自在風之瑜伽，此處唯取金剛念誦。

a.身遠離：修行者當以自身三業與如來身語意，和合無別。能於自身遣「庸常慢」成佛身者，謂初次第與身遠離，從修種子等生為天身，即是第一次第。此與生起次第「所斷」庸慢生起佛慢雖同，而「能斷」則大異。此說語遠離前，要有身遠離及生起次第。

b.語遠離：了義咒即是金剛念誦，故於語根本風能得自在，亦唯稱讚金剛念誦。如是由生起次第乃至身遠離修成天身，乃成究竟能誦者，即以彼身持誦究念誦，於發語風獲得自在。

c.心遠離：即由風力能任持引導界等，故若結合外印燃猛利火溶菩提心，即能任持不墜，滅八十種自性分別，生三空智證得意金剛三摩地，此後乃得生起幻身。由生圓滿大空智力，乃能入境光明一切空，而且後現證雙運智身而往佛地。

5.智足派圓滿次第之建立

文殊菩薩攝受智足闍黎口授甘露，名為「曼殊室利口授」。

故甚深、明顯菩提，證無二解脫（空樂無二、智身無二、二諦無別、深顯無別），非唯證甚深，亦非但明顯。

離一切分別，超越思議境，如空淨出生，離執名甚深：任持大印色，如幻如虹霓，修治自他身說，名眞明顯。生起次第之天身為咒身，圓滿次第之天身為智身。智身有二種，即智身、清淨身。智身是略得智自在者，所證略清淨之幻身。清淨身是有性住德相之不欺誑身，與如實之果身。

故圓滿次第究竟要旨即空樂無別、智身無二、二諦無別、深顯無別。

6.母續圓滿次第之建立

所得究竟樂空無別之果，即前第四灌頂所謂大樂心與空色身，二法體性無別、盡一切垢之無二智。

7.時輪派之圓滿次第

圓滿次第有六支：別攝、靜慮、中善、認持、隨念、三摩地。

別攝：自加持者，謂由別攝見世俗諦。三界明顯性即世俗諦。

靜慮：其所修者，謂以別攝與靜慮支善堅固已，三界明顯性即世俗諦，由隨念支正開放彼瑜伽。彼瑜伽者，謂世俗諦瑜伽，正開放者，謂當觀遍諸空界。

中善、認持：由命與持二支，於語根風獲得自在，成一切種相之佛語。

隨念：由隨念支正開放彼瑜伽。彼瑜伽者，謂世俗諦瑜伽。

正開放者，當觀察遍諸空界。空色究竟即是相好莊嚴佛身。故彼空色之無性空雖是勝義，空色仍是世俗諦攝。

三摩地：是妙樂自性，由二成不變妙樂之佛意。

8.明所得之樂空無別

此中樂空之空是世俗身，樂是契入勝義之智。此與餘經中所說樂空略有不同。

由繫身中菩提令無漏洩，不變妙樂最圓滿時，一切粗界悉皆永盡，界亦無存，爾時界與妙樂，能所有依之關係，皆已滅故。

9.決定修彼道之數量次第

圓滿次第安立六支、由別攝靜慮二支，於前所說空色，未生令生已生令固，成相好莊嚴之「佛身」；由命（中善支）與持（認持支）二支，於語根風獲得自在，成一切種相之「佛語」；隨念支是樂近因，三摩地支是妙樂自性，由二支成不變妙樂之「佛意」。此三說名金剛身、金剛語、金剛意三摩地。

由初二支（別攝、靜慮支（成辦金剛身之因色，修治中脈。由第三支（中善支）令左右風，入於所淨中脈。由第四支（認持支）持所入風，不令出入。由第五支（隨念支）依執持修三印隨一，溶菩提心任持不洩而修不變妙樂。由第六支（三摩地支）於初二所修成色，自成欲天父母空色之身，隨愛大印得不變樂展轉增上最後永盡一切粗色蘊等，身成空色金剛之身，心成不變妙樂，一切時中住

法實性，證得雙運之身。

10.別釋不變之樂

不變是繫界不漏，名爲不變。從此所之樂非下述三種樂受：

a.於身繫界從身內可意觸，所起身樂受。

b.以此爲無間緣，意適悅相所有樂受。

c.依於樂受爲因所發無分別定。

而是，以「通達諸法無性正見」爲親因緣，「繫界不漏」爲增上緣，所生「通達眞實」之妙樂也。亦即是通達空色於眞實義「生滅性空」、「無性之性」，爲不變樂。

11.明由不變妙樂證無我理

此派亦許「我執」能爲繫縛生死之本，故應許「達」無彼所執我義，淨治生死繫縛及習氣。

由我我所執而愚迷，故許彼爲薩迦耶見，以彼即是貪愛種子，即名貪愛習氣。

故我執爲生死根本，故許「證無我慧」，能斷生死繫縛。

咒法果謂不變妙樂，波羅蜜多法謂決定境無自性之空。故具慧者，當知多次宣說空色離於有無常斷，如幻夢之義。莫於法我實執轉深轉固。

12.破以全無思取爲時輪軌

修「無思智」能成佛，而批難者說，在「極重睡眠位」及「悶絕位」也會有無思智。

但上二位卻無法安住正見，蓮花戒師以此破之。

「無思智」也非全無思惟，全無知覺，而是通達萬法無自性。所謂「是自證相」是指自證萬法空無自性相。即無自性義，非無一切事相，也非執爲全有（實有）或全無。其實「有」是空色之相，此身即是智身。

故無思智非指全無思取。

二十一、卷第二十一：圓滿次第總建立品第十三之二：

1.餘派之圓滿次第

餘派有羅伊跋大師、毳衣大師（初現如鹿愛）、黑行論師（眞實炬及春點論）等。

2.勝樂金剛之圓樂次第

鈴論師攝勝樂圓樂次第爲五次第：自加持次第，羯摩金剛次第、滿摩尼次第、嗳楞達惹次第、不思議次第。前四次第是由風點猛利瑜伽，調伏脈風空點，令入光明之勝方便。

a.自加持次第，說從五空點生勝樂五尊，漸入光明。

b.羯摩金剛次第，說從吽字生勝樂等。即是空點瑜伽，於四輪臍中堅修空點瑜伽。

無種子之自加持者是風瑜伽。若由此二令風點得堪能，乃能與印相結合。是於心間等處空點，強攝心之方便。

前四次第是由風點猛利瑜伽，調伏脈風空點，令入光明之勝方便。

c.滿摩尼次第：依印引生四喜，即滿摩尼次第。此有四印、三味耶印。四印是智印（依所修智印引生歡喜，是前加行）、業印（謂依眞實明妃引生妙樂，是爲正行）、法印（謂憶所受守護其樂，是爲結行）、大印（依彼等修眞實義）。

d.嗳楞達惹次第：攝左右命風於中脈內以猛利熾然力，溶菩提心，依彼引生四喜，此是嗳楞達惹次第所作。嗳楞達惹即「持然」之意，即鈎召諸佛甘露從頂而入，是爲持然次第。

e.不思議次第：第五圓滿次，無漏俱生者。亦非唯修光明。由色等引攝，自性散動心，於心間堅固，與慧俱自在，由離能所取，心離諸所得，不思議性故，全不應思惟，令心入空性，收攝次第；令空入於心，現起次第。

3.歡喜金剛之圓滿次第

收爲三灌頂道，修習之理如「毗縛跋大師」所造「道果宗要」。難勝月云：「此所生悉地，由於六近支：第一見如雲，第二見

似煙，第三爲電相，第四如燃燈，第五普光明，最後同幻相。即『甘靈光修法』所說六支：先當修黑色，第二當修赤，第三修黃色，第四、第五爲藍色，第六白色相。」

明最初修圓滿次第與諸行及道果之次第品第十四之一：

1.圓滿次第最初所修

2.明修行所依之脈風

3.釋脈

身脈總有七萬二千，其中主要有百二十，其尤要者有二十四，最切要者有三脈。

脈爲風所乘，爲識所依之主要者，心間法輪八脈，喉間受用輪十六脈，頂上大樂輪有三十二脈，及臍間變化輪有六十四脈。

「教授穗論」：「脈謂阿縛都底，從頂髻至摩尼及足心際，有頂髻 4 脈、頂 32 脈、喉 16 脈、心 8 脈、臍 64 脈、密輪 32 脈、摩尼中央 8 脈。」

同上：江摩（即左脈名）少雜血分，多注身分、心力、月分，故名身脈、心力脈、月脈、方便脈。

熱摩（右脈名）少雜精分、多注語分、塵分、日分，故名語分脈、塵脈、日脈、慧脈。

中脈多注精血、意分、暗分、羅喉，故名心脈、暗脈、羅喉脈、不定脈。

4.釋風

「金剛鬘經」說有百八種風。「密意授記經」云：「命、下遣、上行、周遍、平等住。龍龜及蜥蜴，天授與勝弓。」此說十風。

「金剛門經」說持命等五風，及行、遍行、正行、善行與決定行爲十，彼以行等名字說龍龜。

「攝行」云：「心間、密相、喉內、臍中、一切身節，如次即爲持命（心），下遣（密相），上行（喉內），平等（臍中），周遍之處（一切身節）。」

5.如何專住

即修習金剛念誦。

如是四壇輪，住定常念誦，咒師數念誦，晝夜恒持誦。

念誦三字即嗡（入）、阿（住）、吽（出）。此三字爲一切咒之主，及彼三字「從不壞生」之義，又與風和合本性已成，唯令明顯。

6.風瑜伽

風瑜伽有

a.金剛念誦：能調柔風點者，如上所述。

b.數息念誦：亦能摧壞非時橫死。無聲誦十萬，於晨起，數風一千遍，是故風瑜伽，常應安住定。

c.下中上品修瓶相風：亦能免死。

自結跏趺坐，手摩搓三返，次應六彈指，乃至三十六，而修瓶相風，三倍最上品，數爲百零八。

二十二、卷第二十二：明最初修圓滿次第與諸行及道果之次第品第十四之二

1.火瑜伽

a.春點：

「結合經」釋春點云：「臍間『阿』字形，說是最短音。心中有『吽』字，長有二摩莫，喉間『嗡』字形，三摩莫懸遠。額上『杭』字相，聲點不可壞。」

「春點」論中譯爲：「心中有吽字，長及於二量，喉間嗡字形，量誦三字長」（摩莫即是量，懸遠即最長）。

滴甘露光清涼如雪，能令有情喜樂熾然，故名爲春。

「得春」謂滴注菩提心，「知足」謂生歡喜，彼二相合名爲等至，說彼名春，亦名爲點。

b.勇識：於中脈內之字，即吽字，往中脈中能摧逆品分而且不壞，即作所樂他不能壞，此是依猛利生樂之種子。

c.結合經：「臍間阿字形，說是最短音。心中有吽字，長有二摩莫。喉間嗡字形，三摩莫懸遠。額上杭字相，聲點不可壞。」

圓滿次第時者，說短「阿」謂塵畫體，吽謂心，嗡謂語，杭是菩提心。初後二字表赤白，故是身攝；及餘二字即身語意三業。

2.依此修空性法

尤當依彼方便而修抉擇無我義之清淨正見。以是當入靜室修無我義。

於此中何爲空性，謂人及法無自性空。此攝所修空性爲二無我。

3.增進二次第之方便

增進二次第之方便有三行：有戲論、無戲論、最無戲論。此三行於生起次第堅固後行之。生起次第修諸共悉地，圓滿次第修勝悉地。

此復有三，謂有得心遠離後修，得幻身後修，及得有學雙運後修。

a.有戲論：於勝處與二十明以結手印及歌舞等加行，晝夜勤行而得大印。

b.無戲論：依五明或依一明，以修欲塵爲道，而得大印悉地。

c.最無戲論：與心間智印等至，而能圓滿大印果位。

此三係以智慧、資具、年齡而分。先成就自在功德，次即成就大印悉地。隨順年齡學習半月或一月或六月，即能出生將得大印悉地之相。

4.彼等爲三士道之理

如是無上瑜伽一切道，若順所化修果次第，攝爲三類，上者現世成佛，中者中有成佛，下者轉生成佛。

a.上者現世成佛：初是能學二種次第及行。於此若得幻身，現證光明，現身決定成佛。

自加持次第若未獲得者，經續及儀軌，徒勞空無益。若得自加

持，一切佛本性，則能於現生，成佛定無疑。

b.中者中有成佛：已滿足生起次第，圓滿次第得心遠離，然於現生未修三行之一。

又於死有時能知死有光明與彼和合，至中有位能自了知中有而修中有教授，臨受生時能於男女交會滅除貪瞋生勝妙處。

c.下者轉生成佛：有灌頂已唯護三昧耶與戒律，末多修道，或僅修生起次第以下，或得心遠離以下圓滿次第。

5.現證所修之果

修二次第以及諸行之果有三，最上者成佛，中品獲得八大悉地，下品成就息災、增益、愛敬、降伏四種事業。

修上成就地建立者，「金剛藏莊嚴經」說十二地，謂普光明、甘露光明、虛空光明、金剛光明、寶光明、持蓮花業光明、無譬喻離比喻慧光明、一切智、各別自證地。

「現說尊長經」說十三地：「極喜等十上，無喻，具智與金剛地十三。」

「教授穗」有二說：「於十一地，加勝解行地共十二地，加初修業地共十三地。或另說：加勝進道性無比喻地及加佛地無間道體具智地共十三。」

「寂靜論師說於共許十一地上加異生地，同「歡喜金剛經」十地之義。「金剛藏莊嚴經」所說十二地同。「釋續金剛鬘經」說十四地。

波羅密多乘有於色界天身成佛及欲界人身成佛二說。

294.什麼是五金剛法？

一、大威德金剛

（1）大威德金剛法乃藏密格魯派（黃教）的最高大法。

　　修習此法，先從文殊菩薩觀想起，以空中一切無有，只有梵字「底」字現顯空中，底字變成一尊文殊菩薩，黃紅色，頭戴五佛冠，髮髻高束，一頭二臂，現童子相，右手持一寶劍，左手結印，身坐一頭獅子上，周身佩備瓔珞，以爲莊嚴。

　　觀想文殊菩薩從頂門放出一道黑光，在黑光中現出一尊大威德金剛，其最上仍是文殊菩薩，再下是鬼王。

　　大威德金剛四面十八臂，上身爲黃，下身爲黑，全身配備髑髏，穿虎皮衣裙，正面是牛頭忿怒相，牙外露，舌如閃電，有二大牛角，三牛眼。

　　十八隻手，右邊第一手執利劍，第二手執金剛杵，第二手執箭。左邊第一手執索和印，第二手執般若經，第三手執弓，其他手結印。二大足踏住二獸。

　　觀想時要結大威德金剛根本印。

　　（2）「大威德金剛」由於全身青黑色，身材特大，且周身火焰，是極忿怒之形，所以能摧伏一切惡魔毒龍，斷除了所有的障礙，使一切惡魔望而生畏。「大威德金剛」的律令，有大力量，可以作息災、敬愛、增益、降伏；可降伏天魔、病魔、煩惱魔、死魔等四魔，所以祂的威德力等同佛。

二、勝樂金剛

　　（1）目前廣泛流行的勝樂金剛傳承中，以盧伊巴、噶那巴（黑行那波巴）、智布巴（鈴派）這三派爲主要的傳規，噶舉的金剛亥母、薩迦的金剛瑜伽母皆出自於此勝樂續。

　　勝樂續修法中，最殊勝的咒語爲四寶咒，分別即勝樂金剛父母根本咒、勝樂金剛父母心咒、勝樂金剛父母近心咒以及勝樂金剛父母護甲咒，尤其是能與勝樂二十四聖地諸佛相應的勝樂父母根本咒。

　　於勝樂壇城受灌頂後具足清淨誓言的修行者修持勝樂金剛，能

清淨了一切眾生身、語、意的細分業障。得諸佛之功德加持和句義灌頂，堪能成就佛之功德，開顯平等性智，速證佛之自性身。在無上密續中，屬於母續法，勝樂也被尊稱爲母續之王，爲億萬空行總主。

勝樂金剛不僅在新續得到發展，在舊譯時期已翻譯出勝樂續集中的金剛亥母續、佛平等合續，其「勝樂空行佛平等合續」列入寧瑪十八大密續集，又上師岩藏法中又有上師蓮花金剛勝樂輪的修法。

是藏傳佛教無上瑜伽部智慧母續的本尊，是諸佛身語意三密加持的壇城本尊，總攝一切如來本尊壇城空行勇父，是故稱爲總攝輪，行者僅僅誠心念誦其眞言也能無餘去除疾病違緣、消除非時橫死一切災難，並得到空行勇父的守護顧視，輕易成就四事業，消除怨敵和除滅邪障魔鬼。勝樂金剛是赫魯嘎明王的一種，也是藏傳佛教無上瑜伽修法中尊奉的本尊之一。

（2）圓滿次第五次第：自加持次第、羯摩金剛次第、滿摩尼次第、唉楞達惹次第、不思議次第。

三、密集金剛

（1）也稱「密聚金剛」，藏傳佛教密宗修習觀想的五大本尊之一，格魯派三大本尊之一，爲無上瑜伽部父續本尊，爲馬爾巴譯師所傳承，也是格魯派創始人宗喀巴大師的守護神。

密集金剛形像多爲雙身，結跏趺坐，有中藍、左紅、右白三頭像，表示慈悲、息災和降魔之功德。每面有三目，表示觀照過去、現在、未來。主尊軀體爲藍色，象徵佛教最高眞理。主尊頭戴五葉冠，象徵五佛或五菩薩，結跏趺坐在蓮台。有六隻手臂，都持有法物，兩主臂擁抱明妃，並分別拿金剛杵、金剛鈴，象徵智慧與方法成就；居上右手持法輪，象徵法輪常轉；居上左手持寶珠，象徵所求如願；居下右手握匕首，象徵割斷一切無明；居下左手拿蓮花，

象徵智慧清淨。

　此尊的明妃叫可觸金剛佛母，身體一般也爲藍色，也有三頭、六臂，上兩手摟金剛頸項，其餘四手所持的法物與主尊一致，雙腿盤於金剛腰部。

　（2）誦讚：身色藍色忿怒尊。阿閦如來頂上飾。恆視眾生大成就。密集金剛我敬禮。

　（3）五支：金剛誦、心寂、自加持、空樂次第、雙運次第。

四、時輪金剛

　（1）在時間之輪上，化現五大「地水火風空」，中央須彌山，須彌山頂現出一大蓮花，蓮花中心日月輪，輪上出現時輪金剛擁抱佛母。

　「時輪金剛」有四面、三頸、六肩、十二臂、二十四隻手各持法器，兩腳踩大自在天與天母。「時輪金剛」的頭部正面藍色，右面紅色，背面黃色，左面白色。佛母裸身。佛父佛母每個面上均三目，交抱雙運立相。

　「時輪金剛」四面代表身、口、意及大樂空智色，三頸左白色，右紅色，中藍色，代表身內三脈。左腳白色，右腳紅色，佛父頂髻有金剛杵爲飾，下穿虎皮裙，佩珠寶纓絡，以爲莊嚴。

　（2）「時輪金剛證分」分六支，共五十三法，次第井然。

1.別攝支：共八法。

2.靜慮支：共四法。

3.中善支：修氣共十三法

4.認持支：修五輪寶瓶氣，專重認持，共九法。

5.隨念支：拳法及事業手印，共十一法。

6.三摩地支：雙運一法。

五、大幻化網金剛

（1）大幻化網金剛是本初佛所化出來的，其形象具二十一面、四十二臂、八足。其手中各持明鏡。鏡內有四十二位寂靜尊。四十二位寂靜尊包含本初佛及大自在佛母、五部如來、五佛母、八大菩薩、八菩薩母、四明王、四忿怒母、六釋迦能仁。佛母九面，十八臂、四足。其手中各持明鏡。二手，持彎刀與顱器，其餘手持明鏡，現忿怒母及獸面母相。

（2）先祈求根本傳承加持：先觀空，次觀想根本傳承上師蓮生活佛住頂放光加持，持「蓮花童子心咒」七遍，祈求修法圓滿。

再作四無量心觀。作驚醒手印（拍掌兩下，再交加彈指）。

（一）清淨咒。

（二）召請咒。

（三）大禮拜。

（四）大供養。

（五）四皈依。

（六）披甲護身。

（七）高王觀世音真經。（一遍）

（八）往生咒。（七遍）

（九）根本傳承上師心咒。

　　　　「嗡。咕嚕。蓮生。悉地。吽。」（百○八遍）

（十）結印及觀想。

　　　　結印：大幻化網金剛手印。（如右圖）

　　　　　　　雙掌上合下空。

「蓮生活佛　親結大幻化網金剛手印」

　種子字：吽

　觀想：先觀空，唸觀空咒。

「嗡。司巴瓦。速達。沙爾瓦。打爾嘛。司巴瓦。速朵杭。」

（三遍）

1.觀想虛空中有本初佛-阿達爾瑪佛，阿達爾瑪佛心中有藍色種子字「吽」字，放藍光。

2.觀想「吽」字旋轉，化為大幻化網金剛。大幻化網金剛是本初佛所化出來的，其形象具二十一面、四十二臂、八足。其手中各持明鏡。鏡內有四十二位寂靜尊。四十二位寂靜尊包含本初佛及大自在佛母、五部如來、五佛母、八大菩薩、八菩薩母、四明王、四忿怒母、六釋迦能仁。佛母九面，十八臂、四足。其手中各持明鏡。二手，持彎刀與顱器，其餘手持明鏡，現忿怒母及獸面母相。

大幻化網金剛的天心放出一道白光，直照自己天心；喉部放出一道紅光，直照自己喉部；心輪放出一道藍光，直照自己心輪。白、紅、藍三光融入自己身心。

（十一）持「大幻化網金剛」心咒。先作「持唸珠觀想」。

「嗡。巴札。卓大。嘛哈啥。西利。嘿魯嘎。吽呸。」（百〇八遍）

（十二）做九節佛風，入三摩地。

（十三）出定。

（十四）加持其他心咒。

（十五）唸佛。

「南摩三十六萬億，一十一萬，九千五百同名同號阿彌陀佛。」（三稱）

（十六）迴向。

（十七）百字明咒。（三遍）

（十八）大禮拜。

（十九）圓滿咒。

「嗡。部林。」（三遍）

1.嗡。嗎呢。唄咪。吽。

2.作遣散手印（拍掌兩下，再交加彈指）。

3.修法圓滿。如意吉祥。

六、歡喜金剛

（1）歡喜金剛，全稱吉祥歡喜金剛，簡稱「喜金剛」，為藏傳佛教無上瑜伽部主尊。歡喜金剛是慈悲與智慧之化身，具有「上求菩提，下度眾生」之宏願。

（2）圓滿次第之六近支

a.見如雲 b.見似煙 c.為電相 d.如燃燈 e.普光明 f.同幻相

（3）喜金剛，是薩迦派最重要的本尊，亦即以喜金剛為本尊所修的生圓二次第的「道果」法。

道果內容

「道果」的內容有：「四正量」、「三境界」、「三相續」、「四耳傳」、「五緣會」、「七要點」和「防護障礙」等。

1.四正量就是：「聖教量」、「傳記量」、「師訣量」和「覺受量」。

「聖教量」，即如來實語之經教；

「傳記量」，即諸論師根據經教結合實際經驗之記載，稱為論藏；

「師訣量」，即在修持中要遵循上師密訣指點；

「覺受量」，即修行者在實修中的感受和證驗；

修道能否有成，主要在於「四正量」中以「師訣量」為轉移，擇師依師最為重要。

2.三境界

依顯教修持即修六波羅蜜共道，分為三種境界。

a.不淨境界

指眾生暫時處於業及煩惱輪迴諸趣的不淨世界。引導眾生出離這種境界，須指出各種解脫方便。依顯教修心法門有：

四耽著、厭離心、出離心、思人身難得、思輪迴諸苦及思業果因緣等，在行持上守持戒律，奉行眾善。然而，此亦僅為大小乘共通之修法。

b.修證境界

即瑜伽行者處於證得三摩地果位之境界。此又分為共同修證和不共修證。（1）共同修證即為顯教大乘之修慈悲心、菩提心和空性見，斷離輪迴苦根，空性大悲雙運，行持上守持菩提心戒。（2）不共修證即瑜伽行者進入金剛密乘，修深道法門。

由於修習各種三摩地則會出現各種不同的覺受境界，故必須對教授善為學習，了解其理，才於覺驗起時能立斷疑慮而相續修持。

c.最極清淨境界

即佛的世界，有不可思議之功德。可以構想我今修無上妙法，將來亦可同樣獲得如是功德，則心能生無量歡喜。總之，三境界即從凡夫修證成佛中間經過的三種不同的境界。在三境界中先以波羅蜜多乘淨治相續，才能成為金剛乘之道器。故學密法之前，先以顯教奠定道基，這是薩迦派修持法之特點。

3.三相續

即依密乘修持提出的三相續。所謂三相續，指從輪迴到涅槃皆為一心相續之所攝。三相續，即：

a.因相續

b.道相續

c.果相續

肯定眾生尚有佛性，眾生的因地與佛的果地無有分別。

因（基）、道、果是三者無二別，故金剛乘以三相續作為導引。

在因續中：灌以能成熟道之灌頂，使成修法之器，在此有四大灌頂。

道續中：授以生圓二次第解脫道之方便。

在果續中：成熟三身現證佛的身智種種功德。

眾生既然是因佛，佛與眾生平等不二。故在因位應「輪迴、涅槃不二見」。

道位修習與四灌深道相聯繫之成熟道和解脫道的各種教授，淨治五蘊、四大種之煩惱，果位即現證五身五智之功德。

故道果法門之因（基）、道、果，即眾生是佛，是因；修離戲見和生圓二次第，是道；證五身五智，是果。

4.四耳傳

指從凡夫要修到佛位，全仗歷代祖師的口耳相承之教授，故稱做「四耳傳」。四耳傳，即：

a.灌頂之河不絕

b.加持之傳承不絕

c.教授次第無誤

d.以虔誠盈滿自心

295.什麼是綠度母修持法？

藏密寧瑪派（紅教）二十一聖救度佛母修持法，為西康金剛上師諾那呼圖克圖於 1934 年在南京時所傳。此法簡稱二十一度母法，這些度母都是觀世音菩薩的化身，以其中之綠度母咒，能總括二十一度母之功德，至少須念滿十萬遍，其餘二十度母咒，至少各念一萬遍。念咒時，須觀想綠母心際之種子字及咒之字輪，則效驗更大。尤其婦女更有奇效。

端身正坐，一念不生，於剎那間，觀想自身成為綠度母，頭戴五佛寶冠，冠中頂髻處坐有阿彌陀佛或綠度母。又觀想自己心際有蓮花，花上有日月輪，日輪紅色，月輪白色。「吽」字（即綠度母與二十尊度母之共同種子字）立於月輪正中，字面朝左。其外由前向右，有綠度母咒字環繞而立，成字輪狀。種子字與咒字輪均放綠色光。供養十方諸佛，十方諸佛亦發光相應。

所有諸佛功德，悉隨此光回入自身。自己之身口意，即成為度

母之身口意。復由「吽」放光，普照一切眾生，令其事事如意悉成度母，放光相應。再觀此光回入自身種子字中，於是開始念咒，愈多愈佳。念時，觀字輪外，另有綠色光，由前向左旋轉。念畢，將功德布施一切眾生，爲之回向。

二十一聖度母如下：

綠救度佛母、救災難度母、救地災度母、救水災度母、救火災度母、救風災度母、增福慧度母、救天災度母、救兵災度母、救獄難度母、增威權度母、救魔難度母、救畜難度母、救獸難度母、救毒難度母、伏魔度母、藥王度母、長壽度母、寶源度母、如意度母。

296.什麼是金剛亥母修持法？

金剛亥母，又稱金剛瑜伽母，是佛教金剛乘本尊之一，屬於空行母之體系，勝樂金剛與大悲紅觀音之明妃，起源於 8 至 12 世紀印度；爲四大教派共同尊崇的母續本尊，主要是用來做寶瓶氣脈及拙火定的觀修本尊，亥母與瑜伽母是同體異名。在藏密《綠度母密續》中，金剛亥母爲蓮華部之女尊亦度母觀音之報身。金剛亥母在藏密《綠度母密續》中，金剛亥母爲蓮華部之女尊亦度母觀音之報身。金剛亥母（在佛教亦名金剛瑜伽母一切於瑜伽女之首，她也是『一切如來之空行母，空行母即體悟般若智慧而步行虛空，傳授金剛乘密法之祕密女神，甚至在勝樂金剛密續中，空行母昇華爲構成一切如來之要素所結構成的精神體也就是般若波羅密多。在金剛乘密續中也宣說一切空行母都生自金剛亥母。金剛亥母爲空樂之根本，也就是藉由她了悟般若波羅密多，並得到深刻的大樂體驗而到空樂圓融。金剛亥母的相應功德爲能夠滅盡一切煩惱，產生遠離生滅變化之究極智慧；令身體機能健康而延年益壽；降伏一切妨礙仇

敵而廣攝十法界。金剛亥母膚色呈表蓮華部愛染之紅色，象徵「妙蓮愛染性而自性清淨」。

297.什麼是黑關修持法？

紅教修持徹卻、脫噶的特殊方便，可分為三種閉關：白關、紅關、黑關。

一、白關：即關房可開門窗，見天日，一般閉關皆為此類。

二、紅關：即關房通氣但不見天日，房內只點一盞燈。行者須在白關中見到虛空中的金剛鏈，則可進修此關，而且必須在此紅關中也可見到金剛鏈。

三、黑關：

（1）此種關房能通氣，但絲毫不見光。目的是使紅關中能見金剛鏈者，在全黑中也能見到，並將空色引入自身內，如果不能引入自身，則不必閉黑關。

陳健民認為，行者修持本法須具備如下條件：

1.對密宗生起次第的本尊身及壇城已能明顯堅固。對圓滿次第的脈氣明點已修持嫻熟，已見煙等十相。

2.對大圓滿徹卻的修持已得自心進詣以上的覺受，修脫噶已見體外的金剛鏈等光明。

3.能引空色（空性中所顯勝光）入體內。

（2）本法修法

1.教行者修持「自顯虛空瑜伽」，即以目緣眉間，而向高於頭頂二十橫指距離處上視，心任運而住於徹卻之定，身不動、心不散亂、氣常和緩為三精要。如此修持便能顯出各種光明景象和空色。同貢噶上師所傳大圓滿心髓之三虛空會合瑜伽。如此可使肉團心中之本覺智光，循白柔脈光，經遠通水光，契合於外間無雲晴空的界

清淨光，而得見明點空光及空色。而「自顯虛空瑜伽」更適合於黑關的運用。

2.本法有七層觀想次第，即以眼爲重要據點，觀想十眼：即頭頂中心一眼、腦前三眼、腦後三眼、左右耳後二眼、心間一眼，共十眼，以此十眼象徵十處脈，後又改觀眼爲明點，再改明點爲本尊身，最後觀想遍身成眼，又出生遍身的空行勇士，顯現五大、五智的光明。這種象徵性意義深刻的觀想法，將脈氣明點的觀修發揮到極致，並加以昇華。

298.什麼是七日成佛法、無死瑜伽及虹身加持？

一、七日成佛法

貢噶上師於一九三七年傳授陳健民上師大圓滿法界心中心黑關引導。本法實際上是大圓滿心髓脫噶的黑瑜伽，通稱「七日成佛法」。即行者將自己關閉在絲豪不透光線但通氣的黑關房中，脫離一切事務，不與他人交往，依法專心修行。利用這種黑暗的環境和獨特的脈氣明點觀修，具備條件的上等和中等根器行者經過修持本法七次第，七日即可得成就。

二、無死瑜伽

無死瑜伽屬於「古心奈米」的修法，古指身體，心指心識，意即身心完全合一，無二無別，所有邊見，皆予拋棄。從涅槃果位而言，沒有生死可得。由此可得三種無二：因位的「物心不二」；行位修習「能心奈米」（能指智慧氣）及「古心奈米」。由「能心奈米」修習「心氣合一」，而得「古心奈米」即身心不二。以上屬於第一、第三灌的修法範圍。

無死瑜伽是屬於果位的一種修法，可使行者圓證不生不滅的涅

槃境界。涅槃者，涅是不生，槃是不死，涅槃即是無死，大徹大悟。

魯仁波切教授的無死瑜伽修行方法如下：

1.觀想本尊與亥母。

2.嘗試抉擇：本尊身心是同是異？

3.嘗試求一決定：本尊之心在內、在外、抑在中間？

4.嘗試求一決定：此心有死？無死？

5.嘗試求一決定：本尊之身有死？無死？

6.令心保持於空性之光中，本尊即由此出現，這個本尊之身既然來自空性之光，如何會死？

7.觀想此一本尊之身，其性如夢，無二無別。思維此夢幻之身無生無死。

8.得一決定：本尊身心無二無別。

9.得一決定：本心無生死，故本尊身亦無生死。

三、虹身修持

第一階段將肉身化為水泡。像水泡一樣透明，一樣輕靈，它就可以毫無阻礙地向上漂浮。而後接受初級灌頂，進而觀想成本尊，外面有佛的五色和文飾，及佛的三十二相莊嚴，裡面卻是空如水泡，如此則與無死虹身距離不遠了。然後將水泡觀成智慧身，經由深層的呼吸與拙火，這個名為智慧身的本身即可形成，這在第二灌完成。

第三階段是行者仍保有細小的種子字「吽」字。修習時，整個宇宙都在放光，此光進入粗重的三味耶身的血肉之身而化為智慧之身，此時種子字變得細如毫毛，乃至完全消溶於法性之身中，此時的身已化為三味之身。虹身是在空中，因此必進入空中，才能變得像虹霓一樣，而發出虹身之光。在此階段，要觀想中脈中拙火融化頂輪的白菩提，相當於大腦神經系統溶入頂輪中，而後肺呼吸系統

溶入喉輪，心臟循環系統溶入心輪，消化系統溶入臍輪，生殖系統浴入生殖輪中，前面四輪在第二灌之間，生殖輪的轉變則在第三灌了。

　　佛有五身：變化身、應化身、法性身、俱生身及大樂智慧身。其中大樂智慧身就是此種虹身，已證得與法身相關的無上智慧。虹光就是此種無上智慧，最高的智慧，就是這種光明。此大樂智慧身，具有大智，可以救度每一個眾生；具有大悲，可以淨化一切，使每一個人可以開眼而得大樂。

299.藏密的即身成佛與禪宗的頓悟成佛有不同嗎？

一、即身成佛

　　（1）佛的定義

　　1.法華經：「諸佛之智慧甚深無量，其智慧難解難入也。」又說：「舍利弗，如來之知見廣大深遠，由無量、無礙、力（十力）、無所畏（四無所畏）、禪定、解脫、三味深入無際，成就一切未曾有之法。」

　　2.華嚴經：「甚深微妙之智慧。」

　　3.大智度論：「佛何以在一切眾生中成為第一？答曰：因佛得一切智也。佛之大慈大悲也由於一切智而生。佛之一切身業，一切口業，一切意業，皆從智慧而行。」

　　4.大日經：「佛具有一切智智，以菩提心為因，以大悲為根本，以方便為終極目的。」又說：「一切智智由五種智所成。」五種智：法界體性智、大圓鏡智、平等性智、妙觀察智、成所以作智。

　　5.釋迦佛陀悟道時說：「奇哉！一切眾生皆具有如來智慧德相，只因妄想執著，不能證得。」

（2）弘法大師即身成佛八句頌

六大無礙常瑜伽、四種曼荼各不離、三密加持速疾顯，重重帝網名即身。

法然具足薩婆若、心數心王過剎塵、各具五智無際智，圓鏡力故實覺智。

二、禪宗的頓悟成佛

禪宗的頓悟成佛與白教的恆河大手印及紅教大圓滿的徹卻，均相當類似，均屬頓悟，禪宗不立文字，重視老師的引導開悟；恆河大手印主張不修不整不散亂及大圓滿的徹卻，立斷成佛，而且也都非常倚賴上師的加持。

白教的空樂大手印則屬漸悟，但也能即身即生成佛，也是非常倚重老師。

300.陳健民的「佛法精要原理實修體系表」應否平等對照顯教之五十二位階而適宜修改之？

陳健民上師之「佛法精要原理實修之體系表」係從密宗的立場切入，所以將顯教與密教從左到右排列。而且右邊的次第高於左邊。

二教是：顯教-密教。

二乘是：因乘-果密。

三乘是：小乘-大乘-金剛乘。

六乘（東密）是：聲聞乘-緣覺乘-菩薩乘-事部-行部-瑜伽部。

九乘（西密）是：聲聞乘-緣覺乘-菩薩乘-事部-行部-瑜伽部-無上瑜伽部（麻哈瑜伽-阿努瑜伽-阿底瑜伽）。

依陳健民上師的九乘次第，由左自右是次第愈來愈高。陳上師

本書藏字說明

一、噶舉派六成就法之靈熱成就

吽字：

杭字：

半阿字：

短阿：

倒杭字：

二、夢觀成就

阿字：

三、淨光成就

吽字：

努字：

打字：

日阿字：

四、轉識成就

吽字：

五、金剛誦

嗡字：

阿字：

六、導入正道三續分莊嚴論

P198：

孫字：

七、其他

歇字：

都字：

朗姆字：

呢字：

尼字：

遮字：

支字：

舍字：

貝字：

榜字：

蘇字：

滂字：

黨字：

朗字：

書字：

莽字：

美字：

將顯宗包括菩薩，都排在密宗下三密，即事部、行部、瑜伽部之左方。加果依陳大師主張四瑜伽必須先得見明體才能修專一瑜伽，而且認爲得見明體相當於菩薩初地。

可見下三密之三部均尚未能修入菩薩初地。而下三密竟排在顯宗菩薩位之「右方」，這是值得商榷的。

所以陳上師的這個表如果是顯密分開探討，就沒有什麼疑慮了。

其實顯密二教互有優缺點，在佛法教義上，顯教在如來藏的探討上，尤其是中國，較密教更爲重視及深入。其中密教紅教的大中觀見也有大師認爲即是如來藏。至於中觀，則顯密各有千秋，密宗黃教特別注重中觀應成派：中國的三論宗對中觀的探討也非常深入。至於唯識，密教較偏於舊派唯識；唐朝的玄奘、窺基則傳播唯識新派。

在修行上，顯教注重「理」修，尤其是注重修「心」；密教則注重「事」修，常另立一些有相修持法及修持儀軌，當然最後也會將有相歸入無相。密教強調即身成佛，顯教除禪宗外，多爲漸修成佛。密教特別倚重上師的加持；顯教除禪宗外，多以「善知識」爲助修。

作者以爲上師若具有菩薩初地以上的修德，當然會有加持力。但問題是初地以上的具德上師似乎寥寥無幾。

所以顯教主張四依，依法不依人。

釋迦牟尼佛早已成佛，但他的化身在這娑婆世界也只能教化他的弟子成大聲聞、緣覺，歷史上佛陀的弟子「好像」沒有即身成佛者。

跋

　　《佛法三百問》第一、二集共六百問，歷經時日，總算底成。
　　以下列舉本套書所參考引用之著作，並謹此衷心感謝所有出書的大師及大德，因為有了您們的偉大著作，使得佛法永遠縈繞人間，傳播不絕。也得以嘉惠芸芸眾生，走向光明之佛學大道，誠乃末法時代之明燈，永照千古，功德無量矣！

　　（1）總論
　　1.聖嚴法師：學佛群疑、印度佛教史
　　2.續明法師：學佛通論
　　3.釋如本大師：佛學問答
　　4.白雲老禪師：解惑篇
　　5.談錫永上師：佛家經論、佛家宗派
　　6.星雲大師：釋迦牟尼佛傳
　　7.林崇安教授：佛教教理的探討
　　8.黃勝常大德：修學佛法百問答、佛法與人生百問答
　　9.于凌波大德：向知識分子介紹佛教
　　10.方倫大德：初級、中級、高級佛學教本
　　11.闞正宗大德：台灣佛教一百年
　　12.周慶華大德：佛學新視野
　　13.演培法師：佛教的緣起觀、大乘佛教思想論
　　14.淨空法師：佛學十四講
　　15.范古農大師：古農佛學答問
　　16.印順大師：佛法概論、佛法是救世之光、青年的佛教、學佛三要、成佛之道、佛在人間、我之宗教觀、以佛法研究佛法
　　17.釋知義法師：初機學佛決疑

18.劉貴傑大德：佛學概論

19.黃懺華大德：佛教各宗大綱

20.凝然大德：八宗綱要

21.鎌田茂雄：簡明中國佛教史、中國佛教通史（第一二三四卷）

22.郭朋大德：中國佛教史

23.印海法師：佛教思想譯叢

24.楊惠南大德：佛教思想發展史論

25.劉果宗大德：中國佛教各宗史略

26.褚柏思大德：中國佛學史論

27.木鐸出版社：佛教史略與宗派

28.湯用彤大德；隋唐及五代佛教史

29.玉城康四郎：佛教思想（一）在印度的開展、（二）在中國的開展

30.張澄基大德：佛學今詮上下冊

31.方立天大德：中國佛教與傳統文化

32.南懷瑾大師：中國佛教發展史略述、如何修證佛法

33.東初老人：中國佛教近代史上下冊

34.藍吉富大德：佛教史料學

35.任繼愈大德：佛教史

36.江燦騰大德：現代中國佛教史新論

37.李汝鈞大德：中國佛學的現代詮釋、印度佛學的現代詮釋、佛教的當代判釋、純粹力動現象學

38.呂澂大德：中國佛學思想概論、印度佛學思想概論

39.李志夫大德：印度哲學及其基本精神

40.方廣錩：佛教典籍百問

41.何雲：佛教文彌勒出版社：中國佛教思想資料選編-魏晉南北朝史論集

（2）涅槃宗

42.高振農釋譯：大般涅槃經

43.屈大成大德：大乘「大般涅槃經」研究

44.蕭平實大師：正法眼藏-護法集

45.賴永海大德：中國佛性論

46.牟宗三大德：佛性與般若上下冊

47.龔雋釋譯：佛性論

48.釋恆清大師：佛性思想

49.梶山雄一、李世傑譯：中觀思想

50.創古仁波切：究竟一乘寶性論十講

51.廖明活大德：中國佛性思想的形成和開展

52.劉果宗大德：竺道生之研究

53.中國佛教學術論典：心性與佛性

54.李潤生大德：吉藏

（3）成實宗

10 方倫大德：高級佛學教本

19 黃懺華大德：佛教各宗大綱

55-1.陸玉林釋譯：成實論

（4）毗曇宗

55-2.徐醒生譯釋：大毗婆沙論

56.蘇軍釋譯：雜阿毗曇心論

（5）俱舍宗

57.悟慈法師譯述：俱舍學

58.楊白衣：俱舍要義

59.昌言等：俱舍的思想和智慧

（6）地論宗

60.魏常海釋譯：十地經論

61.天親菩薩著：華嚴十地經論

62.廖明活大德：淨影慧遠思想述要

（7）攝論宗

63.王健釋譯：攝大乘論

（8）中國唯識宗

64.慈航法師：相宗十講

65.于凌波大德：唯識學十二講、唯識學綱要

66.方倫大德：唯識三頌講記

67.印順導師：唯識學探源

68.演培大師：解深密經語體釋

69.談錫永大德：解深密經密意

70.法舫法師：唯識史觀及其哲學

71.南懷謹大師：瑜伽師地論聲聞地講錄上下

72.李世傑：唯識思想

73.王海林釋譯：瑜伽師地論

74.韓廷傑釋譯：成唯識論

75.于凌波釋譯：唯識三頌講記

76.程恭讓釋譯：解深密經

（9）三論宗

77.韓廷傑大德：三論宗通論、中論（釋譯）

78.吉藏大師：三論玄義校釋、大論玄論

79.印順導師：中觀今論、性空學探原、中觀論頌講記

80.郊廷礎釋譯：大智度論

81.洪修平釋譯：肇論

82.魏德東釋譯：辯中邊論

83.周學農釋譯：十二門論

84.強昱釋譯：百論

85.談錫永大師：大中觀論集上下

86.釋智諭大師：中論講記上下

87.土官呼圖克圖、法尊譯：四宗要義講記

88.貢卻亟美汪波、陳玉蛟譯：宗義寶鬘

89.楊惠南大德：龍樹與中觀哲學

90.梶山雄一、吳汝鈞譯：佛教中觀哲學

91.月稱法師：入中論

92.吳汝鈞大德：印度中觀哲學

93.釋日慧大師：佛教四大部派宗義講釋上下

94.黃家樹大德：中觀要義淺說

95.大乘文化出版社：中觀思想論集

96.李潤生大德：吉藏

（10）禪宗

97.蔡日新：中國禪宗的形成

98.洪修平：禪宗思想的形成與發展、中國禪學思想史

99.吳言生：禪門公案

100.聖嚴法師：禪門修證指要、禪的體驗及開示、禪證、禪與悟、禪門解行

101.宋智明：禪觀入門

102.李申釋譯：六祖壇經

103.鈴木大拙：開悟第一

104.印順導師：中國禪宗史

105.劉貴傑大德：禪宗哲學

106.劉雨虹：南師所講呼吸法門精要

107.徐蓀銘釋譯：般舟三昧經

108.文津出版社：五燈會元上中下

（11）天台宗、如來藏

109.劉貴傑：天台學概論

110.賴永海：湛然

111.平川彰：法華思想

112.永本釋譯：天台四教儀

113.王志遠釋譯：教觀綱宗

114.王雷泉釋譯：摩訶止觀

115.黃連忠釋譯：釋禪波羅密次第法門

116.董群釋譯：法華經

117.鎌田茂雄：天台思想入門

118.松果大德：天台析津上中下

119.聖嚴法師：大乘止觀法門之研究、天台心鑰

120.大正藏：妙法蓮華經玄義

121.大正藏（34 冊）：妙法蓮華經文句

122.蘇榮焜：法華玄義釋譯

123.湛然：法華經玄義釋籤、金剛錍

124.大華文化出版社：天台典籍研究、天台宗之判教與發展、天台思想論集、天台學概論

125.釋慧岳大師：天台教學史

126.諦閑大師：大乘止觀述記

127.寶靜大師：修習止觀坐禪法要講述

128.釋繼程大師：小止觀講紀

129.創古仁波切：止觀禪修

130.釋惠敏大師：大乘止觀導論

131. 妙境長老：止觀大意

132. 老古文化出版社：修習止觀坐禪法要.六妙門

133. 連英華：「菩提道次第廣論」之止觀思想與實踐

134. 尤惠貞：天台宗性具圓教之研究

135. 沈海燕：法華玄義探微

136. 陳英善大德：天台性具思想、天台緣起中道實相論

137. 張文良釋譯：金光明經

138. 高崎直道、李世傑譯：如來藏思想

139. 釋智諭大師：勝鬘師子吼一乘大方便方廣經講記、大方等如來藏經探源、大法鼓經解義、佛說不增不減經講記、維摩詰所說經講記上下

140. 陳柏達：圓覺經今譯

141. 王海林大德釋譯：勝鬘經

142. 印順導師：勝鬘經講記、楞伽經親聞記上下冊、如來藏之研究

143. 談錫永：如來藏三談、如來藏經密意、勝鬘師子吼經密意、四重緣起深般若

144. 賴永海大德釋譯：楞伽經、維摩詰經、新譯楞嚴經、湛然

145. 沈家禎大德：金剛經之研究

146. 南懷謹大師：金剛經說些什麼、宗鏡錄略講（一、二、三、四、五）

147. 全佛出版社：楞伽經・入楞伽經、解深密經・大乘密嚴經

148. 新文豐出版社：央掘摩羅經

149. 和裕出版社：諦閑大師語錄

（12）華嚴宗

150. 楊政河大德：華嚴哲學研究

151. 李世傑大德：華嚴哲學要義

152.賢度法師：華嚴學講義

153.鎌田茂雄：華嚴經講話

154.木村清孝、劉聯宗譯：華嚴經的現代解讀、中國華嚴思想史

155.華嚴蓮社：華嚴宗五祖論著精華、華嚴學專題研究

156.龜山教信、印海譯：華嚴學

157.李錦全釋譯：華嚴原人論

158.方立天釋譯：華嚴金師子章

159.徐紹強釋譯：華嚴五教章

160.釋智諭：華嚴五教止觀淺導

161.陳英善大德：華嚴無盡法界緣起論、華嚴與諸宗之對話

162-1.印海法師：華嚴學

162-2.方立天：法藏

163.高峰了州、釋慧嶽譯：華嚴思想史

164.釋成一大師：華嚴文選

165.慧嚴法師：華嚴的世界

166.中國佛教學術論典（17）：宗密的融合論思想研究

167.中國佛教學術論典（18）：澄觀佛學思想研究等

168.劉貴傑大德：華嚴宗入門

169.靄亭大師：華嚴一乘教義章集解

（13）淨土宗

170.王月清釋譯：淨土三經

10 方倫大德：高級佛學教本

19 黃懺華大德：佛教各宗大綱

171.釋慧律大師：印光大師文鈔菁華錄

172.釋印光大師：淨土五經

173.蕅益智旭大師：淨土十要、彌陀要解

174.曇鸞大師：往生論註、安樂淨土九問答
175.蓮池大師：淨土疑辯、西方發願文
176.永明延壽：西方六重問答
177.智者大師：淨土十疑
178.實賢大師：西方發願文註

（14）律宗
10 方倫大德：高級佛學教本
19 黃懺華大德：佛教各宗大綱
179.二埋法師：在家律學

（15）中國眞言宗
180.王弘願：密宗綱要
181.呂建福釋譯：大日經
182.夏金華釋譯：金剛頂經
183.桐山靖雄：密宗入門、神祕的密宗
10 方倫大德：高級佛學教本
19 黃懺華大德：佛教各宗大綱

（16）藏密
184.宗喀巴大師：密宗道次第廣論
185.哦千貢卻倫珠：導入正道三續分莊嚴論
186.恭秋倫竹：道果三現分莊嚴寶論
187.陳健民上師：佛法精要原理實修之體系表、大手印教授抉微、事業手印教授抉微、密宗灌頂論、曲肱齋知恩集
188.邱陵大德：藏密實修初級教程、密宗祕法、密宗修法精萃、藏密心要十講、密宗入門知識、藏密大手印探奧、藏密大圓滿選集、藏密脈氣明點觀修、藏密六成就法詮釋

189.談錫永大師：西藏密宗百問、密宗名相
190.林崇安大德：西藏佛教的探討
191.洪啓嵩大德：法尊文集

國家圖書館出版品預行編目資料

佛法三百問第二集／藍傳盛著. －初版.－臺中
市：白象文化事業有限公司，2023.12-2024.1
　　面；　　公分
ISBN 978-626-364-109-9（中冊：平裝）.－
ISBN 978-626-364-122-8（下冊：平裝）
1.CST：佛教 2.CST：問題集
220.22　　　　　　　　　　112013185

佛法三百問第二集（下冊）

作　　者　藍傳盛
校　　對　藍傳盛
發 行 人　張輝潭
出版發行　白象文化事業有限公司
　　　　　412台中市大里區科技路1號8樓之2（台中軟體園區）
　　　　　出版專線：（04）2496-5995　　傳真：（04）2496-9901
　　　　　401台中市東區和平街228巷44號（經銷部）
　　　　　購書專線：（04）2220-8589　　傳真：（04）2220-8505
專案主編　黃麗穎
出版編印　林榮威、陳逸儒、黃麗穎、水邊、陳婷婷、李婕、林金郎
設計創意　張禮南、何佳諠
經紀企劃　張輝潭、徐錦淳、林尉儒
經銷推廣　李莉吟、莊博亞、劉育姍、林政泓
行銷宣傳　黃姿虹、沈若瑜
營運管理　曾千熏、羅禎琳
印　　刷　基盛印刷工場
初版一刷　2024 年 1 月
定　　價　500 元